AUGUSTINUS

DAS ANTLITZ DER KIRCHE

CHRISTLICHE MEISTER

Band 41

AUGUSTINUS
DAS ANTLITZ DER KIRCHE

Auswahl und Einleitung von

HANS URS VON BALTHASAR

JOHANNES

Dritte Auflage der erstmals 1942
im Benziger Verlag Einsiedeln erschienenen Ausgabe

Druck: Kösel, Kempten
ISBN 3-89411-298-0

INHALTSVERZEICHNIS

IV. DAS JAHR DER KIRCHE

V. DIE QUELLEN DES HEILS

VI. GLIEDER UND ÄMTER

VII. DIE KIRCHE ALS LIEBE

VIII. DAS ÄRGERNIS

IX. DIE HOFFNUNG DER KIRCHE

EINFÜHRUNG

Es gehört zu den Verkehrtheiten unserer Zeit, den Weg höher zu schätzen als das Ziel, und das Suchen höher als das Finden. Im Sinn des oberflächlich Interessanten mag diese Wertung richtig sein; im entscheidenden Sinn der Wahrheit ist sie falsch. Augustinus, der größte aller Suchenden – und Findenden, wäre der letzte, der einem beruhigten Besitz ohne Frage das Wort reden würde. Für ihn ist Gott nicht nur hienieden, sondern in Ewigkeit der immer neu – im Gefundenhaben – zu Suchende. «Daß man ihn suche, um ihn zu finden, ist er verborgen; daß man ihn suche, da man ihn fand, unermeßlich» (In Joh 63, 1). Aber das Finden, von dem hier die Rede ist, bleibt dennoch ein echtes Finden, ja ein immer tieferes, immer unerschütterlicheres, immer verantwortungsvolleres Finden. Das Suchen ohne Finden ist der Vorhof, den die «Confessiones» als den Strauchelweg bis zur Konversion beschreiben. Der Eintritt in die Kirche ist der erste, selige Wendepunkt dieser dramatischen Existenz. Aber noch ein zweiter, weniger deutlich abgrenzbarer Weg blieb zu durchschreiten: von einer bloßen «Anerkennung» der katholischen Kirche zur vollen Existenz aus der Kirche selbst. Es ist der Weg von der philosophischen Jugendzeit zur theologischen Reife, von der spekulierenden, in sich selber ruhenden Privatexistenz zur kündenden, nur für die Kirche lebenden Priester- und Bischofsexistenz, und damit die allmähliche, aber unaufhaltsame Verlagerung der Schwerpunkte: aus einem Ringen um «Gott und Seele» in den Soliloquien (noverim me, noverim te! 2, 1; 1), um das allgemeine Problem der Wahrheit (im «christlichen Platonismus» der Jugendwerke) zu einem Ringen aus der Wahrheit des Evangeliums heraus mit jeder diese Wahrheit antastenden Häresie.

In dieser zweiten und letzten Wende geht Augustinus erst den Weg der ganz großen Konvertiten zu Ende. Dieser Weg hebt notgedrungen an bei einer Beschäftigung mit dem Ich, seiner «religiösen Problematik», um aber ebenso notgedrungen weiterzuführen zu einer wachsenden Entfremdung von sich selbst, im Maße das Ich und seine Enge sich aufgibt und untergeht in der immer tiefer erkannten und gelebten Kirche. Drei Brennpunkte besitzt das katholische Weltbild: Gott, Christus, die Kirche. Diese drei aber stehen nicht beziehungslos nebeneinander, sie bilden vielmehr ein untrennbares Eins (vgl. Texte 2, 215). Gott ist für uns nur in Christus erschlossen und zugänglich, Christus ist es nur durch die Kirche. Dieses «Gott in Christus in der Kirche» ist aber nicht im Sinne einer sich nach oben hin auflösenden Kette zu verstehen, als ob die Kirche sich selbst dadurch überflüssig machte, daß sie einer Seele Christus vermittelte, und Christus sich als Mittel überflüssig machte, indem er diese Seele zum Vater führte. Dieser aufsteigende Weg, der als solcher freilich die «Heilsordnung» ist, hat zu seiner innersten und unverrückbarsten Form eben den *Abstieg* Gottes: Abstieg des Ewigen Wortes in die endgültige Existenz im Fleische; Abstieg des fleischgewordenen Mittlers als «Haupt» der Menschheit in seinen «Leib», die Kirche. Diese Richtung des Abstiegs ist das Kriterium der Echtheit des Aufstiegs der Seele zu Gott. Darum hat «religiöse Existenz» (als Umgang mit Gott) ihre Echtheit in «christlicher Existenz» (als Wandel in Christus, dem Weg), die «christliche Existenz» ihre Echtheit in «kirchlicher Existenz» (als Eingehen und Untergehen aller nur persönlichen Privatreligion in das Leben der Kirche). Dies letzte ist sowohl das einzig echte Eingehen in die Gesinnung Christi, der sich seiner selbst entäußerte, entleerte, vernichtigte, um gehorsam zu werden bis zum Tod, ja bis zum Tod am Kreuz (Phil 2,7), also das echte «Nicht mehr ich lebe, sondern Christus lebt in mir» (Gal 2,20), wie auch das echte Eingehen in das innere Leben Gottes selbst, da der Besitz des Vaters im Sohn sich erst vollendet im Besitz jenes Heiligen Geistes, der als solcher der Geist der Einheit, der Gemeinschaft, der Kirche ist. Der Heilige Geist ist die Seele der Kirche (Text 37), und Augustin scheut sich nicht zu sagen, daß das genaue Maß unserer Liebe zum Geist und damit zu Gott überhaupt gegeben ist durch das Maß unserer Liebe zur Kirche (Text 123). So hat alle Christusmystik und alle trinitarische Mystik ihr Maß, ihren Ort, ihre Echtheit und Fruchtbarkeit in einer «Mystik der Kirche». Darum ist Augustinus, der reife, der Bischof, nichts anderes mehr als Mann der Kirche, und alle Versuche, seine Reifezeit nach rückwärts (zur Suchezeit der Jugend) hin zu interpretieren, oder vom Pathos seiner Kirchlichkeit zugunsten irgendwelcher allgemein-religiösen Fragestellungen zu abstrahieren, ergeben daher nicht nur ein unvollständiges, sondern im Wesen selbst verfälschtes Bild. Die Kirche ist der genaue, unüberschreitbare Horizont der Erlösung Christi – kein beengender Horizont, da sie ja die Catholica, die universale, ist! – so wie Christus der Horizont Gottes für uns ist. Darum geht das ganze Streben des reifen Augustinus ausschließlich und restlos auf die Erhaltung, Begründung und Erweiterung dieses kirchlichen Horizonts: in der (mehr als die Hälfte seiner Werke füllenden) Abwehr jedes vom Katholischen abweichenden Religionsversuchs wie jeder die Einheit der sichtbaren katholischen Kirche, unter welchem Vorwand auch immer, sprengenden Spaltgeisterei. Das ganze Werk Christi mündet für ihn in die «Große Einverweisung» (Texte 124–125): das Testament des von der Erde scheidenden Herrn ist die Einheit der Catholica und nichts als diese Einheit. Das schlechthin Unerträgliche ist ein Rütteln an den Schranken der Kirche: jeder, der, auch mit den besten und reinsten Verbesserungsabsichten, sich von der Einheit abscheidet, ist ebendadurch in einem undiskutablen Unrecht.

Man muß sich darüber klar sein: alle Seiten und Möglichkeiten des «Augustinismus», die im spätern Verlauf der Kirchengeschichte immer neue Vorwände zu Schismen und Häresien – von der mittelalterlichen Schwarmgeisterei über Luther, Jansenius und Baius bis zum modernsten Illuminismus – geliefert haben, sind bei Augustinus selbst nur Waffen und Mittel zur Verteidigung der katholischen Integrität. Mögen Luther oder Jansenius noch so tiefe Einsichten in die augustinische Gnadenlehre gehabt haben, sie verfehlen ebendadurch, daß sie sich aus dem Brennpunkt der Catholica herausstellen, das Wesentliche in Augustin. Ein mit Luther oder Jansenius «sympathisierender» Augustin ist ebenso widersinnig wie ein mit Pelagius oder Donatus «sympathisierender» Augustin. Denn jede andere Erwägung tritt zurück vor der alles durchformenden Sorge um die kirchliche Einheit. Alles, was sich später «gegen» die Gestalt der Kirche auf Augustinus berief, lebte offener oder verborgener von einem Ressentiment gegen diese Einheit: Ressentiment gegen die Sichtbarkeit der Kirche überhaupt, gegen ihre «Verweltlichung», «Bürokratisierung» im besondern, gegen irgendeine Form ihrer «Sklavengestalt» (Phil 2,7). Wenn aber je ein Mensch der Kirche von Ressentiment gegen sie frei war, dann Augustin. Keiner vielleicht hat mehr gelitten unter ihrer «Sklavengestalt»: unter den Schäden, ja dem überhandnehmenden Abfall auch in ihrem Innern, keiner aber hat, mitten in den fast unerträglichen Schmerzen um diese Gestalt der Kirche, sein Dennoch klarer, heller und wissender gesprochen als er.

Der Grund dafür ist, daß er in der Kirche nicht eine äußere Institution verteidigte, sondern den Ort und das Zentrum des Dogmas von Gott und Christus selbst. *Dogmatik* ist für ihn inhaltlich wie formal kirchliche Dogmatik, oder sie ist gar nichts. In der Kirche und allein von der Kirche aus ist das Wesen der Wahrheit in der für uns zugänglichen Vollständigkeit zu fassen. Eben darum gibt es aber auch für ihn keinerlei von dieser kirchlichen Dogmatik getrennte *Lebenslehre* (als «Ethik», «Aszetik» und «Mystik»), das christliche Leben hat vielmehr sein Vollkommenheitsmaß an der Kirchlichkeit dieses Lebens. Ein solcher Maßstab ist im Zeitalter des blühenden orientalischen und des beginnenden abendländischen Mönchtums vielleicht noch erstaunlicher und folgenschwerer als die Grundlegung der kirchlichen Dogmatik. Darum wurde in der vorliegenden Textwahl diese zweite «existentielle» Seite – vielleicht zum erstenmal in der Darstellung Augustins – mit aller Sorgfalt thematisch herausgehoben.

Was nun zunächst die *dogmatische* Seite der Kirchenlehre betrifft, so hat sie ihren Mittelpunkt zweifellos in der

Lehre vom «ganzen Christus» als Haupt und Leib. Die unermüdliche Wiederholung der paulinischen Texte über Christus als Haupt des Leibes der Kirche, als Bräutigam der Braut Kirche, die spekulative Vertiefung dieser Andeutungen der Schrift in der Richtung auf eine letzte Lebenseinheit (Texte 79–86), hat in ihrem Radikalismus etwas beinahe Beängstigendes. Entgegen der üblichen Meinung, als hätten die griechischen Väter die «physische» Einheit von Christus und Kirche am stärksten betont, und als halte sich Augustin mehr in der mittleren Linie einer bloß «moralischen» Einheit, zeigen gerade die Texte 79–86, daß Augustinus bis in die letzten Folgerungen seinshafter Einheit geht, der einer Art christologischem Pantheismus nicht mehr fern zu sein scheint. Aber hiezu ist zu bemerken: Der augustinische Radikalismus der Theologie des «mystischen Leibes» ist in sich, wie für ihn, nichts anderes als der Radikalismus der Theologie der Menschwerdung selbst. Es gibt für Augustin, wie für die Patristik überhaupt, keinen einzelnen, aus der Gemeinschaft des Menschengeschlechts isolierbaren Menschen. Die Menschwerdung Gottes im Menschen Christus ist daher notwendig eine (wenn auch natürlich nicht hypostatische) Verbindung Gottes mit dem corpus humanum überhaupt. Auf dieser beruht die ganze Erlösung, die das vom Haupt allein vollzogene Werk dem gesamten Leibe mitteilt. Diese Mitteilung ist nicht die äußerliche und juristische Zuwendung der fertigen Ergebnisse an eine bloß passiv empfangende Gemeinde, sondern vielmehr das Teilnehmenlassen der Glieder am Wirken des Hauptes. Erlösung ist nicht nur «Vergebung der Sünden», sondern tiefer, wesentlicher und gnadenvoller die Ausstattung des Gliedes mit der Sendung, dem Auftrag, dem Leben, Wirken und Leiden des Hauptes selbst. Das und erst das ist die volle Gnade, das höchste Dürfen; das und erst das ist die Kommunion von Bräutigam Christus und Braut Kirche im Mysterium der erlösenden Fruchtbarkeit.

Und doch ist diese Lehre Augustins nicht zu verwechseln und gleichzusetzen mit jenem distanzlosen und darum oft peinlichen «Organizismus» der deutschen Romantik, der nicht ohne Einfluß blieb auf gewisse Formulierungen der katholischen Tübinger Schule und des jüngeren Möhler. Hier überall steht als tragender Untergrund eine vor-theologische Philosophie der «organischen» Gemeinschaft, deren «höchste Vollendung» die Einheit von Christus und Kirche bildet. Der mystische Biologismus, der sich im Sprachschatz dieser Richtung anzeigt, fehlt bei Augustinus vollständig. Um seine Leib-Christi-Theologie richtig einzuschätzen, muß man sie im Lichte seiner Gnadenlehre betrachten. Als der Lehrer der Gnade ist Augustin der Lehrmeister der wahren Distanz. Und nur aus dem ungeheuren Gefäll dieser gnadenhaften Distanz zwischen Gott und Mensch, Schöpfer und Geschöpf, Erbarmer und Sünder, darf das Gnadenwunder von Christus und Kirche gewertet werden. Nie spricht Augustin von Liebe ohne Tränen wortloser Dankbarkeit, nie weiß er sich dem erbarmenden Gott zu eigen ohne Schaudern vor dem Abgrund, der hinter ihm liegt, nie küßt er, ohne im Staub zu knien. Darum hat das Gleichnis von Haupt und Leib seine unerläßliche Ergänzung im Gleichnis von Bräutigam und Braut, sofern hier der Bräutigam seine Schönheit dahingibt und sich selbst entstellt, um die «Dirne» Kirche durch seinen Untergang zu reinigen und zu erheben (Texte 17, 52, 94). Der Pendelschlag der augustinischen Gnadenlehre zwischen hoffnungsloser Trennung von Gott in der Sünde und höchster Lebenseinheit mit Gott in der Gnade gibt so den Rhythmus an für die Beziehung von Christus und Kirche. Die Texte zur Gnadenlehre (18–32) mußten darum der thematischen Kirchenlehre vorangestellt werden.

Daraus erwächst nun auch ihre besondere Form: Die (gemeinpatristische) Lehre von der Kirche im Alten Bunde ist nur eine Folge aus der Universalität der Gnade Christi und der Gemeinschaft Gottes in der Menschwerdung mit allen Zeitaltern der Weltgeschichte. Aber damit erhebt sich zum erstenmal jenes Problem der Grenzen der Kirche, das als solches das eigentliche Kreuz (und dies nicht im übertragenen Sinn!) der Kirche selbst ist. Denn mit diesem Problem ist einerseits das fast unausweichliche Ärgernis an der Kirche gegeben, die im vollen Wissen darum, daß ihre Grenzen sich mit den verborgenen Grenzen des Reiches Gottes nicht decken, dennoch ihre Heilsnotwendigkeit künden muß, anderseits die beinahe unerträgliche Spannung des innerkirchlichen Bewußtseins selbst, das an diesem Querlaufen der unsichtbaren Grenzen durch die sichtbaren seine härteste Probe besteht. Aber dieses Kreuz ist nicht abzuschütteln und muß bis ins Äußerste gelitten sein. Denn dieses Kreuz ist *das* Zeichen dafür, daß die Kirche – auch mit ihrer höchsten Sendungsvollmacht und Heiligungsgewalt – unter Gott und ihrem göttlichen Haupt steht. Auch wenn sie von ihm her den Auftrag hat, sich als die alleinseligmachende zu wissen und zu verkünden, auch wenn sich Gott an ihre Sakramente, an ihr Wort, an ihr Wesen selbst unlöslich gebunden hat: so bleibt quer durch all dies Gott doch Gott, und also der Freie, Unerforschliche, Souveräne, der weht, wo *er* will, der sich erbarmt, wann *er* will. Sakrament und Gnade, Form und Inhalt sind nicht so verbunden, daß sie nicht auch getrennt sein können: die Form des Sakraments im unwürdigen oder unrechtmäßigen Empfang von der Gnade, die Gnade im reuigen Herzen vom Sakrament. So können viele drinnen sein, die in Wahrheit draußen sind, viele draußen sein, die in Wahrheit drinnen sind. Es ist bekannt, daß Augustin diese Lehre als erster durchgeführt hat für die Trennung der Form vom Inhalt: Die gültig gespendete Taufe außerhalb der Kirche braucht beim Eintritt in die Kirche nicht wiederholt zu werden, bei welchem zur gültigen Form der zugehörige Inhalt, eben die Gnade als Liebe des Heiligen Geistes, allererst hinzutritt. Es ist aber ebenso bekannt, daß Augustin in der entsprechenden Trennung des Inhalts von der Form einer Strenge das Wort redet, die die spätere Theologie – durch Entfaltung des augustinischen Grundgedankens selbst – bedeutsam gemildert hat. Während für Augustin der Fall undenkbar ist, daß man völlig guten Gewissens im Schisma verweilen, oder als Jude und Heide draußen mit Gottes verborgener Gnade durch «impliziten Glauben» den Forderungen Gottes in der Kirche entsprechen kann, läßt spätere

Theologie um eben der vollen Souveränität Gottes willen auch diese zweite Möglichkeit offen, nicht freilich ohne beizufügen, daß dies nur durch einen verhüllten Anschluß an die sichtbare Kirche («Begierdetaufe», «geistige Kommunion») geschehen kann. Man wird diese Eigenheit Augustins in den Texten über die Häresie im Auge behalten müssen: in ihnen ist stets vom bewußten («formalen») und also böswilligen Häretiker und Schismatiker die Rede. Doch mildert die Korrektur der neueren Theologie das Kreuz der Kirche keineswegs, es steigert vielmehr noch die augustinische Spannung der querlaufenden Grenzen. Dieses Quer ist, wir sagten es schon, mit dem Wesen der Kirche selbst als sichtbarer Institution und unsichtbarem Reich Gottes gegeben. Zwischen beiden Aspekten besteht sowohl Unlöslichkeit (weil außer der Kirche kein Heil ist) wie Löslichkeit (weil Gottes Gnadenwahl frei bleibt). Nur so ist das Sakramentale jeder Gefahr der Magie entzogen. Ohne Fleischwerdung, ohne Form keine Gnade –: aber Fleisch, Sichtbarkeit und Form sind nicht selbst schon Gnade. Sogar und gerade das Fleisch darf nicht fleischlich verstanden werden (Text 138). Aber ebensowenig erkühne sich einer, am Fleisch Christi, an der Kirche vorbei einen Weg zur Gnade zu suchen: tut er's, so ist er schon irre- und untergegangen. Diese letzte Unfaßbarkeit des Verhältnisses von Form und Gnade (der Abglanz der Unfaßbarkeit Gottes selbst) bricht sich darum auch in eine auf keinen letzten Nenner zu bringende vielfache Perspektivität. Sie wird vollends deutlich in den (nur scheinbar verworrenen und mühsamen, in Wahrheit völlig folgerichtigen) Texten über die Kirche im Alten Bund: sofern die Spannung zwischen sichtbarer Form und unsichtbarer Gnade sich ein erstes Mal darstellt im Verhältnis vom Alten und Neuen Bund selbst: von Buchstabe und Geist, von Gesetz und Freiheit, von Furcht und Liebe, von Verheißung und Erfüllung. Aber eben weil es sich hier nicht um zeitliche Ablösung handelt, sondern der Geist sich im Buchstaben verkörpert (und nur *so* ihn aufhebt), die Freiheit das Gesetz erfüllt (und es nur *so* überwindet), die Liebe als Ehrfurcht die Furcht vertieft (und nur *so* sie austreibt) – darum wird diese erste Spannung unmittelbar durchsichtig in die zweite neutestamentliche von Scheinchristen und wesentlichen Christen, von Spreu und Weizen, Bösen und Guten innerhalb der Catholica selbst. Und diese zweite Spannung spiegelt sich nochmals in einer dritten: dem Verhältnis von Juden und Heiden (vgl. Text 33), wo die Verwerfung der Juden und Erwählung der Heiden sich abspielt auf dem uneinsichtigen Hintergrund der totalen Erwählung «ganz Israels» (Röm 9–11).

Immer wieder hat ein pseudochristlicher Spiritualismus vor und nach Augustin versucht, durch einen überlegenen «geschichtsmetaphysischen» Standpunkt sich diesem Kreuz der kirchlichen Existenz zu entwinden. Augustin aber weiß, daß kirchliche Existenz steht und fällt mit dem Ausharren in diesem Kreuz. Darum sind für ihn die letzten Kennworte des kirchlichen Daseins zwar das Seufzen, Stöhnen, Bedrängtsein, aber tiefer noch das Durchhalten, die alles besiegende Geduld. Alle Häresie ist für ihn Ungeduld; begreifliche vielleicht, wenn man auf die Größe der Anfechtung schaut, aber immer auch unverzeihliche, mit der nicht zu verhandeln ist, wenn man begriffen hat, was die Kirche bedeutet. Ja, Augustin steht nicht an, dies Leiden der Kirche an ihrer eigenen Form als jene Passion zu verstehen, durch die sie teilhaftig wird der erlösenden Passion Christi selbst und «an ihrem Leibe ergänzt, was an den Leiden Christi noch aussteht» (Kol 1,24). Kein Leiden aber wäre so groß, daß das Gut der katholischen Einheit nicht noch größer wäre. Denn die Kirche *ist* die katholische Einheit, weil sie das Band der Liebe und des Friedens, der Bruderliebe *als* Gottesliebe in Christus durch den Heiligen Geist ist. Jede Reinigung der Kirche, die diese Einheit antastet, zerstört ebendadurch diese Kirche. Die es versuchen, sind die «falschen Liebhaber der Braut» (Text 74), während der wahre «Freund des Bräutigams» eifersüchtig über ihre Unversehrtheit wacht.

Gegenüber diesem «kirchlichen Sinn», wie er vor Augustin vielleicht nur noch einem Basilius, nach ihm vielleicht nur noch einem Ignatius von Loyola eignet, einem «Sinn», der ebenso fern von falscher «Toleranz» wie von «konfessioneller Enge» steht, verschlägt es wenig, daß gewisse Teile der Kirchentheologie bei Augustin noch nicht voll entwickelt sind. Die Stellung der Gottesmutter im kirchlichen Bewußtsein des Heiligen ist noch keineswegs der bei Anselm oder Bernhard vergleichbar. Neben den zahlreichen Predigten über Johannes den Täufer, Petrus und Paulus, Stephanus und Laurentius findet sich keine thematische Marienpredigt. Und doch zeigen die marianischen Texte (141–147), daß aus der dogmatischen Thematik Augustinus, die mit höchster Hellsicht stets auf den unmittelbaren Zusammenhang von Maria und Kirche hinzielen, die ganze Fülle der marianischen Geheimnisse jeden Augenblick hervortreten kann. Nicht anders steht es mit der Lehre vom römischen Primat. Es ist unleugbare Tatsache, daß für Augustin Petrus im Evangelium die «Repräsentation» (personam gerens) der Gesamtkirche ist, welcher die Schlüssel des Himmelreiches verliehen wurden, und daß der Fels, auf dem Christus seine Kirche erbaut, in letzter Rückführung Christus selbst ist. Äußerlich ließe sich diese Position ohne weiteres vergleichen mit irgendeiner Schattierung des neueren Gallikanismus und Episkopalismus. Aber dieser Vergleich würde über die Hauptsache hinwegtrügen. Für Augustin und seine Zeit war die Frage der Jurisdiktion des Römischen Stuhles keine die Einheit der Kirche selbst berührende Frage. Er wußte sich in der Kommunion mit der römischen Gemeinde und ihrem Bischof, dessen Vorrang er anerkennt, dessen Schiedsspruch er im pelagianischen Streit anruft und freudig empfängt, dessen apostolische Sukzession für ihn die lebendige Symbolik der echten kirchlichen Überlieferung ist. All dies verbleibt innerhalb des ungetrübtesten katholischen Einheitsbewußtseins. Dieses Bewußtsein mit dem eines modernen Episkopalisten zu vergleichen, würde dem groteskesten Anachronismus gleichkommen. Wäre die Frage des Vatikanischen Konzils damals so brennend geworden wie das Problem des Donatismus oder Pelagianismus, so ist es klar, auf welche Seite sich Augustin geschlagen hätte, er, der um der Einheit der Kirche willen nicht nur Schmach zu tragen, sondern jeder privaten Einsicht abzusagen bereit war (vgl. Text 52, Schluß).

Mittelpunkt von Augustins Kirchenkampf bleibt, neben der frühen Front gegen Manes und der späten gegen Pelagius, die mittlere gegen Donatus. Das aber besagt die Front der sichtbaren Kirche und der restlosen Einfügung in ihren Leib gegen jeden Ausbruchsversuch aus dieser Klammer durch irgendeine private, persönliche, mystische Religiosität. Nicht das größere Wissen, die tiefere Weisheit hat recht, sondern der größere Gehorsam, die tiefere Demut. Recht hat die Einheit gegen jeden Versuch der Spaltung; und weil diese Einheit Liebe ist, hat die Liebe das letzte Wort. Das augustinische «Liebe und tu, was du willst», feiert hier seinen letzten Sieg, sofern das «tu, was du willst» nicht nur sein Maß hat am «liebe», sondern in diesem schon auf- und untergegangen ist.

Aus der dogmatischen Tiefe der Kirchenlehre erfließt die existentielle christliche *Lebenslehre*. Diese bezeichnet keinen zweiten Neuansatz neben dem ersten. Vielmehr ist die praktische Vollkommenheitslehre wiederum nichts anderes als die dargelebte Kirche. Es wurde schon darauf hingewiesen, wie die ganze individualistische und fast kirchenlose Vollkommenheitslehre orientalischen Mönchtums, die Kassian ins Abendland hinüber verpflanzte, spurlos an Augustin vorübergegangen ist. Oder besser: er entsagte seinem eigenen monastischen Jugendideal von Cassiciacum, um seine ganze Ethik eingehen zu lassen in die der Kirche. Und es fehlt nicht an schmerzlichen, leise ironischen und doch wieder sehr ernsten Hinweisen auf die durch ein gewisses Mönchtum versuchte, in der Praxis aber unmögliche Abscheidung von der kirchlichen Gemeinschaft (Texte 186, 267). Um den kirchlichen Menschen schließt sich die Klammer; es gibt keinerlei Ausflucht, und jeder noch so private Ausbruchsversuch wird von Gottes Gnade auf der Flucht entdeckt und unmöglich gemacht. Mönchtum als Errichtung einer himmlischen Reservation auf Erden wäre – wenn sie möglich wäre – für

Augustinus ein unchristliches Unterfangen. So bleibt denn Mönchtum das Ideal einer gleichsam gesteigerten, repräsentativen christlichen und kirchlichen Existenz: als Stadt auf dem Berge.

Ebenso wesentlich und überraschend ist die Wertung der Kontemplation beim reifen Augustinus. Ohne Zweifel steht auch für ihn die Kontemplation als solche über dem aktiven Leben. Aber entgegen der monastischen Deutung der Perikope von Martha und Maria mit ihrer eindeutigen Überordnung der beschaulichen über die tätige Existenz führt Augustinus hier jeweils eine Sicht ein, die der monastischen Wertung die Spitze abbricht (Text 284, vgl. 10, 156). Denn für ihn bedeutet Martha das diesseitige, Maria das jenseitige Leben. Und nur als eingeordnetes (wenn auch höchstes) Moment läßt er inmitten der überwiegenden Aktivität des irdischen Lebens das Moment «anhebender Schau» gelten. Im übrigen aber geht der Weg des christlichen Menschen aus einer «köstlichen Freiheit» immer eindeutiger hinein in «die Keltern» der Kirche (Text 183). Dies und nichts anderes ist das Maß christlicher «Vollkommenheit»: in der Kirche an der Kirche für die Kirche – wirkend und leidend – ausgekeltert zu werden wie die Traube und die Ölfrucht unter der Presse. Darin sieht Augustin den Weg der Heiligen (Texte 182–194): gekreuzigt zu sein und es immer mehr zu werden an eben jenes Kreuz der Kirche zwischen Buchstabe und Geist, zwischen Spreu und Weizen, zwischen Erde und Himmel. Daß die Kirche dieses Kreuz ist, das erkennt, wie Augustin immer wieder versichert, nur der, der Ernst zu machen gewillt ist mit seinem kirchlichen Dasein. Dann wird er beginnen zu brennen aus Liebe zu den Seelen, fortfahren zu brennen aus Scham am Ärgernis der Kirche, um endlich als «Ganzbrandopfer» niederzubrennen in der restlosen Anerkennung menschlicher Ohnmacht und göttlicher Gnade mitten in diesem rätselhaften «Skandal» der Kirche. So geht er ein in das bleibende «Zwischen» der Sehnsucht, die *das* Wort ist für die kirchliche Existenz auf Erden (Texte 273–285). Aber dieses Brennen ist kein bloß mystisch-entrücktes, sondern vollzieht sich primär in der täglichen nüchternen Nachfolge Christi (Texte 195–203): als schenkende Liebe. Nicht umsonst nehmen die Ermahnungen zur Verträglichkeit, zum Verzeihen, zur Feindesliebe, zum Almosen vor allem, einen überragenden Raum in Augustins Predigtwerk ein. Hier, und nicht im Wissen und Schauen, erweist sich die Echtheit der Liebe. Und wenn die Liebe das Maß aller Werke ist (Text 207), so gilt nach Mt 25 das Almosen als das Maß der Liebe. Dies alles aber wiederum nicht als eine für sich bestehende «Praxis», sondern stets als Ausfluß des zentralen kirchlichen Dogmas. Die Kirche ist Christi Leib, und darum ist tätige Liebe zu Christus tätige Liebe an seinen Gliedern. Im Maße wir «einem seiner Geringsten» liebend helfen, haben wir ihm geholfen, der sich würdigt, in seinen Gliedern bis ans Ende der Welt zu leiden. So schließt sich der Kreis zwischen Dogma und Leben der Kirche, für die Augustin zwar nicht sein leibliches Blut verspritzte, wohl aber, was mehr ist, Seele und Geist dahingab: leidend an ihr, aber leidend für sie, als die Braut und den Leib seines Herrn.

*

Der vorliegenden Auswahl wurde das gesamte Predigtwerk Augustins zugrunde gelegt. In ihm offenbart er sich – mehr als in seinen abwehrend polemischen Schriften – als das, was er ist: als Mensch der Kirche. Gibt diese Auswahl somit zwar nicht die ganze Fülle augustinischer Kirchenlehre, so vermittelt sie davon doch das Lebendigste, weil am unmittelbarsten Vermittelte. Was der Bischof den armen Fischern von Hippo predigt, die er mit dem urchristlichen Titel: Sanctitas vestra, Eure Heiligkeit, anredet, weil sie für ihn die heilige katholische Kirche darstellen, was er ihnen von allen Seiten beleuchtet, einschärft und auslegt, von der höchsten Spekulation über den mystischen Leib Christi bis zur nüchternsten Anwendung in täglicher Nächstenliebe, ist immer dasselbe Geheimnis.

Augustins Predigt ist meist ebenso lebendig-unmittelbar wie unsystematisch. Nur selten wird ein Thema ohne die unerwartetsten Abschweifungen zu Ende geführt, kaum je wird es disponiert. Zurufe der Gemeinde, Bewegung im Volk beleben das Bild und spiegeln sich in den Worten des Bischofs. Der Stil ist – im Gegensatz zu den gepflegt «geschriebenen» Werken – lose, nicht selten wild wuchernd, ebenso prägnant und geschliffen in der einzelnen Formel wie langatmig im Gesamtbau. Es ist das einmalige augustinische Pathos: eindringlich, leise klagend und süß im Klang (nur Kierkegaard erinnert von ferne daran), voller Wortspiele, Assonanzen und Reime: oft mehr durch eine Antithese, einen Rhythmus aussagend als durch die Worte selbst. Von diesem Rhythmus galt es soviel als möglich ins Deutsche hinüberzuretten, denn «das Unwägbarste in Augustin steht und fällt damit» (E. Przywara), auch auf die Gefahr hin, dem deutschen Leser ein langsameres Tempo aufzuerlegen, als er's gewohnt ist. Eben diese Verzögerung will Augustinus, um an den Widerhaken die Gedanken sich festsetzen zu lassen, und durch die Musik seiner Worte – die, wie auch die hier gebotenen Übertragungen, *gehört*, nicht *gelesen* sein wollen – die Seele in jene Erregung und Schwingung zu versetzen, die sie dem angedeuteten Geheimnisse lockern und öffnen soll.

DIE ERLÖSUNG

DAS WORT

Im Anfang war das Wort

[1] «Im Anfang war das Wort, und das Wort war bei Gott, und Gott war das Wort» (Joh 1,1). Nur wortlos kann dies eingesehen werden: nicht wird es einsichtig gemacht durch menschliche Worte... Es ist eine Art Gestalt, eine nicht gestaltete Gestalt, aber die Gestalt alles Gestalteten: eine unveränderliche Gestalt, ohne Abfall, ohne Mangel, ohne Zeit, ohne Raum, über alles erhaben, für alle Dinge sowohl Grundlage, worauf sie gleichsam aufruhen, wie Fürst, worunter sie sind. Sagst du, daß alles in ihm ist, so lügst du nicht. Denn das Wort wird auch Weisheit Gottes genannt: es steht aber geschrieben: «Alles hast du in der Weisheit erschaffen» (Ps 103, 24). Demnach ist alles in ihm, und doch, weil er Gott ist, alles auch unter ihm. Wir sagten, wie unbegreiflich ist, was gelesen wurde: und doch wurde es gelesen, nicht daß es der Mensch begreife, sondern damit es den Menschen schmerze, daß er es nicht begriff, und er fände, was ihn am Begreifen hinderte, und dieses entferne und sich hineinverliere ins Erfassen des unverwandelbaren Wortes, selber aus einem Schlechtern in einen Bessern verwandelt. Denn nicht schreitet voran und wächst das Wort, wenn ein Erkennender hinzutritt: unversehrt ist es, wenn du bleibst, unversehrt, wenn du scheidest, unversehrt, wenn du wiederkehrst; in sich verharrend und alles erneuernd. So ist es also die Gestalt aller Dinge, eine unerschaffene Gestalt, wie gesagt, zeitlos und ohne räumlichen Ort. Was immer im Raume erfaßt wird, ist von einer Grenze umschrieben. Eine Gestalt wird von Grenzen her eingeschränkt, hat Enden, von wo sie anhebt und bis wohin sie reicht... Und alles, was im Raum ist, ist kleiner in seinem Teil als in seiner Gesamtheit. Nichts dergleichen dürfen wir von jenem Worte wähnen, nichts solches von ihm denken. Nichts von dem, was uns das Fleisch versuchsweise anbietet, soll uns dienen, das Geistige vorzustellen. Nicht ist jenes Wort, nicht ist jener Gott kleiner im Teil als im Ganzen.

Doch läßt sich ein solches nicht denken. Und ehrfürchtiger ist dies Nichtwissen als ein seiner selbst sicheres Wissen. Denn wir reden von Gott. Es wurde gesagt: «Und Gott war das Wort.» Wir reden von Gott: was wunder, wenn du nicht begreifst? Denn wenn du begreifst, so ist es nicht Gott. Es sei mehr das fromme Bekenntnis des Unwissens als der überhebliche Vortrag des Wissens. Tastend im Geiste Gott berühren ist große Seligkeit: ihn erfassen Unmöglichkeit. Der Geist ist für Gott: um ihn einzusehen; das Auge für den Leib, um ihn zu sehen. Aber glaubst du, den Leib durch das Auge erfassen zu können? Du vermagst es durchaus nicht. Was immer du ansiehst, du siehst nicht das Ganze. Du siehst dieses Menschen Gesicht, während du das Gesicht erblickst, siehst du den Rücken nicht; und wenn du den Rücken erblickst, siehst du das Antlitz nicht. Also siehst du nicht so, daß du erschöpfend begriffest: wenn dir vielmehr beim Anblick eines anderen, noch nicht gesehenen Teils das Gedächtnis nicht hilft und dir sagt, was du vorher gesehen, so könntest du niemals behaupten, auch nur oberflächlich begriffen zu haben. Du gehst um mit dem, was du siehst, du wendest es hier- und dorthin, oder umschreitest es selbst, um es anzusehen. Mit einem einzigen Blick vermagst du's nicht zu umfassen. Und solang du's wendest, um es zu betrachten, siehst du nur Teile: und zusammenreimend, was dir an andern Teilen erschien, scheint dir das Ganze selbst zu erscheinen. Und doch ist, was begriffen wird, nicht das Schauen der Augen, sondern die Lebhaftigkeit des Erinnerns. Was also, Brüder, kann von jenem Worte ausgesagt werden? Seht: wir sagten von den unsern Augen vorliegenden Körpern, daß sie durch Schauen nicht erfaßt werden können; welches Herzensauge wird dann Gott zu begreifen vermögen? Schon viel ist's, daß es berührt, wenn anders es rein ist. Und berührt es, so durch ein gewisses unkörperlich-geistiges Getast, das doch nicht erfaßt; und dies nur, wenn es rein ist. Und der Mensch wird selig, wenn er mit dem Herzen anrührt, was immer selig in sich ist: und dies eben ist ewige Seligkeit; und lebendig wird der Mensch durch das ewige Leben, und weise wird der Mensch durch die ewige Weisheit; und erleuchtet wird er durch das unauslöschliche Licht...

Um aber dahin zu gelangen, wenn wir noch nicht vermögen, das Wort, das Gott ist, zu schauen, laßt uns hören auf das fleisch-gewordene Wort: weil wir Fleisch geworden, laßt uns hören auf das fleisch-gewordene Wort. Denn dazu kam er, dazu nahm er unsere Ohnmacht auf sich, damit du das starke Wort des Gottes zu fassen vermöchtest, der deine Ohnmacht trug. Und mit Recht wurde er «Milch» genannt. Denn Milch gibt er den Kleinen, um den Größeren die Speise der Weisheit geben zu können. Trinke geduldig die Milch, um später begierig genährt werden zu können. Wie nämlich wird er auch Milch, die Kinder zu tränken? Stand auf dem Tisch nicht Speise? Aber unfähig ist das Kind, die Speise zu essen, die auf dem Tisch steht: was tut da die Mutter? Sie nimmt die Speise auf in ihr Fleisch und wandelt sie um in Milch. Sie bereitet uns, was wir zu fassen vermöchten. So wurde das Wort Fleisch, auf daß es uns mit der Milch der Unmündigen nähre, die wir zur Speise noch zu kindisch waren. Nur dies ist verschieden, daß, wenn die Mutter die einverleibte Speise zu Milch macht, die Speise in Milch sich verwandelt; aber unveränderlich verharrend das Wort Fleisch angenommen hat, um damit gewissermaßen verwoben zu sein...

Und was sagt er zu den Schwachen,.. damit sie das Wort in irgendeiner Weise berühren könnten, durch das alles geworden ist? «Kommt zu mir, alle, die ihr mühselig seid und beladen, und ich will euch erquicken. Nehmt mein Joch auf euch und lernt von mir, denn ich bin sanft und demütig von Herzen» (Mt 11,28f.). Was kündet hier der Meister, der Gottessohn, die Weisheit Gottes, durch die alles geschaffen wurde? Er ruft das Menschengeschlecht herbei und spricht: «Kommt zu mir, alle, die ihr mühselig seid, und lernet von mir.» Du dachtest wohl, die Weisheit Gottes werde sagen: Lernet von mir, wie ich die Himmel schuf und die Sterne: denn alles war, bevor es entstand, in mir schon gezählt, so wie in der Kraft der unwandelbaren Ideen selbst eure

Haare gezählt sind. Derartiges, glaubtest du, würde er reden. Nein. Sondern vor allem anderen dies: «Denn ich bin sanft und demütig von Herzen.» Seht, dies ist's, was ihr fassen sollt, Brüder, und gewiß ist es wenig. Zu Großem streben wir auf, laßt uns das Kleine fassen, so werden wir groß sein. Den erhabenen Gipfel Gottes willst du fassen? Fasse zuerst die Demut Gottes. Geruhe demütig zu sein um deiner selbst willen, weil Gott geruhte, demütig zu sein um eben deiner selbst willen, nicht nämlich um seinetwillen... Fassest du Christi Demut, so steigst du mit ihm empor: nicht als ob er selbst stiege, sofern er das Wort ist; sondern du vielmehr, damit du ihn fassest mehr und mehr. Denn anfangs begriffst du strauchelnd und zögernd; später begreifst du gewisser und klarer. Nicht *er* wächst, sondern *du* schreitest fort, und so scheint er mit dir zusammen emporzusteigen. So ist es, Brüder. Glaubet an Gottes Gebote und haltet sie, dann wird euch Gott die Stärke der Einsicht schenken. Überhebt euch nicht und schätzt das Wissen nicht gleichsam höher als Gottes Gebote.

Die drei Gestalten des Wortes

[2] Unser Herr Jesus Christus, Brüder, wird, soweit wir die heiligen Blätter zu deuten vermochten, auf dreierlei Weise verstanden und genannt, wenn er durch das Gesetz und die Propheten oder durch die apostolischen Briefe oder durch den Glauben an die Ereignisse verkündet wird, die wir aus dem Evangelium kennen. Die erste Weise ist Gott gemäß und jener dem Vater gleichwesentlichen und gleichewigen Gottheit vor der Menschwerdung. Die zweite Weise ist jene, gemäß der er nach erfolgter Menschwerdung als Gott zugleich Mensch und als Mensch zugleich Gott ist, wie es die Eigentümlichkeit seines Vorrangs besagt, durch den er die übrigen Menschen überragt und so als Mittler und Haupt der Kirche verkündet und begriffen wird. Die dritte Weise ist gleichsam der ganze Christus in der Fülle der Kirche, das heißt Haupt und Leib gemäß der «Vollendung eines aus-

gereiften Mannes» (Eph 4,13), in welchem wir die einzelnen Glieder sind...

Zur Bezeichnung der ersten Weise unseres Herrn und Erlösers Jesus Christus, des einzigen Sohnes Gottes, durch den alles erschaffen wurde, gehört jenes erhabenste und berühmteste Wort im Evangelium nach Johannes: «Am Anfang war das Wort, und das Wort war bei Gott, und Gott war das Wort» (Joh 1,1)...

Vernimm weiter eine andere Bedeutung, eine andere Weise Christus zu bezeichnen, wie sie die Schrift kennt. Denn jenes Erstgesagte ist noch vor der Menschwerdung. Vernimm nun aber, was die Schrift weiter kündet: «Das Wort ist Fleisch geworden und hat unter uns gewohnt» (Joh 1,14) ... Dadurch wurde er zum Mittler und zum Haupt der Kirche, durch den wir mit Gott versöhnt werden: durch das Geheimnis der Erniedrigung und des Leidens und der Auferstehung und der Himmelfahrt und des künftigen Gerichts...

Es gibt eine dritte Weise, wie Christus verkündet wird: als der Ganze, im Hinblick auf die Kirche, nämlich als Haupt und Leib. Denn Haupt und Leib sind *ein* Christus; nicht weil er ohne Leib nicht ganz und vollständig wäre, sondern weil er sich würdigte, mit uns zusammen ganz und vollständig zu sein, der auch ohne uns stets vollständig ist, nicht nur sofern der eingeborene Sohn das Wort ist und dem Vater gleich, sondern auch im Menschen selbst, den er angenommen und mit dem zusammen er Gottmensch ist. Und doch, Brüder, wie sind wir sein Leib, und wie ist Christus Einer mit uns zusammen? Wo finden wir dies, daß der eine Christus Haupt und Leib ist, das heißt der Leib samt seinem Haupte? Bei Isaias reden die Braut und der Bräutigam wie eine einzige Person: zweifellos redet hier ein und derselbe, und seht, was er sagt: «Wie einem Bräutigam setzte er mir den Kopfschmuck auf und wie einer Braut legte er mir Schmuck an» (Is 61,10). Wie einem Bräutigam und einer Braut: derselbe wird Bräutigam genannt nach dem Haupt und Braut nach dem Leib. Zwei erscheinen, und einer ist. Denn wie wären wir sonst die Glieder Christi, wo doch der Apostel mit aller

Deutlichkeit sagt: «Ihr seid der Leib Christi und seine Glieder» (1 Kor 12,27)? Glieder Christi und sein Leib sind wir alle zumal; nicht nur wir, die wir hier versammelt sind, sondern wir über die ganze Erde hin; nicht nur wir Heutigen, sondern – was soll ich sagen? Seit Abel dem Gerechten bis zum Ende der Welt, solange Menschen gebären und Menschen geboren werden, wer immer als Gerechter dieses Leben durchwandert, was immer hier (ich meine nicht an diesem Ort, sondern in diesem Leben), was immer später geboren wird, das alles ist der *eine* Leib Christi. Sind also alle der Leib, so sind die Einzelnen Glieder; und zweifellos gibt es ein Haupt dieses Leibes. «Und er ist», so heißt es, «das Haupt des Leibes der Kirche, der Erstgeborene, der den Vorrang hat» (Kol 1,18). Und weil es von ihm auch heißt, daß er immerdar «das Haupt aller Fürstentümer und Mächte» ist (Kol 2,10), so wird diese Kirche, die hier in der Fremde wandert, verbunden mit jener himmlischen Kirche, wo wir die Engel zu Mitbürgern haben; denen gleich zu sein nach der Auferstehung des Leibes wir uns nicht überheblich zuschreiben, da die Wahrheit verheißt: «Sie werden den Engeln Gottes gleich sein» (Lk 20,36). Und so wächst die *eine* Kirche zusammen, die Stadt des großen Königs...

Ob ich nun von Haupt und Leib oder von Bräutigam und Braut rede: es handelt sich stets um den Einen... Darum erzeigt euch als Leib, der eines solchen Hauptes wert ist, und als die würdige Gattin eines solchen Gatten. Jenes Haupt darf nur einen ebenbürtigen Leib, jener so erhabene Gatte nur eine ebenbürtige Gattin besitzen. «Um sich eine glorreiche Kirche zu bereiten», heißt es, «ohne Makel und Runzel oder irgend etwas dergleichen» (Eph 5,27). Braut Christi ist jene, die keinerlei Makel oder Runzel besitzt.

Das Heil, der Freund und die Weisheit

[3] Zwei Dinge sind nötig auf dieser Welt: das Heil und der Freund. Die sind es, die wir hoch werten, die wir nicht verachten sollen. Das Heil und der Freund, das sind die Güter der Natur. Gott schuf den Menschen, daß er sei und lebe: das ist das Heil; aber daß er nicht einsam sei, wurde Freundschaft gesucht. So begann denn die Freundschaft bei der Gattin und den Kindern und breitet sich aus bis zu den Freunden. Erwägen wir freilich, daß wir alle *einen* Vater und *eine* Mutter besitzen, wer ist dann Freund? Jedem Menschen steht jeder am nächsten. Frag die Natur. Er ist unbekannt? Er ist Mensch. Er ist Feind? Er ist Mensch. Er ist Gegner? Er ist Mensch. Er ist Freund? Er bleibe dein Freund. Er ist Feind? Er werde dein Freund.

Zu diesen beiden Nötigsten dieser Welt, zum Heil und zum Freund, gesellt sich, als ein Fremdling, die Weisheit. Sie findet alle als töricht, irrend, auf Überflüssiges sinnend, auf Zeitliches versessen, das Ewige vergessend. Diese Weisheit war für die Toren keine Freundin. Da sie also den Toren nicht Freundin war und fern von ihnen, nahm sie unseren Nächsten an, und so wurde sie unsere Nächste. Das ist das Geheimnis Christi. Was steht sich so fern als Torheit und Weisheit? Was steht sich näher als Mensch und Mensch? So nahm die Weisheit den Menschen an und wurde durch das Nächste die Nächste dem Menschen... So sehen wir diese drei: Das Heil, den Freund und die Weisheit.

Erscheinen und Verbergen

[4] Zweierlei kannten wir von diesem unserem Leben: den Anfang und den Schluß, Geborenwerden und Sterben: Geborenwerden und die Mühsal anheben, Sterben und ins Ungewisse verschweben. Dies beides kannten wir: Geborenwerden und Sterben: davon war Überfluß in unserer Gegend.

Die Erde ist unsere Gegend, die Gegend der Engel der Himmel. So kam unser Herr in diese Gegend aus der andern Gegend: In die Gegend des Todes aus der Gegend des Lebens; in die Gegend der Mühsal aus der Gegend der Wonne. Er kam, um uns seine Güte zu bringen, und litt geduldig unsere Übel. Seine Güter brachte er verborgen, unsere Übel litt er offen: so erschien der Mensch, verbarg sich die Gottheit, erschien die Ohnmacht, verbarg sich die Allmacht, erschien das Fleisch, verbarg sich das Wort. Es duldete das Fleisch: wo war das Wort während dem Dulden des Fleisches? Das Wort schwieg nicht, es lehrte uns die Geduld... Erinnert euch, Geliebteste, was ihr hörtet, als sein Leiden verlesen wurde: «Wenn er der Sohn Gottes ist, so steige er vom Kreuze herab, und wir wollen ihm glauben. Wenn er der Sohn Gottes ist, so soll der ihn erretten» (Mt 27,40. 42). Er hörte dies und schwieg; für die solches Redenden bat er, und sich selber verbarg er. In einem andern Evangelium heißt es, daß er ausrief für sie: «Vater, vergib ihnen, denn sie wissen nicht, was sie tun» (Lk 23,34). Er sah dort die künftigen Seinigen, er sah die bald an ihn Glaubenden, für die erbat er Verzeihen. Unser Haupt hing am Kreuz in Beschwerden, doch es kannte seine Glieder auf Erden.

Der Mittler

[5] So ist er Mittler zwischen Gott und den Menschen: mit dem Vater ist er Gott, mit den Menschen Mensch. Nicht Mittler als Mensch ohne Gottheit, nicht Mittler als Gott ohne Menschheit. Das also ist der Mittler. Die Gottheit ist ohne Menschheit nicht Mittlerin, die Menschheit ist ohne Gottheit nicht Mittlerin; vielmehr vermittelt zwischen der reinen Gottheit und reinen Menschheit die menschliche Göttlichkeit und göttliche Menschlichkeit Christi.

[6] Hin trat er zu dem, was er nicht war, verließ aber nicht, was er war. Menschensohn wurde er und hörte nicht auf, Sohn Gottes zu sein. Dadurch ist er Mittler in der Mitte. Was

heißt in der Mitte? Weder oben noch unten. Wie denn: weder oben noch unten? Nicht oben, weil Fleisch; nicht unten, weil nicht Sünder. Und doch: sofern Gott, immer oben. Denn nicht so kam er zu uns, daß er den Vater verließ. Uns ließ er zurück, aber nicht im Stich: zu uns wird er kehren und den Vater nicht lassen.

Adam und Christus

[7] Einer und einer: ein Mensch, durch den der Einsturz, ein anderer Mensch, durch den der Aufbau. Durch jenen Vergehen, durch diesen Entstehen. Niederfiel, der nicht stehenblieb; aufhob, der nicht niederfiel. Jener stürzte, weil er den Bleibenden verließ; dieser stieg bleibend zum Liegenden ab.

[8] «Er wird seine Erwählten von den vier Winden her versammeln» (Mk 13,27)... «Adam» selbst sinnbildet den Erdkreis, nach der griechischen Sprache... Die vier Weltrichtungen haben zu ihrem Anfang diese Buchstaben: Anatole nennen sie den Osten, Dysis den Westen, Arktos den Norden, Mesembria den Süden; das ergibt: Adam. Adam selber also ist über den ganzen Erdkreis zerstreut. Er war an Einem Orte, da fiel er, und gewissermaßen zersplittert, füllte er die Weite der Welt; aber die Barmherzigkeit Gottes sammelte von überall her die Scherben und schmelzte sie ein im Feuer der Liebe und machte eins, was zerbrochen war... Der es hergestellt.., der stellte es wieder her.

Er wurde zur Sünde

[9] Er kam im Fleische, das heißt «in der Ähnlichkeit des Fleisches der Sünde» (Röm 8,3), nicht im Fleisch der Sünde und durchaus ohne Sünde. Und ebendarum wurde er zum wahren Opfer für die Sünde, weil er selbst keine Sünde hatte... Als Gott Vorschriften erließ über die Opfer der Sünde – Opfer, in denen nicht Tilgung der Sünde war, sondern Vorschattung des Künftigen –, da nannte das Gesetz

jene Opfer, jene Tiere, jene Schlachtopfer, die man zur Schlachtung für die Sünden brachte und in deren Blut jenes Blut vorgebildet wurde: «Sünden», bis dazuhin, daß an einigen Stellen geschrieben steht, die opfernden Priester sollten zuerst ihre Hände der Sünde auflegen, nämlich dem Kopf des für die Sünde zu opfernden Schlachttiers. Eine solche Sünde also, das heißt, ein Schlachtopfer für die Sünde, wurde unser Herr Jesus Christus, «der die Sünde nicht kannte».

Der Abstieg Gottes

[10] «Herr, hier ist gut sein für uns.» Überdruß litt Petrus an der Menge, die Einsamkeit des Berges war ihm aufgegangen, hier hatte er Christus, das Brot des Geistes. Sollte er wieder von hinnen scheiden in Mühen und Schmerzen hinein, wo er nun heilige Liebesgefühle zu Gott verspürte und so auch ein reines Leben? Er wünschte sich das Gute, und darum fügte er bei: «Wenn du willst, werden wir hier drei Hütten bauen» (Mt 17,4)...

Steig hinab, Petrus, du wolltest ruhen auf dem Berge, steig wieder hinab!.. «Die Liebe sucht nicht das Ihre» (1 Kor 13,5), sie sucht nicht das Ihre, und darum schenkt sie dahin, was sie besitzt... Das hatte Petrus noch nicht begriffen, als er begehrte, mit Christus auf dem Berge zu leben. Er hat es dir aufgespart, Petrus, für nach dem Tod. Nun aber sagt er dir selbst: Steige hinunter, um dich auf der Erde zu mühen, auf der Erde zu dienen und verachtet zu werden, um auf der Erde gekreuzigt zu werden. Absteigt das Leben, um getötet zu werden; absteigt das Brot, um zu hungern; absteigt der Weg, um auf der Wanderung müde zu werden; absteigt der Quell, um zu dürsten: und du verweigerst die Arbeit? Such nicht das Deine. Habe die Liebe, künde die Wahrheit: so gelangst du zur Ewigkeit, dort findest du Sicherheit.

Der wundersame Handel

[11] Das «Wort Gottes» «ward Fleisch und wohnte unter uns». Denn nicht besaß es in sich, woraus es hätte sterben können für uns, hätte es nicht sterbliches Fleisch angenommen aus uns. So konnte der Unsterbliche sterben, so wollte er den Sterblichen das Leben vererben: der nachher die seiner teilhaft machte, deren er selbst vorher teilhaft wurde. Denn weder hatten wir aus dem Unsern, woraus leben, noch er aus dem Seinen, woran sterben. So ging er durch gegenseitige Teilnahme einen wundersamen Handel mit uns ein: unser war, woran er starb – sein wird sein, woraus wir leben werden. Freilich das Fleisch, das er von uns, um sterben zu können, empfing, auch diese Habe war, weil er Schöpfer ist, seine Gabe; das Leben aber, von dem wir in ihm und mit ihm leben sollten, hat er nicht als unsere Gabe... So ist er auch an der eigenen Habe gestorben, weil er auch das Fleisch erschuf, in dem er gestorben.

[12] So redet uns gleichsam zu unser Herr und Gott, unser Heiland: O Menschen, ich schuf den Menschen recht, und er selber schuf sich verkehrt. Von mir seid ihr gewichen, in euch selber verblichen: ich aber will suchen gehn, was verloren war. Von mir seid ihr abgewichen, habt das Leben verloren: «und das Leben war das Licht der Menschen». Seht, was ihr verspielt, als ihr alle in Adam fielt. «Das Leben war das Licht der Menschen.» Was für ein Leben? «Am Anfang war das Wort, und das Wort war bei Gott, und Gott war das Wort.» Leben war es: ihr lagt in eurem Tode. Ich, das Wort, hatte nicht, woran sterben: du, der Mensch, hattest nicht, wovon leben. Weil sich Christus, der Herr, gewürdigt, nahm ich auf seine Worte: wenn er die meinen, um wieviel mehr ich die seinen! Gleichsam im Schweigen, durch die Ereignisse selber sprechend, redet Christus, unser Herr: Ich hatte nicht, woran sterben, Mensch, du hattest nicht,

wovon leben. Ich nahm auf von dir, woran sterben für dich: nimm auf von mir, woraus leben mit mir. Feiern wir einen Tausch: ich gebe dir, gib du mir. Von dir empfang ich den Tod: empfange von mir das Leben. Erwache vom Schlaf: schau, was ich gebe, was ich bekomme. Erhaben im Himmel, empfing ich von dir auf Erden Niedrigkeit: dein Herr, empfing ich von dir Sklavengestalt: dein Heil, empfing ich Wunden von dir: dein Leben, empfing ich den Tod von dir. Wort, bin ich Fleisch geworden, um sterben zu können. Fleisch hatte ich nicht beim Vater, von deiner Masse nahm ich, um für dich zahlen zu können... Und letztlich starb ich am Deinigen: lebe vom Meinigen.

Anerkenne dich in mir

[13] Er selbst ist der Kelch, von dem er wollte, daß er vorübergehe, den zu trinken er kam. Was ist es also, Herr, daß du sagtest: «Vater, wenn es angeht, so ziehe dieser Kelch vorüber an mir»? Den Jüngern sagtest du, vor dem Leiden, vor dem Tod: «Betrübt ist bis zum Tod meine Seele.» Ich suche in diesen Worten jene andern wiederzufinden: «Ich habe Macht, meine Seele hinzugeben, und Macht, sie wieder zu nehmen» (Joh 10, 17. 18). Warum hör ich: «Betrübt ist bis zum Tod meine Seele» (Mt 26, 38)? Niemand nimmt sie dir: warum bist du betrübt? Du hast die Macht, deine Seele hinzugeben: warum sagst du: «Vater, wenn es angeht, so ziehe dieser Kelch vorüber an mir»? Er antwortet der Frage und sagt dir: Mensch, in meinem Fleisch hab ich dich aufgenommen: soll ich, wenn ich dich in meinem Fleische trage, dich nicht auch in meiner Stimme tragen? Wenn ich sage: «Ich habe Macht, meine Seele hinzugeben, und Macht, sie wieder zu nehmen», so spreche ich, als der Schöpfer, mich; wenn ich sage: «Betrübt ist bis zum Tod meine Seele», so rede ich, als das Geschaffene, dich. Freue dich in dir über mich, anerkenne dich in mir. Wenn ich sage: «Ich habe Macht, meine Seele hinzugeben», bin ich deine Hilfe; wenn ich sage: «Betrübt ist bis zum Tod meine Seele», bin ich dein Spiegel.

Gold und Heu

[14] «Alles Fleisch ist Heu, und des Menschen Herrlichkeit wie die Blume des Grases: das Heu verdorrt und die Blume fällt ab; das Wort Gottes aber währt ewig» (1 Ptr 1, 24). Und wieviel Ehren und Ruhm die Menschen auch diesem Fleische bezeugen mögen, es ist Blume zwar, aber Blume des Grases; und dorrt das Heu, die Blume vermag nicht zu bleiben, mit dem verdorrenden Heu fällt auch die Blume des Grases. Aber wir haben, woran wir uns halten können, um nicht zu fallen, denn das Wort Gottes währt ewig. Hat uns, Brüder, das Wort Gottes verschmäht? Hat es diese unsre Zerbrechlichkeit und Sterblichkeit verachtet und gesagt: Es ist Fleisch, es ist Heu, so dorre das Heu, so falle die Blume des Grases, es braucht ihm nicht geholfen zu werden? Nein, es nahm sogar unser Heu an sich, um uns in Gold zu verwandeln. Das Wort des Herrn, das in Ewigkeit währt, fand es nicht würdelos, eine Zeitlang zu Heu zu werden, nicht so, als hätte das Wort selbst sich verwandelt, sondern um bessere Wandlung dem Heu zu gewähren. «Das Wort» nämlich «wurde Fleisch und wohnte unter uns», und es litt der Herr für uns und wurde begraben und erstand und fuhr zum Himmel empor und sitzet zur Rechten des Vaters, nicht Heu mehr, sondern unverwelktes und unverwesliches Gold.

Gott, Mensch und Tier

[15] Wenn sich Gott so sehr erniedrigte, daß er Mensch wurde, wer könnte dann noch mehr von ihm verlangen? Du nämlich wirst nicht so weit erniedrigt, daß du aus einem Menschen ein Tier wirst: und würdest du es, es gliche jenem noch nicht. Würdest du so weit erniedrigt, daß du aus einem Menschen ein Tier würdest, so würdest du nicht um einen solchen Zwischenraum erniedrigt werden, als der Zwischenraum ist, um den Gott erniedrigt wurde. Wenn ein Mensch Tier würde, so würde zwar ein Vernunfthaftes unvernünftig, aber ein Sterbliches bliebe sterblich: sterblich ist der Mensch,

sterblich das Tier: der Mensch wird geboren so wie das Tier, der Mensch wird empfangen so wie das Tier, mit Hilfe leiblicher Speisen wird der Mensch ernährt wie das Tier. Wie vieles hat er gemein mit dem Tier! Nur in Hinsicht des Geistes ist er verschieden, worin das Bild des Schöpfers hinterlegt ist. Und Gott nun, der Mensch ward, wurde aus einem Ewigen sterblich, nahm sündelos Fleisch an aus der Masse unserer Fortzeugung, wurde Mensch, wurde geboren, empfing aus uns, wodurch er leide für uns.

[16] Du glaubst nicht? Glaube, glaube! Schon ist es mehr, was er getan, als was er noch verhieß. Was tat er? Er starb für dich. Was versprach er? Daß du lebest mit ihm. Unglaubhafter ist, daß der Ewige starb, als daß der Sterbende ewig lebe. Schon halten wir das Unwahrscheinlichere. Starb für den Menschen ein Gott, wie sollte der Mensch nicht leben mit Gott?

Entstellte Schönheit

[17] Zur Hochzeit lud jener Bräutigam, der «schön an Gestalt war mehr als alle andern Menschenkinder». Und dieser Bräutigam wurde häßlich um seiner häßlichen Braut willen, damit er sie schön gestalte. Wie wurde der Schöne häßlich? Ich muß es beweisen, sonst lästere ich. Seiner Schönheit Zeugnis gibt mir der Prophet: «Er ist schön an Gestalt mehr als alle anderen Menschenkinder» (Ps 44,3). Von seiner Entstellung zeugt mir ein anderer Prophet: «Wir sahen ihn, und er hatte weder Ansehn noch Schönheit, sein Gesicht war verworfen, seine Haltung entstellt» (Is 53,2)... Beide sprachen von Christus, beide sagten es aus vom Eckstein. In der Ecke treffen sich die Mauern, stimmen sie nicht überein, so ist es kein Haus, sondern eine Ruine. So stimmen auch die Propheten überein:.. «Da er in Gottes Gestalt war, hielt er es nicht für Raub, gottgleich zu sein.» Sieh, hier erblickte er den an Gestalt «Schönen mehr als alle andern Menschenkinder». Sage nun an, wo du jenen erschautest, der weder Ansehn noch Schönheit besaß? «Und er entleerte sich, indem

er Sklavengestalt annahm, den Menschen gleich, und im Äußern als Mensch erfunden» (Phil 2,6f.). Von seiner Entstellung heißt es weiterhin: «Er erniedrigte sich selbst, wurde gehorsam bis zum Tode, ja bis zum Tode am Kreuz.» Hier hab ich's erschaut. So stimmen sie überein... Was ist schöner als Gott? Was ist entstellter als der Gekreuzigte? Und dieser Bräutigam, der «schöner war an Gestalt als alle Menschenkinder», der wurde häßlich, um seiner Braut Schönheit zu geben, von der nun gesagt wird: «O herrliche unter den Frauen!» (Hl 1,7.)

Heil aus Gott

[18] Wenn anders der Mensch etwas an Wahrheit und Gerechtigkeit besitzt, so stammt es aus jener Quelle, die wir in dieser Wüste erdürsten sollen, um von ihr her, wie von gewissen Tautropfen besprengt und auf dieser Wanderung vorläufig getröstet, nicht auf dem Weg zu erliegen und hindurchgelangen zu können zu ihrer Ruhe und Stillung.

[19] Bist du gut, so lobe die Quelle, von der her du gut bist. Bist du schlecht, so lobe die Quelle, von der her du gut werden kannst. Denn bist du gut, so bist du's von ihm her: bist du schlecht, so bist du's von dir her. Fliehe dich selbst und komm zu dem, der dich schuf: denn indem du fliehst, bleibst du dir treu, und indem du dir treu bleibst, hängst du in dem, der dich schuf.

Zweierlei Heil

[20] Der Apostel sagt: «So wird es sein: jeder, der den Namen des Herrn anruft, wird heil sein» (Röm 10,14). Zu diesem Heile hin eilt ihr, die ihr euren Namen bei der Taufe eintragen ließt, einem Heil, das nicht kurze Zeit währt, sondern ewig: einem Heil, das uns nicht mit den Tieren gemein ist, noch den guten und bösen Menschen. Denn ihr seht, und es ist allen gewiß, daß das Heil dieser gegenwärtigen Zeit, das zu erringen oder wiederzugewinnen die Menschen sich plagen, nicht den Menschen allein gewährt ist, sondern den Tieren, großen und kleinen. Von den Drachen und Elefanten hinab zu den Mücken und Würmchen dringt dieses Heil. Und auch die Menschen teilen dies Heil, die Gott anrufen und die ihn lästern; so sagt der heilige Psalm: «Menschen und Tieren gibst du Heil, Herr, wie denn, o Gott, dein Erbarmen vervielfältigt ist; die Menschenkinder aber hoffen im Schutze deiner Flügel» (Ps 35, 7f.). Dieses Heil dringt also durch das vielfache Erbarmen Gottes bis hinab zu den

letzten Tieren: die Menschenkinder aber, die zum Menschensohn gehören, die hoffen im Schutz seiner Flügel. So tun wir in diesem Leben: noch ist es ein Hoffen dessen, was wir später empfangen sollen. Und was verspricht uns derselbe Psalm? «Trunken sollen sie werden vom Überfluß deines Hauses, und mit dem Gießbach deiner Wollust wirst du sie tränken: denn bei dir ist der Quell des Lebens.» Der Quell des Lebens ist Christus.

[21] «Verachte nicht die Werke deiner Hände» (Ps 137, 8). Ich sage nicht: Herr, verachte nicht die Werke meiner Hände, ich brüste mich nicht in meinen Werken. Freilich: «Ich suchte den Herrn mit meinen Händen, nachts vor ihm, und ich ward nicht enttäuscht» (Ps 76, 3), aber dennoch empfehle ich nicht die Werke meiner Hände: ich fürchte, wenn du sie anschaust, findest du mehr Sünden als Verdienste. Nur das eine bitte ich, sage ich, möcht' ich erflehen: «Verachte nicht das Werk deiner Hände.» Sieh nicht mein Werk in mir, sondern deines, denn siehst du das meine, so verdammst du, siehst du das deine, so krönst du. Denn alle meine Werke, die gut sind, sind mir von dir, und darum sind sie mehr deine als meine.

Das Glück, unterlegen zu sein

[22] «Dienet dem Herrn in Furcht, und jubelt ihm mit Zittern» (Ps 2, 11). Juble ihm, nicht dir: ihm, von dem du bist, was du bist; von dem du Mensch bist, von dem du gerecht bist, wenn anders du gerecht bist... Denn wenn du dir gerecht erscheinst, weil du nicht fremdes Gut raubst, nicht Ehebruch treibst, nicht mordest, nicht falsches Zeugnis gegen deinen Nächsten ablegst, Vater und Mutter ehrst, den einen Gott anbetest, Götzen und Dämonen nicht dienst – so wirst du auf diesem Wege zugrunde gehen, falls du dies alles dir selber zuschreibst, falls du wähnst, es stamme von dir... Was ist also zu tun, um vom rechten Wege nicht abzugehen? «Selig ein jeder, der auf den Herrn vertraut» (Ps 11, 13). Wenn selig, wer auf ihn vertraut, dann unselig,

wer auf sich vertraut. «Verflucht der Mensch, der seine Hoffnung setzt auf einen Menschen» (Jer 17, 5). Also auch nicht auf dich, denn auch du bist ein Mensch. Setzest du deine Hoffnung auf einen fremden Menschen, so ist das ungeordnete Demut, setzest du sie auf dich selbst, so ist es gefährlicher Hochmut... Überdenkst du deine Güter, was findest du dann, das du nicht erhalten hättest? Und wenn du's erhalten hast, was rühmst du dich dann, als hättest du's nicht erhalten? (1 Kor 4, 7.) Gott ist der einzige, der nichts anderes weiß als Schenken. Keinen Beschenkenden hat, wer keinen Überlegenen hat. Und du, der du ihm unterlegen bist, ja weil du ihm unterlegen bist, wünsche dir Glück, daß du nach seinem Bilde geschaffen bist; auf daß du in ihm erfunden werdest, der du in dir verloren warst. Denn nichts konntest du in dir, als dich verlieren, und du kannst dich nicht finden, wenn der, der dich schuf, dich nicht sucht.

Gnadenwahl

[23] Schuldner wurde er uns, nicht indem er etwas von uns empfing, sondern verheißend, was ihm gefiel. Denn anders sagen wir einem Menschen: du schuldest mir, was ich dir gab, anders: du schuldest mir, weil du mir versprachst. Sagst du das erste, so ging die Wohltat von dir aus, aber als Leihgabe, nicht als Geschenk. Sagst du das zweite, so gabst du nichts, aber heischest doch. Die Güte des andern wird dir geben, damit die Treue sich nicht in Arglist verkehre. Denn wer betrügt, ist böse. Wie aber sollten wir zu Gott sprechen: Gib mir heraus, denn ich gab dir? Was gaben wir Gott, wenn wir all unser Sein und all unser Gutsein von ihm her haben? Nichts also gaben wir ihm. Nicht mit solcher Stimme also können wir Gott als unsern Schuldner anreden, zumal der Apostel uns sagt: «Wer erkannte den Sinn des Herrn? Oder wer war sein Ratgeber? Oder wer hat ihm zuerst gegeben, und er müßte ihm wiedererstatten?» (Röm 11, 34f.). Nur so also können wir von unserm Herrn etwas fordern, daß wir sagen: Gib heraus, was du verheißen hast: denn

wir haben getan, was du geheißen hast: und auch dies hast du getan, daß du den Leistenden beistandst.

Keiner sage demnach: Gott hat mich darum berufen, weil ich Gott diente. Wie hättest du ihm gedient, wärest du nicht berufen? Hätte Gott dich darum berufen, weil du Gott dientest, dann hättest du ihm zuerst gegeben, und er würde dir vergelten. Nimmt dir der Apostel nicht diese Sprache weg, wenn er sagt: «Oder wer hat ihm zuerst gegeben, und er müßte ihm wiedererstatten?» Und doch, als du gerufen wurdest, warst du ja schon. Gewiß, aber wann wärst du vorausbestimmt worden, wenn nicht damals, als du noch nicht warst? Was hättest du Gott geben können, als du, der Geber, noch gar nicht warst? Was tat also Gott, als er die vorbestimmte, die noch nicht waren? Was der Apostel sagt: «Der das Nichtseiende ruft, als wäre es schon vorhanden» (Röm 4, 17). Wärst du schon, so würdest du nicht vorherbestimmt; wärst du nicht abgewendet, so würdest du nicht berufen; wärst du nicht gottlos, so würdest du nicht gerechtfertigt; wärst du nicht irdisch und verworfen, so würdest du nicht verherrlicht. Wer also «hat ihm zuerst gegeben, und er müßte ihm wiedererstatten? Denn aus ihm und durch ihn und in ihm ist alles.» Was also erstatten wir? «Ihm sei Ruhm» (Röm 11, 36). Weil wir nicht waren, als wir vorherbestimmt wurden, weil wir abgewendet waren, als wir gerufen wurden, weil wir Sünder waren, als wir gerechtfertigt wurden: laßt uns Dank sagen Gott, damit wir nicht undankbar bleiben.

Gott bekennen

[24] Gott bekennen, was heißt dies, wenn nicht: vor Gott sich erniedrigen, sich keinerlei Verdienste zuschreiben? Denn «durch seine Gnade wurden wir erlöst», wie der Apostel sagt, «nicht durch die Werke, damit sich keiner überhebe; durch seine Gnade nämlich sind wir erlöst» (Eph 2, 8.9). Denn nicht ging irgendein gutes Leben voraus, das jener von oben her wohlwollend liebte und sagte: Laßt uns diesen Menschen zu Hilfe kommen, leisten wir ihnen Bei-

stand, denn sie leben ja gut. Es mißfiel ihm vielmehr unser Leben, es mißfiel ihm das Ganze in uns, was immer wir taten; nicht aber mißfiel ihm, was er selber in uns getan. Und so wird er verdammen, was wir getan, und erlösen, was er getan: verdammen der Menschen schlechte Werke, erlösen die Menschen selbst: denn nicht schufen die Menschen sich selbst, sondern ihr böses Tun. Was Gott in ihnen geschaffen – denn Gott schuf den Menschen nach seinem Bild und Gleichnis – ist gut; was aber, durch Freiheit vom Schöpfer und Bildner abgewendet und zum Bösen gekehrt, der Mensch an Schlechtem getan hat, das verdammt Gott, um den Menschen zu erlösen: und so verdammt Gott, was der Mensch getan und erlöst Gott, was Gott selber getan. Nicht also waren wir gut; sondern er erbarmte sich unser und sandte seinen Sohn in den Tod nicht für Gute, sondern für Böse, nicht für Gerechte, sondern für Gottlose: denn «Christus ist für Gottlose gestorben» (Röm 5,6).

Gott liebt zuerst

[25] «Denn der Vater liebt euch, weil ihr mich geliebt habt» (Joh 16,27). Liebt er wirklich darum, weil wir geliebt haben; oder lieben wir nicht vielmehr, weil er geliebt hat? Der Apostel gebe selbst Antwort aus seinem Briefe: «Wir lieben, weil er selbst uns zuerst geliebt hat» (1 Joh 4,10). So also kam unsere Liebe zustande, daß uns selbst Liebe zuteil wurde. Reines Geschenk Gottes ist die Liebe zu Gott. Er gab, geliebt zu werden, der ungeliebt liebte. Als ungefällig wurden wir geliebt, damit in uns sei, wodurch wir gefielen. Denn nicht liebten wir den Sohn, wenn wir nicht auch den Vater liebten. Der Vater liebt uns, weil wir den Sohn lieben; obwohl wir von Vater und Sohn erhielten, daß wir Vater und Sohn lieben: denn beider Geist verströmt in unsern Herzen die Liebe (Röm 5,5), durch welchen Geist wir den Vater sowohl wie den Sohn lieben, und welchen Geist wir mit Vater und Sohn zugleich lieben. Die kindliche Liebe, mit der wir Gott ehren, stammt also von Gott, «und er sah,

daß es gut war», darum liebte er ja, was er schuf. Er würde aber nicht in uns schaffen, was er liebt, wenn er uns nicht schon liebte, bevor er es schuf.

Gott ist nicht einzuholen

[26] «Womit soll ich dem Herrn vergelten für alles, was er mir vergolten hat?» (Ps 115,12.) Und indem er sich überall umsieht, womit er wohl zu vergelten vermöchte, hat er gleichsam etwas gefunden. Was findet er? «Den Kelch des Heiles will ich ergreifen.» Du dachtest an Vergelten, und schon wieder denkst du an Empfang. Ich bitte dich, überlege. Wenn du wieder empfangen willst, dann wirst du abermals Schuldner sein, und wie dann Vergelter? Wenn du also immerdar Schuldner bleibst, wann wirst du vergelten? Nichts wirst du finden, es ihm zu vergelten, nur das wirst du haben, was er dir gab.

[27] Hör, was Gott sagt: «Der dich krönt in Barmherzigkeit und Erbarmen» (Ps 102,4). Aus Barmherzigkeit krönt er dich, aus Erbarmen krönt er dich. Denn nicht würdig warst du, von ihm berufen zu werden, nicht würdig, als Berufener gerechtfertigt zu werden, nicht würdig, als Gerechtfertigter verherrlicht zu werden. «Der Rest ist durch Erwählung der Gnade gerettet worden. Wenn aber durch Gnade, dann nicht mehr aus den Werken: sonst ist Gnade nicht Gnade» (Röm 11,5). «Denn wer Werke tut, dem wird der Lohn nicht gemäß der Gnade angerechnet, sondern gemäß der Schuldigkeit» (Ebd. 4,4). Dich aber krönt er in Barmherzigkeit und Erbarmen: und sollten deine Verdienste vorausgegangen sein, so sagt Gott zu dir: Gehe deine Verdienste mit Genauigkeit durch, und du wirst sehn: sie sind meine Geschenke.

Natur und Gnade

[28] Erschaffen wurde der erste Mensch in schuldloser Natur, in fehlerloser Natur, er wurde richtig geschaffen,

nicht hat er sich selbst ausgerichtet. Was er sich selber antat, ist sattsam bekannt: aus der Hand des Töpfers fallend, zerbrach er. Denn der, der ihn schuf, der lenkte ihn auch, und diesen versuchte er zu verlassen; Gott ließ es zu, als ob er sagte: Er mag mich verlassen und mag sich finden, und sein Elend soll ihm beweisen, daß er nichts vermag ohne mich.

Auf diese Weise also wollte Gott dem Menschen zeigen, was der freie Wille wert ist ohne Gott. O schlechte Freiheit ohne Gott! Wir haben's erfahren, was sie wert ist ohne Gott. Darum wurden wir elend, weil wir's erfuhren, was sie taugt ohne Gott. Daß wir doch endlich einmal diese Erfahrung einsähen und –: «Kommt, laßt uns ihn anbeten und vor ihm niederfallen; kommt, laßt uns anbeten und uns neigen vor ihm und weinen vor dem Herrn, der uns schuf» (Ps 94,6), damit er, der uns schuf, uns neu schaffe, die wir verloren waren durch uns. Sieh, gut ward der Mensch geschaffen, und durch freien Willen wurde böse der Mensch: wie soll da der böse Mensch einen guten Menschen erschaffen, der Gott durch freien Willen verließ? Als Guter konnte er sich nicht als Guten bewahren, und als Böser soll er sich gut machen können? Als er gut war, wahrte er sich nicht als gut; und da er böse ist, soll er sprechen: Ich will mich bessern? Was willst du Böser tun, der du als Guter zugrunde gingst, wenn der dich nicht neu schafft, der gut blieb?

«Er also hat uns geschaffen, und nicht wir uns selbst. Wir aber sind sein Volk und die Lämmer seiner Weide» (Ps 94, 6–7). Sieh, der uns schuf, der schuf uns Menschen zu seinem Volk. Denn als geschaffene Menschen waren wir noch nicht «sein Volk»... Denn auch Heiden werden geboren, und alle Gottlosen, alle Feinde der Kirche; und um geboren zu werden, dazu bedarf es des Schöpfers. Denn kein anderer Gott erschuf sie...

Gemeinsam ist allen die Natur, nicht die Gnade. Die Natur soll nicht mit der Gnade verwechselt werden: oder wenn man sie für Gnade erachten will, dann nur darum, weil auch sie ‚gnädig', das heißt umsonst geschenkt ist. Denn nicht verdiente der Mensch, der nicht war, daß er sei. Verdiente er's, so wäre er schon gewesen, aber er war noch nicht. Er konnte also nicht verdienen, er, der nicht war; und doch wurde er geschaffen, und er wurde auch nicht wie das Vieh geschaffen, nicht wie ein Baum, nicht wie ein Stein, sondern er wurde geschaffen nach dem Bild des Schöpfers. Wer gab diese Wohltat? Gott, der war, und von Ewigkeit war. Wem gab er's? Dem Menschen, der noch nicht war. Der war, gab; der nicht war, empfing. Wer konnte so etwas tun außer jenem, der «das Nichtseiende ruft, als wäre es schon vorhanden» (Röm 4, 17)? Von ihm sagt der Apostel: «Der uns erwählte vor Grundlegung der Welt» (Eph 1,4). Vor Grundlegung der Welt erwählte er uns: innerhalb dieser Welt wurden wir geschaffen, und doch bestand noch nicht diese Welt, als er uns erwählt. Unaussprechlich, wundersam, meine Brüder! Wer reichte hin, es zu erklären? Wer auch nur, zu denken, was er erklären sollte? Erwählt wird, was kein Dasein hat; und der Wählende täuscht sich nicht, erwählt nicht umsonst. Und doch erwählt er, und hat seine Auserwählten, die er schaffen wird, um sie einst auszuwählen: er hat sie aber bei sich, nicht in seiner Natur, sondern in seiner Vorsehung...

«Sein Volk und die Lämmer seiner Weide.» Der das schuldlose Lamm sandte, um es erwürgen zu lassen, der schuf aus den Wölfen Lämmer. Das ist Gnade. Abgesehen von jener allgemeinen Gnade, durch die wir als Menschen erschaffen wurden, deren wir nicht würdig waren, weil wir gar nicht waren: abgesehen von jener Gnade, ist dies die größere Gnade, daß wir zu «seinem Volk und zu Lämmern seiner Weide» gemacht wurden durch Jesus Christus, unsern Herrn.

Doch mag einer sagen: Durch Jesus Christus wurden wir auch als Menschen erschaffen. Gewiß, durch Jesus Christus wurden auch die Heiden erschaffen. Denn auch die Heiden, nicht um Heiden, sondern um Menschen zu sein, wurden durch Jesus Christus erschaffen. Denn wer anders ist Jesus Christus als «Im Anfang war das Wort, und das Wort war bei Gott, und Gott war das Wort. Dieses war im Anfang bei Gott. Alles wurde durch dasselbe geschaffen» (Joh 1,1–3)?

Ihm danken es demnach auch die Heiden, als Menschen geschaffen zu sein, und sind um so strafbarer, als sie den verließen, von dem sie geschaffen waren, und das verehrten, was sie sich selber erschufen.

Von jener Gnade also abgesehen, durch welche die menschliche Natur erschaffen wurde,.. ist dies die größere Gnade, ..daß wir durch das menschgewordene Wort zu Gläubigen wurden... Dies immer von neuem einzuschärfen, zwingt uns eine neuere Irrlehre[1], die sich zu verbreiten sucht: denn wir wünschen euch beharrlich im Guten... Indem sie also gegen die Gnade für die Freiheit des Willens eintraten, verletzten sie fromme und katholische Ohren. Diese begannen sich zu entsetzen, begannen jene als sichre Verderbnis zu meiden, und man fing an zu sagen, sie kämpften gegen die Gnade an: und so erfanden sie, um diese Anklage als falsch abzuwehren, den folgenden Ausweg: Nein, heißt es nun, ich kämpfe nicht gegen die Gnade. Wie beweisest du dies? Eben indem ich den freien Willen verteidige, kämpfe ich nicht gegen die Gnade... Eben weil ich den freien Willen des Menschen verfechte und behaupte, daß der freie Wille genügt, um mich gerecht zu machen, rede ich zugleich von der Gnade Gottes. Gespannt sind die gläubigen Ohren; wer dies hört, beginnt schon Lob zu spenden. Gott sei Dank: Nicht ohne Gottes Gnade verficht er den freien Willen. Es gibt in der Tat einen freien Willen, aber er ist nichts wert ohne die Gnade Gottes. Wenn sie also den freien Willen nicht ohne Gottes Gnade verfechten, was sagen sie dann Böses? Erkläre uns, o Lehrer, was du unter der Gnade verstehst. Wenn ich von menschlicher Freiheit rede, so sagt er, dann rede ich doch vom Menschen. Gewiß, und was weiter? Wer hat den Menschen erschaffen? Gott. Wer hat ihm die Willensfreiheit gegeben? Gott. Wenn also Gott den Menschen erschuf und Gott dem Menschen die Willensfreiheit verlieh, wessen Gnade verdankt er es dann, wenn nicht dessen, der ihn mit freiem Willen erschuf? Scheinbar nicht ohne Scharfsinn reden sie so.

[1] Der Pelagianismus.

Seht, Brüder, wie sie jene allgemeine Gnade verfechten, durch die der Mensch erschaffen wurde, durch die wir Menschen sind: und zweifellos sind wir zusammen mit den Gottlosen Menschen, wir sind aber nicht mit den Gottlosen zusammen Christen. Und diese Gnade, durch welche wir Christen sind, von der wollen wir, daß sie sie künden, von der wollen wir, daß sie sie anerkennen; die wollen wir, von der der Apostel sagt: «Ich mache die Gnade Christi nicht eitel. Denn wenn die Gerechtigkeit durch das Gesetz erlangt wird, dann ist Christus umsonst gestorben» (Gal 2,21)... «Vielmehr hat die Schrift alles unter der Sünde verschlossen, damit die Verheißung» – die Verheißung!, nicht die bloße Vorhersage! Der Verheißende erschafft selbst, was er verhieß! – «damit die Verheißung aus dem Glauben Jesu Christi den Glaubenden geschenkt würde.» Sieh, als solche hat uns die Gnade des Erlösers vorgefunden, daß nicht einmal das Gesetz uns zu heilen vermochte. Warum aber wäre das Gesetz erlassen worden, wenn die Natur genügt hätte? Und doch hat auch das Gesetz nicht genügt, so ohnmächtig war die Natur geworden: das Gesetz erging zwar, konnte aber nicht lebendig machen. Wozu also wurde das Gesetz erlassen? «Das Gesetz», sagt der Apostel, «wurde um der Übertretung willen gegeben» (Gal 3,19–22). Um der Übertretung willen wurde es aufgestellt, um dich zum Übertreter zu machen. Warum: um mich zum Übertreter zu machen? Weil Gott deinen Hochmut kannte; weil er wußte, daß du dir sagtest: O würde mich nur einer belehren, o würde mir nur einer den Weg zeigen! [Das wäre mir genug!] Sieh, das Gesetz lehrt dich: «Du sollst nicht begehren.» Du kanntest das Gesetz, das dir sagte: «Du sollst nicht begehren.» Da reckte sich die Begierlichkeit auf, die du noch nicht kanntest; sie stak schon in dir, aber du wußtest es nicht: du fingest an zu versuchen, das, was in dir stak, zu besiegen, und es kam an den Tag, was verborgen lag. Du Stolzer: durch das Gesetz wurdest du Übertreter: anerkenne die Gnade und werde Anbeter.

[29] «Alle, die vom Geiste Gottes getrieben werden, sind Kinder Gottes» (Röm 8,14). Du willst dich selber treiben, von dir selber willst du getrieben werden zur Abtötung des Fleisches?.. Aber magst du's als Epikureer tun oder als Stoiker, unter den Kindern Gottes wirst du nicht sein. «Alle nämlich, die vom Geiste Gottes getrieben werden, sind Kinder Gottes.».. Nun wendet mir einer ein: Wir werden also getrieben, und handeln nicht selbst. Ich erwidre: Vielmehr, sowohl handelst du, als wirst du getrieben und handelst dann gut, wenn du vom Guten getrieben wirst. Denn der Geist Gottes, der dich treibt, ist dir als Tätigem Beistand. Ja, das Wort Beistand schreibt er dir sogar vor, weil auch du selber etwas dabei tust. Erkenne, was du erbittest, erkenne, was du bekennst, wenn du sagst: «Sei mein Beistand und verlasse mich nicht» (Ps 26,9). Du rufst also Gott um Beistand an. Niemand empfängt Hilfe, wenn er nicht selbst etwas leistet... «Wir wissen», sagt der Apostel, «daß denen, die Gott lieben, alles zum Guten zusammenwirkt» (Röm 8,28). Wirktest du nicht, so wirkte jener nicht mit.

Hier aber müßt ihr mächtig wachen, daß nicht euer Geist etwa sage: Wenn sich Gottes Mitwirkung und Beistand entzieht, dann leistet mein Geist allein dies Werk, wenn auch mit Anstrengung, wenn auch mit einiger Schwierigkeit. So wie einer wohl sagt: Rudernd gelangen wir zwar hin, aber nicht ohne Mühe; o hätten wir doch Wind, so kämen wir leichter von hinnen. Nicht also die Hilfe Gottes, nicht also die Hilfe Christi, nicht also die Hilfe des Heiligen Geistes. Fehlt sie, so vermagst du nicht das geringste Gute zu wirken. Du wirkst zwar auch ohne seine Hilfe mit deinem freien Willen, aber schlecht. Dazu reicht dein Wille, den man den freien nennt, aber durch schlechtes Handeln wird er zum verurteilungswürdigen Knecht...

Es ist nicht so, wie einige anfingen zu sagen, als sie, in die Enge getrieben, sich zur Gnade bekennen mußten: – und wir wollen Gott danksagen, daß sie schließlich wenigstens dies zugaben, denn durch Nähertreten konnten sie fortschreiten und schließlich zu dem, was wirklich recht ist, gelangen –, sie sagten also, die Gnade Gottes sei ein Beistand, um leichter zu wirken. Dies sind ihre eigenen Worte: ‚Dazu gab Gott den Menschen seine Gnade, daß sie, was sie mit dem freien Willen zu tun geheißen werden, mit größerer Leichtigkeit durch die Gnade vollbringen.' Mit dem Segel leichter, schwerer mit dem Ruder: und doch kommt man auch mit dem Ruder voran. Mit dem Lasttier leichter, schwerer zu Fuß, aber auch zu Fuß kommt man voran. So ist es nicht... Lest, was der Herr sagt: Es ist das heilige Evangelium selbst, alle stolzen Nacken mögen sich beugen. Nicht Augustinus sagt diese Worte, der Herr selbst sagt sie. Was sagt er? «Ohne mich könnt ihr nichts tun» (Joh 15,5).

Die Arbeiter im Weinberg

[30] Es murrten die Arbeiter im Weinberg gegen den Hausvater, indem sie sagten: Wir, die des Tages Last und Hitze trugen, setzest und behandelst du gleich wie jene, die nur eine Stunde im Weinberg gearbeitet haben. Und der Hausvater gibt die gerechteste Antwort, indem er sich an einen von ihnen wendet: Freund, ich tat dir kein Unrecht; ... ist es mir nicht erlaubt, mit dem Meinigen zu tun, was ich will? Oder ist dein Auge neidisch, weil ich gut bin? Nähme ich einem andern das Seine weg, du könntest mit Recht mich tadeln als einen Betrüger und Ungerechten; gäbe ich einem andern nicht, was ihm geschuldet ist, du würdest mit Recht mich tadeln als einen Preller und Lohnverweigerer: wenn ich aber das Schuldige zahle und, wem ich will, etwas schenke, so kann mein Schuldner mir nichts vorhalten, und der Beschenkte soll sich überdies freuen. Darauf war nichts zu erwidern: und alle standen auf gleicher Stufe, und die Letzten wurden die Ersten, und die Ersten die Letzten, durch Ausgleich, nicht durch Hintansetzung...

So werden auch wir alle gleich sein im Lohn. Erste die Letzten und Letzte die Ersten: denn jener Denar ist das ewige

Leben, und im ewigen Leben sind alle sich gleich. Obwohl sie nach der Verschiedenheit der Verdienste verschieden erstrahlen werden, der eine mehr, der andere weniger: was das ewige Leben selber betrifft, so wird es für alle gleich sein. Nicht wird länger sein für den einen, kürzer für den andern, was für alle gleich-ewig ist: was kein Ende hat, wird es auch für mich nicht haben. Auf andere Weise wird dort die eheliche Keuschheit belohnt sein, auf andere Weise die jungfräuliche Unberührtheit: auf andere Weise die Frucht guten Handelns gegeben, auf andere das Leiden gekrönt werden. Das eine so, das andere anders: und doch, was das Ewigleben betrifft, wird dieser nicht mehr leben als jener, noch jener als dieser...

Achtet aber darauf, meine Brüder, und begreifet, daß einer nicht darum es aufschieben darf, in den Weinberg zu kommen, weil er sicher ist, zu welcher Stunde er auch kommen mag, den Denar doch zu erhalten. Sicher ist er zwar, daß ihm der Denar verheißen wird; aber aufzuschieben wurde er nicht geheißen. Haben etwa jene, die, als der Hausvater ausging, um sie zur dritten Stunde in den Weinberg zu dingen, und dann antraten, zum Beispiel gesagt: Warte noch, wir kommen zur sechsten Stunde? Oder jene, die er zur sechsten fand: Wir kommen erst zur neunten? Oder jene, die er zur neunten fand: Wir kommen zur elften? Er wird ja doch allen dasselbe geben, was sollen wir uns mehr als nötig anstrengen? Was jener geben wird, was er tun wird, das liegt völlig in seinem Ratschluß verborgen: du aber komm, wann du gerufen wirst... Man hat dich zur sechsten Stunde berufen? Komm. Der Hausvater hat dir zwar auch in elfter Stunde den Denar versprochen: aber niemand hat dir versprochen, daß du bis zur siebenten lebest. Ich sage nicht: bis zur elften, sondern bis zur siebenten. Warum also vertröstest du den Rufer, des Lohnes gewiß, des Tages ungewiß? Sieh zu, daß du nicht, was du dir durch Versprechen gibst, durch Verschieben entziehst.

[31] «Es werden ihr viele Sünden vergeben, weil sie viel geliebt hat. Wem aber wenig vergeben wird, der liebt auch wenig» (Lk 7,47). Zu fürchten ist, und gar sehr zu fürchten, daß bei denen, die die Worte des Herrn nicht richtig verstehen, die ihren fleischlichen Begierden frönen und zu träge sind, aus diesen sich in die Freiheit durchzuringen, jener Spruch Eingang finde, der auch zur Zeit der Apostelpredigt auf der Zunge der Übeltäter lag, und den Paulus anführt: «Wie denn einige uns das Wort unterschieben: Laßt uns das Böse tun, damit daraus das Gute entstehe» (Röm 3,8). Denn es möchte wohl einer sagen: Wenn der, dem wenig verziehen wird, wenig liebt, dem aber mehr vergeben wird, mehr liebt: wenn es aber besser ist, mehr zu lieben als weniger: so frommt es, viel zu sündigen und viel schuldig zu sein, wovon wir losgesprochen sein möchten, um den Erlasser großer Schulden auch besser zu lieben. Jene Sünderin nämlich liebte den Lossprecher ihrer Schulden um so mehr, als sie ihm Größeres schuldete, wie der Herr selbst sagt: «Es werden ihr viele Sünden vergeben, weil sie viel geliebt hat.».. Ihr seht gewiß die Abgründigkeit der Frage: ich weiß, ihr seht sie... Sie bedrängt uns, aber der Herr, der diese Wahrheit vorstellt, möge mich aus der Bedrängung befreien.

Gesprochen wurde dieses Wort wegen des Pharisäers, der keine oder doch nur wenig Sünden zu haben meinte. Er hätte gewiß den Herrn nicht eingeladen, hätte er nicht einen Anfang von Liebe gehabt. Aber wie gering war sie! Er gab keinen Kuß, nicht einmal Wasser für die Füße, geschweige denn Tränen: er hielt jenen Dienst nicht ein, den das Weib befolgte, das wußte, was da geheilt und von wem es geheilt werden sollte. O Pharisäer, du liebst darum wenig, weil du vermutest, daß dir wenig zu verzeihen sei: nicht darum, weil wenig verziehen wird, sondern weil du für wenig erachtest, was verziehen wird. Was denn, sagt jener, ich, der ich keinen Mord beging, ich soll als Mörder eingeschätzt werden? Der ich keinen Ehebruch beging, ich soll für einen Ehebruch bestraft werden? Oder soll mir verziehen werden, was ich gar nicht beging? Sieh, wir wollen wiederum Zweie aufstellen und wollen mit ihnen reden. Der eine kommt als bittflehender Sünder, übersät mit Dornen wie ein Igel und furchtsamer als ein Häslein. Aber «der Fels ist Zuflucht für Igel und Häslein» (Ps 103,18). So kommt er zum Felsen, findet Zuflucht, empfängt Hilfe. Ein anderer hat nicht vieles begangen: was sollen wir ihm tun, damit er viel liebe? Wessen sollen wir ihn überzeugen? Werden wir gegen des Herrn Wort anrennen: «Wem wenig verziehen wird, der liebt wenig»? Ja gewiß: wem wenig verziehen wird. Aber, o du, der du behauptest, nicht viel begangen zu haben: warum denn? Durch wessen Lenkung? Gott sei Dank, daß ihr durch eure Bewegung und eure Rufe mir anzeigt, daß ihr begriffen habt. Schon ist, ich seh's, die Frage gelöst. Jener hat vieles begangen und wurde ein Schuldner von Großem; dieser hat durch Gottes Fügung wenig begangen. Wem jener es zuschrieb, daß er es ihm erlassen, dem schreibe dieser es zu, daß er es nicht zugelassen. Ehebrecher wurdest du nicht in deinem bisherigen Leben, voll Unwissenheit, noch nicht erleuchtet, Gut und Böse noch nicht unterscheidend, noch nicht an jenen glaubend, der dich in deiner Unwissenheit lenkte. So spricht zu dir dein Gott: Ich lenkte dich mir, ich hütete dich mir. Daß du nicht Ehebruch begingst: dazu fehlte der Verführer: daß der Verführer fehlte, tat ich. Ort und Zeit der Gelegenheit fehlten: daß sie fehlten, tat ich. Es war ein Verführer, es fehlte weder an Ort noch an Zeit: daß du nicht zugestimmt hast, dazu drohte ich dir. So anerkenne die Gnade dessen, dem du auch dies verdankst, was du nicht begingst. Mir schuldet jener, was er beging und was du erlassen siehst; mir schuldest auch du, was du nicht begingst. Denn es gibt keine Sünde, die ein Mensch beging, die nicht auch ein anderer Mensch begehen könnte, wenn jener Lenker fehlte, welcher den Menschen schuf.

[32] «Geh mit deinem Knecht nicht ins Gericht» (Ps 142, 2). Denn ich brauche mehr deine Barmherzigkeit als dein peinliches Gericht... Ein Knecht bin ich, warum ziehst du mich vor Gericht? «Denn nicht wird vor deinem Angesicht irgendein Lebender gerechtfertigt.» Was sagt er? Solange wir hienieden leben, ist niemand gerechtfertigt, nämlich «vor deinem Angesicht». Nicht umsonst wird dies beigefügt; denn es kann einer gewiß vor dem Angesicht der Menschen gerechtfertigt scheinen, damit auch das Wort erfüllt sei: «Gemäß der Gerechtigkeit, die aus dem Gesetze ist, wandle ich ohne Hader» angesichts der Menschen. Übertrag's vor das Angesicht Gottes: «Vor deinem Angesicht wird kein Lebender gerechtfertigt.».. Denn wenn jene Gerechtigkeit kommt, nach der die Engel leben, bei der es keinerlei Begierlichkeit mehr gibt, dann wird jeder sich selber bewerten können: was er jetzt ist, und was er dann sein wird; und er wird finden, daß im Vergleich zur kommenden Gerechtigkeit die jetzige «Schaden» und «Kot» ist. Wer immer aber der Meinung ist, er könne die Gerechtigkeit dadurch erfüllen, daß er gut und schuldlos lebt nach dem Maßstab des durchschnittlich-menschlichen Ermessens, der blieb auf dem Wege stehen: er sehnt sich nicht nach Besserem, denn er glaubt, es schon erfüllt zu haben; und schreibt er's gar sich selber zu, so wird er hochmütig. Und besser ist ein demütiger Sünder als ein stolzer Gerechter. Darum heißt es: «Ich möchte in ihm erfunden werden, nicht meine Gerechtigkeit besitzend, die aus dem Gesetze ist», wie die Juden vermeinten, «sondern die Gerechtigkeit, die aus dem Glauben Jesu Christi stammt.» Dann fährt er fort: «ob ich gelangen möchte zur Auferstehung der Toten». Dort erst glaubt er, daß er die Gerechtigkeit erfüllt haben werde, die volle Gerechtigkeit besitzen werde. Im Vergleich zu jener Auferstehung ist das ganze gegenwärtige Leben hier «Kot». Hör, wie der Apostel noch deutlicher wird: «Ob ich gelangen möchte zur Auferstehung der Toten. Nicht daß ich es schon ergriffen hätte oder schon

vollendet wäre.» Und kurz darauf: «Ich bilde mir nicht ein, es ergriffen zu haben. Eines aber.» Welches «eine», wenn nicht aus dem Glauben leben, in Hoffnung auf ewiges Heil, wo volle und vollkommene Gerechtigkeit sein wird..? «Eines aber: was hinter mir liegt, vergessend, ausgespannt nach dem, was vor mir liegt, jag ich dem Ziele nach, zum Siegespreis der Berufung Gottes droben, in Christus Jesus.» Und nun zu denen gewendet, die sich etwas einbilden könnten auf ihre Vollkommenheit: «Wer immer nun von uns vollkommen ist: *so* laßt uns gesinnt sein!» Vorhin nannte er sich unvollkommen und jetzt vollkommen. Aus keinem andern Grund, als weil die Vollkommenheit des Menschen darin besteht, entdeckt zu haben, daß er nicht vollkommen ist. «Wer immer von uns vollkommen ist: *so* laßt uns gesinnt sein. Und solltet ihr vielleicht in einem Punkte noch anders denken, so wird euch Gott auch hierüber Licht schenken» (Phil 3,6–16). Das heißt: wenn ihr vielleicht auf irgendeiner Stufe seelischen Fortschritts euch für vollkommen halten solltet, so mögt ihr durch Lesen der Schrift und durch Finden dessen, was die wahre Gerechtigkeit ist, euch selber als schuldig erfinden, im Ersehnen des Künftigen das Gegenwärtige verurteilen, aus Glaube, Hoffnung, Liebe leben, verstehen, daß ihr noch nicht schaut, was ihr glaubt, daß ihr hofft, noch nicht haltet, daß ihr erdürstet und noch nicht erfülltet... «Niemand sieht Gott von Angesicht und lebt» (Ex 33,20). Denn nicht in diesem Leben dürfen wir leben, wollen wir die Schau jenes Antlitzes erstreben. Abzusterben gilt es der Welt, um für ewig Gott zu leben... Dann erst werden wir unersättliche Sättigung ohne Überdruß erben: ewig werden wir hungern und ewig gesättigt werden.

II

DIE KIRCHE IM ALTEN BUND

Überall Er

[33] «Der Gott der Götter, der Herr, hat gesprochen» (Ps 49, 1). Er hat auf vielerlei Weisen gesprochen. Durch Engel hat er selbst gesprochen, durch Propheten hat er selbst gesprochen, durch seinen eigenen Mund hat er selbst gesprochen, durch seine Apostel hat er selbst gesprochen, durch seine Gläubigen spricht er selbst, durch unsere Niedrigkeit, wenn wir etwas Wahres sagen, redet er selbst. Ihr seht also: vielfältig redend, auf viele Weisen, durch viele Gefäße, durch viele Organe, tönt doch immer überall Er, anrührend, umwandelnd, einwehend.

In allen Zeichen

[34] Die Zeichen sind gewandelt, nicht der Glaube. Die Zeichen sind gewandelt, die eine Sache bedeutet haben; nicht die Sache selbst, die bedeutet wurde. An Christi Stelle stand der Widder, an Christi Stelle das Lamm, an Christi Stelle das Kalb, an Christi Stelle der Bock: alles ist Christus. Christus der Widder, weil er die Herde anführt: er wurde in den Dornen gefunden, als Vater Abraham geheißen wurde, des Sohnes zu schonen und doch nicht ohne Darbringung eines Opfers von hinnen zu gehn. Und Isaak war Christus, und der Widder war Christus. Isaak trug selbst seine Scheiter, Christus trug selber sein Kreuz. An Stelle Isaaks der Widder, aber nicht Christus an Stelle Christi. Wohl aber in Isaak wie im Widder Christus. An den Hörnern war der Widder in den Dornen verstrickt: frage die Juden, womit sie damals den Herrn gekrönt. Er ist das Lamm: «Sieh das Lamm Gottes, sieh, das hinwegnimmt die Sünden der Welt.» Er ist der Stier: achte auf die Hörner des Kreuzes. Er ist der Bock: wegen der Ähnlichkeit des Fleisches der Sünde. Aber verschleiert war dies alles, bis der Tag erschien und die Schatten schwanden.

[35] Moses erhielt den Auftrag, eine eherne Schlange zu fertigen und sie auf einem Holz in der Wüste zu erhöhen, und das Volk Israel zu ermahnen, daß jeder, der von der Schlange gebissen wurde, auf jene am Holz erhöhte Schlange hinblicken sollte. Und so geschah es: die Menschen wurden gebissen, blickten empor und wurden geheilt (Num 21, 6–9). Was sind die beißenden Schlangen? Die Sünden aus dem sterblichen Fleische. Was ist die erhöhte Schlange? Der Tod des Herrn am Kreuz. Denn weil durch die Schlange der Tod, wurde er in Schlangengestalt gebildet. Man blickt auf die Schlange, daß nichts vermöge die Schlange. Was heißt dies? Man blickt auf den Tod, daß nichts vermöge der Tod. Doch wessen Tod? Des Lebens Tod, wenn anders man sagen kann: des Lebens Tod; oder vielmehr: weil man es sagen kann, wundersam sagt. Oder sollte nicht gesagt werden dürfen, was doch geschehen sollte? Soll ich zögern zu sagen, was der Herr für mich zu tun sich herabließ? Ist Christus nicht Leben? Und doch ist Christus am Kreuz. Ist Christus nicht Leben? Und doch ist Christus tot. Aber im Tod Christi ist tot der Tod, weil das tote Leben den Tod getötet, verschlang die Fülle des Lebens den Tod: verzehrt und einverleibt ist der Tod im Leibe Christi. Aber auch wir werden bei der Auferstehung im Jubellied singen: «Wo ist, Tod, dein Streit? Wo ist, Tod, dein Sporn?» (1 Kor 15, 54ff.) Bis dahin, Brüder, blicken wir, um von der Sünde geheilt zu werden, auf den gekreuzigten Christus; denn «wie Moses die Schlange in der Wüste erhöhte, so soll der Menschensohn erhöht werden, damit jeder, der an ihn glaubt, nicht untergehe, sondern das ewige Leben habe» (Joh 3, 14. 15).

Kirche seit Anfang

[36] «Es vergeht meine Seele in dein Heil, und auf dein Wort habe ich vertraut» (Ps 118,81). Wer sagt dies, wenn nicht das «erlesene Geschlecht, das königliche Priestertum, der heilige Stamm, das Volk der Erwerbung» (1 Ptr 2,9), seit Anfang des Menschengeschlechts bis ans Ende dieser Welt; sagt es jenen, die, ein jeder zu seiner Zeit, in der Sehnsucht nach Christus gelebt, leben, noch leben werden?.. Diese Sehnsucht, von der wir da reden, entsteigt der Liebe zu seiner Offenbarung, von der Paulus sagt: «Wenn Christus erscheinen wird, euer Leben, dann werdet auch ihr mit ihm in der Glorie erscheinen» (Kol 3,4). Die erste Zeit der Kirche also, vor der Jungfraungeburt, hatte Heilige, welche die Ankunft seiner Menschwerdung ersehnten, die Zeiten aber, nachdem er in den Himmel stieg, haben Heilige, welche seine Offenbarung zum Gericht über Lebende und Tote ersehnen...

[37] Unser Haupt ist Christus, wir sind dieses Hauptes Leib. Wir allein? Und nicht vielmehr auch jene, die vor uns waren? Alle Gerechten von Weltanfang an haben Christus zum Haupt. Denn an ihn als den Kommenden glaubten sie, den wir als den Gekommenen glauben; und im Glauben an ihn wurden sie nicht weniger gerettet als wir: auf daß er selbst das Haupt der ganzen Stadt Jerusalem sei, mit Beizählung aller Gläubigen vom Anfang der Welt bis zum Ende, mit Beiziehung auch der Legionen und Heere der Engel, damit ein einziger Staat sei unter einem einzigen König, ein Reich unter einem Kaiser, glücklich in ewigem Frieden und Heil, lobend Gott ohne Ende, selig auch ohne Ende. Dieser Leib Christi ist die Kirche.

[38] «Wir alle empfingen von seiner Fülle» (Joh 1,16). Was heißt: wir alle? Es war ein Patriarch, es war ein Prophet, es war irgendein Gerechter, irgendein Verkünder, es war Johannes selber, und kein Größerer erstand als er aus den Weib-Geborenen: alle tranken aus jener Quelle.

Die Arche

[39] Vierzig Tage schwankte die Arche auf der Sündflut; die Arche aber ist die Kirche. Sie ist erbaut aus unverweslichen Balken; diese unverweslichen Balken sind die Seelen der Heiligen und Gerechten: und doch hat sie in sich reine und unreine Tiere; denn solange man hienieden lebt und die Kirche durch die Taufe wie durch eine Sündflut gereinigt wird, solange kann sie nicht anders, als Gute und Böse enthalten, und darum enthält die Arche reine und unreine Tiere. Als aber dann Noe aus ihr hinaustrat, opferte er Gott einzig von reinen Tieren (Gen 6–8). In der Arche also sind reine und unreine Tiere; ist aber einmal diese Sündflut vorbei, so wird Gott nur jene bei sich empfangen, die sich gereinigt haben... Diese ganze Weltzeit hindurch ist die Arche in der Sündflut; solange Christen getauft und durch Wasser gereinigt werden, sieht man die Arche auf den Fluten schwimmen, die vierzig Tage im Wasser war. Der Herr aber, der [nach der Auferstehung] vierzig Tage mit den Jüngern verweilte, würdigte sich, dadurch anzudeuten, daß während dieser Zeit allen der Glaube an die Menschwerdung Christi vonnöten sei.

Zeugnisse

[40] Christus ist Haupt und Leib. Das Haupt ist im Himmel, der Leib auf Erden. Das Haupt ist der Herr, der Leib ist seine Kirche...

Ein Zeugnis für das Haupt: «Abraham und seinem Nachkommen wurden die Verheißungen zugesagt. Es heißt nicht: seinen Nachkommen in der Mehrzahl, sondern in der Einzahl: deinem Nachkommen, welcher Christus ist» (Gal 3,16). Ein Zeugnis zu Abraham für den Leib, das auch der Apostel erwähnt: «An Abraham ergingen die Verheißungen. So wahr ich lebe, spricht der Herr; bei mir selber schwöre ich, weil du meiner Stimme gehorcht hast und deines geliebten Sohnes nicht schontest um meinetwillen, so will ich dich segnen und deine Nachkommenschaft zahlreich machen wie die Sterne am Himmel und wie den Sand am Meer, und in deinem Samen sollen alle Völker der Erde gesegnet werden» (Gen 22, 16–18). Du hast ein Zeugnis für das Haupt und eins für den Leib. Vernimm ein weiteres, kurzes, das fast in *einem* Satze für Haupt und Leib zeugt. Von der Auferstehung Christi sagte der Psalm: «Erhebe dich über die Himmel, Gott», und sogleich fährt er vom Leibe fort: «Und über die ganze Erde dein Ruhm» (Ps 56,6.12). Hör ein Zeugnis für das Haupt: «Sie durchbohrten meine Hände und meine Füße, sie zählten alle meine Gebeine: sie beschauten und betrachteten mich, sie teilten meine Kleider unter sich und warfen über mein Gewand das Los.» Und nach wenigen Worten sogleich vom Leibe: «Es werden sich erinnern und zum Herrn bekehren alle Enden der Erde; und alle Länder der Heiden werden vor seinem Angesicht niederfallen: denn des Herrn ist das Reich. und er herrscht über die Völker» (Ps 21,17f.). Vernimm für das Haupt: «Wie ein Bräutigam geht er aus seinem Brautgemach hervor», und im gleichen Psalm für den Leib: «In alle Welt hinaus drang ihr Schall und an die Grenzen der Erde hre Worte» (Ps 18,6.5).

Vom Sinn der Psalmen

[41] Kaum dürfte sich in den Psalmen ein Wort finden, das nicht von Christus und der Kirche gesprochen wäre, oder von Christus allein, oder von der Kirche allein, die freilich auch wir «zum Teil» sind. Und wenn wir unsere eigene Stimme wiedererkennen, so können wir sie nicht ohne freudige Erregung anhören, und um so größer ist unser Ergötzen, je mehr wir uns darin wiederfinden. König David war ein einzelner Mensch, aber nicht einen einzelnen Menschen sinnbildete er, als er nämlich die Kirche sinnbildete, die aus vielen besteht und sich bis an die Grenzen der Erde erstreckt; wenn er aber einen einzelnen Menschen sinnbildete, dann jenen, der «Mittler Gottes und der Menschen ist, der Mensch Jesus Christus» (1 Tim 2,5).

[42] «Gib mir Einsicht» (Ps 118,73). Jesus, der Herr, erbat in diesem Psalm durch den Propheten, gleichsam für sich selbst, Einsicht von Gott für seinen Leib, der die Kirche ist, daß sie die Satzungen Gottes lerne. Mit ihm zusammen nämlich ist das Leben seines Leibes, das heißt seines Volkes, «in Gott verborgen» (Kol 3,3), und er selber leidet Notdurft in ebendiesem seinem Leibe und erbittet, was seinen Gliedern vonnöten ist.

[43] «Preise, meine Seele, den Herrn» (Ps 103,1)... Wir alle wollen unsere «Seele» anreden, denn unser aller «Seele» ist durch den einen Glauben eine einzige Seele, und wir alle, die immer an Christus glauben, sind wegen der Einheit seines Leibes *ein* Mensch.

[44] «Mein Retter und mein Schützer bist du, mein Gott, zögere nicht» (Ps 39,18). Wie ein einziger Mensch bittet er Gott, die Glieder Christi, der allwärts zerstreute Leib Christi, *ein* Bettler, *ein* Armer.

Verheißung und Erfüllung

[45] Wenn ihr vielleicht überlegt, wie der Alte Bund Gesetz genannt wird und von der Liebe abhängt, während die Liebe den Menschen neu macht und zum neuen Menschen gehört, so ist dieses der Grund: Sichtbar und offen ist dort vom Alten Bunde die Rede, weil die Verheißung irdisch ist und der Herr dort ein irdisches Reich verheißt für jene, die ihn verehren. Es gab aber damals schon Liebende Gottes, die ihn umsonst liebten und ihre Herzen mit keuschem Seufzer zu ihm hin reinigten; die mit abgeworfenen Hüllen der alten Verheißungen hingelangten zur Vorschattung des künftigen Neuen Bundes, die begriffen, daß alles, was im Alten Bund dem alten Menschen gemäß Gebot und Verheißung war, Gleichnisse des Neuen Bundes enthielt, die in der jüngsten Zeit der Herr erfüllen sollte, da völlig offen der Apostel sagt: «Dies aber geschah ihnen im Gleichnis; geschrieben

aber ist es um unsertwillen, die wir in der Endzeit leben» (1 Kor 10, 11). Verborgen aber wurde der Neue Bund vorausverheißen und in jenen alten Gleichnissen angezeigt. Als aber die Zeit des Neuen Bundes herankam, begann der Neue Bund offen verkündet zu werden, die Gleichnisse wurden ausgedeutet und ausgelegt, wie denn das Neue dort einsichtig sei, wo das Alte verheißen war. Es war aber Moses der Künder des Alten Bundes; der aber Künder des Alten war, war ein Finder des Neuen: dem fleischlichen Volk verkündete er das Alte, er selbst, der Geistige, erfaßte darin das Neue. Die Apostel aber waren die Künder und die Diener des Neuen Bundes nicht darum, weil früher nicht schon bestand, was später durch die Apostel bekanntgemacht wurde. Liebe also war dort, Liebe ist hier: dort aber verhülltere Liebe, enthülltere Furcht; hier offenbarere Liebe, geringere Furcht. Denn im Maße die Liebe wächst, schwindet die Furcht. Mit zunehmender Liebe wird die Seele gestillt; wo aber vollendete Stille, herrscht keine Furcht mehr, wie auch der Apostel Johannes bezeugt: «Die vollendete Liebe wirft die Furcht hinaus» (1 Joh 4, 18).

[46] «Du hast den guten Wein bis zum Ende verspart» (Joh 2, 10). Christus hat nämlich den guten Wein, das heißt sein Evangelium, bis jetzt verspart... Es gab in alten Zeiten Weissagungen, und die Spendung der Weissagung fehlte zu keiner Zeit. Jene Weissagung aber war, solange in ihr nicht Christus begriffen wurde, nur Wasser. Im Wasser nämlich ist der Wein gewissermaßen verborgen... Lies all die prophetischen Bücher ohne Verständnis Christi: läßt sich etwas Geschmackloseres, Törichteres denken? Verstehe Christus in ihnen, so schmeckt das Gelesene nicht nur, es berauscht sogar; es entzückt den Geist aus dem Leiblichen hinaus, so daß du, das Gewesene vergessend, dich ausstreckst nach dem, was vor dir liegt (Phil 3, 13)... So hat unser Herr Jesus Christus Wasser in Wein verwandelt, und schmackhaft wurde, was ehedem schmacklos war, berauschend, was ehedem rauschlos war. Hätte er nämlich das Wasser ausschütten las-

sen und selber den Wein aus jenen verborgenen Falten der Schöpfung gespendet, aus denen er Brot schuf, als er die Tausende nährte, . . wo die Allmacht des Herrn gleichsam Quelle des Brotes war, so hätte er auch an Stelle des ausgegossenen Wassers Wein spenden können: hätte er dies getan, so schiene er die alten Schriften mißbilligt zu haben. Da er aber das Wasser selbst in Wein verwandelte, zeigte er uns, daß auch die alte Schrift von ihm stammte: denn auf sein Geheiß hin wurden die Krüge gefüllt.

Die Makkabäer

[47] Der Ruhm der Makkabäer läßt uns den heutigen Tag zur Feier werden: deren wundersame Passion, da sie verlesen wurde, wir nicht nur hörten, sondern miterlebten und schauten. In alten Zeiten begab sich dies, noch vor der Menschwerdung, vor dem Leiden unseres Herrn und Erlösers Jesus Christus. In jenem ersten Volke lebten sie, in dem die Propheten lebten, die das heute Wirkliche weissagten. Keiner aber wähne, daß es, bevor es ein Christenvolk gab, nicht ein Gottesvolk gab. Ich möchte vielmehr sagen, was auch der Wahrheit gemäß ist: Auch jenes Volk damals war ein Christenvolk. Denn nicht erst nach seinem Leiden begann Christus ein Volk zu besitzen: vielmehr war jenes Volk aus Abraham geboren, dem Jesus das Zeugnis ausstellt: «Abraham sehnte sich, meinen Tag zu sehn, und sah ihn und freute sich» (Joh 8,56). Aus Abraham also ist jenes Volk geboren, das in Ägypten Frondienst geleistet, das mit machtvoller Hand durch den Gottesknecht Moses aus dem Hause der Knechtschaft befreit, durch das Rote Meer zwischen weichenden Wogen hindurchgeführt, in der Wüste geprüft, dem Gesetz unterworfen, schließlich ins Königtum eingesetzt wird. Von woher, wie ich sagte, die Propheten aufstanden, von dorther erblühten auch diese Blutzeugen. Noch war Christus zwar nicht gestorben: aber Martyrer schuf sich der einst sterbende Christus. Das also möchte ich vor allem Eurer Liebe einprägen: daß ihr nicht, bei aller Bewunderung für

jene Blutzeugen, meinet, sie wären nicht Christen. Sie waren Christen: aber dem später verbreiteten Christentum kamen sie durch Taten zuvor...

Da kommt aber ein Jude einher und sagt uns: Wie rechnet ihr diese unsere Martyrer als die euren? Durch welche Schamlosigkeit feiert ihr ihr Andenken? Lest ihr Bekenntnis: achtet darauf, ob sie Christus bekannten! Dem antworten wir: In Wahrheit, weil du einer von denen bist, die an Christus nicht glaubten und, aus dem Ölbaum gebrochen – während die wilden Zweige nachrücken –, dorrend draußen verblieben (Röm 11,17), was kannst du als einer der Treulosen sagen? Jene bekannten Christus nicht offen, denn noch war Christi Geheimnis verhüllt. Denn der Alte Bund ist die Verhüllung des Neuen Bundes, und der Neue Bund ist die Enthüllung des Alten Bundes... Der Alte Bund wird aber nicht abgeschafft von jenem, der sagte: «Ich kam nicht, das Gesetz zu lösen, sondern es zu erfüllen» (Mt 5,17). Nur die Hülle wird also vernichtet, damit, was dunkel war, einsichtig werde. Dies freilich war verschlossen, weil der Schlüssel des Kreuzes noch fehlte...

Offen bekennen heute die Blutzeugen Christus, den damals die Makkabäer verborgen bekannten. Gestorben sind diese für Christus, der im Evangelium enthüllt war, gestorben jene für Christi Namen, der im Gesetze verhüllt war. Christus hat beide zu eigen, Christus hat beiden in ihren Kämpfen geholfen, Christus hat beide gekrönt, und beide hat Christus in seinen Diensten.

Erfüllung als Abbruch

[48] David war König Israels, Sohn Jesses, zu einer Zeit des Alten Bundes, als der Neue Bund darin verborgen lag wie die Frucht in der Wurzel. Denn suchst du die Frucht in der Wurzel, so findest du nichts, und doch fändest du die Frucht in den Zweigen nicht, wäre sie nicht aus der Wurzel hervorgegangen... Und wie Christus selbst dem Fleische nach... im Samen der Patriarchen wie in der Wurzel ver-

borgen war und zu bestimmter Zeit offenbar werden mußte wie eine erscheinende Frucht (da geschrieben steht: «Es blüht ein Reis aus der Wurzel Jesse» [Is 9, 1]), so auch das Neue Testament selbst... Zur Zeit des Alten Bundes also, Brüder, waren die Verheißungen unseres Gottes an jenes fleischliche Volk erdhaft und zeithaft. Verheißen war ein irdisches Reich, verheißen war jenes Land, in das sie dann auch, aus Ägypten befreit, hineingeführt wurden,.. wo auch das irdische Jerusalem auferbaut wurde... Dort begannen sie um ihrer Sünden willen bekämpft zu werden, erobert, gefangen; und zuletzt wurde die Stadt selbst vernichtet. Das waren jene Verheißungen, die nicht dauern, durch die aber die künftigen, dauernden Verheißungen vorgebildet sein sollten, so daß jener ganze zeitliche Ablauf von Verheißungen nur ein Bild war. Da also die Dinge versagten, um derentwillen das fleischliche Volk Gott lobte, über das jener David herrschte, «versagten die Hymnen Davids», nicht des Sohnes Gottes, sondern «des Sohnes Jesses» (Ps 72, 1). Hindurchgeführt wurde das Volk zur verheißenen Heimat; etwa zu einer immer dauernden? Wäre dies so, dann wär es kein Bild, sondern die Sache selber. Da es aber ein Bild war, wurde jenes Volk zu etwas Zeitlichem hingeführt. Wurde es aber zu etwas Zeitlichem geführt, so mußte dieses «versagen», und in eben seinem Versagen wurden sie gezwungen, zu suchen, was nicht versagt.

DIE BEIDEN VÖLKER

Esau und Jakob

[49] Zwei Testamente gibt es im Gesetz: das eine ist alt, das andere neu. Das alte schloß zeitliche Verheißungen in sich, aber geistige Bedeutungen. Eure Liebe merke auf: Wenn den Juden das Gelobte Land verheißen wurde, so bedeutete das Gelobte Land etwas Geistiges: wenn den Juden die Friedensstadt Jerusalem verheißen wurde, dann hat der Name der Stadt Jerusalem eine tiefere Bedeutung: wenn den Juden die Beschneidung des Fleisches gegeben wurde, so bedeutet sie eine gewisse geistige Beschneidung: wenn die Juden geheißen werden, einen von den sieben Tagen als den Sabbat zu beobachten, so bedeutet er eine geistige Ruhe, die keinen Abend kennt. Denn auch im Siebentagewerk, in der Genesis, ist bei allen Tagen gesagt: «Und es wurde Abend», nur am siebenten Tag heißt es nicht, daß es Abend wurde. Durch den siebenten Tag, der keinen Abend kennt, wurde uns die ewige Ruhe bedeutet, wo kein Untergang herrscht. Und wenn den Juden fleischliche Opfer gegeben wurden, so werden durch die verschiedenen Opfertiere alle Arten geistiger Opfer versinnbildet.

Jene also, die es so auffaßten, als ob ihnen ein wertvolles gegenwärtiges Gut geschenkt würde, und die nichts Zukünftiges darin suchten, noch geistig zu deuten verstanden, was fleischlich vor sich ging,.. die gehören zum Alten Bunde. Der Alte Bund nämlich ist eine sinnbildliche Verheißung, der Neue Bund ist die geistig verstandene Verheißung. Jenes Jerusalem, das auf Erden war, gehörte zwar zum Alten Bunde, es hatte aber eine bildliche Beziehung zum himmlischen Jerusalem und gehört so zum Neuen Bunde. Die Beschneidung des Fleisches gehört zum Alten: die Beschneidung des Herzens gehört zum Neuen. Gemäß dem Alten wurde das Volk vom Ägypter befreit, gemäß dem Neuen wurde das Volk vom Teufel befreit. Die nachjagenden Ägypter und der Pharao verfolgen die aus Ägypten ausziehenden Juden, das Christenvolk verfolgen seine Sünden und der Teufel, der Fürst der Sünder. Aber wie die Ägypter bis zum Meer hin verfolgen, so verfolgen die Sünden den Christen bis hin zur Taufe.

Vernimm vom Apostel, wie all diese Sinnbilder auf uns bezogen waren. «Ich möchte, Brüder, daß ihr wisset, daß all unsere Väter unter der Wolke waren.» Waren sie unter der Wolke, so waren sie unter der Finsternis. Was heißt das: sie waren unter der Finsternis? Sie verstanden nicht geistig, was leiblich mit ihnen gehandelt wurde. «Und alle gingen sie durch das Meer, und alle wurden auf Moses getauft, und alle aßen von derselben geistigen Speise.» Es wurde ihnen nämlich das Manna in der Wüste gegeben, so wie uns die Süßigkeit der Schriften geschenkt ward, damit wir's ertrügen in dieser Wüste des menschlichen Lebens. Und welches Manna die Christen empfangen, das wissen jene, zu denen der Psalm spricht: «Kostet und seht, wie süß der Herr ist» (Ps 33,9). «Und alle», heißt es, «aßen von derselben geistlichen Speise.» Was heißt: von der gleichen? Von der Gleiches bedeutenden. «Und alle tranken vom selben geistlichen Trank.» Achtet nun, wie er die Deutung in einem Punkte vorlegt, während er die andern verschweigt: «Sie tranken nämlich von dem geistlichen Felsen, der ihnen nachfolgte: der Fels aber war Christus. Das aber geschah sinnbildlich auf uns hin» (1 Kor 10,1–6). An jenen ward es vollzogen, auf uns aber bildhaft bezogen: weil es für jene leiblich vollzogen, uns aber geistlich bedeutet wurde. Die es also fleischlich festhielten, gehören zum Alten Bunde.

Betrachtet nun den alternden Isaak. Wessen Rolle spielt Isaak, als er seinen älteren Sohn zu segnen sich anschickt? Er alterte,.. in seinem Alter seh ich das Alte Testament angedeutet. Weil jene, die unter der Wolke sich fanden, dieses Alte nicht verstanden, darum heißt es, daß sich Isaaks Augen verfinstert hatten... Was also, Brüder? Er will dennoch seinen ältern Sohn Esau segnen. Den jüngern liebte die Mutter, den ältern der Vater, als den Erstgebornen: er war gleich gerecht gegen beide, doch liebte er mehr den Erstgebornen. Er will also den ältern segnen, weil der Alte Bund seine Verheißungen zuerst an das Judenvolk richtete. Er wendet sich mit seinen Verheißungen nur an die Juden: ihnen scheint er zu verheißen, ihnen alles zu versprechen. Sie werden aus Ägypten gerufen, von den Feinden befreit, durchs Meer geführt, mit Manna gespeist; sie empfangen den Bund, empfangen das Gesetz, empfangen die Verheißungen, empfangen selbst das Land der Verheißung. Kein Wunder, daß jener den ersten Sohn segnen wollte; aber unter der Gestalt des ältern wird der jüngere gesegnet. Denn die Mutter spielt die Rolle der Kirche. Die Kirche aber, Brüder, dürft ihr nicht auf jene Heiligen beschränken, die nach der Ankunft und Geburt des Herrn lebten; vielmehr gehören alle, die zu irgendeiner Zeit Heilige waren, zur Kirche. Denn nicht gehört etwa der Vater Abraham nicht zu uns, weil er lebte, bevor Christus aus der Jungfrau geboren wurde, während wir so lange Zeit später, nach dem Leiden Christi nämlich, zu Christen wurden. Sagt doch der Apostel, daß wir Kinder Abrahams sind, indem wir den Glauben Abrahams nachahmen. Wir also werden dadurch, daß wir ihn nachahmen, zur Kirche zugelassen; und wir wollten ihn von der Kirche ausschließen? Diese Kirche wird nun in Rebekka, der Gattin Isaaks, bedeutet: diese Kirche war auch in den heiligen Propheten, die den Alten Bund begriffen, weil jene Weissagungen irgend etwas Geistliches besagten. Um dieses Geistigen willen gehören also die Geistigen zum jüngern Sohn: denn zuerst kommt der Fleischliche, dann der Geistige... Niemand nämlich wird geistig, der nicht vorher fleischlich war. Verharrt er aber in der Klugheit des Fleisches, so bleibt er immerdar Esau: wird er dagegen geistig, so wird er zum jüngeren Sohn. Der jüngere aber wird selbst zum ältern: da jener zwar dem Alter nach, dieser aber der Tugend gemäß den Vorrang hat. Denn als Jakob das Linsenmus gekocht hatte, da begehrte Esau es zu essen, noch bevor er zum Segen hintrat: und jener sprach zu ihm: «Gib mir dein Erstgeburtsrecht, so will ich dir das Linsenmus geben, das ich gekocht.» Und er verkaufte sein Erstgeburtsrecht dem Jüngern; jener trug die irdische Lust davon und dieser den ewigen Vorrang...

Es gibt ein Volk der Christen. Aber innerhalb des christlichen Volkes selber haben jene den Vorrang, die zu Jakob gehören: die hingegen fleischlich leben, fleischlich glauben, fleischlich hoffen, fleischlich lieben, gehören noch immer zum Alten Bund, noch nicht zum Neuen, sind noch im Lose Esaus, noch nicht im Segen Jakobs.

Eure Heiligkeit merke auf. Der greise Isaak wollte also den älteren Sohn mit verdunkelten Augen segnen, weil der Alte Bund an die Juden gerichtet war. Weil sie selbst das Alte Testament nicht verstanden, darum heißt es, daß ihre Augen verdunkelt waren. Er redete also, wie ich sagte, den Älteren an, und der Segen gelangte zum Jüngern. Denn jene Mutter, die wir in allen Heiligen als anwesend erkennen, die Kirche, die die Verheißung verstand, sie gab dem jüngeren Sohn den Rat,.. hinzugehen und von der nächsten Herde zwei Böcklein zu holen; sie, die Mutter, würde sie zubereiten, wie der Vater es liebte, [«die Felle der Böcke aber legte sie ihm um die Hände und um den glatten Hals», und zog ihm Esaus Gewand an], und so würde der Vater den jüngern Sohn segnen, in des älteren Abwesenheit.

Daß der Jüngere unter dem Anschein des Älteren gesegnet wird, besagt, daß unter den Gleichnissen des Alten Bundes, der dem Volk der Juden verheißen war, der geistliche Segen hindurchgelangt zum Volke der Christen... Aber der Segen könnte nicht hindurchgelangen zu uns, wenn wir nicht, bereits durch die gebärende Wiedergeburt von Sünden gereinigt, durch Geduld die Sünden der andern trügen. Denn die Mutter hat beide Söhne zur Welt gebracht. Merkt auf, Brüder: den einen gebar sie behaart, den andern sanft. Die Haare bedeuten die Sünden, die Sanftheit aber die Milde, das heißt das Freisein von Sünden. Beide Söhne werden gesegnet, weil beiderlei Arten die Kirche segnet. So wie Rebekka zweie gebar, so werden zwei aus dem Schoß der Kirche geboren, der eine behaart, der andere sanft:.. Denn es gibt Menschen, die auch nach der Taufe ihre Sünden nicht lassen wollen, sondern weiter tun, was sie vorher taten... Sieh da den behaarten Esau.

Was aber wird von Esau gesagt? «Jener war ein schweifender Jäger, Jakob hingegen weilte ohne Arglist im Hause» (Gen 25,27)... Warum wird dann aber gesagt: «Er trat mit List heran und stahl den Segen»? Betrachten wir, was die List zu bedeuten hat, und sehen wir zu, was Jakob tun muß. Er trägt die fremden Sünden, er trägt sie mit Geduld, obwohl sie fremd sind: dies nämlich besagt: Felle von Böcken tragen: geduldig trägt er Fremdes, das ihm nicht als Eigenes anhängt. So ahmen alle, die um der Einheit der Kirche willen fremde Sünden tragen, Jakob nach. Denn auch Jakob selbst ist in Christus: ist doch Christus im Samen Abrahams. Es steht ja geschrieben: «In deinem Samen sollen alle Völker gesegnet werden» (Gen 22,18). Unser Herr Jesus Christus der keine Sünde begangen, trug fremde Sünden: wie also sollte der sich weigern, fremde Sünden zu tragen, dem die eigenen Sünden vergeben wurden? So wendet sich Jakob zu Christus, indem er die fremden Sünden trug, denn das sind die Felle von Böcken. Und was besagt nun die List?

Esau kommt spät abends und bringt, was der Vater verlangte: und findet seinen Bruder an seiner Stelle gesegnet und wird selbst mit keinem andern Segen bedacht. Während die beiden Männer die zwei Völker bedeuten, bezeichnet der einzige Segen die Einheit der Kirche. Zwei Völker nämlich sind sie, und zugleich enthält Jakob beide in sich. Auf andere Weise aber sinnbilden die beiden Völker ihre Zugehörigkeit zu Jakob. Als unser Herr Jesus Christus, der zu Juden und Heiden gekommen war, von den Juden verschmäht wurde, die zum älteren Sohne gehörten, da wählte er doch einige aus, die zum jüngeren Sohne gehörten, die begonnen hatten, geistig zu ersehnen und einzusehn die Verheißungen des Herrn, die nach dem Lande, das sie ersehnten, nicht fleischlich langten, sondern nach jenem geistigen Staate verlangten, in welchem niemand fleischlich geboren wird... Indem sie das zu ersehnen begannen, fingen sie an, zu Jakob zu gehören – wer immer unter ihnen an Christus glaubte –, und so entstand eine Herde des Herrn in Judäa selbst. Doch was sagt der Herr von seiner Herde? «Ich habe noch andere

Schafe, die nicht in diesem Schafstalle sind: ich gehe hin, um sie herbeizuführen, dann wird eine Herde sein und ein Hirt» (Joh 10,16). Welche andern Schafe besitzt der Herr Jesus Christus als die Heiden?.. Die beiden Völker, die aus verschiedener Richtung kamen, wurden auch durch zwei Mauern versinnbildet. Denn es kommt die Kirche der Juden aus der Beschneidung, es kommt die Kirche der Heiden aus der Vorhaut: aus verschiedener Richtung kommend, werden sie in einem Hause zusammengefügt. Darum wurde der Herr der Eckstein genannt: so heißt es nämlich im Psalm: «Den Stein, den die Bauleute verwarfen, der wurde zum Eckstein gemacht» (Ps 117,22); und auch der Apostel sagt: «Indem Jesus Christus der abschließende Eckstein ist» (Eph 2,20). Die beiden Böcke sind also dasselbe wie die beiden Schafställe und die beiden Mauern; sie sind auch die beiden Blinden, die am Wege saßen (Mt 20,30); sie sind auch die beiden Schifflein, in welche die Fische gezogen wurden (Lk 5,7). An vielen Stellen der Schrift ist von den beiden Völkern die Rede: aber in Jakob sind sie eins... Aber der Segen wäre nicht zu ihm übergegangen, hätte er nicht die Sünden getragen, die er selbst nicht beging...

Warum also heißt es: «Er kam mit List und stahl ihm den Segen weg»? Darum, weil sinnbildlich geschah, was da vorging, darum hieß es: Er kam mit List. Denn Isaak hätte einem Arglistigen keinen Segen gespendet, dem gerechter Fluch geziemt hätte. So war es denn keine echte Lüge, schon darum nicht, weil jener ja nicht log, als er sagte: «Ich bin dein erstgeborener Sohn Esau», denn bereits war er mit seinem Bruder übereingekommen, und dieser hatte ihm das Erstgeburtsrecht verkauft. Das machte er geltend beim Vater, was er vom Bruder sich erkauft: was jener verlor, war auf diesen übergegangen...

Und da Isaak dies im Geheimnis wußte, bestätigte er den Segen und sprach zu seinem Sohn Esau: «Was soll ich dir tun?», und jener: «Segne auch mich, Vater: denn du hast ja nicht bloß einen einzigen Segen» (Gen 27,37–38). Isaak aber kannte nur einen. Warum nur einen? Der Heilige Geist stehe mir bei, daß ich's zu sagen vermöge und ihr es verstehet. Betrachten wir die beiden Segen, den Segen, den Jakob empfängt, und jenen, den Esau empfängt. Isaak spricht zu Jakob: «Bist du mein Sohn Esau?» Jakob erwidert: «Ich bin's.»... Und er roch den Duft seines Gewandes und segnete ihn und sprach: «Siehe, der Duft meines Sohnes ist wie der Duft eines vollen Ackers, den der Herr gesegnet.» Er riecht den Duft des Gewandes und nennt den Duft des Ackers. Begreife Christus im innern Geheimnis und die Kirche als Christi Gewand.

Eure Heiligkeit merke auf. Auf mancherlei Weise wird eine einzige Sache bezeichnet, nämlich die Kirche. Die beiden Böcke bezeichneten sie, nun bezeichnet sie dieses Gewand. Und weil die gleiche Sache auf viele Weisen bezeichnet wird, darum ist alles hier Sinnbild, nichts ist das Wesen selbst. Ein Lamm kann kein Löwe sein, unser Herr Jesus Christus aber kann Lamm und Löwe zugleich sein, doch beides nicht im Wesen, sondern im Gleichnis. So sind auch die Böcke nicht ein Gewand; die Kirche aber, die weder Böcke noch Gewand im Wesen sein kann, kann sie ebendarum im Gleichnis sein, und was immer sonst noch von ihr ausgesagt werden mag.

Dieser Acker ist die Kirche. Wie beweisen wir's? Hört, wie der Apostel sagt: «Ihr seid das Ackerland Gottes, ihr seid das Bauland Gottes» (1 Kor 3,9)... Es duftet also dieser Acker aus dem Gewand des Sohnes; aber dieser Acker ist nicht aus sich selbst etwas, darum wird beigefügt: «den der Herr gesegnet». «Es gebe Gott dir vom Himmelstau droben und von der Fruchtbarkeit der Erde und Überfluß an Korn und an Wein: und die Völker sollen dir dienen und über deine Brüder sollst du herrschen, und die Söhne deines Vaters sollen niederfallen vor dir. Verflucht sei, wer dich verflucht, gesegnet sei, wer dich segnet» (Gen 27,28–29). Das ist Jakobs Segen. Würde nicht auch Esau gesegnet, so erhöbe sich keine Frage; und doch wird auch dieser gesegnet, nicht mit dem gleichen Segen, und doch auch mit keinem völlig verschiedenen... Esau sagte zu seinem Vater: «Segne dennoch auch mich.» Und er würgte Isaak. Das heißt: er nötigte ihn. Eine große Sache, ein großes Geheimnis liegt hier; möchten wir's doch fassen: er segnet gezwungen, und doch segnet er, und was er segnet, ist in Wahrheit getan, obwohl es ein Segen im Zwang ist. Merket auf. Betrachten wir den Segen selbst und dann den erzwungenen Segen...

Er spricht zu Esau: «In der Fruchtbarkeit der Erde wird deine Wohnstatt sein und unter dem Himmelstau von oben.» Das verhieß er auch jenem,.. es ist also Jakob und Esau gemeinsam. Was ist Jakob eigen? «Die Völker werden dir dienen.» Was ist Jakob eigen? «Alle deine Brüder sollen dir dienen, verflucht sei, wer dir flucht, gesegnet sei, wer dich segnet.» Aber auch Esau hat etwas Besonderes, das nicht zu Jakob gesprochen wurde: «Von deinem Schwert sollst du leben und deinem Bruder untertan sein.» Um aber den freien Willen nicht aufzuheben,.. fügt er bei: «Es kann aber sein, daß du das Joch abschüttelst und lösest von deinem Nacken» (ebd. 39–40). Es steht dir frei, wenn du willst, dich zu bekehren: dann werdet ihr nicht gleichsam zweie mehr sein, sondern einer: Jakob. Denn alle, die sich aus Esau bekehren, gehören zu Jakob. Die Ähnlichkeit bildet den *einen*, die Unähnlichkeit schafft das Verschiedene.

Es gibt in der Kirche Schlechte, die zu Esau gehören: denn auch sie sind Söhne Rebekkas, Söhne der Mutter Kirche, aus ihrem Schoße geboren, und wenn auch zottig in fleischlichen Sünden verharrend, so doch aus ihrem Schoße geboren. Sie nehmen also teil am Tau des Himmels und an der Fruchtbarkeit der Erde: am Tau des Himmels aller Schriften, aller göttlichen Worte: an der Fruchtbarkeit der Erde aller sichtbaren Sakramente; denn das sichtbare Sakrament gehört zur Erde. Dies alles ist den Guten und den Bösen in der Kirche gemeinsam.., ohne Unterschied regnet der Herr über das Korn und über die Dornen, aber dem Korne regnet er hin zur Scheune, den Dornen zum Feuer; und doch ist es ein und derselbe Regen. So beregnet alle das Wort Gottes. Es sehe jeglicher zu, welche Wurzel er hat; es sehe jeglicher zu, wohin er den guten Regen zieht; zieht er ihn dahin, wo er Dornen hervorbringt, ist dann der Regen Gottes anzuklagen? Bevor er zur Wurzel gelangt, ist dieser Regen mild; mild ist das Wort Gottes, bevor es zum bösen Herzen gelangt und dieses den Regen Gottes zu seiner Arglist verkehrt...

Während dies zu beiden gehört, so gehören doch «alle Völker» nur zu den Geistigen, weil nur diese zu jener Kirche gehören, die den Erdkreis erfüllt... Daß alle Völker ihm dienen, das wurde nur Jakob zuteil; denn die Fleischlichen in der Kirche auf dem Erdkreis dienen einzig den Geistigen. Warum? Weil die Geistigen durch sie Fortschritte machen. Darum nämlich werden die Fleischlichen als Knechte bezeichnet: auch wenn sie es widerwillig tun, so fördert doch der Umgang mit den Fleischlichen die Geistigen; denn sie wachsen durch diesen Umgang und werden für ihr Ausharren gekrönt...

Welche sind also die, die sich trennten, wenn nicht jener, dem gesagt wird: «Von deinem Schwerte wirst du leben»?.. Die sich abtrennen, die tragen das Schwert der Trennung und werden durch ihr Schwert umkommen und von ihrem Schwerte leben... Ihr wißt, wie viele Teile die Spaltung des Donatus hervorgebracht; und es wird Eurer Heiligkeit nicht verborgen sein, daß, wer mit dem Schwerte dreinschlägt, durch das Schwert auch umkommt. Esau wurde gesagt: «Von deinem Schwerte wirst du leben.» Dazu aber gehören auch die, die innerhalb der Kirche verbleiben und doch so leben, als wären sie draußen. Wer nämlich in der Kirche seine Ehre sucht, der gehört zu ihnen; wer in der Kirche nach seinem weltlichen Wohlstand trachtet, der gehört zur Spreu; es fehlt nur der Wind, um ihn aus der Tenne zu fegen: kurz, es fehlt die Versuchung, sonst flöge er aus der Tenne. Man sieht es ja, wenn die Kirche das Geringste solchen Menschen zufügt, wie leicht sie zum Austritt bereit sind. Wie leicht sie sich draußen eine Schar zusammenraffen und ihre Führerschaft nicht aufgeben wollen. Wie sie Leute unter sich haben müssen und die Scharen nicht der Einheit Christi überlassen können. Wie sie sich eigene Schafe zu halten suchen, die sie nicht durch ihr eigenes Blut erkauften, und die ihnen darum so wohlfeil sind, weil sie nicht rechtmäßig erworben sind... Achtet auf sie in der ganzen Kirche, merkt auf jene, die drinnen sind, wie auf jene, die bei der ersten Gelegenheit aus der Tenne flogen und die Körner mit sich fortzureißen suchten; aber die wahren und vollen Körner ertragen die Spreu und bleiben bis zum Schluß auf der Tenne, bis der letzte Worfler erscheint: so wie jener in seinen Fellen die fremden Sünden ertrug und den väterlichen Segen zu empfangen verdiente.

Jakobs Kampf mit dem Engel

[50] Hat uns der Herr darum erwählt, weil wir gut waren? Nicht die Guten wählte er aus, sondern die er gut machen wollte. Alle waren wir im Schatten des Todes, alle in der Sünden-Masse, die von Adam herkam, zusammengebunden. Da die Wurzel faul war, welch gute Frucht mochte da dem Menschengeschlecht entsprossen? Aber es kam ohne Fehle, der die Fehler heilen sollte; und der von Sünden reinigen wollte, kam ohne Sünde.

Achtet nicht auf die Juden, die heute Stroh sind auf der Tenne, wo damals geworfelt wurde. Wenn wir aber, meine Brüder, beachten, daß aus den Juden die Propheten stammen, aus den Juden die Patriarchen, aus den Juden die Apostel, aus den Juden die Jungfrau Maria, die Christus gebar; aus den Juden Paulus, der Gläubige, und so viele an einem Tag getaufte Tausende später: so sind doch unzählige Kirchen aus den Juden gekommen. Doch jener Weizen ist bereits in der Scheune geborgen: mit der Spreu spielt der Teufel. Gläubige Juden und ungläubige Juden. Wo wurden sie erstmals verdammt? Im ersten, dem Vater aller, in Jakob selbst, der auch Israel hieß. Jakob: ‚der Erbschleicher'; Israel: ‚der Gottseher.' Als er mit seinen Kindern aus Mesopotamien heimkehrte, da rang ein Engel mit ihm, der die Rolle Christi im Gleichnis vertrat; und da er rang, obschon weit überlegen an Kraft, erlag er ihm gleichsam, und Jakob obsiegte. So unterlag auch Christus der Herr den Juden: sie obsiegten, als sie ihn töteten. Es war große Kraft, daß er sich ließ besiegen: wo er unterlag, hat er für uns gesiegt. Was heißt das: Wo er erlag, hat er für uns gesiegt? Indem er litt, vergoß er sein Blut, wodurch er uns erlöste. So also steht geschrieben: Jakob obsiegte ihm. Und doch erkannte Jakob selbst beim Ringen das verborgene Geheimnis. Ringend obsiegte der Mensch dem Engel: und als dieser bat: «Laß mich frei», sagte jener, der Stärkere: «Ich lasse dich nicht, du segnetest mich denn.» O tiefes Geheimnis! Es segnet der Besiegte, der leidend befreit! Damals erging der ganze Segen. «Wie heißest du?» fragte er jenen. Der entgegnete: «Jakob.» «Nicht Jakob sollst du mehr heißen», sprach er, «sondern Israel.» Eine solche Namengebung ist eine große Segnung. Israel bedeutet (ich sagte es schon): Gottseher: Des *einen* Name ist Lohn für alle. Für alle: d. h. Gläubige und Gesegnete, und «Juden und Griechen». (Griechen nämlich nennt der Apostel alle Heiden, weil bei den Heiden die griechische Sprache viel gilt.) «Ruhm und Ehre» – es sind des Apostels Worte – «Ruhm und Ehre und Frieden jedem, der Gutes wirkt, dem Juden vorerst, und dem Heiden; Zorn und Groll, Drangsal und Angst über jede Seele, die Böses wirkt, die Juden zuerst, und die Heiden» (Röm 2,9–11). Den guten Juden Gutes, Böses den bösen; den guten Heiden Gutes, Böses den bösen.

Es sollen die Juden sich nicht überheben und sagen: Siehe, Jakob ist doch unser Vater; er obsiegte dem Engel und wurde vom Engel gesegnet. Wir sagen: Volk Israel, erkenne dich selbst dort: Israel bist du nicht; du wirst so genannt, aber du bist es nicht: der Name irrt sich in dir, die Schuld bleibt auf dir. Er aber sagt mir: Mein Vater ist Jakob, mein Vater ist Israel; das ist der Name, wo ist die Schuld? Lies dort, finde dich dort. Dort steht geschrieben: Und er berührte Jakob an der Breite der Hüfte, und sie verdorrte, und er hinkte. Der eine Mensch Jakob ist gesegnet und hinkt. In welchen ist er gesegnet, in welchen hinkend? Glaubst du an Christus, so erkenne deinen Segen, hast du Christus verneint, so erkenne dein Hinken: von diesen nämlich spricht der Prophet: «Und sie hinkten ab von ihren Wegen» (Ps

17,46). Woher waren die heiligen Frauen, denen sich zuerst der auferstandene Herr offenbarte? Doch aus den Juden? Woher die Apostel, die zwar den kündenden Frauen zuerst nicht glaubten, ihn selbst dann hörten und den Verweisenden erkannten und dem Unterweisenden anhingen? Doch wohl aus den Juden? Das ist das gesegnete Israel. Aber in vielen hinkt es, in wenigen ist es gesegnet; denn das ist die Breite der Hüfte: die Vielzahl des Geschlechts. Es heißt nicht einfach: Er berührte die Hüfte, sondern: «die Breite der Hüfte». Wo die Breite der Hüfte, da ist zweifellos die Vielzahl des Geschlechts. Du verwunderst dich? Ich erkenne die spärlichen Körner, ich staune über den Haufen Spreu; ich sehe, was der Scheune, was der Flamme gehört. So mögen sie hören, denn noch leben sie: sie mögen das Hinken heilen und zum Segen hin eilen.

[51] Jakob, in dem das Christenvolk vorgebildet war, rang mit dem Herrn. Denn der Herr war ihm erschienen, das heißt, ein Engel, der die Person Gottes vertrat: er rang mit ihm und wollte ihn halten und fassen. Er rang, er obsiegte und hielt ihn; und obschon er ihn hielt, wollte er doch nicht ohne Segen entlassen werden... Der Engel berührte die Breite seiner Hüfte, und diese verdorrte, und darum hinkt Jakob. Er sagt ihm: «Laß mich frei, es ist ja schon Morgen», und jener: «Ich lasse dich nicht, du segnetest mich denn.» Und er segnete ihn. Wie? Indem er den Namen vertauschte. «Du sollst nicht Jakob heißen, sondern Israel: wie du über Gott obsiegtest, so wirst du auch über die Menschen obsiegen» (Gen 32,24–28). Das ist der Segen. Seht nun den einen Mann: zu einem Teile wird er berührt und verdorrt, zum andern Teile wird er gesegnet. Er, der gleiche eine Mann, ist einesteils verdorrt und hinkend, anderenteils gesegnet und kräftig...

Der verdorrte Teil Jakobs bedeutet die schlechten Christen: Gesegnet wurde er im Teile der guten Christen, er hinkt im Teile der schlechten Christen... Noch immer hinkt die Kirche, den einen Fuß stellt sie fest auf den Boden, den andern schleppt sie kränklich nach. Achtet auf die Heiden, Brüder. Sie geraten öfters an gute Christen, die Gott dienen, und dann staunen sie und es lockt sie herbei und sie glauben. Und oft stoßen sie auf schlechte Christen, und dann sagen sie: «Seht, so sind sie, die Christen!» Aber diese schlecht Lebenden gehören zu der breiten Hüfte Jakobs, die unter der Berührung verdorrte. Die Berührung des Herrn, das ist die Hand des Herrn, der zum Teile züchtigt, zum Teile belebt. Darum wird er zum Teile gesegnet, und zum Teile verdorrt er.

Das Urteil Salomons

[52] Die beiden Frauen [die vor Salomon stritten] bedeuten in einer ersten Betrachtungsweise die Synagoge und die Kirche: die Synagoge nämlich wird überführt, ihren Sohn Christus, der dem Fleische nach von den Juden geboren ward, im Schlaf getötet zu haben, indem sie nämlich dem Licht des gegenwärtigen Lebens folgte und die erwiesene Wahrheit in den Worten des Herrn nicht verstand: denn es steht wahrhaftig geschrieben: «Erhebe dich, du Schläfer, und steh auf von den Toten, und Christus wird dich erleuchten» (Eph 5,14). Daß sie aber nur zu zweit und nicht zu mehreren in einem Hause wohnten, ist nicht ohne Sinn und besagt, daß außerhalb von Beschneidung und Vorhaut keine Art von Religion in der Welt existiert... Aber beide waren Dirnen: denn es sagt der Apostel, daß Juden und Heiden insgesamt unter der Sünde stehen. Jede Seele nämlich, die der ewigen Wahrheit den Rücken kehrt und sich an irdischem Schmutz erfreut, treibt Unzucht vom Herrn weg...

Und nun zetert jene laut, daß ihr das Evangelium gehöre, sie habe ein Recht darauf, denn *sie* habe es geboren. Denn dies sagten jene den Heiden im Streit, die, aus den Juden kommend und Fleischliches sinnend, sich Christen zu nennen wagten. Das Evangelium, sagten sie, sei gekommen, weil sie einen Anspruch darauf hatten auf Grund ihrer Gerechtigkeit. Und doch gehörte ihnen nicht, was sie nicht geistig kannten. .. Der Apostel weist sie zurück, indem er zeigt, daß die christliche Gnade in eben dem Maße ihnen weniger zukommt, als sie einen höheren Anspruch auf ihr Geschuldetsein erheben und sich rühmen, daß sie ihnen gleichsam durch das Recht der Werke gebühre. «Denn wer Werke hat», so sagt er, «dem wird der Lohn nicht nach Gnade, sondern nach Recht zugemessen. Wer aber keine Werke hat, sondern an den glaubt, der den Ungerechten rechtfertigt, dem wird der Glaube als Rechtfertigung angerechnet» (Röm 4,4.5). Und darum schließt er aus ihrer Zahl jene aus, die unter den Juden wahrhaft glaubten und die lebendige und geistliche Gnade festhielten. Welchen «Rest» des Judenvolkes läßt er gerettet werden, während die Masse ins Verderben rennt? «So ist auch in der jetzigen Zeit ein Rest geblieben, den die Gnade sich auserwählt hat. Ist es aber die Gnade, so ist es nicht mehr die Folge von Werken, sonst wäre die Gnade nicht mehr die Gnade» (Röm 11,5–6). Damit sind jene von der Gnade ausgeschlossen, die den Lohn des Evangeliums als ihr eigen, nämlich als ihren Werken geschuldet und gezollt, anfordern; gleichsam im Ruf der Synagoge: «Mein ist der Sohn!» Aber sie log; denn auch sie hatte ihn nur empfangen: und schlafend über ihm, das heißt durch hochmütiges Sinnen, hatte sie ihn getötet. Schon aber war die andere Mutter wach und begriff – nicht durch ihr eigen Verdienst, denn sie war ja auch eine Dirne, sondern durch Gnade Gottes – daß ihr der Sohn zugesagt sei, nämlich das Werk des evangelischen Glaubens, das sie am Busen ihres Herzens zu nähren verlangte...

Das Urteil des Richters, der das Kind zu teilen gebietet, ist nicht ein Zerschneiden der Einheit, sondern eine Prüfung der Liebe. Denn der Name Salomons bedeutet den «Friedfertigen». Der friedfertige König aber zerhaut nicht die Glieder, die in Einheit und Eintracht den belebenden Geist enthalten: sondern macht durch Drohen die wahre Mutter ausfindig und trennt durch Richten die falsche. Sollte es also einmal zu jener Prüfung kommen, bei der die Einheit der christlichen Gnade auf dem Spiele steht, so lehrt man uns sagen: «Gebt das Kind der andern, wenn es nur am Leben verbleibt!» Denn nicht die Ehre der Mutter, sondern des

Kindes Heil sucht, wer die wahre Mutter ist. Wo immer es sich befinden mag, mehr wird es besitzen der wahren Mutter aufrichtiges Lieben als der falschen Anmaßung.

Doch können die beiden Frauen im einen Hause weiterhin auch die beiden Menschenarten in der einen Kirche bedeuten: die eine derer, in welchen wahre Liebe herrscht, die andere jener, in welchen Verstellung vorherrscht... Auch sie waren beide Dirnen, weil sich alle von der Begierlichkeit der Welt zur Gnade Gottes bekehren und niemand sich in Wahrheit der früheren Verdienste der Gerechtigkeit rühmen kann. Daß aber die Dirne Unzucht treibt, das hat sie von sich selbst, daß sie dabei einen Sohn empfängt, das hat sie von Gott. Denn alle Menschen werden von dem einen Gott, dem Schöpfer, gebildet. Und man muß sich nicht wundern, daß Gott auch in den Sünden der Menschen das Gute wirkt. Denn auch aus dem Verbrechen des Judas hat unser Herr das Heil des Menschengeschlechts gewirkt... Wenn aber die Dirne den empfangenen Sohn gerne austrägt und nicht aus böser Lust oder aus Habsucht schändlichen Lohnes durch einen abtreibenden Trank das Empfangene aus den Eingeweiden verstößt, damit der Sünde nicht die Fruchtbarkeit widerspreche, so wird jene Begierlichkeit, die auf viele hin abglitt, nunmehr, zur *einen* Gabe Gottes bekehrt, nicht mehr Begierlichkeit, sondern Liebe genannt. Der Sohn der Dirne also wird zu Recht als die Gnade der Sünderin verstanden... Die Heuchelei aber wird, auch wenn sie geboren hat, das heißt, auch wenn sie für kurze Zeit sich an der Vergebung der Sünden erfreute, alsbald wieder vom Schlummer der weltlichen Begierlichkeit übermannt, gleitet von der Hoffnung himmlischen Lohnes lastenden Herzens herab in irdisches Schlummerleben und erstickt schlafend jene verzeihende Gnade, die sie glaubend verdiente. Solcherlei Menschen aber ziehen es vor, sich mehr am bloßen Rechtstitel als an der Wahrheit zu erfreuen, und suchen durch dunklen Betrug das fremde gute Werk, als den lebenden Sohn in der Nacht, lügnerisch zu sich hinüberzustehlen. Und sie maßen sich nicht nur die guten Werke der andern an, sondern werfen ihnen auch die eigenen Schandtaten vor, indem sie gleichsam den toten Sohn unterschieben...

Es gibt aber keine schwerere Probe der Liebe in der Kirche Christi als jene, die fordert, auch die Ehre selbst, die man vor den Menschen besitzt, zu verachten, damit nur die Glieder des Kindes nicht zerrissen und die christliche Schwachheit durch Spalten der Einheit zerfleischt werde. So sagt der Apostel, daß er sich wie eine Mutter ihren kleinen Kindern gegenüber betragen habe, in welchen er das gute Werk des Evangeliums gewirkt, nicht er, sondern die Gnade Gottes mit ihm. Denn jene Dirne konnte sich selbst nichts anderes zuschreiben als Sünden, das Geschenk der Fruchtbarkeit aber stammte aus Gott. Um so mehr aber wird des Verzeihenden Gnade geliebt, je größere Strafe geschuldet war. Mit Recht sagt der Herr von der Dirne: «Wem viel vergeben wird, der liebt auch viel» (Lk 7,47). So sagt denn Paulus: «Ich wurde sanft in eurer Mitte, wie eine Amme, die ihre Kleinen hegt» (1 Thess 2,7). Da es aber zur Gefahr kam, daß das Kind geteilt werden sollte, als die Heuchelei sich falsche Ehren anmaßte und bereit war, die Einheit zu zerreißen, da verschmähte die Mutter ihre eigene Ehre, um nur den Sohn unversehrt zu sehen und lebendig zu gewahren; damit sie nicht etwa, indem sie die ihrem Schoße schuldige Ehre allzu beharrlich verfechte, der Heuchelei Gelegenheit gebe, mit dem Messer des Schismas die schwachen Glieder zu trennen. So spreche denn die Mutter Liebe: «Gebt ihr das Kind!» «Wenn nur Christus verkündet wird, sei es aufrichtig oder mit Hintergerdanken!» (Phil 1,18)

Der Sturz der Juden

[53] «Töte sie nicht, daß sie nicht einst dein Gesetz vergessen» (Ps 58,11). Sie, die mich töteten [sagt Gott], töte du sie nicht. Es bleibe das Volk der Juden. Gewiß ist es besiegt von den Römern, gewiß ist ihre Stadt zerstört, sie dürfen nicht in ihre Stadt zurück, und doch bleiben sie Juden. Denn all diese Provinzen wurden von den Römern unterjocht, wer

kennt noch die Stämme im Römerreich, was jeder von ihnen war, bevor sie alle zu Römern wurden und alle Römer heißen? Die Juden aber bleiben, mit dem Zeichen bezeichnet, und sie wurden nicht so besiegt, daß sie von den Siegern einverleibt wurden. Nicht ohne Grund ist da jener Kain, dem Gott, als er seinen Bruder getötet, ein Zeichen aufprägte, daß niemand ihn töte. Das ist das Zeichen, das die Juden tragen: Sie klammern sich an alle Überreste ihres Gesetzes, sie lassen sich beschneiden, halten die Sabbate, schlachten das Osterlamm, essen ungesäuerte Brote. Sie sind also Juden, sie sind nicht getötet: den glaubenden Heiden sind sie notwendig. Warum dies? Damit er uns an unseren «Feinden» seine Barmherzigkeit «beweise»: «Gott beweist mir an meinen Feinden» (Ps 58,11). An den wegen Stolz abgehauenen Ästen beweist er dem aufgepfropften Ölzweig seine Barmherzigkeit. Sieh, wo sie daliegen, die stolz waren, sieh, wo du eingefügt bist, der du dalagst; sei du deinerseits nicht stolz, daß du nicht abgehauen zu werden verdienest.

Die Aufnahme der Heiden

[54] Petrus sah den Himmel offen, und ein Behältnis wie ein großes Linnen senkte sich nieder, an den vier Ecken zur Erde herabgelassen. Darin waren allerhand vierfüßige und kriechende Tiere der Erde und Vögel des Himmels. Eine Stimme aber rief ihm zu: «Wohlan, Petrus, schlachte und iß!» (Apg 10,11f.) Jenes Behältnis bedeutet die Kirche: die vier Ecken, an denen es herabhing, sind die vier Enden der Welt, über welche die katholische Kirche ausgespannt ist, die allüberall ihre Verbreitung hat. Wer also zu einem Teil gehen und sich vom Gesamt trennen will, der gehört nicht zum Geheimnis der vier Enden. Gehört er aber nicht zur Schau Petri, so auch nicht zu den Schlüsseln, die Petrus anvertraut sind. Von den vier Winden her, so sagt der Herr, werden seine Heiligen am Ende gesammelt werden (Mt 24,31): weil jetzt der evangelische Glaube zu den vier Angelpunkten ausgedehnt ist. Jene Tiere sind also die Heiden. Denn die Heiden,

die allesamt unrein waren in ihren Irrtümern und Aberglauben und bösen Begierden, bevor Christus kam, wurden bei seiner Ankunft rein durch die Vergebung der Sünden. Warum sollten sie also nicht nach der Vergebung der Sünden aufgenommen werden in den Leib Christi, der die Kirche Gottes ist, welche Petrus sinnbildlich vertrat?..

So empfange er nun auch die gereinigten Heiden, denen die Sünden vergeben sind. Darum hatten der Heide Kornelius und die Heiden, die bei ihm weilten, zu ihm gesandt. Seine Almosen hatten Gnade gefunden und ihn in gewisser Weise gereinigt: es blieb nur übrig, daß er als reine Speise der Kirche einverleibt werde, das heißt: dem Leibe des Herrn. Petrus aber scheute sich, den Heiden das Evangelium auszuliefern: weil die Gläubigen aus der Beschneidung den Aposteln verboten, den Unbeschnittenen den christlichen Glauben zu übergeben, und sagten, jene dürften nicht eher zur Teilnahme am Evangelium hinzutreten, als bis sie die von ihren Vätern überkommene Beschneidung empfangen hätten. Jenes Behältnis aber löste den Zweifel: und so wurde er nach jener Schau vom Heiligen Geiste ermahnt, hinabzusteigen und mit jenen zu gehen, die von Kornelius gesandt worden waren; und er ging. Kornelius nämlich und die Seinen waren aus jenen Tieren, die ihm im Behältnis gezeigt worden waren: Gott aber hatte sie bereits gereinigt, denn er hatte ihre Almosen bereits angenommen. So waren sie denn nun zu schlachten und zu essen, es sollte ihr vergangenes Leben getötet werden, in welchem sie Christus nicht gekannt, und sie sollten seinem Leibe einverleibt werden, in das neue Leben der Gemeinschaft der Kirche.

Ein Mann hatte zwei Söhne

[55] Der Mann, der zwei Söhne hatte, ist Gott, der zwei Völker besitzt. Der ältere Sohn ist das Volk der Juden; der jüngere ist das Volk der Heiden. Das vom Vater erhaltene Vermögen: Geist, Gedächtnis, Vernunft, Talent, was immer Gott uns gab, um ihn damit zu erkennen und ihm zu dienen.

Mit diesem Vermögen zog der jüngere Sohn «in eine ferne Gegend»: so fern, daß er bis zum Vergessen seines Schöpfers gelangte. «Er vergeudete sein Vermögen in üppigem Leben»: ausgebend, und nichts verdienend: verstreuend, was er besaß, und nicht einnehmend, was er nicht besaß: seinen ganzen Geist verschwendend in Wollust, in Götzendienst, in allen schlechten Begierden, die von der Wahrheit «Dirnen» genannt werden.

Kein Wunder, daß diese Wollust von Hunger abgelöst wurde. «Es entstand aber Hungersnot in jenem Lande»: nicht Hungersnot sichtbaren Brots, sondern Notdurft unsichtbarer Wahrheit. Aus Hunger «schloß er sich an einen Fürsten jener Gegend an». Es ist der Fürst der Dämonen, der Teufel, dem sich alle Naseweisen anschließen, denn alles verbotene Wissen ist Seuche und Notdurft an Wahrheit. Jener aber, durch hungriges Wissenwollen von Gott weggewandt, geriet in Knechtschaft, und es ward ihm das Amt zuteil, die Schweine zu hüten; an welchem Werk sich die letzten und unsaubersten Teufel zu freuen pflegen: denn nicht umsonst erlaubte der Herr den Teufeln, in die Schweineherde zu fahren. Er nährte sich aber hier von den Trebern, an denen er sich freilich nicht sättigen konnte: die Treber sind die heidnischen Lehren, hochtönend, aber nicht nahrhaft; würdig, Schweinefutter zu sein, nicht Menschenspeise; ich meine, daß durch sie die Dämonen erfreut, die Menschen nicht gerechtfertigt werden.

Endlich kam ihm zu Bewußtsein, wohin er gekommen, was er verloren, wen er beleidigt, zu wem er gestoßen; «und er ging in sich»: erst in sich, dann zum Vater. Er mochte sich sagen: «Mein Herz hat mich verlassen» (Ps 39, 13), so mußte er zuerst in sich gehn und so erkennen, wie weit er vom Vater sei. Das will die Schrift für manche bedeuten, wenn sie sagt: «Kehrt zurück, Übertreter, zum Herzen» (Is 46, 8). In sich gehend, erfand er sich elend: «Drangsal und Schmerzen fand ich», so heißt es, «und so rief ich den Namen des Herrn an.» «Wie viele Taglöhner meines Vaters haben Brot in Überfluß! Und ich gehe hier Hungers zugrunde!» Woher kam ihm dies in den Sinn, als weil der Name Gottes bereits verkündet worden war? Und bei einigen gab es Brot, die es freilich nicht gut verwalteten, sondern anderes suchten, von denen es heißt: «Wahrlich, ich sage euch: sie haben ihren Lohn schon empfangen» (Mt 6,5). Solche sind nämlich für Taglöhner zu halten, nicht für Söhne; der Apostel deutet auf sie, wenn er sagt: «Sei es, daß Christus aus Zufall oder aus Wahrheit verkündet werde» (Phil 1,18). Er will damit Leute bezeichnen, die Taglöhner sind, weil sie das Ihrige suchen und durch Verkündigung Christi Überfluß haben an Brot.

Er rafft sich auf und kehrt heim: durch Liegen und Fallen nämlich war er ferngeblieben. Von weitem erblickt ihn der Vater und eilt dem entgegen, dessen Stimme im Psalm sagt: «Du erkanntest von weitem schon meine Gedanken» (Ps 138,3). Was für Gedanken? Da er bei sich dachte: «Ich will meinem Vater sagen: Ich sündigte vor dem Himmel und vor dir, ich bin nicht mehr wert, dein Sohn zu heißen, halte mich wie einen deiner Taglöhner.» Er sagte es nämlich noch nicht, er überlegte nur, was er sagen werde; und doch hörte ihn jener schon so, als ob er es sage. Es kommt wohl vor, daß einer mitten in einer Bedrängnis und Anfechtung dran denkt, zu beten und im Nachsinnen, was er Gott im Gebet sagen möchte, verharrt, wie der Sohn, der auf sein Sohnesrecht hin die Erbarmung des Vaters fordert. Und er sagt bei sich: Das und jenes will ich meinem Gott sagen; wenn ich so rede, wenn ich so weine, so fürchte ich nicht, daß mich mein Gott nicht erhören werde. Wenn einer so redet, so ist er zumeist schon erhört, denn wenn er so überlegt, so verbirgt er seine Gedanken schon nicht mehr vor Gottes Blicken. Gott war schon da, als er sein Gebet zurechtlegte, wie er da ist, wenn er anfangen wird zu beten; darum heißt es in einem anderen Psalm: «Ich sagte: ich werde gegen mich mein Vergehen Gott vortragen» (Ps 31,5). Seht, wie er immer noch mit sich selber redet und es zurechtlegt, und doch heißt es gleich weiter: «Und du hast die Unbotmäßigkeit meines Herzens verziehen» (Ps 31,5). O wie nah ist Gottes Erbarmen dem, der bekennt! Denn nicht fern ist Gott denen, die zerknirschten Herzens sind; es heißt ja: «Nah ist Gott denen, die ihr Herz zerknirschten» (Ps 33, 19). Und dieser hatte sein Herz schon in der Gegend der Hungersnot zerknirscht; denn er war schon zum Herzen zurückgekehrt, um das Herz zerknirschen zu können; verlassen hatte er das Herz im Stolz, er kehrte zurück zum Herzen im Zorn. Zornig ist, wer sich strafen will, sein Böses nämlich; er kehrte zurück als einer, der das Gute des Vaters verdienen sollte. Im Zorne sprach er, gemäß dem Wort: «Zürnet, und sündiget nicht.» Jeder Reuige zürnt sich, denn wer erzürnt, der straft sich. Daher alle jene Regungen im Reuigen, dem es wahrhaft leid ist, den es wahrhaft schmerzt: das Raufen der Haare, das Gürten des Bußhemds, das Schlagen der Brust. All das sind Zeichen, daß der Mensch gegen sich selber wütet und über sich zürnt. Was draußen die Hand tut, das tut drinnen das Gewissen, in den Gedanken schlägt er sich, züchtigt er sich und, um es ganz zu sagen: tötet er sich. Indem er sich tötet, bringt er dar jenes «Opfer für Gott, einen zerknirschten Geist: ein reuiges und erniedrigtes Herz verschmäht Gott nicht» (Ps 50, 19). Indem er sein Herz zermalmt, erniedrigt, züchtigt, tötet er sein Herz.

Obwohl er noch überlegt, was er dem Vater sagen soll.., eilt ihm der Vater entgegen. Was sagt Entgegeneilen anders, als im voraus der Barmherzigkeit versichern? «Als er noch weit weg war, eilte ihm der Vater entgegen, von Erbarmung ergriffen.» Warum von Erbarmung ergriffen? Weil dieser von Elend vollends verzehrt ist. «Er lief ihm entgegen und fiel ihm um den Hals»: das heißt, er legte ihm seinen Arm um den Hals. Der Arm des Vaters ist der Sohn: er gab ihm Christus zu tragen; eine Last, die nicht niederdrückt, sondern aufrichtet. «Mein Joch ist sanft und meine Bürde ist leicht.» Er lastete über dem Aufrechtstehenden, und lastend über ihm hinderte er ihn, wieder zu fallen. So leicht ist die Bürde Christi, daß sie nicht nur nicht drückt, sondern erleichtert. Sie ist nicht wie andere Bürden, die leicht genannt werden, weil sie weniger schwer sind, aber doch ihr bestimmtes Gewicht haben,.. die Bürde Christi ist anders: es ist dir gut, sie zu tragen, damit du erleichtert werdest; legst du sie ab, so wirst du härter bedrückt. Dies, Brüder, soll euch nicht unmöglich scheinen. Vielleicht läßt sich ein Beispiel finden, woran ihr auch leiblich sehen könnt, was ich meine: und auch das ist wunderbar und völlig unglaubhaft. Beachtet die Vögel. Jeder Vogel trägt seine Flügel: beachtet und seht, wie er seine Flügel faltet, wenn er zur Erde herabsteigt, um zu ruhen, wie er sie dann gewissermaßen an seine Hüften legt. Glaubst du, sie fühlen eine Last? Fehlen sie ihnen, so stürzen sie; je weniger der Vogel die Bürde trägt, um so weniger fliegt er. Du nimmst ihnen diese Last aus Barmherzigkeit? Willst du barmherzig sein, schone; oder wenn sie gestutzt sind, nähre, daß wachse die Last und er wieder entfliege. Eine solche Bürde ersehnte jener, der sprach: «Wer gibt mir Flügel wie die einer Taube, daß ich fliege und ruhe?» (Ps 54,7.) Wenn also der Vater dem Sohn um den Hals fiel, so war's, um ihn zu heben, nicht zu drücken, zu ehren, nicht zu beschweren. Denn wie wäre fähig der Mensch, Gott zu tragen, als weil der getragene Gott ihn trägt?

So befiehlt nun der Vater, ihm das erste Gewand zu bringen, das Adam durch Sünde verloren hatte. Nachdem der Sohn bereits in Frieden empfangen, geküßt war, heißt er das Gewand bringen, die Unsterblichkeitshoffnung der Taufe. Er heißt, ihm den Ring anzulegen, das Pfand des Heiligen Geistes, und Schuhe an die Füße zur Bereitung des Evangeliums, auf daß «schön seien die Füße derer, die das Gute verkünden» (Röm 10,15). Das also tut Gott durch seine Knechte, das heißt, durch die Diener der Kirche. Geben diese aus eigenem Besitz das Kleid, den Ring und die Schuhe? Sie schulden den Dienst, sie erfüllen das Amt: jener gibt, aus dessen Verlies, aus dessen Schatzkammer all das geholt wird. Er heißt dann das Mastkalb schlachten: er läßt ihn zum Tische zu, an dem Christus, der getötete, Speise ist: denn Christus wird für jeden von ferne Kommenden und zur Kirche Eilenden dann geschlachtet, wenn diesem sein Tod verkündet und er zu seinem Leibe zugelassen wird. Das Mastkalb wird geschlachtet, weil der Verlorengegangene wiedergefunden ist.

Und der ältere Bruder, vom Felde kommend, wird zornig und weigert sich hineinzugehen. Er ist das Volk der Juden, dessen Gesinnung auch in jenen sichtbar wurde, die schon an Christus glaubten. Denn es ärgerten sich die Juden, daß die Heiden so billig davonkamen, daß man ihnen keinerlei Lasten des Gesetzes auferlegen sollte, auch nicht die Schmerzen der fleischlichen Beschneidung, daß sie in Sünden die heilbringende Taufe empfangen und das Mastkalb verzehren sollten: darüber ärgerten sie sich... Und auch heute noch: wenn ein Jude, der das Gesetz Gottes vor Augen hatte und darin ohne Falsch gewandelt war,.. der von Jugend auf den einen Gott verehrt hat, den Gott Abrahams, Isaaks und Jakobs, den Gott, den das Gesetz und die Propheten verkündet, der die Vorschriften des Gesetzes erfüllt hat: wenn ein solcher anfängt, über die Kirche nachzudenken, da er das Menschengeschlecht zum Namen Christi eilen sieht, wenn er so über die Kirche nachdenkt, dann kommt er vom Feld und nähert sich dem Hause... Denn wie der jüngere Sohn täglich unter den Heiden wächst, die zum Glauben kommen, so kehrt der ältere, wenn auch selten, unter den Juden nach Hause. Sie überdenken die Kirche und wundern sich, was es sein mag; sie sehen bei sich das Gesetz, bei uns das Gesetz: bei sich die Propheten, bei uns die Propheten: bei sich jetzt kein Opfer mehr, bei uns das tägliche Opfer; sie sehen, daß sie auf dem Acker des Vaters saßen, und doch das Mastkalb nicht aßen.

Vom Haus her ertönt «Symphonie und Chor». Was ist Symphonie? Die Einmütigkeit der Stimmen: was nicht einmütig ist, klingt falsch, was einmütig ist, klingt rein. Diese Symphonie empfiehlt der Apostel: «Ich beschwöre euch, Brüder, führt alle dieselbe Sprache, laßt keine Spaltungen unter euch aufkommen» (1 Kor 1,10). Wen sollte diese heilige Symphonie nicht ergötzen, dieser Einklang der Stimmen ohne Dissonanz, ohne falschen Ton und Mißklang, der das Ohr des verständigen Hörers beleidigt? Und der Chor gehört zur

Einmütigkeit: im Chor erfreut nur die aus vielen gebildete einzige Stimme, die aus allen Einheit herstellt und nicht in eine wirre Vielfalt auseinanderklingt.

Als jener es so aus dem Hause erschallen hörte, «wurde er zornig und wollte nicht eintreten». Wie kommt es, daß ein seinem Gesetze heute noch treuer Jude sagen muß: daß die Christen so viel vermögen? ‚Wir sind im Besitz der väterlichen Gesetze; zu Abraham hat Gott geredet, und von ihm stammen wir ab. Moses empfing das Gesetz, das uns aus dem Land der Ägypter befreite und durchs Rote Meer führte. Und nun haben sich diese unserer Schriften bemächtigt und singen unsere Psalmen über die ganze Welt hin; und haben ein tägliches Opfer; wir aber haben Opfer und Tempel verloren!' Er befragt auch den Knecht, was hier vorgehe. Einen beliebigen Knecht mag der Jude befragen: er öffne die Propheten, öffne die Apostel, jeden befrage er; weder das Alte Testament noch das Neue verschweigt die Berufung der Heiden. Der befragte Knecht ist das durchforschte Buch; dort wird die Schrift dir sagen: «Dein Bruder kehrte zurück, und dein Vater schlachtete ihm das Mastkalb, weil er ihn heil wiedergewann.» So rede der Knecht. Wen hat der Vater heil wiedergewonnen? Der «tot war und wieder auflebte», den gewann er, um ihn zu erlösen. Und es mußte das Mastkalb geschlachtet werden für den, der so weit weggezogen war: durch seine Ferne von Gott war er schuldig geworden. Und so antwortet Paulus, der Knecht: «Denn Christus ist für die Schuldigen gestorben» (Röm 5,6). Er ärgert sich, und zornig will er nicht hinein; als ihm aber der Vater zuredete, trat er ein: auf des Knechtes Antwort hin weigerte er sich. Und in der Tat, meine Brüder, es kommt dies vor: wir suchen oft genug die Juden zu bereden auf Grund der göttlichen Schriften, aber es spricht erst der Knecht, und der Sohn erzürnt; und so wollen sie nicht hinein, um sich nicht als besiegt zu erklären. Wie denn? Der Einklang der Stimmen bewegte dich, der Chor zog dich an, Feier und Fest des Hauses, das Gastmahl des geschlachteten Mastkalbes, all das zog dich an. Niemand schließt dich aus. Aber wem sagst du's? Solange der Knecht spricht, zürnt der Sohn und weigert sich einzutreten.

Erinnere dich, wie der Herr sprach: «Niemand kommt zu mir, als wenn der Vater ihn zog» (Joh 6,44). So tritt denn der Vater heraus und bittet den Sohn: dies heißt ziehen; größere Gewalt wendet der Überlegene an, wenn er bittet, als wenn er befiehlt. So pflegt es zu gehn, Geliebteste: wenn solche Menschen, die die Schrift durchforschen und eine Art von gutem Gewissen auf Grund ihrer guten Werke besitzen, so daß sie dem Vater sagen können: «Vater, ich habe dein Gebot nicht übertreten», wenn sie dann in den Schriften besiegt worden sind und keine Antwort mehr finden, dann werden sie zornig und sträuben sich, weil sie gleichsam doch siegen möchten. Dann lässest du ihn mit seinen Gedanken allein, und Gott beginnt im Innern zu reden: der Vater tritt heraus und redet dem Sohn zu: Komm jetzt hinein und setze dich mit an den Tisch.

Und jener dagegen: «Siehe, so viele Jahre diene ich dir und habe nie dein Gebot übertreten; und nie hast du mir ein Böcklein gegeben, um mit meinen Freunden zusammen ein Mahl zu halten. Und nun kommt dein Sohn, der sein Erbe mit Dirnen verpraßt hat, und ihm hast du das Mastkalb geschlachtet.» Das sind inwendige Gedanken, wo der Vater schon auf verborgene Weisen redet; er geht schon ein und antwortet inwendig, nicht mehr dem Knecht erwidernd, sondern dem Vater, der ihn auf gewisse Weise bittet, ihn sanft ermahnt. Und er sagt: Was soll das? Wir besitzen die Schriften Gottes und sind nicht abgewichen vom einen Gott; wir «streckten die Hände nicht aus nach fremden Göttern», den Einen erkannten wir, ihm haben wir immer gedient, der Himmel und Erde erschuf, und wir erhielten kein Böcklein. Wo fanden wir das? Unter den Sündern!..

Was antwortet der Vater? «Mein Sohn, du bist allzeit bei mir.» Der Vater bezeugt, daß die Juden nicht ferne waren, die immer den einzigen Gott verehrten. Wir haben das Zeugnis des Apostels, daß sie nahe waren, die Heiden aber ferne. Er sagt zu den Heiden: Als Christus «kam, hat er euch Frieden verkündigt, euch, die ihr ferne waret, und denen, die nahe waren» (Eph 2,17)... «Du bist immer bei mir.» Bei mir zwar, weil du nicht weit weg zogst, aber doch immer noch ungut außer dem Hause: ich will nicht, daß du bei unserem Gastmahl fehlest. Sei nicht eifersüchtig auf deinen jüngeren Bruder, «du bist immer bei mir». Nicht stimmte der Vater jenem Wort zu, das vielleicht weniger behutsam und herausfordernd war: «Ich habe dein Gebot nie übertreten.» Er sagt bloß: «Du bist immer bei mir»,.. «und all das Meine ist dein.» Aber weil dein, nicht auch deines Bruders? Wie ist es dein? Dem Gemeinsames Wollenden, nicht dem gesondert Grollenden. «All das Meine ist dein.».. Auf welche Weise ist alles dein? In wahrem Sinne ist alles, was Gottes ist, unser, aber nicht alles ist uns darum untertan; in anderem Sinne nämlich sagst du: Mein Knecht, in anderem: Mein Bruder. Was immer du ‚mein' nennst, ist wirklich dein; du sprichst wahr, wenn du die Wahrheit sagst. Aber doch nicht der Bruder mit gleichem Recht als der Knecht? Anders sagst du: mein Haus, anders: meine Gattin; anders sagst du: meine Kinder, anders: mein Vater, meine Mutter. Alles gehört dir, – außer ich, versteht sich. Du sagst zwar: Mein Gott; aber doch nicht so: Mein Gott, wie: Mein Knecht? Sondern: Mein Gott als: Mein Herr. Wir haben also einen Höheren, unsern Herrn, der uns beseligt, wir haben das andere unter uns, um es recht zu verwalten. Alles ist somit unser, wir aber sind sein.

«All das Meine ist dein.» Wenn du friedfertig bist, wenn du dich aussöhnst, wenn du dich freust an der Heimkehr deines Bruders, wenn dich unser Mahl nicht betrübt, wenn du nicht vor dem Haus bleibst, obschon du bereits vom Feld kamst, dann ist all das Meinige dein. «Es geziemt sich aber, ein Mahl zu halten und sich zu freuen», denn «Christus ist für die Sünder gestorben» (Röm 5,6) und auferstanden. Und darum gilt: «Dein Bruder war tot und ist auferstanden; er war verloren und ist wiedergefunden worden.»

[56] «Gott ist groß in Sion» (Ps 98,7). Weil es jedoch bekannt ist, daß «Sion» die Stadt Gottes ist, wer könnte die Stadt Gottes sein, wenn nicht die heilige Kirche? Menschen, die einander lieben und die ihren Gott lieben, der in ihnen wohnt, die bilden die Stadt Gottes. Wenn ein Staat durch ein gewisses Gesetz geformt wird, so ist ihr Gesetz die Liebe, und die Liebe ist Gott. Denn es steht offenkundig geschrieben: «Gott ist die Liebe» (1 Joh 4,8). Wer also voll ist von Liebe, ist Gottes voll, und viele, die liebevoll sind, bilden den Gottesstaat. Dieser Staat Gottes wird «Sion» genannt. Also ist die Kirche «Sion». In ihr ist «Gott groß». Sei in ihr, und Gott wird nicht außer dir sein.

[57] «Ein Lied zur Einweihung des Hauses.» Jetzt wird das Haus gebaut, das heißt die Kirche, nachher wird sie eingeweiht. Bei der Weihe wird die Herrlichkeit des Christenvolkes erscheinen, die nun verborgen liegt... Bei der Ankunft unseres Herrn Jesus Christus .. wird die «Einweihung des Hauses» sein,.. wird dieser Ruf im Volke Gottes Wahrheit sein, das jetzt bedrängt wird, jetzt geplagt durch so viel Versuchung, so viel Anstoß, so viel Verfolgung, so viel Bedrängnis. Diese Foltern der Seele fühlt in der Kirche nicht, wer nicht fortschreitet, er glaubt nämlich, es sei Friede. Er beginne aber nur fortzuschreiten, dann wird er sehen, in welcher Bedrängung er ist; denn da die Saat wuchs und Frucht ansetzte, da erschien auch das Unkraut...

Dennoch, Brüder, bis der Tag der Tempelweihe herankommt, halten wir uns vor Augen, daß unser Haupt schon geweiht ist; schon ist die Weihe des Hauses am Haupte vollbracht, gleichsam die Weihe des Grundsteins. Ein Haupt ist oben, ein Grund-Stein ist unten – vielleicht haben wir uns also schlecht ausgedrückt... Doch glaube ich nicht, daß wir irrten... Es begreife Eure Heiligkeit, was ich sagen will, vielleicht vermag ich's im Namen Christi zu erklären. Es gibt zweierlei Schwergewicht. Das Gewicht nämlich ist der Drang eines jeglichen Dings, das gleichsam zu seinem Ort hin begehrt. Das ist das Gewicht. Du trägst einen Stein in der Hand, du leidest das Gewicht, er drückt deine Hand, denn er sucht seinen Ort. Und willst du sehn, was er sucht? Entziehe die Hand, er gleitet zur Erde, ruht an der Erde,.. er fand seinen Ort. Dieses Gewicht war also eine gleichsam unwillkürliche Bewegung, ohne Seele, ohne Sinn. Andere Dinge suchen ihren Ort nach oben... Wie Wasser, über Öl gegossen, durch das Gewicht seinen Ort nach unten sucht, so sucht Öl, unter Wasser gegossen, durch das Gewicht seinen Ort an der Oberfläche... Für Dinge, die nach unten streben, ist der Grund unten gelegt, die Kirche aber, die unten steht, drängt zum Himmel. Dort also ist unser Grund-Stein gelegt, Jesus unser Herr, sitzend zur Rechten Gottes.

[58] Noch immer wird die Stadt gebaut, und Steine werden aus den Bergen gehauen durch derer Hand, die die Wahrheit verkünden, und werden zurechtgehauen, um in das ewige Gefüge zu passen. Noch sind viele Steine in des Künstlers Hand; so mögen sie nicht aus der Hand des Künstlers fallen, damit sie als tadellose eingebaut werden können ins Tempelgefüge. Das also ist das «Jerusalem, das als Stadt gebaut wird»: ihr Grundstein ist Christus.

[59] So ist er selber Grundstein und Schlußstein... Der Unterste dieses Grundes ist das Oberste, und wie der Grund eines körperhaften Bauwerks am tiefsten liegt, so der Grund des geistlichen Baus zuoberst... In diesen Städten hier ist ein anderes das Gefüge der Bauten, ein anderes die Bürger, die das Gefüge bewohnen; jene Stadt wird aus ihren Bürgern aufgebaut, die Bürger sind selber die Steine, denn es sind lebendige Steine.

[60] «Als das Haus auferbaut wurde nach der Gefangenschaft» (Ps 95,1). Die Steine nämlich zum neuen Bauwerk, das nach der Gefangenschaft gebaut wird, werden so gesammelt, und dergestalt preßt sie die Liebe in der Einheit zusammen, daß nicht mehr Stein über Stein sei, sondern alle

Steine *ein* Stein seien... Noch wird gebaut, schon hoch ist dieses Haus gewachsen und erfüllt viele Völker, noch aber faßt es nicht alle Völker, wachsend hält es viele, um einst alle zu fassen. Und es wird widersprochen von solchen, die sich als Insassen rühmen und behaupten: Es nimmt schon ab. Nein: noch wächst es.

[61] «Der Tempel Gottes ist heilig, und der seid ihr» (1 Kor 3,17), alle, die an Christus glauben, und so glauben, daß sie lieben. Das nämlich heißt an Christus glauben: ihn lieben.. Alle also, die so glauben, sind gleichsam lebendige Steine, aus denen der Tempel Gottes erbaut wird (1 Ptr 2,5), und gleichsam unverwesliche Balken, woraus jene Arche gezimmert wurde, die in der Sündflut nicht sinken konnte. Das aber ist der Tempel (ich meine die Menschen selbst), wo man zu Gott bittet und er erhört. Denn wer immer außerhalb des Tempels Gottes zu Gott betet, der wird nicht zu jenem Frieden des oberen Jerusalem erhört, auch wenn er zu gewissen zeitlichen Dingen erhört wird, die Gott selbst den Heiden gewährt. Es wurden ja auch die Teufel erhört, in die Schweine fahren zu dürfen. Zum ewigen Leben erhört zu werden ist etwas anderes und wird nur dem gewährt, der im Tempel Gottes betet. Denn der betet im Geiste und in der Wahrheit, der im Frieden der Kirche betet, nicht in jenem Tempel, wo nur Sinnbildliches war... Hat doch der Herr sinnbildlicherweise Menschen aus dem Tempel ausgeschlossen, jene, die das Ihre suchten, nämlich zu Kauf und Verkauf in den Tempel gingen. War aber jener Tempel ein Sinnbild, so ist klar, daß auch der Leib Christi, der wahre Tempel,.. Käufer und Verkäufer hineinvermischt enthält, das heißt solche, «die das Ihre suchen, nicht was Jesu Christi ist» (Phil 2,21)... Aber... brachten die, welche das Haus Gottes zu einer Räuberhöhle machen wollten, den Tempel zum Einsturz? So verhält es sich auch mit denen, die in der katholischen Kirche schlecht leben: soweit es auf sie ankommt, möchten sie das Haus Gottes in eine Räuberhöhle verwandeln, und doch stürzen sie darum den Tempel nicht. Es

kommt nämlich die Zeit, da sie mit dem Strick ihrer Sünden hinausgeworfen werden.

[62] Er, der das höchste Haus im Geheimnis bewohnt, hat auch auf Erden ein Zelt..: die in der Fremde wandernde Kirche. «Denn ich schreite hin zum Orte seines Zeltes» (Ps 41,5). Außerhalb nämlich des Zeltorts würde ich irren, wenn ich meinen Gott suchte... Aufsteigend zum Zelt, gelangt man zum Hause Gottes. So zwar – indes er die Glieder des «Zeltes» bestaunt, wird er hindurchgeführt zum Hause Gottes –, daß er einer gewissen Süßigkeit folgt, einer inwendigen, ich weiß nicht wie verborgenen Lust, gleich als ob vom Hause Gottes her süß eine Orgel herübertönte,.. und er folgte den Klängen,.. und die reißen den Hirsch zu den Wasserquellen.

III

CHRISTUS UND DIE KIRCHE

Im Himmel und auf Erden

[63] Euer Glaube, Geliebteste, ist darüber im klaren, und wir wissen, daß ihr es also gelernt habt in der Unterweisung des himmlischen Lehrers, auf den ihr eure Hoffnung gestellt: daß unser Herr Jesus Christus, der bereits für uns litt und auferstand, das Haupt der Kirche ist, und daß die Kirche sein Leib ist und daß in seinem Leibe die Einheit der Glieder und das Bänderwerk der Liebe die Gesundheit darstellt. Wer immer aber in der Liebe erkaltet, der wird im Leibe Christi krank. Mächtig aber ist jener, der bereits unser Haupt erhöht hat, auch die kranken Glieder zu heilen: wenn anders sie nur nicht durch übermäßige Gottlosigkeit abgehauen wurden, sondern solange mit dem Leibe zusammenhängen, bis die Heilung erfolgt. Denn was immer noch mit dem Leibe zusammenhängt, an dessen Gesundung ist nicht zu verzweifeln: was aber abgehauen ist, kann weder geheilt noch wiederhergestellt werden. Da also jener das Haupt der Kirche und die Kirche sein Leib ist, so ist der ganze Christus Haupt und Leib zusammen. Jenes ist bereits auferstanden. So tragen wir also unser Haupt im Himmel. Unser Haupt legt Fürbitte ein für uns. Unser sündenloses, todloses Haupt bittet schon Gott für unsere Sünden: damit auch wir, am Ende auferstehend und gewandelt in himmlische Herrlichkeit, unserem Haupte nachfolgen. Denn wo das Haupt ist, da müssen auch die übrigen Glieder sein. Aber wir sind schon Glieder, solange wir hier sind; so laßt uns nicht verzagen: es steht uns bevor, unserem Haupte zu folgen. Denn, Brüder, seht unseres Hauptes Liebe. Schon ist er im Himmel, und doch leidet er hienieden, solange die Kirche hienieden leidet. Hienieden hungert Christus, hienieden dürstet er, ist nackt, ist fremd, ist krank, ist im Kerker. Denn was immer sein Leib hier leidet, das, sagt er, leide auch er:.. «Ich war hungrig, und ihr gabt mir zu essen... Denn was immer ihr einem meiner Geringsten getan habt, das habt ihr mir getan» (Mt 25,42.45).

So ist ja auch in unserem Leibe das Haupt oben, während die Füße auf der Erde stehen: und doch, wenn dir jemand in einem Menschengedränge und -auflauf auf den Fuß tritt, ruft dann nicht das Haupt: Du hast mich getreten!?.. So ruft auch Christus, den niemand tritt: «Ich hungerte, und ihr gabt mir zu essen.»

Eine Gerechtigkeit

[64] Haupt und Leib sind ein Christus. Darum dürfen wir uns nicht von jener Gerechtigkeit für getrennt erachten, die der Herr in dem Wort erwähnt: «Von der Gerechtigkeit [wird der Geist die Welt überführen], weil ich zum Vater gehe» (Joh 16,8). Denn mit Christus zusammen sind auch wir auferstanden, auch wir sind dort, wo unser Haupt Christus weilt, vorläufig in Glaube und Hoffnung: unsere Hoffnung wird aber erfüllt werden bei der letzten Auferstehung der Toten. Und wenn unsere Hoffnung erfüllt werden wird, dann wird auch unsere Gerechtigkeit sich erfüllen. Was wir aber erwarten sollen, das zeigt uns der Herr, der es erfüllen wird, an seinem eigenen Fleische (das heißt an unserem Haupte), in welchem er auferstand und auffuhr zum Vater. Denn so steht geschrieben: «Überliefert ward er um unserer Sünden willen, und auferstand er um unserer Rechtfertigung willen» (Röm 4,25)... Darum heißt es auch: «Damit wir die Gerechtigkeit Gottes seien in ihm» (2 Kor 5,21). Denn wenn nicht in ihm, so ist es keinerlei Gerechtigkeit. Wenn aber in ihm, dann fährt er als Ganzer mit uns zusammen zum Vater empor, und es erfüllt sich in uns diese vollkommene Gerechtigkeit.

Leben der Glieder

[65] Gibt es Menschen, die den Glauben besitzen, die Liebe aber nicht? Viele sind, die glauben und nicht lieben... «Du sagst», so heißt es (Jak 2,19), «daß ein Gott ist. Dein Glaube ist recht, aber auch die Dämonen zittern und glauben.» Wenn

du also nur glaubst, und nicht liebst, so ist dir das noch mit den Teufeln gemein. Petrus sprach: «Du bist der Sohn Gottes»; es ward ihm die Antwort: «Selig bist du, Simon Barjona, denn das hat dir nicht Fleisch und Blut offenbart, sondern mein Vater im Himmel» (Mt 16, 16–17). Wir finden, daß auch die Teufel sagten: «Was haben wir mit dir zu tun, Sohn Gottes?» Den Sohn Gottes bekennen die Apostel, den Sohn Gottes bekennen auch die Dämonen: das Bekenntnis scheint gleich, die Liebe ist ungleich. Jene glauben und lieben, diese glauben und fürchten: die Liebe erwartet den Lohn, die Furcht die Strafe. Niemand also brüste sich wegen irgendeiner Gabe der Kirche, falls er etwa in der Kirche hervorragt durch etwelche ihm anvertraute Gabe, er sehe vielmehr zu, ob er die Liebe besitze. Denn auch Paulus zählt viele Gottesgaben auf in den Gliedern Christi, die die Kirche sind, und sagt, daß allen Gliedern jeweils besondere Gaben anvertraut werden und daß unmöglich alle dieselben Gaben besitzen könnten. Aber niemand werde ohne Gabe verbleiben: «Apostel, Propheten, Lehrer, Ausdeuter, Zungenredner, mit der Heilgabe Betraute, Hilfeleistungen, Aufsichtsämter, verschiedene Sprachen» (1 Kor 12, 28). So wurde gesagt, und wir sehen die einen Gaben bei diesen, die andern bei andern. Keiner kränke sich also, wenn ihm nicht beschieden ist, was andern beschieden wurde: er habe die Liebe, er neide nicht den Besitzenden, so hat er mit ihm, was er selber nicht hat. Was immer mein Bruder hat, wenn ich's nicht neide, sondern ihn liebe, ist mein. In mir hab ich's nicht, aber in ihm besitz ich's: es wäre nicht mein, wären wir nicht in *einem* Leibe und unter demselben Haupt.

Es trägt zum Beispiel die linke Hand im Leib einen Ring, die rechte nicht: ist diese damit ohne Schmuck verblieben? Betrachte die Hände für sich: du siehst, was die eine hat, die andere nicht. Betrachte den Zusammenhang des Leibes, dem beide Hände verhaftet sind, und sieh, wie die eine Hand, die nicht hat, in der andern, besitzenden, hat. Die Augen sehen, wohin man geht, die Füße gehen dorthin, wohin es die Augen voraussahen: aber die Füße können nicht sehen und die Augen nicht gehen. Aber der Fuß wird dir sagen: Auch ich habe Licht, aber nicht in mir, sondern im Auge; denn nicht sieht das Auge für sich und für mich nicht. Und auch die Augen entgegnen: Wir wandern auch, nicht in uns, sondern in den Füßen; denn nicht tragen die Füße sich selber und uns nicht. Die einzelnen Glieder verrichten also, in einzelne, eigene Ämter verteilt, was die Seele befiehlt: und doch sind alle in einem Leibe gegründet und halten fest an der Einheit; sie reißen nicht an sich, was andere Glieder haben, auch wenn sie selbst jene Glieder nicht haben; sie halten nicht für fremd, was sie im gleichen Leibe gemeinsam besitzen. Und schließlich, Brüder: Wenn einem Gliede des Leibes irgendein Widriges zustößt, welche Glieder werden dann ihre Hilfe verweigern? Was scheint im Menschen mehr an letzter Stelle zu stehn als der Fuß? Und am Fuße selbst weiter entfernt als die Sohle? Und doch hält dieses Äußerste so mit dem ganzen Gefüge des Leibes zusammen, daß, wenn man dort auf einen Dorn tritt, alle Glieder zur Entfernung des Dorns zusammenwirken: alsogleich beugen sich die Knie, das Rückgrat krümmt sich,.. man setzt sich, um den Dorn auszuziehen; und schon daß das Sitzen bewerkstelligt werde, ist ein Geschäft des ganzen Leibes. Wie gering ist der Teil, der bedrängt ist! So winzig ist die Stelle, die ein Dorn zu stechen vermochte, und doch wird die Bedrängnis des so kleinen und geringfügigen Orts nicht vom ganzen Körper verlassen: die andern Glieder leiden nichts, und in jener einen Stelle leiden sie alle. Der Apostel hat uns daran ein Gleichnis der Liebe gegeben, uns aufmunternd, einander so zu lieben, wie im Körper die Glieder sich lieben: «Wenn ein Glied leidet, so leiden auch die übrigen Glieder mit; und wenn ein Glied verherrlicht wird, so freuen sich alle Glieder mit. Ihr seid der Leib Christi und seine Glieder» (1 Kor 12, 26–27). Wenn Glieder sich lieben, die ihr Haupt auf Erden haben, wie müssen dann Glieder sich lieben, deren Haupt im Himmel weilt? Gewiß würden auch sie sich nicht lieben, wenn sie von ihrem Haupte verlassen würden: weil aber dies Haupt so Haupt ist und so erhoben ist und so im Himmel zur Rechten des Vaters seinen Platz hat, daß es dennoch auf Erden sich abmüht – nicht in sich, sondern in seinen Gliedern, so daß es am Ende sagt: Ich hungerte, ich dürstete, war fremd, wenn es also befragt wird: «Wann sahen wir dich denn hungern und dürsten?» und es gleichsam antwortet: Ich, das Haupt, war im Himmel, aber auf Erden dürsteten die Glieder – darum sagt er schließlich: «Was ihr einem meiner Geringsten getan habt, das habt ihr mir getan», und wiederum den Nichttuenden: «Was ihr einem meiner Geringsten nicht getan habt, das habt ihr mir nicht getan» (Mt 25,35–45). Diesem Haupt werden wir einzig durch die Liebe verbunden.

So nämlich, Brüder, sehen wir die einzelnen Glieder in ihren Ämtern jedes das eigene Werk vollführen: daß das Auge sieht, aber nicht schafft: die Hand hingegen schafft, und dafür nicht sieht: das Ohr hört, aber nicht sieht und nicht schafft: die Zunge spricht, aber nicht hört und nicht sieht; und obwohl sie alle in ihren Ämtern verschieden und getrennt sind, so haben sie doch, vom einen Gefüge des Leibes zusammengebunden, etwas Gemeinsames in allen. Die Ämter sind unterschieden, das Wohlbefinden ist eines. Das ist in den Gliedern Christi die Liebe, was in den Gliedern des Leibes das Wohlbefinden. An bessere Stelle ist das Auge gestellt, an erhabene, und gleichsam zur Wacht auf die Zinne, um von dort aus zu sichten, zu schauen, zu zeigen: große Ehre ist in den Augen, durch das Feurigere des Sinns, durch die Bewegsamkeit, durch eine bestimmte Macht, die die andern Glieder nicht haben. Darum pflegen die Menschen lieber bei ihren Augen als bei sonst einem Gliede zu schwören. Keiner sagt einem andern: Ich liebe dich wie meine Ohren; und doch ist der Sinn des Gehörs den Augen nicht fern und am nächsten. Und die andern erst? Täglich sagen die Menschen: Ich liebe dich wie meinen Augapfel. Und auch der Apostel deutet an, daß die Liebe zu den Augen größer ist als die zu den übrigen Gliedern: als er sich von der Kirche Gottes geliebt hinstellte, sagte er: «Ich stelle euch das Zeugnis aus, daß ihr, wenn möglich, eure Augen ausgerissen hättet, um sie mir zu geben» (Gal 4,15). Nichts ist also im Leibe erhabener und geehrter als die Augen, und nichts vielleicht geringer als die kleine Zehe des Fußes. Und doch ist es in Ordnung, daß im Leibe die Zehe sei und sich wohlbefinde, mehr, als daß das Auge nicht krank und triefäugig sei: denn die Gesundheit, die allen Gliedern gemeinsam ist, ist wertvoller als die Ämter der einzelnen. So siehst du in der Kirche irgendeinen, der ein kleines Amt hat, dafür aber die Liebe: einen andern vielleicht in der Kirche mit größerem Amte, der aber die Liebe nicht hat. Jener sei nur die kleine Zehe, dieser das Auge: mehr gehört der zum Gefüge des Leibes, wer die Gesundheit erhalten kann. Schließlich ist dem übrigen Leibe lästig, was immer im Leibe kränkelt; und alle Glieder strengen sich an, das Kranke zu heilen, und meistens wird es geheilt. Wird es aber nicht geheilt und beginnt es solche Fäulnis zu hegen, daß es nicht mehr geheilt werden kann, dann ist den übrigen Gliedern zu raten, daß jenes abgehauen werde vom Gefüge des Leibes.

Das Weib der Apokalypse

[66] Wiederum aber lenken wir die Aufmerksamkeit Eurer Liebe darauf hin, daß unser Herr und Heiland Jesus Christus Haupt seines Leibes ist, er, der eine Mittler Gottes und der Menschen,.. der aus der Jungfrau Geborene, gleichsam in der Einsamkeit, wie wir in der Apokalypse hören. Durch die Einsamkeit scheint mir gesagt zu sein, daß er als Einziger so geboren wurde. Das Weib aber ist die alte Stadt Gottes, von der es im Psalme heißt: «Herrliches ist über dich gesagt, du Stadt Gottes» (Ps 86,2). Diese Stadt hatte ihren Ursprung bei Abel, wie die böse Stadt bei Kain. Alt also ist diese Stadt Gottes, immer die Erde ertragend, den Himmel erhoffend, und sie wird auch Jerusalem genannt und Sion. Und von einem, der in Sion geboren wird, vom Gründer Sions selbst, sagt ein Psalm: «Mutter Sion wird der Mensch sagen.» Welcher Mensch? «Und ein Mensch wurde in ihr geboren, und der gründete sie, der Allerhöchste» (Ps 86,35)... Derselbe

Allerhöchste gründete sie als Stadt, der in ihr Mensch wurde. ..«Sie war mit der Sonne bekleidet und trug im Schoß ein Männliches, das sie gebären sollte.» Er, derselbe, gründet Sion und wird geboren in Sion, und jenes Weib, die Stadt Gottes, wurde von ebendessen Lichte beschützt, mit dessen Fleische sie schwanger ging. Mit Recht hatte sie auch den Mond unter ihren Füßen (Apok 12, 1–2), weil sie kraftvoll die Sterblichkeit des zu- und abnehmenden Fleisches mit Füßen trat. Er also, der Herr Jesus Christus, ist Haupt und Leib. Er wollte ja auch in uns reden, der für uns zu sterben sich würdigte, zu seinen Gliedern machte er uns... Haltet das fest, grabet es unverrückbar in euer Gedächtnis ein, als rechte Söhne kirchlicher Unterweisung und katholischen Glaubens: daß ihr in Christus Haupt und Leib erkennet und denselben Christus als Einziggeborenes Wort Gottes dem Vater gleich anerkennet; und daraus ersehet, in wie großer Gnade ihr Gott zugehört, daß er selbst mit euch eins sein wollte, der mit dem Vater eins ist.

Die Kirche auf Tabor

[67] Jesus der Herr erstrahlte [auf Tabor] wie die Sonne, und seine Kleider wurden schimmernd wie Schnee: und es sprachen mit ihm Moses und Elias. Jesus selbst erstrahlt wie die Sonne und bedeutet damit, daß er das Licht ist, das jeden Menschen erleuchtet, der in diese Welt kommt (Joh 1, 9). Was diese Sonne ist für die Augen des Fleisches, das ist er für die Augen des Herzens; was diese den Leibern, ist er den Gemütern. Seine Gewänder aber sind seine Kirche. Denn wenn ein Gewand nicht von den Bekleideten getragen und aufrecht gehalten wird, sinkt es in sich zusammen... Und kein Wunder, daß die Kirche im Sinnbild eines schimmernden Gewandes erscheint, da ihr die Worte des Propheten Isaias vernehmt: «Sind eure Sünden auch rot wie Scharlach, ich will sie schimmernd weiß machen wie Schnee» (Is 1, 18). Moses und Elias, das heißt das Gesetz und die Propheten, was sind sie wert, wenn sie nicht mit dem Herrn sprechen?

Wenn sie nicht für den Herrn Zeugnis ablegen, wer liest dann das Gesetz, wer die Propheten? .. «Dieser», sagt die Stimme, «ist mein geliebter Sohn, ihn sollt ihr hören.» Denn auch im Gesetze hört ihr ihn, in den Propheten hört ihr ihn. Und wo hört ihr ihn nicht? Bei diesen Worten fielen [die Apostel] zu Boden. Schon wird uns in der Kirche das Reich Gottes gezeigt. Hier ist der Herr, hier das Gesetz und die Propheten: aber der Herr als Herr; das Gesetz in Moses, die Prophetie in Elias; und diese als Knechte, als Diener. Diese als Gefäße, er als Quelle. Moses und die Propheten sprachen und schrieben: aber aus ihm füllten sie sich, wenn sie überflossen...

Petrus wünschte drei Zelte zu bauen, eines für Moses, eines für Elias, eines für Christus... Warum suchte er drei Zelte, als weil er die Einheit von Gesetz, Propheten und Evangelium noch nicht begriffen hatte? So wurde er durch die Wolke belehrt. «Während er sprach, siehe, da überschattete sie eine lichte Wolke.» Siehst du, wie die Wolke ein einziges Zelt baut: warum suchtest du drei? «Und eine Stimme aus der Wolke: Dieser ist mein geliebter Sohn, in dem ich mir wohl gefalle; den sollt ihr hören.» Es redet Elias, aber «den sollt ihr hören». Es redet Moses, aber «den sollt ihr hören». Propheten und Gesetz erschallen, aber «den sollt ihr hören» im Schall des Gesetzes, in der Propheten Zunge...

Der Herr aber streckte seine Hand aus und hieß die Hingesunkenen aufstehn. Und dann «erblickten sie niemand mehr als Jesus allein»... Daß sie zur Erde niederfielen, besagt, daß wir sterben. Daß der Herr sie aufhebt, die Auferstehung. Nach der Auferstehung, wird da noch ein Gesetz für dich sein? Oder Weissagungen? Darum sind Elias und Moses verschwunden. Und es bleibt dir «Im Anfang war das Wort, und das Wort war bei Gott, und Gott war das Wort.» Das bleibt dir, damit Gott alles in allem sei.

Zwei und Eins

[68] Christus und die Kirche sind «zwei in einem Fleische» (Gen 2,24; Eph 5,32). Auf die Distanz der Majestät beziehe das «zwei». Zwei durchaus. Denn nicht sind wir das Wort, nicht sind wir Gott im Anfang bei Gott, nicht sind wir jener, durch den alles erschaffen wurde. Man kommt zum Fleische: hier ist Christus sowohl jener als wir.

Mann und Weib

[69] Wem galt das Wort: «Erhebe dich über die Himmel, Gott!»? Wem galt es? Etwa Gott dem Vater, der niemals erniedrigt wurde? Vielmehr: Erhebe dich, du, der du eingeschlossen warst im Schoße der Mutter, der du in jener geschaffen wurdest, die du schufst; der du lagst in der Krippe, der du als kleines Kind sogest an der fleischlichen Ader der Brust, der du, tragend die Welt, von der Mutter getragen wurdest: du, den Simeon, der greise, als Kleinen erkannte und als Großen bekannte, den Anna, die Witwe, als säugende Ohnmacht betrachtete und als Allmacht erachtete: du, der hungerte um unsertwillen, dürstete um unsertwillen, auf dem Wege müde wurde um unsertwillen: – hungert denn das Brot, dürstet denn die Quelle oder ermüdet der Weg? – du, der du all dies durchlitten um unsertwillen: der du schliefst und dennoch nicht schlummerst als Hüter Israels: und du zuletzt, den Judas verkaufte, den die Juden erkauften und doch nicht besaßen: du Ergriffener, Gefesselter, Gegeißelter, Dornengekrönter, am Holze Gehängter, von der Lanze Durchbohrter, du Toter, du Begrabener: «Erhebe dich über die Himmel, Gott!»..

Schon ist es getan, schon ist es erfüllt. Doch was hier als kommend geweissagt ist: «Erhebe dich über die Himmel, Gott», das sehen wir nicht, wir glauben's. Aber die Folge, sieh, steht uns vor Augen: «Erhebe dich über die Himmel,

Gott, und über die ganze Erde breite sich aus dein Ruhm!» (Ps 56, 6.) Glaube nicht jenes, wer dieses nicht sieht. Denn was besagt: «Über die ganze Erde dein Ruhm», wenn nicht: über die ganze Erde deine Kirche, über die ganze Erde deine ehrwürdige Gattin, über die ganze Erde deine Braut, deine Geliebte, deine Taube, dein Weib? Sie ist deine Herrlichkeit. «Der Mann», sagt der Apostel, «soll sein Haupt nicht verschleiern, denn er ist Bild und Herrlichkeit Gottes; das Weib aber die Herrlichkeit des Mannes.» Ist das Weib die Herrlichkeit des Mannes, so ist die Kirche die Herrlichkeit Christi.

Hochzeit

[70] Eingeladen, erschien der Herr zur Hochzeit (Joh 2, 1 f.). Was Wunder, daß der in jenes Haus zur Hochzeit erschien, der in diese Welt zur Hochzeit kam? Denn wäre er nicht zur Hochzeit erschienen, so hätte er nicht eine Braut hienieden. Und wie sagt doch der Apostel? «Ich verlobte euch einem Manne, um Christus eine reine Braut entgegenzuführen» (2 Kor 9, 2)... Er hat also hier eine Braut, die er sich um den Preis seines Blutes erkaufte, und der er zum Unterpfand den Heiligen Geist verlieh. Er hat sie aus der Sklaverei Satans gerissen: er starb um ihrer Vergehen willen und erstand um ihrer Rechtfertigung willen (Röm 4, 25). Wer vermag seiner Braut so Großes zu bieten? Die Menschen mögen allen erdenklichen Schmuck der Welt anbieten: Gold, Silber, Edelsteine, Pferde, Sklaven, Ländereien, Landgüter: wird etwa einer sein Blut anbieten? Böte er seiner Braut sein Blut, so wäre er nicht mehr da, um sie heimzuführen. Der Herr aber starb ohne Bedenken, gab sein Blut hin für die, die er auferstehend besitzen sollte, die er sich schon im Schoße der Jungfrau angetraut. Denn das Wort ist der Bräutigam, das menschliche Fleisch ist die Braut.

[71] «Darum wird der Mensch Vater und Mutter verlassen und seinem Weibe anhangen, und es werden zwei in einem Fleische sein» (Gen 2, 24). Wenn also Christus der

Kirche anhing, damit zwei in einem Fleische wären, wie verließ er den Vater?, wie die Mutter? Den Vater verließ er, indem er «in Gottes Gestalt war und es nicht für Raub hielt, Gott gleich zu sein, sich dennoch entäußerte und Gestalt des Sklaven annahm» (Phil 2,6f.);.. die Mutter verließ er, indem er die Synagoge verließ, aus der er dem Fleische nach geboren war, um der Kirche anzuhangen, die er aus allen Völkern gesammelt.

[72] Indem der Herr, eingeladen, zur Hochzeit erschien (Joh 2,1f.), wollte er, auch abgesehen von der mystischen Bedeutung seiner Tat, bestätigen, daß er selbst die Ehe eingesetzt habe. Denn es sollten solche aufstehen, die, wie der Apostel sagt, die Ehe verbieten (1 Tim 4,3) und sie als böse und als Werk des Teufels hinstellen würden... Die aber gut unterrichtet sind im katholischen Glauben, die wissen, daß Gott die Ehe eingesetzt hat, und daß, wie die Einigung von Gott, so die Scheidung vom Teufel stammt. Nur deshalb darf man im Fall der Unzucht die Frau entlassen, weil sie, die dem Manne die eheliche Treue nicht hielt, selber von sich aus nicht Gattin sein wollte. Aber auch jene, die Gott Jungfräulichkeit gelobten und die gewiß einen höheren Grad von Ehre und Heiligkeit in der Kirche einnehmen, sind nicht ohne Ehe: denn auch sie gehören mit der gesamten Kirche zum Hochzeitsbund, in welchem Bunde Christus der Bräutigam ist.

Reinheit

[73] Flieht verbotene Liebe. Ihr seid die Glieder Christi, ihr seid der Leib Christi. Hört den Apostel und erschreckt. Er konnte es nicht schwerwiegender sagen, konnte nicht heftiger, nicht schärfer die Christen von der unzüchtigen Liebe abschrecken, als wo er sagte: «Ich sollte die Glieder Christi nehmen und sie zu Gliedern der Dirne machen?» Und dazu hatte er vorher gesagt: «Wißt ihr nicht, daß, wer der Dirne anhängt, ein Leib mit ihr wird?» (1 Kor 6,15–16.) Und er führt das Zeugnis der Schrift an: «Zwei werden in

einem Fleische sein» (Gen 2,24). Denn dies hat Gott selbst gesagt, aber von der Verbindung von Mann und Weib, wo sie gestattet ist, wo sie ehrbar ist; nicht wo sie schmählich, unerlaubt, in jeder Hinsicht verwerflich ist. Wie aber aus der erlaubten Umarmung von Mann und Weib ein Fleisch wird, so wird auch ein Fleisch aus der verbotenen Umarmung der Dirne und des Liebhabers. Und weil so ein Fleisch wird, so muß dich erschrecken, muß dir Grauen einflößen, was hinzugefügt wird: «und ich sollte die Glieder Christi nehmen». Denke, Christ, an die Glieder Christi: nicht im andern, in dir selbst gedenke der Glieder Christi, der du erkauft bist durch das Blut Christi. «Ich sollte also die Glieder Christi nehmen und sie zu Gliedern der Dirne machen?» Wer davor nicht schauert, vor dem schauert Gott.

Die Freunde des Bräutigams

[74] Geliebteste, gar sehr wird die Einheit von Gott empfohlen. Dies möge uns nachdenklich machen, daß im Anbeginn der Schöpfung, da Gott alles begründete, Gestirne am Himmel schuf und Kräuter und Bäume auf Erden, er sprach: «Es bringe die Erde hervor», und es entsproßten die Bäume und jegliches Grüne; er sprach: «Es bringe das Wasser Schwimmendes und Geflügeltes hervor», und also geschah's; «Es bringe die Erde die lebende Seele aller zahmen und wilden Tiere hervor», und also geschah's. Hat Gott denn aus einem Vogel alle andern Vögel erschaffen? Aus einem Fisch alle Fische? Aus einem Pferd alle Pferde? Aus einem Raubtier alle Raubtiere? Hat die Erde nicht gleichzeitig viele hervorgebracht und die Weiten durch vielgestaltige Gebilde bevölkert? Nun ging's an die Schöpfung des Menschen, und es wurde einer erschaffen, aus einem entstand das Menschengeschlecht. Und nicht einmal zwei wollte Gott getrennt erschaffen, ein Männliches und ein Weibliches: sondern einen, und aus dem einen eine. Warum so? Warum wird das Menschengeschlecht von einem begonnen, wenn nicht, um dem Menschengeschlecht die Einheit zu empfehlen? Und auch

unser Herr Christus ist aus einer; Einheit ist die Jungfrau; und so hält er die Jungfräulichkeit und erhält die Unverweslichkeit.

Der Herr selbst empfiehlt den Aposteln die Einheit der Kirche... Er tut es sogleich nach seiner Auferstehung; er verlebt mit ihnen die vierzig Tage, und vor der Himmelfahrt empfiehlt er ihnen von neuem die Kirche. Der scheidende Bräutigam anempfiehlt seinen Freunden seine Braut: nicht damit sie einen von ihnen liebe; sondern ihn als den Bräutigam, jene als die Freunde des Bräutigams, keinen von ihnen als den Bräutigam selbst. Darüber wachen eifersüchtig die Freunde des Bräutigams und erlauben ihr nicht, in unreiner Liebe sich entehren zu lassen. Sie hassen es, wenn sie so liebt. Schaut den eifersüchtigen Freund des Bräutigams: als er sah, daß die Braut durch Freunde des Bräutigams gleichsam zu unkeuscher Liebe mißbraucht wurde, sprach er: «Ich höre, daß Spaltungen unter euch sind, und ich glaub' es zum Teil» (1 Kor 11, 18). «Es kam mir die Kunde, Brüder, von den Angehörigen der Chloe, daß es Streitigkeiten unter euch gibt; der eine von euch sagt: Ich halte zu Paulus, der andere: Ich zu Apollo, wieder einer: Ich zu Kephas! – Ich zu Christus! Ist denn Christus geteilt? Ist denn Paulus für euch gekreuzigt worden, oder wurdet ihr im Namen Pauli getauft?» O des Freundes! Weit von sich weist er die Liebe der Braut, die einem anderen gehört. Er will nicht geliebt sein an Stelle der Braut, um einst herrschen zu können vereint mit dem Bräutigam.

Magd, Braut und Gattin

[75] «Sieh, wie die Augen der Knechte auf die Hände ihrer Herren, und wie die Augen der Magd auf die Hände der Herrin, so unsere Augen zum Herrn, unserm Gott, bis daß er sich unser erbarme» (Ps 122, 2–4)... Verwunderlich ist es nicht, daß wir «Knechte» sind, und er der «Herr». Aber verwunderlich ist es, daß wir «Magd» sind und er «Herrin». Aber.. wir sind ja die Kirche, und auch das ist nicht zu verwundern, daß er «Herrin» ist, er ist ja die Kraft und die

Weisheit Gottes... Hörst du also Christus, so hebe deine Augen zu den Händen deines «Herrn», hörst du Gottes Kraft und Gottes Weisheit, so hebe deine Augen zu den Händen deiner «Herrin», denn du bist «Knecht» und «Magd» zugleich, «Knecht», weil du Volk bist, «Magd», weil du Kirche bist. Die Magd selbst aber fand große Würde bei Gott: sie wurde Gattin. Bis sie aber zu jenen geistigen Umarmungen hingelange, wo sie sorgenlos durchgenieße, den sie liebt und zu dem sie seufzt in dieser langwierigen Wanderschaft, so lange ist sie die Braut. Und es wird ihr auch nicht gesagt: Liebe nicht, so wie man etwa einer verlobten und noch nicht verheirateten Jungfrau sagt, und zu Recht sagt: Liebe nicht; wenn du Gattin geworden bist, dann liebe. Zu Recht wird so gesagt, weil es eine verfrühte und unzeitige Begierde ist, und nicht eine keusche, den zu lieben, von dem sie noch nicht weiß, ob er sie heiraten wird. Es kann ja noch sein, daß ein anderer sich ihr verlobt und ein anderer sie ehelicht. Weil aber kein anderer ist, der Christus vorgezogen werden soll, so mag sie sorgenlos ihn lieben; schon bevor sie ihm verbunden wird, liebe sie ihn und seufze aus der Ferne und aus der langen Pilgerschaft. Er allein wird sie nehmen, weil er allein solches Unterpfand gegeben hat. Denn wer kann so zur Ehe nehmen, daß er stürbe für die, die er auserwählte?

Kirche ist Mann und Weib

[76] Die ganze Kirche wird sowohl Weib als Mann genannt. Sie wurde als Jungfrau bezeichnet, [als] der Apostel sagte: «Ich bereite euch einem Manne, um Christus eine keusche Braut zuzuführen.» Und als Mann wird sie verstanden, wenn derselbe Apostel sagt: «Bis wir alle in die Einheit des Glaubens zusammenkommen, zur Anerkenntnis des Sohnes Gottes, zu einem vollkommenen Manne, zum Maß des Vollalters Christi» (Eph 4,13). Wenn sie aber Weib ist, dann ist Christus ihr Mann, wenn sie Mann ist, dann ist Christus ihr Haupt.

[77] Liebe deinen Vater, aber nicht mehr als den Herrn; liebe deinen Erzeuger, aber nicht über deinen Schöpfer... Liebe deine Mutter, aber nicht mehr als die Kirche, die dich zum ewigen Leben gebar. Und aus der Elternliebe selber ermiß, wie sehr du Gott und die Kirche lieben sollst. Denn wenn die so sehr zu lieben sind, die uns zum Tode gebaren, mit welcher Liebe sind dann jene zu lieben, die uns zur Ewigkeit bestimmten, zu ewigwährendem Dasein gebaren?

[78] Lieben wir den Herrn, unsern Gott, lieben wir auch seine Kirche; jenen als den Vater, diese als die Mutter; jenen als den Herrn, diese als seine Magd; denn wir sind «die Söhne seiner Magd». Aber dieses Eheband wurde in großer Liebe gefestigt: niemand beleidigt den einen und macht sich zugleich um den andern verdient. Keiner sage: Ich gehe zwar zu den Götzen, befrage Zauberer und Wahrsager: ich verlasse aber die katholische Kirche nicht; ich bin Katholik. Du hältst an der Mutter fest und beleidigst den Vater. Ein anderer sagt: Das sei mir fern; ich gehe nicht zum Wahrsager, ..diene nicht toten Steinen: aber ich gehöre zur Sekte des Donatus. Was nützt es dir, den Vater nicht zu beleidigen, der doch die beleidigte Mutter rächt? Was nützt es dir, ihn als den Herrn zu bekennen, als Gott zu ehren, ihn zu verkünden, seinen Sohn anzuerkennen, den zur Rechten des Vaters Sitzenden zu bekennen, und dabei seine Kirche zu lästern? Ändert nicht das Beispiel menschlicher Ehe deinen Sinn? Hättest du einen Vorgesetzten, dem du tagtäglich gehorchtest, dessen Schwelle du vor lauter Beflissenheit abnütztest, den du täglich – ich sage nicht: grüßtest, sondern: abgöttisch verehrtest, dem du den treuesten Dienst leistetest; wenn du *ein* böses Wort über seine Gattin sagtest, dürftest du dann noch seine Schwelle betreten? So haltet denn alle, Geliebteste, einhellig fest an Gott, dem Vater, an der Kirche, der Mutter.

Sich selbst durch sich selber verkündend

[79] «Bekennen wollen wir dir, Herr, dir bekennen und deinen Namen anrufen» (Ps 74,2). Der Bekennenden sind viele Herzen, aber nur *eines* der Glaubenden... Denn vielfache Sünden bekennen die Menschen, *einen* Glauben glauben sie. Wenn also Christus begann, durch den Glauben im innern Menschen zu wohnen (Eph 3,17) und, angerufen, den zu besitzen, der bekannte, so wird der ganze Christus, Haupt und Leib, einer aus vielen... Rede nun das Haupt oder rede der Leib, immer redet Christus: er redet aus der Rolle des Hauptes wie aus der des Leibes. Wie steht es geschrieben? «Zwei werden sein in einem Fleische. Es ist ein großes Geheimnis; ich meine in bezug auf Christus und die Kirche» (Eph 5,31–32). Und der Herr im Evangelium selber: «Also nicht mehr zwei, sondern *ein* Fleisch» (Mt 19,6). Es sind, wie ihr wißt, gleichsam zwei Personen, und doch wiederum nur eine durch die eheliche Verbindung... Bräutigam nennt er sich selber als Haupt, Braut als Leib... «Ich will deine Wundertaten verkünden.» Hier verkündet Christus sich selber, er verkündet sich aber auch in denen, die schon seine Glieder sind, um andere herbeizuführen; neue sollen herzu und sich seinen Gliedern verbinden, durch welche das Evangelium verkündet wurde; und es werde *ein* Leib unter *einem* Haupte, in *einem* Geiste, in *einem* Leben.

Sich selbst belehrend

[80] «Der Vater wird mir noch Größeres als dies zeigen, so daß ihr staunen werdet» (Joh 5,20). Uns also wird er diese größeren Werke zeigen, nicht ihm. Denn weil der Vater sie *uns* zeigen wird, darum ist beigefügt: «so daß ihr staunen werdet». Damit erklärt er, was die Worte «der Vater wird mir zeigen», sagen wollten. Warum aber sagt er dann nicht

gleich: Der Vater wird euch zeigen, sondern: er wird dem Sohne zeigen? Weil auch wir die Glieder des Sohnes sind; und, was wir, seine Glieder, gleichsam lernen, er selbst gewissermaßen in seinen Gliedern lernt... Der sagte: «Was ihr einem meiner Geringsten gabt, das habt ihr mir gegeben» (Mt 25,45), den wollen wir nun befragen: Herr, wann hast du denn gelernt, da du doch der Lehrer von allem bist? Und sogleich wird er in unserm Glauben uns entgegnen: Wenn einer meiner Geringsten lernt, dann lerne ich.

So laßt uns danken und uns Glück wünschen, daß wir nicht nur zu Christen wurden, sondern zu Christus. Begreift ihr, Brüder, die Gnade Gottes an uns, fasset ihr sie? Staunet, jubelt: Wir sind Christus geworden. Denn wenn er das Haupt ist, so sind wir die Glieder; der ganze Mensch ist er mit uns. So sagt Paulus: «Bis wir alle hingelangen zur Einheit des Glaubens und zur Anerkennung des Sohnes Gottes, zu einem vollendeten Manne, zum Maß des Vollalters der Fülle Christi» (Eph 4, 14). Die Fülle Christi also ist Haupt und Glieder. Was heißt: Haupt und Glieder? Christus und die Kirche. Es wäre dies übermütige Anmaßung, wenn er's nicht selbst zu versprechen sich gewürdigt hätte, da er durch denselben Apostel sagt: «Ihr aber seid der Leib Christi und seine Glieder» (1 Kor 12,27).

Wenn also der Vater den Gliedern Christi etwas zeigt, dann zeigt er es Christus. Ein großes Wunder geschieht, aber ein wahres: es wird Christo gezeigt, was Christus wußte, und es wird Christo durch Christus gezeigt... Es wird den Gliedern durch das Haupt gezeigt. Siehe, betrachte dies bei dir, nimm an, du wollest mit geschlossenen Augen nach etwas greifen; die Hand weiß nicht wohin tasten; und die Hand ist doch gewiß eins deiner Glieder, denn sie ist nicht getrennt von deinem Leibe; öffne die Augen, und schon sieht die Hand, wohin sie gehen soll: durch den Hinweis des Hauptes folgt das Glied... So wird Christo durch Christus gezeigt. Das Haupt nämlich zeigt, auf daß die Glieder sehen, das Haupt lehrt, auf daß die Glieder lernen: und doch sind Haupt und Leib *ein* Mensch.

Sich selber betrachtend

[81] «Die dich fürchten, werden mich sehen und ergötzt werden, denn auf deine Worte habe ich gehofft» (Ps 118,74): das heißt: auf die, die du verheißen hast, damit sie Kinder der Verheißung seien, Samen Abrahams, in welchem alle Völker gesegnet werden. Wer aber sind die, die Gott «fürchten», und wen werden sie «sehen und ergötzt werden, weil» er auf Gottes «Wort gehofft»? Wenn es der Leib Christi ist, das heißt die Kirche, welche hier durch Christus ihre Stimme erhebt, oder wenn es, in ihr und über sie, die Stimme Christi ist, gleichsam über sich selber redend – sind dann nicht sie beide unter denen, die Gott «fürchten»? Wer also ist der, den sie «sehen und» [durch den sie] «ergötzt werden»? Sieht sich etwa das Volk selber und freut sich, .. da dieses Volk die Kirche selber ist, das die Kirche sieht? ..

In sich selber wirkend

[82] «Wer an mich glaubt, wird die Werke, die ich tue, auch selbst tun, und er wird noch größere tun» (Joh 14,12). Was soll das heißen? Wir fanden keinen, der die Werke Christi tat, und nun sollen wir gar einen finden, der noch größere tut? Und doch war .. größer, was die Apostel taten: nur durch den Vorübergang ihres Schattens (Apg 5,15), und nicht, wie der Herr, durch den berührten Saum des Gewandes Kranke zu heilen, und daß mehr Menschen sich bekehrten auf die Predigt der Apostel hin als auf die eigene Predigt des Herrn: so daß es schien, als sollten unter den «größeren Werken» diese verstanden werden; nicht so, daß der Schüler nun größer sei als der Meister, oder der Knecht als der Herr, oder der angenommene Sohn als der eingeborene, oder der Mensch als Gott, sondern so, daß er sich würdigte, selber durch sie jenes Größere zu tun, der anderswo sagt: «Ohne mich könnt ihr nichts tun» (Joh 15,5). So hat er – um unzähliges anderes zu übergehen – sie ohne sie geschaffen, ohne sie die Welt erschaffen; und, da er sich herabließ, auch Mensch

zu werden, ebenso sich selbst ohne sie geschaffen. Und was taten sie ohne ihn, wenn nicht die Sünde? Und schließlich hat er auch hier alsbald den möglichen Anstoß beseitigt,.. denn er fügt sogleich bei: «Weil ich zum Vater gehe, und was immer ihr bitten werdet in meinem Namen, werde ich tun.» Der vorhin sagte: «*Er* wird tun», sagt jetzt: «*Ich* werde tun»; als wollte er sagen: Nicht unmöglich soll euch dies scheinen: denn nicht größer als ich kann sein, wer an mich glaubt, vielmehr werde ich dann Größeres tun als jetzt; Größeres durch den, der an mich glaubt, als, abgesehen von ihm, durch mich: aber *ich*, sowohl ohne ihn wie durch ihn: wenn aber ohne ihn, dann tut's dieser nicht selber; wenn aber durch ihn, dann tut er's zwar selber, aber nicht durch sich selber. Hinwiederum aber: Größeres tun durch ihn, als ohne ihn, ist nicht Schwäche, sondern Herablassung. Denn was sollen die Knechte dem Herrn vergelten für alles, was er ihnen vergolten hat? (Ps 115, 12). Hat er sich doch gewürdigt, ihnen unter den andern Gütern auch dieses zu geben, daß er Größeres durch sie tun wollte als ohne sie. Schied nicht jener Reiche traurig von ihm, nachdem er einen Rat betreffs des ewigen Lebens erbeten? (Mt 19, 16f.) Er vernahm's, er verwarf's: und dennoch, was der eine von ihm vernahm und nicht tat, das taten später viele, als der «gute Lehrer» durch seine Jünger sprach; der, als er den Reichen durch sich selber mahnte, verachtenswert schien, liebenswert aber denen, die er durch Arme aus Reichen zu Armen machte. Siehe: Größeres als selber Hörenden kündend, tat er, von Gläubigen verkündet.

Sich selber beschenkend

[83] «Du stiegst auf zur Höhe, führtest die Gefangenschaft gefangen von dannen, empfingest Gaben unter den Menschen» (Ps 67, 19). Der Apostel erwähnt diese Stelle und deutet sie wie folgt auf Christus den Herrn: «Jedem von uns wird Gnade geschenkt nach dem Maß der Gabe Christi: darum heißt es: Er fuhr auf in die Höhe, führte die Gefangenschaft gefangen von dannen, schenkte Gaben den Men-

schen» (Eph 4,7–8)... Und es verwirrte uns nicht, daß der Apostel beim Anführen der Schriftstelle nicht sagt: «Du empfingest Gaben unter den Menschen», sondern; «er schenkte Gaben den Menschen». Denn er sprach mit apostolischer Vollmacht von jener Hinsicht, in welcher der Sohn zugleich mit dem Vater Gott ist. In dieser Hinsicht schenkte er «Gaben den Menschen», indem er ihnen den Heiligen Geist sandte, der der Geist des Vaters und des Sohnes ist. In der Hinsicht aber, in welcher derselbe Christus in seinem Leibe verstanden wird, in der Kirche, weswegen auch seine Heiligen und Gläubigen seine Glieder sind, von denen es heißt: «Ihr seid der Leib Christi und seine Glieder» (1 Kor 12,27)–: «empfing er» zweifellos selbst auch «Gaben unter den Menschen». Christus fuhr zwar zum Himmel auf und sitzet zur Rechten des Vaters; wäre er aber nicht hier auf Erden, so riefe er nicht von oben herab: «Saul, Saul, warum verfolgst du mich?» (Apg 9,4.) Und da er selber sagt: «Was ihr einem meiner Geringsten getan habt, habt ihr mir getan» (Mt 25,40), was zögern wir noch, ihn in seinen Gliedern zu empfangen, die als seine Glieder Gaben empfangen?

Was aber heißt: «Du führtest die Gefangenschaft gefangen»?.. Die Menschen selber, die vom Teufel gefangen waren, werden hier mit «Gefangenschaft» bezeichnet,.. und diese Gefangenschaft nimmt Christus gefangen. Denn warum sollte es nicht auch eine selige Gefangenschaft geben, wenn man die Menschen zum Guten fangen kann? So wird dem Petrus verheißen: «Von jetzt an wirst du Menschen fangen» (Lk 5,10). In Gefangenschaft also, weil gefangen, und gefangen, weil in die Botmäßigkeit gebracht; unter jenes «sanfte Joch» (Mt 11,30), «befreit von der Sünde, deren Knechte sie waren, und zu Knechten der Gerechtigkeit gemacht», deren Freie sie waren (Röm 6,18).

Durch sich selbst zu sich selber gehend

[84] Es sprach Thomas zu ihm: «Herr, wir wissen nicht, wohin du gehst; und wie sollen wir den Weg wissen?» (Joh

14, 5). Ihr kennt beides, hatte der Herr gesagt. Und dieser da sagt: Wir kennen keines von beiden: weder das Ziel des Gehens noch den Weg dorthin. Der Herr aber kann nicht lügen; sie wußten es also doch; nur wußten sie nicht, daß sie's wußten. So zeigte er ihnen, daß sie schon wissen, was sie meinen, noch nicht zu wissen. Jesus sprach zu ihm: «Ich bin der Weg, die Wahrheit und das Leben» (ebd. 6). Wie denn, Brüder?.. Konnten denn seine Jünger, zu denen er sprach, ihm sagen: Wir kennen dich nicht? Und wenn sie ihn kannten, und er ist der Weg, so kannten sie auch den Weg; und wenn sie ihn kannten, und er ist die Wahrheit, so kannten sie auch die Wahrheit; und wenn sie ihn kannten, und er ist das Leben, so kannten sie auch das Leben. Seht, so wurden sie überführt, daß sie wußten, was sie nicht vermeinten zu wissen...

Sie kannten also den Weg, denn sie kannten ihn, den Weg. Der Weg aber ist das, wodurch man geht; ist denn der Weg auch das, wohin man geht? Aber beides wußten sie – so hatte er gesagt –: den Weg und das Ziel. Er mußte also sagen: «Ich bin der Weg», damit sie, die ihn kannten, den scheinbar unbekannten Weg kennten; er mußte aber auch sagen: «Ich bin der Weg, die Wahrheit und das Leben», weil nach der Einsicht seines Weges die Einsicht seines Zieles noch fehlte, daß er nämlich zur Wahrheit ging und zum Leben ging. So ging er also durch sich selbst zu sich selbst. Und wohin gehen wir, wenn nicht zu ihm? Wodurch gehen wir, wenn nicht durch ihn? Er also geht durch sich selbst zu sich selbst; wir gehen durch ihn zu ihm: vielmehr aber gehen sowohl er als auch wir zum Vater. Denn von sich selbst sagt er anderswo: «Ich gehe zum Vater» (Joh 16,10), während er hier von uns sagt: «Niemand kommt zum Vater außer durch mich.» So also geht einerseits er durch sich sowohl zu sich wie zum Vater, anderseits wir durch ihn sowohl zu ihm wie zum Vater. Wer erfaßt dies, außer wer «geistlich denkt»? Und wieviel faßt er wohl, auch wenn er geistlich denkt? Brüder, wie wollt ihr, daß ich euch dies erkläre?..

Sag mir, Herr, was soll ich meinen Mitknechten sagen? Thomas der Apostel hatte dich, um dich fragen zu können, *vor* sich und verstünde dich doch nicht, hätte er dich nicht *in* sich: ich frage dich, weil ich weiß, daß du *über* mir bist; frage dich, weil ich meine Seele *über* mich selber erheben kann (Ps 41,5), dorthin, wo ich dich, auch ohne Töne, lehrend vernehme. Sag mir, ich bitte dich sehr, wie gehst du zu dir? Hattest du denn, um zu uns zu kommen, dich selber verlassen: zumal du nicht aus dir selber kamst, sondern der Vater dich sandte? Ich weiß, du hast dich selbst in die Leere hineinbegeben; aber weil du die Sklavengestalt annahmst (Phil 2,7), nicht weil du die Gottgestalt aufgabst, um zu ihr zurückzukehren, oder verlorest, um sie wiederzuempfangen; und dennoch kamst du, und nicht nur bis vor die fleischlichen Augen, sondern bis hinein in die Hände der Menschen. Wie, wenn nicht im Fleische? Durch das Fleisch kamst du und bliebest doch, wo du warst; durch dieses kehrtest du heim, ohne von dort zu scheiden, wohin du gekommen warst. Bist du also durch dieses gekommen und heimgegangen, so bist du durch das Fleisch ohne Zweifel nicht nur für uns der Weg zu dir gewesen, sondern warst auch dir selber der Weg für das Kommen und Gehen. Als du aber zum Leben, das du selber bist, gingst, so mußtest du offenbar ebendies Fleisch vom Tode zum Leben führen. Ein andres ist freilich Gottes Wort, ein andres der Mensch: aber das Wort wurde Fleisch, das heißt Mensch. Nicht also ist die Person des Wortes eine andere als die des Menschen, denn beides ist Christi *eine* Person; und wie deshalb mit dem Tode des Fleisches Christus starb, mit dem Begräbnis des Fleisches Christus begraben wurde,.. so kam, als das Fleisch vom Tode zum Leben kam, Christus zum Leben. Und weil das Wort Gottes Christus ist, so ist Christus das Leben. Und so, auf eine wundersame und unaussprechliche Weise, kam, der sich selber niemals entließ und verließ, zu sich selbst.

Durch sich selbst in sich selber eingehend

[85] Weil Jesus Christus, unser Erlöser, sich selber sowohl als «Hirten» wie als «Türe» bezeichnet hat, und weil er sagte, daß «der Gute Hirt durch die Türe eingeht» (Joh 10,2), so gilt es zu zeigen, wie er durch sich selber eingeht... Ich will's ohne Umschweif sagen: Indem ich Christus predige, suche ich zu euch, das heißt zu eurem Herzen einzugehen; predigte ich etwas anderes, so versuchte ich, anderswo hereinzusteigen. So ist mir also Christus die Türe zu euch; durch Christus trete ich ein, nicht in eure Mauern, sondern in eure Herzen... Weil wir also Christus predigen, treten wir durch die Tür ein. Christus aber predigt Christus, denn er verkündet sich selbst; und so tritt der Hirte durch sich selber ein. Wenn das Licht die Gegenstände zeigt, die im Lichte sichtbar sind, bedarf es dann selbst eines andern, um sichtbar zu werden? Das Licht zeigt vielmehr sowohl anderes als sich selbst. Alles, was wir verstehen, verstehen wir durch den Verstand, womit aber verstehen wir den Verstand, wenn nicht mit dem Verstand?.. Das leibliche Auge sieht anderes, sich selbst kann es nicht sehen: der Verstand aber versteht sowohl anderes wie sich selbst. So wie der Verstand sich selbst sieht, so verkündet Christus sich selbst. Kündet er sich selbst, so geht er durch sich selbst ein und geht so durch sich selbst zu dir ein. Auch zum Vater ist er die Türe; denn keiner gelangt zum Vater außer durch ihn. «Denn *ein* Gott, und *ein* Mittler Gottes und der Menschen, der Mensch Christus Jesus» (1 Tim 2,5). Vieles wird durch das Wort gesagt, was immer ich sagte, sagte ich durch ein Wort. Wollte ich aber das Wort selber sagen, wie sag ich's, wenn nicht durch das Wort? So wird durch das Wort das andere gesagt, das nicht selbst Wort ist, aber auch das Wort selbst ist nicht sagbar, es sei denn durch das Wort. Mit Hilfe des Herrn hat es uns nicht an Beispielen gefehlt. So haltet denn fest, wie unser Herr Jesus Christus Tür ist und Hirt: Türe, indem er sich auftut, Hirte, indem er durch sich eingeht.

Nun aber, Brüder: daß er Hirt ist, das übertrug er auch

seinen Gliedern: denn auch Petrus ist Hirt, Paulus ist Hirt, alle andern Apostel sind Hirten, alle guten Bischöfe sind Hirten. Keiner von uns aber nennt sich Türe; dies behielt er sich selber vor, wodurch die Schafe eingehen. So erfüllte Paulus das Amt eines guten Hirten, als er Christus predigte, denn er ging durch die Türe ein. Als aber ungezügelte Schafe begannen, Spaltungen zu veranlassen und sich andere Türen zu erfinden, durch sie nicht eintraten, um sich zu sammeln, sondern abirrten, um sich zu verstreuen, indem die einen sagten: «Ich bin des Paulus», andere: «Ich des Kephas», andere: «Ich des Apollo», andere: «Ich bin Christi», da rief er, entsetzt über jene, die «Ich des Paulus» gesagt, ihnen zu: Unselige, wohin geht ihr? Ich bin nicht die Türe! «Ist etwa Paulus für euch gekreuzigt worden? Oder seid ihr im Namen Pauli getauft worden?» (1 Kor 1, 12f.) Die aber sagten: «Ich bin Christi», haben die Türe gefunden.

Sich in sich selber heiligend

[86] Weil «der Mittler zwischen Gott und den Menschen, der Mensch Jesus Christus» (1 Tim 2, 5), zum Haupt der Kirche wurde und die Menschen zu seinen Gliedern, darum spricht er die Worte: «Ich heilige mich weihend für sie» (Joh 17, 19). Denn was heißt das anderes als: Ich heilige sie in mir, da ja auch sie Ich sind. Sind doch jene, von denen er es sagte, wie erwähnt, seine Glieder, und Christus ist nur einer, Haupt und Leib. Sagt und lehrt doch der Apostel vom Samen Abrahams: «Wenn ihr aber Christus gehört, so seid ihr Samen Abrahams», und dies auf Grund eines früheren Ausspruchs: «Es heißt nicht: deinen Samen, in der Mehrzahl [sollen die Verheißungen zufallen], sondern: deinem Samen, in der Einzahl, nämlich Christus» (Gal 3, 16.29). Wenn also der Same Abrahams Christus ist, dann sagt man offenbar denen, die man als «Samen Abrahams» anspricht, nichts anderes als: Ihr seid Christus. Daher versteht sich auch, daß anderswo der Apostel sagt: «Jetzt freue ich mich um euretwillen an den Leiden und ergänze in meinem Fleische, was

am Leiden Christi noch fehlt» (Kol 1,24). Er sagt nicht: was an meinen Leiden noch fehlt, sondern an Christi Leiden: denn er war ein Glied Christi; und in seinen Verfolgungen steuerte er seinen Anteil an die Drangsale Christi bei, wie sie dieser in seinem gesamten Leibe zu dulden hat. Damit dies auch für die vorliegende Stelle feststehe, beachte, was folgt: Nach den Worten: «Ich heilige mich weihend für sie» fügt er bei: «damit auch sie in der Wahrheit geheiligt seien», woraus zu ersehen ist, daß er sie in sich selber heiligt. Denn was heißt das anderes als: «in mir», sofern er eben als Wort im Anfang bei Gott «die Wahrheit» ist? In ihm ist auch der Menschensohn selber von Anbeginn seiner Erschaffung geheiligt worden, als das Wort Fleisch wurde; denn Wort und Mensch wurden *eine* Person. Damals also heiligte er sich in sich selber, das heißt: sich den Menschen in sich dem Worte; denn Wort und Mensch sind *ein* Christus, heiligend den Menschen im Wort. Um seiner Glieder willen sagt er: «und ich auch für sie», damit es auch ihnen fromme, denn auch sie sind Ich; so wie es mir selber frommte, der ich Mensch bin ohne sie: «Und ich heilige mich weihend für sie», das heißt: ich heilige sie als mich selbst in mir, denn in mir sind auch sie Ich selbst.

DER GEIST UND DIE KIRCHE

Der Geist als Seele der Kirche

[87] Ihr wünscht, den Heiligen Geist zu besitzen? Gebt acht, meine Brüder: unser Geist, durch den jeder Mensch lebt, wird Seele genannt; unser Geist, durch den der einzelne Mensch für sich genommen lebt, wird Seele genannt: und ihr seht, was im Leibe die Seele wirkt. Alle Glieder belebt sie: sie schaut durch die Augen, sie hört durch die Ohren, sie riecht durch die Nase, sie spricht durch die Zunge, sie wirkt durch die Hände, sie geht durch die Füße: allen Gliedern ist sie zugleich zugegen, damit sie leben; allen spendet sie Leben, den einzelnen aber Ämter. Nicht hört das Auge, nicht sieht das Ohr, nicht sieht die Zunge, noch reden Ohr und Auge; dennoch: sie leben; das Ohr, es lebt, die Zunge, sie lebt; die Ämter sind unterschieden, das Leben gemeinsam. So ist die Kirche Gottes: in den einen Heiligen wirkt sie Wunder, in den andern Heiligen kündet sie die Wahrheit, in andern Heiligen hält sie die Jungfräulichkeit, in andern Heiligen wahrt sie die eheliche Keuschheit; in den einen dies, in den andern jenes: die einzelnen wirken das Ihre, aber alle gemeinsam leben. Was aber die Seele ist für den Leib des Menschen, das ist der Heilige Geist für den Leib Christi, die Kirche: das eben wirkt der Heilige Geist im Gesamt der Kirche, was die Seele wirkt in allen Gliedern eines einzigen Leibs. Seht aber zu, wovor ihr euch hüten müßt, seht zu, was ihr halten, seht zu, was ihr fürchten müßt. Es kommt vor, daß im menschlichen Leibe, oder besser gesagt: vom menschlichen Leibe irgendein Glied, eine Hand, ein Finger, ein Fuß, entfernt wird; folgt etwa die Seele dem abgehauenen Glied? Solang es im Leibe war, besaß es das Leben; abgehauen, verliert es das Leben. So ist der christliche Mensch katholisch, solang er im Leibe lebt; abgehauen, wurde er zum Häretiker, dem entfernten Glied aber folgt der Geist nicht. Wollt ihr also vom Heiligen Geiste leben, so haltet fest an der Liebe, liebet die Wahrheit, ersehnet die Einheit, damit ihr hingelanget zur Ewigkeit.

[88] «Wer ein Wort sagt gegen den Heiligen Geist, dem wird es nicht verziehen werden, weder in dieser Welt noch in der künftigen» (Mt 12,32). Manche haben gemeint, daß jene allein gegen den Heiligen Geist sich versündigen, die nach Empfang des Bades der Wiedergeburt in der Kirche und nach Empfang des Heiligen Geistes, gleichsam undankbar für eine so große Gabe des Erlösers, sich in eine tödliche Sünde verstrickten: zum Beispiel Ehebruch, Mord oder Austritt aus dem christlichen Bekenntnis überhaupt oder doch aus der katholischen Kirche. Ich weiß aber nicht, wie eine solche Deutung bewiesen werden kann, da ja in der Kirche die Buße für keine Art von Sünde verweigert wird...

So leiht mir denn, Brüder, euer Gehör und erhebt die Geister zum Herrn. Ich sage es eurer Liebe: vielleicht findet sich in der ganzen Heiligen Schrift keine größere, keine schwerere Frage. Und wenn ich euch etwas von mir selber anvertrauen soll: bisher habe ich in den Predigten an das Volk die Schwierigkeit und Beschwer dieser Frage umgangen: nicht als ob ich nicht manches darüber ersonnen hätte, denn ich durfte es nicht unterlassen, in einer so wichtigen Sache zu bitten, zu suchen, anzuklopfen, sondern weil ich für die Einsicht, die mir ein klein wenig eröffnet wurde, durch die mir bisher zur Verfügung stehenden Worte keinen genügenden Ausdruck zu finden glaubte. Heute aber, als ich die Lesung vernahm, über die ich euch predigen sollte, als das Evangelium verlesen ward, da wurde mein Herz so getroffen, daß ich glaube, Gott wolle durch mein Amt euch einiges hören lassen...

Wenn wir jede Sünde als eine Sünde gegen den Heiligen Geist auffassen, wer könnte dann gerettet werden? Wenn wir aber meinen, sie komme überhaupt nicht vor, dann widersprechen wir dem Erlöser. Es gibt also zweifellos eine bestimmte Lästerung und ein bestimmtes Wort, das, gegen den Heiligen Geist gesagt, nicht verziehen wird... Damit ihr dies deutlicher sehet, achtet auf das, was Christus selbst von den Juden sagte: «Wenn ich nicht gekommen wäre und zu ihnen geredet hätte, so hätten sie keine Sünde» (Joh 15,22). Gewiß ist dies nicht so gemeint, als ob er die Juden von jeder Sünde überhaupt freisprechen wollte, falls er nicht gekommen wäre und zu ihnen geredet hätte. Er fand sie ja voller Sünde, überladen mit Sünden...

Ihr wißt aber, Geliebteste, daß in der unsichtbaren und unveränderlichen Dreieinigkeit, an der unser Glaube und die katholische Kirche festhält, und die sie verkündet, der Vater nicht Vater des Heiligen Geistes ist, sondern des Sohnes, und Gott der Sohn nicht Sohn des Heiligen Geistes ist, sondern des Vaters: daß aber Gott der Heilige Geist nicht der Geist des Vaters allein oder des Sohnes allein, sondern des Vaters und Sohnes gemeinsam ist... Im Vater wird uns die Herrschaftlichkeit nahegelegt, im Sohne die Geburt, im Heiligen Geist die Gemeinschaft von Vater und Sohn, in allen dreien die Gleichrangigkeit. Was also gemeinsam ist dem Vater und Sohn, das sollte nach ihrem Willen auch die Gemeinschaft zwischen ihnen und uns begründen; durch diese Gabe wollen sie uns in jene Einheit versammeln, die ihre eigene Einheit ist, nämlich durch Gott den Heiligen Geist und ihn als Gabe Gottes. In ihm nämlich werden wir mit der Gottheit ausgesöhnt und genießen wir sie. Denn was würde uns nützen, was immer Gutes wir wissen, wenn wir nicht auch lieben? Wie wir aber durch die Wahrheit belehrt werden, so lieben wir durch die Liebe: damit wir tiefer erkennen und selig das Erkannte durchkosten. Die Liebe aber ist ausgegossen in unseren Herzen durch den Heiligen Geist, der uns geschenkt ist (Röm 5,5)...

Das erste nun, was wir zu Beginn des Glaubens, um das ewige Leben zu erlangen, das uns zuletzt gewährt wird, durch Gottes Güte zum Geschenk erhalten, ist die Vergebung der Sünden... Er verleiht uns seine Güter nicht, wenn er nicht zugleich unsere Mängel entfernt. Und je mehr jene wachsen, um so mehr nehmen diese ab: und jene werden nicht eher vollendet, als bis diese völlig beendet sind. Daß aber Jesus der Herr im Heiligen Geiste die Sünden vergibt (so und nicht anders, wie er im Heiligen Geiste die Teufel austreibt), wird daraus ersichtlich, daß er nach seiner Auferstehung den Jüngern sagte: «Empfanget den Heiligen Geist» und dann unmittelbar fortfuhr: «Wem ihr die Sünden nachlassen werdet, denen sind sie nachgelassen, wem ihr sie behaltet, denen sind sie behalten» (Joh 20,22–23). Denn auch jene Wiedergeburt, bei der alle vergangenen Sünden nachgelassen werden, geschieht im Heiligen Geist, wie der Herr sagt: «Wenn einer nicht wiedergeboren ist aus dem Wasser und dem Geiste, kann er nicht eingehen in das Reich Gottes» (Joh 3,5). Ein anderes aber ist, aus dem Geiste geboren zu werden, ein anderes, vom Geiste genährt zu werden: so wie es ein anderes ist, vom Fleische geboren zu werden – das geschieht, wenn die Mutter gebiert – und vom Fleische genährt zu werden – das geschieht, wenn sie das Kind stillt, das sich mit Lust nach dem wendet, um zu trinken, von dem es geboren ward, um zu leben. Die erste Wohltat des Glaubens ist also die Vergebung der Sünden durch Gottes Huld im Heiligen Geist... Dann aber sagt der Herr weiter: «Feuer kam ich auf die Erde zu werfen» (Lk 12,49), und entsprechend der Apostel: «brennend im Geiste» (Röm 12,11); denn die Liebe beginnt zu brennen, die sich durch den Heiligen Geist in unseren Herzen auszubreiten beginnt...

Gegen dieses unverdiente Geschenk, gegen diese Gnade Gottes redet das unbußfertige Herz. Eben die Unbußfertigkeit ist also die Lästerung gegen den Geist, die weder in diesem noch im künftigen Leben verziehen wird. Gegen den Heiligen Geist nämlich, durch den getauft wird, wem die Sünden vergeben werden, und den die Kirche empfängt, um die Sünden denen nachzulassen, denen sie dann nachgelassen sind, spricht ein gar böses und gottloses Wort – sei es nur in Gedanken oder auch mit dem Munde –, wer von Gottes Langmut zur Buße geführt wird und doch «in der Verstockung seines Herzens sich Zorn aufhäuft für den Tag des Zornes und der Offenbarung des gerechten Gerichtes Gottes, der jedem nach seinen Werken vergelten wird» (Röm 2,4–6)... Freilich kann diese Verstockung, dieses unbußfertige Herz so lange nicht gerichtet werden, als wir im Fleische leben. Denn an niemand darf man verzweifeln, solange die Langmut Gottes ihn noch zur Buße anlockt und den Gottlosen nicht abruft aus diesem Leben, da er «nicht den Tod des Sünders will, sondern daß er sich bekehre und lebe» (Ez 18,23). Heute ist er Heide, woher weißt du, ob er morgen nicht Christ ist? Treuloser Jude ist er heute: wie, wenn er morgen die katholische Wahrheit anerkennt? Heute lebt er im Schisma: wie, wenn er morgen den katholischen Frieden umfängt?..

Wo also diese Sünde des gegen den Heiligen Geist verstockten Herzens nicht besteht, durch den in der Kirche die Sünden nachgelassen werden, da können alle andern Sünden verziehen werden. Wie aber soll diese nachgelassen werden, die gerade die Nachlassung aller andern verhindert? Alles wird denen verziehen, in welchen sich dies nicht findet, was niemals verziehen wird; in welchen es sich aber findet, in denen wird, weil es niemals verziehen wird, auch das übrige nicht verziehen, weil die Lösung von allem durch diese Fessel verhindert wird...

Die Sünden aber, die ja nicht außerhalb der Kirche vergeben werden[1], sollten in eben dem Geiste vergeben werden, der die Kirche zur Einheit gestaltet. Bereut demnach einer seine Sünden außerhalb der Kirche, während er diese so große Sünde, daß er der Kirche Gottes entfremdet ist, verstockten Herzens nicht bereut, was nützt ihm dann jene Reue; denn ebendadurch spricht er das Wort gegen den Heiligen Geist, daß er außerhalb der Kirche steht, die die Gabe empfing, innerhalb ihrer im Heiligen Geiste die Sünden vergeben zu können. Obwohl die Dreieinigkeit diese Vergebung bewirkt, wird sie doch in besonderer Weise als zum Heiligen Geiste gehörend verstanden. Denn er ist ja der «Geist der Annahme an Kindes Statt, in welchem wir rufen: Abba, Vater!» (Röm 8,15); auf Grund dessen wir erst zu ihm sprechen können: «Vergib uns unsere Schulden» (Mt 6,12).

[1] Vgl. zum Folgenden das in der Einleitung über Augustins Auffassung vom «formalen Häretiker» Gesagte.

«Daran erkennen wir», sagt der Apostel Johannes, «daß Christus in uns bleibt: an seinem Geiste, den er uns geschenkt hat» (1 Joh 3,24). «Der Geist selbst gibt unserem Geiste Zeugnis, daß wir Kinder Gottes sind» (Röm 8,16). Denn Sache des Geistes ist jene Gemeinschaft, durch die wir der *eine* Leib des einzigen Sohnes Gottes werden. Darum steht geschrieben: «Wenn es also Ermahnung in Christo gibt, wenn Tröstung der Liebe, wenn Gemeinschaft des Geistes» (Phil 2,1). Wegen dieser Gemeinschaft haben jene, auf die der Geist zuerst herabkam, in den Sprachen aller Völker geredet. Und wie durch die Sprachen das Menschengeschlecht unter sich enger verbunden wird, so ziemte es sich, durch die Sprachen aller Völker jene Gemeinschaft der Kinder Gottes und der Glieder Christi vorzubedeuten, die sich über alle Völker hin ausbreiten sollte: auf daß, wie damals jener, der aller Länder Sprachen sprach, sichtbarerweise den Heiligen Geist empfangen hatte, heute der, der durch das Friedensband der überall verbreiteten Kirche umschlungen wird, erkenne, daß er den Heiligen Geist empfangen hat. Darum sagt der Apostel: «Trachtet, die Einheit des Geistes im Bande des Friedens zu wahren» (Eph 4,3)...

Daß aber jene, die von der Kirche getrennt sind, diesen Geist nicht besitzen, das erklärt der Apostel Judas ganz offen, wenn er sagt: «Die sich selber abscheiden, die fleischlich sind und den Geist nicht besitzen» (Jud 19). Und ebenso hat Paulus innerhalb der Kirche jene Leute, die auf Grund von Personenkult gewisse Spaltungen betrieben, getadelt und ihnen dabei unter anderm gesagt: «Der fleischliche Mensch faßt nicht, was des Geistes Gottes ist: Torheit nämlich ist es für ihn, und er kann es nicht begreifen, weil es geistig beurteilt sein will» (1 Kor 2,14)... Und noch deutlicher: «Denn wenn einer sagt: Ich gehöre zu Paulus, ein anderer: ich zu Apollo, redet ihr da nicht sehr menschlich? Was ist denn Apollo, was ist Paulus? Nichts als die Diener, durch die ihr zum Glauben kamt» (1 Kor 3,1–5). Sie also, ich meine Paulus und Apollo, waren einträchtig in der Einheit des Geistes und im Band des Friedens; weil aber jene sie unter sich zu verteilen und hochmütig für die einzelnen Partei zu ergreifen begannen, werden sie menschlich und fleischlich und irdisch genannt; freilich auch, sofern sie sich nicht von der Kirche selbst trennen, «kleine Kinder in Christus»... Die sich aber von der Kirche selbst trennten, von denen heißt es nicht: «Sie fassen nicht, was des Geistes ist», sondern da heißt es: «Sie haben den Geist nicht.» Daraus aber, daß einer ihn hat, folgt noch nicht, daß er auch wissentlich erfaßt, was er hat...

Aber auch von dem kann man nicht sagen, daß er in der Kirche sei und zur Gemeinschaft des Geistes gehöre, der geheuchelten Herzens nur durch leibliches Dabeisein sich unter die Schafe Christi mischt. «Denn der Heilige Geist der Zucht flieht den Heuchler» (Weish 1, 5). Wer immer also in schismatischen oder häretischen Versammlungen (oder besser gesagt: Zerstreuungen) getauft wird, ist zwar nicht aus dem Geiste wiedergeboren – er gleicht darin Ismael, der dem Fleische nach von Abraham stammt, nicht Isaak, der dem Geiste, das heißt der Verheißung nach von ihm geboren wurde (Gal 4, 28–29) –, aber wenn er zur katholischen Kirche kommt und der Gemeinschaft des Geistes angegliedert wird, den er draußen zweifellos nicht besaß, wird er doch nicht zum zweiten Male getauft. Denn nicht mangelte denen draußen diese Form der Frömmigkeit; sie erhalten aber [beim Eintritt], was nur im Innern verliehen werden kann, die Einheit des Geistes im Bande des Friedens. Von solchen sagte, bevor sie katholisch wurden, der Apostel: «Sie besitzen die Form der Frömmigkeit, aber sie verleugnen ihre innere Kraft» (2 Tim 3, 5). Die sichtbare Form des Rebzweigs kann auch getrennt vom Weinstock sein, aber dieser Zweig kann nicht die unsichtbare Kraft der Wurzel besitzen...

Ist dem so, dann kann die Vergebung der Sünden, die einzig im Heiligen Geiste verliehen wird, nur in jener Kirche verliehen werden, die den Heiligen Geist besitzt... «Wer nicht mit mir ist», sagt Christus, «der ist gegen mich, und wer nicht mit mir sammelt, zerstreut» (Mt 12, 30). Damit zeigt er, daß jene nicht zu ihm gehören, die, außerhalb sammelnd, eben nicht sammeln wollen, sondern zerstreuen. Dann fährt er fort: «Und darum sage ich euch: Jede Sünde und Gotteslästerung wird den Menschen vergeben werden, die Lästerung des Geistes aber wird nicht vergeben werden.» Was bedeutet dies? Wird darum die Lästerung gegen den Geist als einzige nicht vergeben, weil, wer nicht mit Christus ist, gegen ihn ist, und weil, wer nicht mit ihm sammelt, zerstreut? Zweifellos darum. Denn wer nicht mit ihm sammelt, auch wenn er noch so sehr in seinem Namen sammelt, der hat den Heiligen Geist nicht...

Ist einer auch noch so sehr der Wahrheit entgegen, so daß er Gottes Stimme in seinem eingeborenen Sohn widerstrebt,.. es wird ihm vergeben werden, wenn er sich reumütig zur Güte Gottes bekehrt, der, da er den Tod des Sünders nicht will, sondern daß er sich bekehre und lebe, seiner Kirche den Heiligen Geist verlieh, auf daß, wem immer sie im Geiste die Sünden nachlasse, sie ihm nachgelassen seien. Wer aber sich zum Feind dieser Gabe erklärt, so daß er sie nicht reumütig nachsucht, sondern ihr verstockt widerstrebt, dessen Sünde wird unverzeihlich; nicht eine beliebige Sünde, sondern die Verachtung oder auch Bekämpfung der Sündenvergebung. Und das Wort gegen den Heiligen Geist wird dadurch gesprochen, daß man nie aus der Zerstreuung zur Gemeinschaft zurückkommt, die zur Sündenvergebung den Heiligen Geist empfing. Und wenn einer zu dieser Gemeinschaft auch durch Vermittlung eines schlechten Priesters, eines verworfenen und heuchlerischen, aber doch eines Dieners der katholischen Kirche, aufrichtigen Herzens hinzutritt, so erlangt er im Heiligen Geiste die Vergebung der Sünden... Es gibt also nur eine einzige Zuflucht, wenn die Lästerung nicht unverzeihbar sein und das Herz nicht verstockt werden soll; und keiner soll meinen, daß ihm die Reue etwas nütze, außer er hält an der Kirche fest, in der die Vergebung der Sünden gespendet und die Gemeinschaft des Geistes im Bande des Friedens gewahrt wird.

IV

DAS JAHR DER KIRCHE

[89] Wir wissen, Brüder, daß Christus einmal für uns gestorben ist; als Gerechter für die Sünder, als Herr für die Knechte,.. als Hirt für die Herde, und, was das Wunderbarste von allem ist, als Schöpfer für das Geschöpf. Er blieb darin, was er immer gewesen, und gab dahin, was er geworden war: Gott verbarg sich, der Mensch erschien; als der Starke belebte er, als der Schwache starb er; als Gott war er unwandelbar, als Fleisch war er verwundbar: wie der Apostel sagt: «Der ausgeliefert wurde um unserer Sünden willen und auferstand um unserer Rechtfertigung willen» (Röm 4,25). Daß dies einmal geschehen ist, das wißt ihr sehr wohl. Und doch läßt die Festlichkeit gleichsam öfters geschehen und wiederholt nach Ablauf der Zeiten, was die Wahrheit durch so viele Stimmen der Schrift als einmal vollzogen verkündet. Dennoch sind Wahrheit und Festlichkeit nicht im Widerspruch, so daß diese lüge, jene das Rechte verfüge. Denn was die Wahrheit als einmal tatsächlich geschehen bezeugt, dessen feierliche Begehung in frommen Herzen wird durch die Festlichkeit erneut. Was geschah, eröffnet die Wahrheit, so wie es geschehen; die Festlichkeit aber, nicht durch Vollzug, wohl aber durch Begehen, erlaubt dem Vergangenen nicht zu vergehen. So wurde «als unser Ostern Christus geschlachtet» (1 Kor 5,7). Er wurde gewiß ein für allemal getötet, er, der nicht mehr stirbt, über den der Tod nicht mehr herrscht (Röm 6,9). So sagen wir nach der Stimme der Wahrheit, daß Ostern einmal stattfand und fürderhin nicht mehr stattfindet: nach der Stimme der Festlichkeit aber sagen wir, daß Ostern alljährlich wiederkehrt. So darf man wohl das Psalmwort auslegen: «Des Menschen Gedenken wird dir bekennen, und weiteres Gedenken wird dir einen festlichen Tag bereiten» (Ps 76,11). Denn wenn uns nicht das Gedächtnis die Berichte von dem in der Zeit Erfolgten böte, so fände es künftig nichts mehr zu «weiterem Gedenken». So bekennt dem Herrn das «Gedenken des Menschen», der auf die Wahrheit blickt; das «weitere Gedenken», das im Gedächtnis haftet, läßt nicht ab, zu bestimmten Zeiten die Feste zu feiern, um nicht als undankbares Gedenken erfunden zu werden.

[90] Jubelnd laßt uns den Tag begehen, an dem Maria den Erlöser gebar, die Vermählte den Schöpfer aller Vermählung, die Jungfrau den Fürsten aller Jungfräulichen; die, dem Gatten angetraut, doch nicht Mutter war durch den Gatten; Jungfrau vor der Ehe, Jungfrau in der Ehe; gebärende Jungfrau, stillende Jungfrau. Denn in keiner Weise hat der allmächtige Sohn der heiligen Mutter bei der Geburt jene Jungfrauschaft geraubt, die er sich selbst vor seiner Geburt erwählt. Gut ist die Fruchtbarkeit in der Ehe, aber besser die Unversehrtheit der Jungfrau. Christus der Mensch also, der als Gott beides verleihen konnte (denn er ist als Mensch zugleich Gott), würde nie seiner Mutter das von den Gattinnen geliebte Gut so verliehen haben, daß er ihr dabei das Bessere entzog, um dessentwillen die Jungfrauen es verschmähen, Mütter zu sein. So feiert heute die heilige Jungfrau Kirche die Jungfrauengeburt. Denn ihr sagt ja der Apostel: «Ich habe euch einem Manne zugestaltet, um euch als keusche Jungfrau Christus entgegenzuführen» (2 Kor 11,2). Warum als keusche Jungfrau bei soviel Volk beiderlei Geschlechts, nicht nur in soviel Knaben und Mädchen, sondern auch in verheirateten Vätern und Müttern? Warum also als keusche Jungfrau, wenn nicht wegen der Unversehrtheit in Glaube, Hoffnung und Liebe? Die Jungfräulichkeit, die Christus der Kirche erschaffen wollte im Herzen, die wahrte er vorerst Maria im Leibe. Denn in menschlicher Ehe wird das Weib dem Mann übergeben, um fürderhin nicht mehr Jungfrau zu sein: die Kirche aber vermöchte nicht Jungfrau zu sein, hätte sie den Bräutigam, dem sie übergeben werden soll, nicht als Sohn der Jungfrau gefunden.

[91] Als Rechtens wurde erachtet, was in der Tat auch recht war: daß jene Magier als erste aus den Heiden Christus den Herrn erkannten und, noch nicht durch sein Wort bewogen, dem erscheinenden Stern, der an Stelle des kindlichen Wortes sinnfällig wie eine himmlische Zunge sprach, nach-

folgten, auf daß die Heiden dankbar den Heils-Tag ihrer Erstlingsfrüchte erkennten und ihn, feierlich huldigend mit Danksagung, Christus dem Herrn hinweihten. Die Erstlinge zum Glauben und zur Offenbarung Christi unter den Juden waren die Hirten, die ihn am Tag der Geburt selbst, aus nächster Nähe hinzutretend, erblickten. Ihnen kündeten die Engel, diesen der Stern. Jenen wurde das «Ehre sei Gott in der Höhe» gesagt, in diesen erfüllte sich «die Himmel rühmen Gottes Ehre» (Ps 18,2). Beide aber, als der Ansatz der beiden Mauern, die aus verschiedener Richtung kamen, Beschneidung und Vorhaut, liefen zum Eckstein zusammen, um in ihm den Frieden zu finden, der beide zur Einheit verbindet (Eph 2,14). Weil jene Christus gesehen, lobten sie Gott: diese aber beteten auch den gefundenen Heiland an. In jenen erschien die Gnade früher, in diesen war die Demut tiefer. Und vielleicht jubelten die Hirten, als weniger schuldig, heller auf über das Heil, die Magier aber, von schwereren Sünden belastet, suchten unterwürfiger Gnade und Huld.

[92] Übermütig waren die Juden: sie wurden erniedrigt; entmutigt waren die Heiden: sie wurden aufgerichtet. Zum Eckstein mögen sie kommen, dort zusammenlaufen, .. dort den Kuß des Friedens finden.

[93] Offenkundig ward er, noch in den Windeln seiner Kindheit liegend, denen, die nahe, wie denen, die ferne waren; in den nahen Hirten den Juden, in den fernen Magiern den Heiden. Am Tag selbst der Geburt sind jene, diese heute zu ihm gekommen. So glauben wir. Er offenbarte sich also jenen: den Ungelehrten, und diesen: den Ungerechten. Überwog doch in den bäurischen Hirten die Unwissenheit, die Gottlosigkeit aber in den Lastergebräuchen der Magier. Beide zog jener Eckstein an sich heran: der kam, um das Törichte dieser Welt zu erwählen und damit die Weisen zu beschämen (1 Kor 1,27), aber auch, um nicht die Gerechten zu rufen, sondern die Sünder (Mt 9,13); daß kein Großer sich überhebe, kein Schwacher verzage.

Entstellte Schönheit

[94] Gott von Gott war er, aber das Wort wurde Fleisch, um unter uns zu wohnen; verborgen die Majestät, offenbar die Ohnmacht, auf daß sterbe die Ohnmacht und bleibe die Majestät... «Und wir sahen ihn, und er hatte weder Anschein noch Schönheit, vielmehr verworfen war sein Gesicht und entstellt seine Haltung. Ein Mensch in Qualen, wissend, wie man Ohnmacht erträgt» (Is 53,2–3). Die Entstellung Christi stellt dich zurecht. Hätte er diese Ungestalt nicht auf sich genommen, so hättest du die verlorene Gestalt nie wiederbekommen. Entstellt also hing er am Kreuz, aber seine Entstellung ist unsere Schönheit. Halten wir also in diesem Leben fest am entstellten Christus. Was heißt: am entstellten Christus? «Ich aber will mich in nichts anderem rühmen als im Kreuz unseres Herrn Jesus Christus, durch den mir die Welt gekreuzigt ist und ich der Welt» (Gal 6,14). Das ist die Entstelltheit Christi: Gab ich vor, unter euch etwas anderes zu wissen als den Weg? Das ist der Weg: an den Gekreuzigten glaube! Das Zeichen dieser Entstellung tragen wir offen an der Stirn: o daß wir nicht erröteten über Christi Entstellung!

Kirche aus der Seitenwunde

[95] «Einer der Soldaten öffnete sein Herz mit einer Lanze, und sogleich trat Blut und Wasser heraus» (Joh 19,34). Ein sorgsames Wort verwandte der Evangelist, um nicht sagen zu müssen: Er durchbohrte oder verwundete seine Seite, oder etwas derart, vielmehr: «öffnete» er: damit dort gleichsam die Türe des Lebens aufgetan würde, durch die sich die Sakramente der Kirche ergossen, ohne die man zum wahren Leben nicht eingeht. Blut ward zur Vergebung der Sünden vergossen, Wasser sänftigt den heilsamen Becher, es gewährt zugleich Bad und Trunk. Vorbedeutung dessen war die Türe,

die Noe an der Seite der Arche anbringen sollte, durch welche die von der Flut verschonten Tiere einträten, die Sinnbilder der Kirche. Um dessentwillen ward das erste Weib aus der Seite des schlafenden Mannes gebildet und Leben und Mutter der Lebendigen genannt. Denn sie bedeutete großes Gut, vor der Sünde großem Übel. Hier entschlief geneigten Hauptes am Kreuz der zweite Adam, damit ihm aus dem, was der Seite des Schlummernden entfloß, eine Gattin gebildet werde. O Tod, durch welchen die Toten aufleben! Was ist reiner als dieses Blut, heilsamer als diese Wunde?

Stärkende Schwäche

[96] «Ermüdet von der Reise, setzt sich Jesus hin» (Joh 4,6). Nicht umsonst ermüdet Jesus, nicht umsonst ermüdet die Kraft Gottes, nicht umsonst ermüdet, durch den wir Müde uns ermannen... Deinetwegen ermüdet Jesus auf dem Wege. Wir finden Jesus die Kraft, und finden Jesus die Schwäche, Jesus stark und schwach... Die Stärke Christi hat dich geschaffen, die Schwäche Christi dich neu geschaffen. Die Stärke Christi ließ erstehn, was nicht war, die Schwäche ließ nicht vergehn, was war. Durch seine Stärke hat er uns begründet, durch seine Schwäche kam er uns suchen...

So wird Jesus schwach, ermüdet von der Reise. Seine Reise ist das Fleisch, das er für uns auf sich genommen... Was besagt also: «ermüdet von der Reise», wenn nicht: müde im Fleisch? Schwach ist Jesus im Fleisch: du aber werde nicht schwach; in seiner Schwäche sei du stark, denn das Schwache Gottes ist stärker als die Menschen (1 Kor 1,25).

Im Sinnbild gab uns Adam, das Vorbild des Künftigen (Röm 5,12), den Hinweis auf ein großes Geheimnis; oder vielmehr Gott durch ihn. Denn schlafend sollte er eine Gattin empfangen, und diese Gattin wurde aus seiner Rippe geformt: denn es sollte die Kirche aus der Seite des am Kreuze schlummernden Christus entstehen; aus der Seite des Schlummernden, weil aus der Seite des am Kreuz von der Lanze Durchbohrten die Sakramente der Kirche flossen. Aber warum erwähne ich dies, Brüder? Weil die Schwäche Christi uns stark macht. Ein großer Hinweis ging dort voraus. Gott hätte dem Manne einen Teil des Fleisches nehmen können, um daraus das Weib zu bilden, und es hätte sogar passender scheinen mögen. Denn es sollte ja das schwächere Geschlecht entstehen, und das Schwache hätte eher aus Fleisch als aus Bein entstehen sollen, sind doch die Gebeine im Fleische das Festere. Aber er entnahm kein Fleisch zur Bildung des Weibes; vielmehr entzog er einen Knochen, und aus dem entzogenen Knochen bildete er das Weib, und die Stelle des Knochens füllte er aus mit Fleisch. Er hätte den Knochen durch einen andern ersetzen können, er hätte an Stelle der Rippe Fleisch wegnehmen können, um das Weib zu formen. Was also wollte er andeuten? Das Weib ward aus der Rippe als die gleichsam Starke gebildet; Adam hingegen wurde im Fleische gleichsam schwach. Das ist Christus und die Kirche, seine Schwäche ist unsere Stärke.

[97] Über unsern Herrn und Erlöser, geliebteste Brüder, wurde vor langem die Weissagung ausgesprochen: «Wie ein Gesträuch wird er aufsteigen, und wie eine Wurzel aus dürstender Erde» (Is 53,2). Warum wie eine Wurzel? Weil «keine Schönheit an ihm war noch Ehre». Er litt, er wurde gedemütigt, angespien: er besaß keine Schönheit mehr; der Mensch kam zutage, obwohl er Gott war. Aber wie die Wurzel: sie ist nicht schön, doch birgt sich im Innern die Kraft ihrer Schönheit... Wird dir die Wurzel gezeigt, so siehst du an ihr keine Schönheit. Verachte nicht, was niedrig ist: von dorther steigt auf, was du bewunderst. «Wie eine Wurzel aus dürstender Erde.» Betrachtet nun die Herrlichkeit des Baumes. Es wuchs die Kirche, es glaubten die Heiden, die Fürsten der Erde wurden im Namen Christi besiegt, um Sieger über den Erdkreis zu werden. Früher verfolgten sie die Christen um der Götzen willen, jetzt verfolgen sie die Götzen um der Christen willen. Alle flüchten in ihrer Not zur Hilfe der Kirche, in jeder Bedrängnis, in jeder Mühsal. Es wuchs jenes Senfkörnlein und wurde größer als alle Sträu-

cher: es kommen die Vögel des Himmels, die Stolzen dieser Welt, und ruhen aus in seinen Zweigen. Woher diese so große Schönheit? Aus ich weiß nicht welcher Wurzel stieg sie herauf: und diese Schönheit ist gar berühmt. Forschen wir nach der Wurzel. Er wurde angespien, er wurde gedemütigt, er wurde gegeißelt, gekreuzigt, verwundet, verachtet. Siehe, hier ist keine Schönheit: in der Kirche aber entfaltet sich die Schönheit der Wurzel. Er schildert also den Bräutigam selbst, jenen verschmähten, entehrten, verworfenen. Und nun dürft ihr den Baum betrachten, der jener Wurzel entstieg und den Erdkreis erfüllte. «Eine Wurzel aus dürstender Erde.»

Verstörung

[98] Als er Lazarus erwecken sollte, heißt es von ihm: «Er wurde verstört» (Joh 11,32). Denn also ziemte es sich, daß «der eine Mittler Gottes und der Menschen, der Mensch Jesus Christus», wie er uns zum Höchsten emporhob, ebenso mit uns zusammen das Unterste erlitte... So hör ich ihn sagen: «Jetzt ist meine Seele verstört.» Was ist das? Wie befiehlst du meiner Seele nachzufolgen, wenn ich deine Seele sich verstören sehe? Wie soll ich ertragen, was solcher Starkmut als lastend empfand? Welche Grundfesten soll ich suchen, wenn der Felsen selbst wankt? Aber ich glaube in meinem Sinnen den Herrn reden zu hören, und gleichsam so zu mir sprechen: ‚Erst recht wirst du mir folgen, weil ich mich so ins Mittel lege, damit du's ertragest: du hörtest die Stimme meiner Stärke an dich, hör nun die Stimme deiner Schwäche in mir: Kräfte flöße ich dir ein, daß du laufest, und hemme nicht, daß du schneller laufest; ich übersetze vielmehr in mich, wovor du bangst, und breite es als Weg unter dir aus, damit du darüber hinweggehst.' O mein Herr, mein Mittler, Gott über uns, Mensch wegen uns, ich anerkenne deine Barmherzigkeit!

[99] «Jesus wurde im Geiste verstört» (Joh 13,21). Verstört also wurde, der die Macht besaß, seine Seele hinzugeben,

und die Macht, sie wieder an sich zu nehmen (Joh 10, 18). Verstört wird so gewaltige Macht, verstört des Felsens Feste. Oder verstört sich in ihm vielmehr unsre Ohnmacht? So ist es in Wahrheit. Nichts Würdeloses sollen die Knechte wähnen von ihrem Herrn, sich vielmehr als Glieder wiedererkennen in ihrem Haupt. Der für uns starb, ward auch für uns verstört. Der also aus Eigenmacht starb, ward auch aus Eigenmacht verstört: der «den Leib unsrer Niedrigkeit umgestaltet gleichförmig dem Leib seiner Herrlichkeit» (Phil 3, 21), der verwandelte auch in sich die Regung unserer Ohnmacht, indem er durch die Regung seines Mitleids teilnahm an unserem Leiden. Wenn er also verstört wird, der Große, der Starke, der Gewiegte und Unbesiegte, dürfen wir nicht sein Versagen fürchten, sondern wissen, daß er nicht verdirbt, sondern um uns wirbt. Um uns, sag ich, und einzig um uns bemüht er sich hier, damit wir nicht, wenn uns Verstörung befällt, in Verzweiflung verderben. Wenn der verstört wird, der nicht anders als freiwillig verstört wird, so tröstet er den, der nicht anders als unfreiwillig verstört wird.

So werden alle Beweise der Philosophen zuschanden, welche da leugnen, daß eines Weisen Gemüt verwirrt und bewegt werden darf. «Zur Torheit hat Gott die Weisheit dieser Welt gemacht» (1 Kor 1, 20), und «der Herr kennt die Gedanken der Menschen und weiß, daß sie eitel sind» (Ps 93, 11). Verwirrt und verstört werde durchaus das Gemüt des Christen, nicht aus Erbärmlichkeit, sondern aus Erbarmen; es fürchte der Christ, die Menschen könnten verlorengehen für Christus; er traure, wenn einer verlorenging für Christus; er freue sich, wenn Menschen gewonnen werden für Christus; er fürchte auch für sich selber, verlorenzugehen für Christus; er betrübe sich, fern wandeln zu müssen von Christus; er ersehne, herrschen zu dürfen mit Christus; er juble in der Aussicht, einst thronen zu können mit Christus.

Doch einer wendet mir ein: Darf sich denn das Gemüt der Christen vor dem nahenden Tode verwirren? Wo bliebe das Wort des Apostels, daß er sich nach Auflösung sehne und bei Christus zu sein? (Phil 1, 23)... Gar stark sind zwar die

Christen – wenn anders es solche gibt –, die vor dem drohenden Tode durchaus nicht verstört sind: aber sind sie denn stärker als Christus? Welcher Wahnwitzigste wollte das sagen? Wenn also Christus verstört ward, dann besagt das nichts anderes, als daß er die Schwachen in seinem Leibe, das heißt in seiner Kirche, durch die freiwillige Gleichförmigkeit seiner Ohnmacht trösten wollte, auf daß jene unter den Seinen, die sich noch vor dem nahenden Tode fürchten, auf ihn blicken und nicht, sich darum für verworfen haltend, dem schlimmeren Tod der Verzweiflung anheimfallen. Welch großes Gut dürfen wir also von der Teilnahme an der Gottheit dessen erhoffen, dessen Verstörung uns stillt und dessen Schwäche uns stärkt.

Versuchung

[100] Uns also bildete er vor in sich, als er von Satan versucht werden wollte... In Christo wurdest nämlich du versucht, weil Christus von dir sich Fleisch nahm, von dir sich Heil, von dir sich Tod, von dir sich Leben, von dir sich Schmach, von dir sich Ehre, also von dir sich Versuchung, von dir sich Sieg. Wurden wir in ihm versucht, so überwanden wir in ihm den Teufel... «Im Felsen hast du mich erhöht.» Höre Paulus: «Der Fels aber war Christus» (1 Kor 10,4). Auf jenem also sind wir gebaut. Darum wurde der Fels, auf dem wir gebaut sind, vorher von Winden, Strom und Regen durchschüttert, da Christus vom Teufel versucht wurde. Sieh, auf welcher Festigkeit er dich gründen wollte.

Einheit im Leiden

[101] «Meine Gebeine finden nicht Ruhe wegen meiner Sünden» (Ps 37,4). Wer spricht hier? Manche fassen es als Wort Christi auf, weil im Zusammenhang vom Leiden Christi die Rede ist, wie wir sehen werden; und daß vom Leiden Christi gehandelt wird, ist zuzugeben. Aber wie soll jener, der keine Sünde hatte (1 Ptr 2,22), sagen können:

«Meine Gebeine finden nicht Ruhe wegen meiner Sünden»? So zwingt uns also die Not des Verstehens zur Einsicht in den vollen und ganzen Christus, nämlich in Haupt und Leib. Denn Christus spricht das eine Mal in der Person des Hauptes allein, das der Erlöser ist, geboren aus Maria der Jungfrau; das andere Mal aus der Person seines Leibes, der die heilige Kirche ist, über den Erdkreis hin verbreitet. Auch wir befinden uns in seinem Leibe, wenn anders unser Glaube aufrichtig, unsre Hoffnung gewiß, unsre Liebe glühend in ihm ist: wir sind in seinem Leibe, sind seine Glieder, und wir finden uns dort sprechend... Denn wollten wir sagen, jene Worte seien nicht Worte Christi, dann wären auch die Worte: «Mein Gott, mein Gott, warum hast du mich verlassen?» nicht Worte Christi. Denn auch dort steht: «Mein Gott, mein Gott, warum hast du mich verlassen? Weit ab vom Heile führten mich die Worte meiner Vergehen» (Ps 21,2). So wie hier steht: «Wegen meiner Sünden», so heißt es dort: «die Worte meiner Vergehen». Und wenn Christus freilich ohne Sünden und Vergehen ist, so beginnen wir auch jene Psalmworte ihm abzustreiten. Aber gar hart und widersinnig ist es, daß jener Psalm nicht zu Christus gehören sollte, wo doch so offen von seiner Passion die Rede ist, als läse man sie aus dem Evangelium selbst. Dort steht nämlich: «Sie teilten sich meine Kleider, und über mein Gewand warfen sie das Los» (Ps 21,19). Und hat nicht der Herr selber, am Kreuze hängend, den ersten Vers des Psalms mit eigenem Mund gesprochen: «Mein Gott, mein Gott, warum hast du mich verlassen?» (Mt 27,46). Was anderes wollte er anzeigen, als daß jener ganze Psalm ihm zugehöre, weil er selbst dessen Anfang aussprach? So kann auch über die Folge: «die Worte meiner Vergehen» kein Zweifel sein: sie ist die Stimme Christi. Woher also die Sünden, wenn nicht vom Leibe, der die Kirche ist? Denn es redet der Leib Christi mitsamt dem Haupt. Warum redet er wie ein einziger? Weil «zwei in einem Fleische sein werden» (Mt 19,5)... Wenn ein Fleisch, was Wunder dann, daß auch *eine* Stimme, *ein* Wort, als des *einen* Fleisches, Haupt und Leib? So sollen wir's als Einheit hören:

und doch das Haupt als Haupt, den Leib als Leib. Nicht werden getrennt die Rollen, doch wird unterschieden die Würde: denn das Haupt erlöst, der Leib wird erlöst. Das Haupt erzeige sein Erbarmen, der Leib beweine seine Erbärmlichkeit. Das Haupt ist da zum Ausbrennen, der Leib zum Bekennen der Sünde. Und doch eine einzige Stimme.

[102] Was dem Haupte, das dem Leibe. Wie sie's dem Herrn am Kreuze taten, so machten sie's seinem Leib in jeder Verfolgung bisher, und auch heute fehlt es an ihren Verfolgungen nicht. Wo immer sie einen Christen finden, pflegen sie ihn zu beschimpfen, zu hänseln, auszulachen, als albern und ungeschliffen zu bezeichnen, als gemütlos, als lebensuntüchtig... Unser Richter aber schiebt nicht aus Trägheit, sondern aus Liebe unsere Rettung auf; aus Überlegung, nicht aus Ohnmacht; nicht weil er jetzt nicht helfen könnte, sondern daß die Zahl aller Unsrigen sich bis zum Ende erfüllen könne.

Ergänzendes Leiden

[103] Er ging im Haupte voraus, er folgt sich selber in seinem Leib... Am Kreuze hängend, nahm er den letzten Essig und sprach: «Es ist vollbracht», und das Haupt neigend, gab er den Geist auf. Was heißt: «Es ist vollbracht» (Joh 19,30)? Es fehlt mir nun nichts mehr am Maße der Leiden. ..Also waren alle Leiden erfüllt – aber am Haupte. Noch blieben die Leiden Christi im Leibe. «Ihr aber seid der Leib Christi und seine Glieder» (1 Kor 12,27). Da also der Apostel aus diesen Gliedern war, sagte er: «Damit ich ergänze, was an den Leiden Christi noch aussteht in meinem Fleische» (Kol 1,24). Wir also gehen dorthin, wohin Christus vorausging, und noch wandert Christus dorthin, wohin er vorausging.

[104] «Wie lange noch stürmt ihr an gegen einen Mann?» Durch Beschimpfung, durch Schmachgeschosse, durch Hinterhalt, durch Verfolgung?.. «Ihr tötet alle» (Ps 61,4). Gibt es so viel Raum am Leibe eines Menschen, daß er von

allen getötet werden kann? Wir müssen dies von unserer Person verstehen, der Person unsrer Kirche, der Person des Leibes Christi... Denn *ein* Mensch mit Haupt und Leib ist Jesus Christus, der Erlöser des Leibs und die Glieder des Leibs, zweie in einem Fleisch und in einer Stimme und in einem Leiden und, wenn die Drangsal vorbei ist, in einer Ruhe. Die Leiden Christi sind also nicht in Christus allein; und doch sind die Leiden Christi allein in Christus. Verstehst du unter Christus Haupt und Leib, so sind die Leiden Christi in Christus allein; verstehst du aber unter Christus nur das Haupt, so sind die Leiden Christi nicht in Christus allein. Wären die Leiden Christi in Christus, das heißt, im Haupte, allein, wie könnte dann eines seiner Glieder, der Apostel Paulus, sagen: «Ich ergänze an meinem Fleische, was an den Leiden Christi noch fehlt» (Kol 1,24)? Bist du also unter den Gliedern Christi welcher Mensch immer, wer immer du dies hörst, wer immer du dies jetzt nicht hörst (und du hörst es doch, wenn du in den Gliedern Christi bist): was immer du von denen leidest, die nicht zu den Gliedern Christi gehören, das hatte den Leiden Christi gefehlt. Darum wird es hinzugefügt, weil es fehlte; du füllst das Maß, nicht überfüllst du's, du leidest so viel, als aus deinen Leiden beizutragen war zu dem all-gemeinen Leiden Christi, der gelitten hat in unserem Haupt und leidet in seinen Gliedern, das heißt eben in uns. Diesem unserm gemeinsamen Staate sozusagen steuern wir bei, was wir schulden, jeder nach seinem Maße; und je nach unserm Besitz an Kräften tragen wir gleichsam den Leidens-Zoll bei... Die volle Begleichung aller Leiden wird nicht statthaben, ehe die Weltzeit zu Ende ist. Und was immer die Propheten litten «vom Blute Abels des Gerechten bis auf das Blut Zachariä» (Mt 23,25), auch das war Ansturm gegen den Menschen.

Die Kirche unter dem Zorn

[105] «Über mich geht dein Zorn dahin.».. Über den Leib selbst, das heißt, über die Einheit der Heiligen und Glau-

benden, die Christus zum Haupt hat, geht der Zorn Gottes dahin; aber er bleibt nicht, denn nicht vom Gläubigen, sondern vom Ungläubigen ist gesagt: «Der Zorn Gottes bleibt über ihm» (Joh 3,36)...

Verfolgende Freunde

[106] «Meine Freunde und meine Vertrauten rücken heran gegen mich und stehen» (Ps 37,12). Stehen: im Sinn von: stellen sich gegen mich... Schon beginnt unser Haupt im Leiden zu erstrahlen. Aber wiederum: wo das Haupt zu reden beginnt, da trenne davon nicht den Leib. Wenn sich das Haupt nicht von der Stimme des Leibes trennen wollte, wie würde der Leib es dann wagen dürfen, sich von den Leiden des Hauptes zu trennen? Leide in Christo; denn es hat gleichsam Christus in deiner Schwäche gesündigt. Denn vorhin brachte er deine Sünden aus seinem eigenen Munde vor und nannte sie die seinen. Er sagte ja: «wegen meiner Sünden» (Ps 37,4), die doch nicht die seinigen waren. Wie er also um seines Leibes willen unsere Sünden zu den seinen machen wollte, so mögen wir wollen, daß seine Leiden unsere Leiden seien, um unseres Hauptes willen. Denn nicht jener nur hat Feinde aus der Schar seiner Freunde erlitten, und wir nicht. Bereiten wir uns vielmehr zu ebendemselben Gastmahl, weisen wir diesen Kelch nicht zurück, damit das Verlangen nach seiner Höhe den Weg durch seine Niedrigkeit finde. Denn jenen, die seiner Höhe anhangen wollten, ohne noch an seine Niedrigkeit zu denken, entgegnete er: «Könnt ihr den Kelch trinken, den ich trinken werde?» (Mt 20,22.) So sind also auch jene Leiden des Herrn unsre Leiden: und ich möchte wohl sehn, ob nicht jeder, der Gott gut dient, den Glauben gut wahrt, das leistet, was er soll, und gerecht unter Menschen wandelt –, ob ein solcher nicht auch das zu leiden bekomme, was Christus hier erwähnt in seiner Passion.

«Erbarme dich meiner»

[107] «Erbarme dich meiner, Gott, erbarme dich meiner, denn auf dich hat meine Seele vertraut.» Christus sagt es im Leiden: «Erbarme dich, mein Gott.» Gott sagt zu Gott: «Erbarme dich.» Der sich mit dem Vater zusammen deiner erbarmte, ruft in dir: «Erbarme dich meiner.» Denn was in ihm ruft: «Erbarme dich meiner», das ist dein, von dir bekam er's, dich zu befreien zog er Fleisch an. Das Fleisch selbst schreit: «Erbarme dich meiner, Gott, erbarme dich meiner», der Mensch selbst, Seele und Leib... Du hörst, wie der Meister betet; lerne beten. Dazu nämlich betete er, um beten zu lehren, denn dazu litt er, um leiden zu lehren, dazu stand er auf, um Auferstehungs-Hoffnung zu lehren.

Das Gewand ohne Naht

[108] Die in vier Teile geteilten Kleider des Herrn bedeuten seine viergeteilte Kirche, die nämlich über die vier Weltrichtungen hin verstreut ist, und zwar in allen Teilen gleichmäßig, das heißt: einträchtig. Darum sagt der Herr anderswo, er werde seine Engel senden, um seine Auserwählten von den vier Windrichtungen her zu versammeln... Der Rock aber, über den das Los geworfen wurde, bedeutet die Einheit aller Teile, die im Band der Liebe besteht... Er ist aber nahtlos, damit er zu keiner Zeit aufgetrennt werde; und ein einziger erhält ihn, weil er alle zu *einem* sammelt... Und von dieser Ganzheit her wird die Kirche, wie das Griechische anzeigt, katholisch genannt.

Beherrschendes Leiden

[109] «Im Bewußtsein, daß ihm der Vater alles in seine Hände übergeben hatte» (Joh 13,3). Also auch den Verräter selbst: denn hätte er ihn nicht in Händen, so könnte er ihn

auch nicht nach Gutdünken verwenden. So war der Auslieferer bereits ihm ausgeliefert, den er auszuliefern begehrte, und er tat ausliefernd das Böse so, daß ohne sein Wissen durch den Ausgelieferten das Gute entstand. Wußte doch der Herr, was er tat für die Freunde, er, der sich in Geduld bediente der Feinde: und so hatte der Vater alles in seine Hände gegeben, das Böse zum Wirken, das Gute zur Wirkung.

Siegendes Leiden

[110] Als ihnen der Heilige Geist geschenkt wurde, erfüllte sich in ihnen, was ihnen [vorher] gesagt worden war: «Vertraut, ich habe die Welt besiegt» (Joh 16,33). Sie vertrauten, sie siegten. In wem, wenn nicht in ihm? Denn jener hätte die Welt nicht besiegt, hätte die Welt seine Glieder besiegt. Darum sagt der Apostel: «Dank sei Gott, der uns den Sieg verleiht», und fügt alsogleich bei: «Durch unsern Herrn Jesus Christus» (1 Kor 15,57), der gesagt hatte: «Vertrauet, ich habe die Welt besiegt.»

Das Alleluja

[111] «Das ist der Tag, den der Herr gemacht hat» (Ps 117, 24). Seht da die Freude, meine Brüder, die Freude in eurem Versammeltsein, die Freude in Psalmen und Jubelliedern, die Freude im Gedenken der Passion und Auferstehung des Herrn, die Freude in der Hoffnung des künftigen Lebens. Wenn soviel Freude erregt, was wir hoffen, was wird es sein, wenn wir's halten? Seht, diese Tage, wo uns das Alleluja ertönt, da wird der Geist uns gleichsam verwandelt. Verspüren wir nicht etwas Unaussprechliches, das zu jener himmlischen Stadt gehört? Wenn uns schon diese Tage mit solcher Freude erfüllen, was wird dann der Tag sein, wo es heißt: «Kommt, ihr Gesegneten meines Vaters, empfanget das Reich», wenn alle Heiligen versammelt sein werden: wenn sich dort sehen, die sich nicht kannten, wenn sich wiedersehen, die sich schon kannten, und dort so beisammen sind, daß niemals der Freund verlorengeht, niemals der Feind zu fürchten steht? Denn siehe, wir singen Alleluja: es ist recht, es ist froh, es ist voller Freude, Ergötzen und Süßigkeit. Und doch: wenn wir's immer sagten, so würden wir überdrüssig; wenn es aber zu bestimmter Zeit des Jahres wiederkehrt, wie erfreulich kommt es heran, mit wieviel Sehnsucht sehen wir's scheiden! Wird denn auch dort die Freude so sein und der Überdruß? Nein. Vielleicht will einer fragen: Und wie soll das zugehen, daß man nichts anderes tut und kein Überdruß aufkommt? Könnt' ich dir eines zeigen in diesem Leben, dessen man nicht überdrüssig wird, glaubst du mir dann, daß drüben das Ganze so sein wird? Überdruß an Speise, Überdruß an Trank, Überdruß an Theatern, Überdruß an diesem und jenem: aber nie gab es Überdruß an Gesundheit. Wie du also hier, in dieser Sterblichkeit des Fleisches, in dieser Zerbrechlichkeit, in diesem Ekel an des Leibes Last, doch keinen Überdruß an Gesundheit hast, so wird

es dort nie einen Überdruß geben an Liebe, Unsterblichkeit, Ewigkeit.

Die Frau am Grabe

[112] «Sie nahmen den Herrn aus dem Grabe fort, und ich weiß nicht, wohin sie ihn legten» (Joh 20,2). Jene rannten hin, traten ein, sahen nur die Tücher, keinen Leib; glaubten ihn abhanden, nicht auferstanden. Sie sahn ihn entfernt aus dem Grabe, die Männer glaubten ihn entwendet und gingen. Die Frau stand und begann in Tränen Jesu Leib zu suchen, begann am Grabe zu weinen; jene machten sich geringere Sorge, stärker von Geblüt, aber schwächer an Gemüt. Die Frau hat mehr nach Jesus gesucht, weil sie eher im Paradies Jesus verlor: weil der Tod durch sie eingedrungen, hat sie mehr nach dem Leben gerungen. Und doch: wie suchte sie ihn? Wie den Leib eines Toten, nicht wie die Unverweslichkeit des lebendigen Gottes; denn auch sie glaubte nicht, daß darum der Leichnam verschwand, weil der Herr auferstand. Eintretend sah sie die Engel. Sieh, die Engel zeigten sich Petrus und Johannes nicht, der Frau zeigten sie sich. Durchaus, Geliebteste, wird dies nahegelegt, daß das schwächere Geschlecht mehr suchte, was es, wie wir sagten, eher verlor.

«Rühr mich nicht an»

[113] «Rühr mich nicht an» (Joh 20,17). Und sieh, von den Jüngern wird er berührt: «Tastet und seht, daß ein Geist nicht Fleisch und Gebein hat» (Lk 24,30)... Warum darf Thomas berühren, und Maria muß hören: «Rühr mich nicht an»? Hier eben gibt er den Grund: «Denn ich bin noch nicht zum Vater emporgefahren.» Wie das? Du bist hier auf Erden und verbietest, dich anzurühren: wenn du aufgefahren bist, wer soll dich dann tasten? Auf Erden schlägst du die nahende Hand zurück. Wir dürfen hier ein zartes Geheimnis vermuten und sagen: Gut tat der Herr, den Ungläubigen das Tasten vorzubehalten und es dieser hier zu verweigern, die bereits glaubte. Was brauchte sie den noch zu tasten und zu suchen,

an den sie schon glaubte? Aber er schwieg nicht, er gab auch den Grund: «Rühr mich nicht an.» Warum nicht? «Denn ich bin noch nicht aufgefahren zu meinem Vater»: den zum Vater Auffahrenden berühre! Was heißt das: den zum Vater Auffahrenden berühre? Berühre den, der dem Vater gleich ist. Was heißt: Berühre den, der dem Vater gleich ist? Berühre Gott, das heißt, glaube an Gott! Leicht ist, was du siehst: die Sklavengestalt, für dich angenommen, ist Hülle Gottes; nichts Großes ist es, das Fleisch zu sehen. Die Juden sahen's, die es töteten; die Heiden sahen's nicht, und glaubten. So, wie du mich also siehst, die leiblichen Glieder, das Bild, das du kennst, so, wie du mich siehst: so «rühr mich nicht an»; ich meine: bleibe nicht dabei stehn, steck es dir nicht als Ziel, es sei nicht das Ende deines Glaubens. Ich will zwar, daß du meine Menschheit glaubest, aber bleibe nicht dabei stehn; strecke die Hand des Glaubens aus, bleibe nicht dabei stehn...

So berührten jene, die das Bekenntnis taten: «Aufgefahren zum Himmel, sitzet zur Rechten des Vaters.» Sieh, so berührt die Kirche, deren Gleichnis Maria trug. Laßt uns Christus ertasten, laßt uns berühren! Glauben heißt tasten. Strecke die Hand nicht nur bis zum Menschen aus... Ich sage nicht, daß du ihn umgehen sollst. Was sage ich? Bleibe nicht dabei stehn. Nicht dringt bis zur bleibenden Wohnstatt, wer auf dem Wege verbleiben will. Steh auf und wandle: Christus-Mensch ist dein Weg, Christus-Gott deine Heimat...

So berührte jene, die vom Blutfluß geheilt ward. Welcher Glaube war in ihr, daß der Herr zu ihr sprach: So tritt denn hervor und zeige dich vor dem Volk; nimm hin das Lob, das dir auch das Heil verschaffte! «Geh hin, meine Tochter, dein Glaube hat dich geheilt; geh hin in Frieden!» Was war das für ein Glaube? «Sie sprach in ihrem Herzen: Wenn ich den Saum seines Kleides berühre, werde ich heil» (Mt 9,21). O Berühren, o Glauben, o Fordern! Und dies ein Weib, das von blutigen Foltern geschwächt war, wie die Kirche, im Blutverlust der Martyrer müde und wund, und doch voll Kräften des Glaubens; die vorher ihr Geld an die Ärzte verschwendet hatte, an die Heidengötter, die sie nie zu heilen vermochten, und der nun der Herr nicht leibliche, sondern geistige Gegenwart schenkte. Bereits also kannten sich das tastende Weib und der ertastete Herr. Damit aber jene, die das Heil erkennen mußten, wüßten, wie sie tasten sollten, so frug er: «Wer hat mich berührt?» Und die Jünger entgegneten: «Die Menge erdrückt dich, und du sagst: Wer hat mich berührt?» Als stündest du irgendwo hoch erhaben, wo dich niemand anrühren kann, so fragst du, wer dich berührte, und dabei erdrückt dich eine unendliche Menge! Der Herr sprach: «Jemand hat mich berührt»: stärker verspürte ich die tastende *eine*, als die lastende Gemeine. Leicht versteht es die Menge zu drängen: ach lernte sie auch zu berühren!

Die Wundmale

[114] «Sei nicht ungläubig.» Unecht sollen die Wundmale des Herrn sein?... Das sei ferne von uns! Vielmehr sind wahr die Worte des Herrn, wahres Gebein zeigt uns der Herr: wahre Wundmale, wahre Glieder hob er in den Himmel; aber Verwesung hob er nicht in den Himmel. Das Fleisch sagt: Tot ist der Tod.

Anhebende Kirche

[115] «‚Wußtet ihr nicht, daß sich alles erfüllen mußte, was in Gesetz und Propheten und Psalmen von mir geschrieben steht?‘ Da eröffnete er ihnen den Sinn, daß sie die Schriften verstünden. Und er sprach zu ihnen: ‚So steht es geschrieben, und so mußte Christus leiden und am dritten Tag von den Toten erstehen‘» (Lk 24,44–46). O heilige Kirche, höre und sieh: hör das Verkündete, sieh das Erfüllte! Das Haupt selbst war es, das die Auslegung gab, Christus der Herr; das Haupt der Kirche, das sich selbst als lebendig, wahrhaftig, als ganz und unzweifelhaft bezeugte und die Glaubenden von sich überzeugte... So erwies sich das Haupt. Und ihr? Und der Leib? Das Haupt ist Christus, der Leib ist die Kirche: die Apostel schauten das Haupt, die künftige Kirche sahen sie nicht. Merkt auf: Sie schauten das Haupt, sie berührten das

Haupt, sie umfingen das Haupt, sie gingen um mit dem Haupte: die künftige Kirche sahen sie nicht. Und wir? Irgendwie mußte er in jener Hochzeitsurkunde den Bräutigam und die Braut beim Namen nennen und ausdrücken. Weil er schon den Bräutigam nannte und die Braut verschwieg, so ist die Ehe erst halb. Möge der himmlische Bund sich ergänzen: der Bräutigam erschien, nun erscheine die Braut: jener gegenwärtig, diese zukünftig: jener auferstanden, diese vorausverstanden: es biete sich jener der Schau, diese dem Glauben. Wie bot sich dieser der Schau? «Seht her, daß ein Geist nicht Gebein und Fleisch hat, wie ihr's erkennt an mir.» . . . Und die Kirche? «In seinem Namen die Umkehr verkünden und die Vergebung der Sünden.» Wo? Wie weit? Keine Fremde trete nun aus dem Winkel hervor und nehme den Platz der Deinigen ein! Wo? Wie weit? «Bei allen Völkern, ausgehend von Jerusalem.» Das ist die Kirche.

[116] «So mußte Christus leiden und am dritten Tage auferstehen, und in seinem Namen die Umkehr und die Vergebung der Sünden verkündet werden bei allen Völkern, ausgehend von Jerusalem» (Lk 24,46–47). Siehe, die Jünger schauten nach seiner Auferstehung den Herrn, und diese Verheißung vernahmen sie durch seinen Mund aus den Heiligen Schriften. Wir sehen Christus nicht im Fleisch gegenwärtig; aber wir hören ihn täglich bei der Lesung der Schriften, durch welche auch jene gestärkt wurden. Und was sagte er aus den Schriften? «In seinem Namen wird die Umkehr und die Sündenvergebung gepredigt bei allen Völkern, ausgehend von Jerusalem.» Die Jünger sahen das nicht, sie sahen Christus, der von der künftigen Kirche sprach. Weil also Christus es sagte, glaubten sie, was sie nicht sahen. Sie sahen das Haupt, sie sahen noch nicht den Leib; wir sehen den Leib und glauben das Haupt. Es sind ihrer zwei: Bräutigam und Braut, Haupt und Leib, Christus und die Kirche. Den Jüngern zeigte er sich selber und verhieß ihnen die Kirche: uns zeigt er die Kirche und befiehlt uns, ihn selber zu glauben. Eins sehen die Apostel und eins nicht; auch wir sehen eins

und eins nicht. Wie jene vom gegenwärtigen Haupt aus glaubten den Leib, so mögen wir vom gegenwärtigen Leibe aus glauben das Haupt. Oder wollten wir leugnen? Aber die rufende Wahrheit selbst läßt uns nicht leugnen. Denn wir sehen die Kirche Christi vom Aufgang zum Untergang und preisen den Namen des Herrn. «Ausgehend von Jerusalem», heißt es. So geschah's; denn er sagte ihnen: «Verharrt in der Stadt, bis ihr bekleidet werdet mit der Kraft von oben», denn ich sende euch vom Vater, den ich verheißen. So verharrten sie in der Stadt, zu Pfingsten kam der Heilige Geist, und sie redeten die Sprachen aller Völker. Ein Mensch redete die Sprachen aller Völker, weil die Einheit der Kirche wohnen sollte in allen Völkern... «Und sie wurden im Herzen zerknirscht, und viele Tausende traten zu Christus über» (Apg 2,37–41). Da mußten sie für den Dienst sieben Diakone weihen, unter denen ragte, voll des Heiligen Geistes, Stephanus hervor. Als sie geweiht waren, hielt der heilige Stephanus nicht an sich mit der Verkündigung der Wahrheit: er glühte, er sprühte, er zündete andere an; bis die Juden, mit dem Eifer, der ihrem steinernen Herzen entsprach, harte Steinigung über ihn warfen und uns den Zeugen schenkten, der aller Zeugen Begründer wurde. Nun war Stephanus tot und die Kirche verfolgt, die geboren war in Jerusalem. Gemäß der Verheißung des Herrn erhoben sich die Grundmauern der Kirche von Jerusalem aus: da kam die Verfolgung, die Brüder zerstreuten sich, auf daß vom einen Flammenschwall brennende Scheiter, über den Erdkreis zerstreut, wo immer sie hinfielen, alles entzündeten. So wurde Judäa mit dem Evangelium erfüllt, so Samaria; und so ging's zu den Heiden und gelangte bis an die Grenzen der Welt: nicht der Wurzel entwandert, sondern entwachsend schauen wir heute das Evangelium in der erfüllten Welt. Und wir fassen, wir greifen den durch alle Völker ausgegossenen Glauben, «ausgehend von Jerusalem». Leugne, wer es wagt: nicht meine Worte schlagen an seine Ohren, die Wahrheit selbst schlägt die Augen der Leugner, schließt ihren Mund; und das Wort erfüllt sich: «Verstopft wurde der Lästerer Mund.»

HIMMELFAHRT

Nur wer abstieg, fährt auf

[117] Heute ist unser Herr Jesus Christus zum Himmel gefahren; auch unser Herz fahre auf mit ihm. Hört den Apostel: «Seid ihr auferstanden mit Christus, so sinnet, was oben ist, wo Christus weilt, zur Rechten Gottes sitzend; was oben ist, sucht, nicht was auf Erden» (Kol 3,1–2). So wie er auffuhr und doch nicht von uns wich, so weilen wir mit ihm schon dort, obschon das Verheißne sich noch nicht in unserem Leibe vollzog. Er ist schon erhoben über die Himmel und leidet doch auf Erden, was immer wir als seine Glieder an Mühen verspüren; .. warum leiden nicht auch wir auf Erden, um durch Glaube, Hoffnung, Liebe, die uns ihm verbinden, schon jetzt mit ihm zu ruhen im Himmel? Er ist bei uns, obwohl er dort weilt; auch wir sind, obwohl wir hier weilen, bei ihm. Er kann's durch Gottheit, Macht und Liebe; wir können's zwar nicht durch Gottheit wie er, wohl aber durch Liebe – aber Liebe zu *ihm*. Er wich nicht vom Himmel, als er von dort zu uns niederstieg; so wich er auch nicht von uns, als er wieder zum Himmel emporfuhr. Daß er dort blieb, während er hier war, bezeugt er selber: «Niemand fährt zum Himmel, als wer vom Himmel herabstieg, der Menschensohn, der im Himmel ist» (Joh 3,13). Er sagt nicht: der Menschensohn, der im Himmel sein wird, vielmehr: «der Menschensohn, der im Himmel ist». Daß er aber bei uns blieb, während er dorthin fuhr, das verhieß er vor seiner Auffahrt: «Siehe, ich bin bei euch bis ans Ende der Welt» (Mt 28,20). Und wir sind mit unsern Namen dort, gemäß seinem Wort: «Frohlockt, daß eure Namen im Himmel verzeichnet sind» (Lk 10,20); auch wenn wir im Leib und irdischen Drang die Erde noch treten und von der Erde zertreten werden... Auch ist nicht daran zu verzweifeln, an einem vollendeten, englischen, himmlischen Dasein, weil er sagte: «Niemand fährt zum Himmel, als wer vom Himmel herabstieg, der Menschensohn, der im Himmel ist.» Er

scheint es von sich allein gesagt zu haben, als wäre es keinem von uns erreichbar, aber es ist um der Einheit willen gesagt, weil er unser Haupt ist und wir sein Leib. Er tut es freilich allein, weil wir er selbst sind, im Maße, als er selbst durch uns Menschensohn ist und wir durch ihn Kinder Gottes. So meint es der Apostel: «Wie der Leib einer ist und viele Glieder besitzt, aber alle Glieder des Leibes, obschon viele, ein Leib sind: so auch Christus» (1 Kor 12,12). Er sagt nicht: So ist Christus, sondern er sagt: so auch Christus. Christus ist also viele Glieder, ein Leib. Er stieg vom Himmel nieder aus Erbarmen und steigt selbst wieder auf, da wir in ihm sind aus Gnade. Und so steigt niemand herab als Christus, und niemand empor als Christus; nicht als ob die Würde des Hauptes verwechselt werde mit dem Leib, sondern weil die Einheit des Leibs nicht getrennt werden darf vom Haupt... Er stieg herab ohne die Hülle des Leibes, er steigt auf mit der Hülle des Leibes; aber kein anderer als der Absteigende fährt empor. Denn wenn er uns dermaßen zu seinen Gliedern fügte, daß er auch in Verbindung mit uns er selbst ist; um wieviel mehr hat dann der Leib, den er von der Jungfrau nahm, keine andere Person als ihn? Wenn jemand auf einen Berg, eine Mauer, einen erhöhten Ort hinaufsteigt, so ist er doch nicht darum ein anderer, weil er vorher bloß und ohne Waffen herabstieg, während er nun bekleidet und bewaffnet wieder emporsteigt! Wie man hier sagen kann: Kein anderer steigt empor, als der auch herabstieg, wenn er auch nicht mit demselben Behange abstieg, mit dem er jetzt aufsteigt, so steigt auch niemand als Christus in den Himmel empor, weil niemand als Christus vom Himmel herabstieg, obwohl er ohne Körper herabstieg, aber mit dem Körper hinaufstieg und wir mit ihm aufsteigen werden, nicht durch unsere Kraft, sondern in Kraft unsrer Einheit mit ihm. Denn «zwei sind in einem Fleische: Ein großes Geheimnis in Christus und in der Kirche» (Eph 5,31–32); darum sagt Christus selbst: «Sie sind nicht mehr zwei, sondern ein Fleisch» (Mt 19,6).

[118] Aufsteigen willst du? Halte dich am Aufsteigenden fest. Denn durch dich selber kannst du nicht steigen. Denn «niemand steigt auf zum Himmel, als wer vom Himmel herabstieg, der Menschensohn, der im Himmel ist» (Joh 3,13). Wenn niemand aufsteigt, als wer abstieg, und dieser der Menschensohn, Christus, unser Herr, ist, wie willst dann auch du aufsteigen? Sei das Glied dessen, der allein aufstieg. Denn er ist als Haupt mit den übrigen Gliedern zusammen ein einziger Mensch. Und wenn niemand aufsteigen kann, außer wer in seinem Leibe sein Glied geworden ist, so erfüllt sich das Wort, daß «niemand aufstieg, außer der abstieg». Denn nicht kannst du zum Beispiel sagen: Warum steigt Petrus auf, warum steigt Paulus auf, warum steigen die übrigen Apostel auf, wenn doch «niemand aufsteigt, außer wer abstieg»? Es lautet die Antwort: Petrus, Paulus und die andern Apostel und alle Gläubigen, was kündet ihnen der Apostel? «Ihr seid der Leib Christi und Christi Glieder, jeder zum Teile» (1 Kor 12,27). Wenn also der Leib Christi und seine Glieder einem einzigen angehören, so mache nicht zwei daraus. Denn jener verließ Vater und Mutter und hing seiner Gattin an, auf daß zwei in einem Fleische seien (Eph 5,31,32). Den Vater verließ er, weil er sich hier nicht dem Vater gleich zeigen wollte, er vernichtigte sich vielmehr und nahm Sklavengestalt an (Phil 2,7). Auch seine Mutter, die Synagoge, verließ er, aus der er fleischlich geboren wurde. Er hing seiner Gattin an, das heißt der Kirche. Dieses Zeugnis gab er sich selbst, als er davon sprach, daß man die Ehe nicht trennen dürfe: «Habt ihr nicht gelesen, daß Gott die Menschen am Anfang als Mann und Weib schuf? Zwei sollen in einem Fleische sein. Was also Gott verband, das soll der Mensch nicht trennen.» Und was besagt: Zwei in einem Fleische? Er fährt weiter und sagt: «Sie sind also nicht mehr zwei, sondern eines» (Mt 19,4–6). «Niemand steigt empor, der nicht abstieg.»

Denn ihr wißt ja, daß Bräutigam und Braut ein einziger Mensch sind. Und zwar dem Fleische Christi nach, nicht seiner Gottheit: denn nach seiner Gottheit können wir, was er ist, nicht sein; er ist ja der Schöpfer, wir das Geschöpf; er der Bildner, wir das Gebilde; er der Begründer, wir das Begründete; aber damit wir mit ihm zusammen eines sein könnten in ihm, wollte er unser Haupt werden, indem er Fleisch annahm aus uns, worin er stürbe für uns: und so... ist er Bräutigam und Braut. Er ist Bräutigam im Haupt, Braut im Leib. «Denn zwei», heißt es, «werden in einem Fleische sein» und «nicht mehr zwei, sondern ein Fleisch» ist er.

Himmelfahrt des Herzens

[119] Hebt euch auf von der Erde: der Leib kann's nicht, so fliege die Seele. Hebt euch auf von der Erde: auf Erden ertraget die Mühe, im Himmel erwäget die Ruhe: seht zu, daß ihr es hier gut treibet, damit ihr dort ewig bleibet. Auf der Erde ist kein Ort für das Herz, wo es seine Unversehrtheit bewahre: liegt es auf der Erde, so geht es zugrunde. Was ein jeder Kostbares besitzt, das birgt er hoch und sicher: viele Menschen, ja alle, wenn sie von einem drohenden Kriege hören, dann suchen sie ein Versteck für alle ihre Wertsachen. Ist es nicht so? Kann es im Menschengeschlecht anders zugehn, als ich sage? Es hat einer Silber, es hat einer Gold, er hat Edelsteine, wertvolle Kleinodien, teure Gewänder: er sucht, wo er's berge, um seine Habe nicht zu verlieren. Was er Besseres hat, das verwahre er besser oben, er berge es oben. Was hat er Besseres als sein Herz? Vom Herzen aus besitzt man das Irdische. Die kleinen Kinder, die noch keinen Sinn und Verstand in Gebrauch haben – er ist ihnen gleichsam hinterlegt, in ihnen ist noch nicht erwacht, was Gott in ihnen gemacht –, was besitzen denn die? Da wird der künftige Erbe aller Güter geboren, und obschon ihm Rechtens schon alles gehört, besitzt er doch noch das Seinige nicht, weil er nicht hat, wodurch man besitzt. Darum sagt der Apostel: «Solang der Erbe noch klein ist, unterscheidet ihn nichts vom Sklaven» (Gal 4,1). Das also, wodurch wir etwas auf Erden besitzen, ist das Herz, der Verstand, die Einsicht, der Geist, die

Vernunft, das Denken, das Sinnen. Wie viele Worte, und doch – was hab ich gesagt? Wer versteht sich selbst? Um wieviel weniger den, der ihn schuf? Dort mag hinterlegt sein, was wir an Wert besitzen. Durchstöbert rings all eure Habe, Brüder, und sucht zusammen, was ihr an Wertvollem habt. Ich ermahne auch die Geizigen: wieviel leichter hören mich die Nichtgeizigen! Ich überzeuge die Geizigen: O du Knauser, du gieriger Mensch, der du von überallher ehrlich oder schändlich Gewinn raffst, vielen Lehm scharrst du dir zusammen: Lehm sammelst du dir und fürchtest nicht, daß du daran kleben bleibest; Irdisches ist dir wert! Mensch bist du, du hast einen Körper, hast eine Seele: nun frage ich dich: Was ist dir an deinem Körper am meisten wert? Ich denke, du findest am Leib nichts Lieberes als deine Augen... Lenke nun den Blick auf deine Schätze, schau, was du bewahrst. Würde einer dir sagen: Entweder gibst du mir, was du auf Erden besitzest, oder ich raube dir sogleich deine Augen; gäbst du nicht alles dahin für deine Augen? Alles gäbst du, um nicht inmitten deiner Schätze blind zu verbleiben; du besäßest nicht mehr, was du nicht mehr sähest! Und dein Geiz besitzt zwar Gold, irgendeinen winzigen und dürftigen Teil der Erde: mit deinen Augen aber besitzest du den Himmel, mit deinen Augen betrachtest du die Sonne, mit deinen Augen beschaust du die Sterne, durch deine Augen bist du der Herr der Welt. Wozu viele Worte? Frage dich selbst, deine Seele wird dir für deinen Körper antworten: Gib alles hin, aber wahre mir meine Fenster! Das sagt dir deine Seele: Zwei Fenster hab ich in meinem Gesicht, durch diese sehe ich das Licht: laß das Gold nur fließen, daß sich meine Fenster nicht schließen! Du gibst also alles für deine Augen.

Gewiß, du hast nichts Lieberes als deine Augen, nichts Lieberes, doch nur im Leibe. Denn ich zeige dir etwas, was dir lieber ist als die Augen: bald wirst du mir zugeben, du, zu dem ich rede, daß etwas dir lieber ist als die Augen. ‚Zu dem ich rede', sage ich, – nicht: ‚womit ich rede'. Durch das Ohr treff ich den Geist, durch das Ohr erreg ich den Geist, durch den Ton rede ich mit dem Geist, ermahn ich den Geist, erbau ich den Geist. Ich befrage nun den Geist selbst, und über den Geist selbst, und frage den Menschen also:.. Wenn man beides behalten kann: die Augen und den Geist, so ist das ein Glück. Wenn es nicht möglich ist und man die Wahl zwischen beiden hat: Wähle, was dir besser scheint: die Augen des Leibes zu verlieren, oder den Geist. Verlierst du den Geist, so wirst du ein Tier; verlierst du die Augen, so hast du Geist, bist ein Mensch. Sprich, wähle, was dir gefällt. Was willst du sein: ein blinder Mensch? ein sehendes Tier? An euren Beifallsrufen erkenn ich eure Wahl. Wo habt ihr gesehen, was ihr gewählt? Was zeigte ich euch vor, daß ihr so rieft? Schöne Farben? Herrliche Formen? Gold oder Silber? Hab ich euch Edelsteine zur Schau vorgelegt? Nichts dergleichen: und doch rieft ihr Beifall und zeigtet durch Beifall an, was ihr gewählt. Das, womit ihr gesehen, was ihr gewählt, ist eben der Geist, dem ich rede. Das, womit du gewählt, was du gehört durch mein Wort, das glaube als Gottes Wort. Das hörst du und tust du beim Worte: «Empor das Herz.» Dann denke dir Christus sitzend zur Rechten des Vaters: denke ihn, der kommen wird, zu richten die Lebenden und die Toten. Der Glaube denke: Der Glaube wohnt im Geist, in der Grundfeste des Herzens, da wohnt der Glaube.

Christus im Herzen

[120] «Wenn ihr mich liebtet, so würdet ihr euch freuen, daß ich zum Vater gehe, denn der Vater ist größer als ich» (Joh 14,28). Festgebannt an den Menschen, vermochten sie Gott nicht zu denken. Erst dann würden sie Gott denken, wenn von ihnen und von ihren Augen der Mensch hinweggenommen würde, und sie durch Aufhebung jenes gewohnten Umgangs mit dem Fleische lernten, auch in Abwesenheit des Fleisches die Gottheit zu denken... ‚Dieses Gewand, das ich in Niedrigkeit anzog, sollt ihr nun allmählich nicht mehr sehen: doch soll's in den Himmel hinaufgehoben werden, auf daß ihr lernet, was ihr zu erhoffen habt.‘ Denn nicht zog er hienieden das Kleid wieder aus, das er hienieden an-

gezogen. Hätte er's getan, so müßten alle an der Auferstehung des Fleisches verzweifeln... Aber freilich entzog sich ihren Augen der menschliche Anblick, und fortan sahen sie den Menschen nicht mehr. Wenn in ihren Herzen eine Spur von fleischlicher Sehnsucht zurückblieb, so mußte diese gleichsam Betrübnis empfinden. Dennoch versammelten sie sich alle und begannen zu beten. Er aber wollte ihnen nach zehn Tagen den Heiligen Geist herabsenden, damit der Heilige Geist sie mit geistiger Liebe erfülle und die fleischlichen Sehnsüchte verzehre. Der ließ sie Christus begreifen, so wie er Wort Gottes war, Gott bei Gott, durch den alles geschaffen ward. Mit solchem Begreifen aber konnten sie erst erfüllt werden, nachdem sich die fleischliche Liebe ihren Blicken entzog.

Und darum sagt er: «Wenn ihr mich liebtet, würdet ihr euch freuen, daß ich zum Vater gehe, denn der Vater ist größer als ich.» Gemäß dem Menschen ist er größer als ich, gemäß Gott ist er gleich groß... So wie einer, der ein Gewand anzieht, sich nicht in das Gewand verwandelt, sondern innen der unversehrte Mensch bleibt: auch wenn ein Senator ein Sklavengewand anzieht, wenn er vielleicht nicht mit dem Senatorengewand in den Kerker eintreten kann, um einen Gefangenen zu trösten, sondern ein Gefängnisgewand anzieht, und er scheint in seiner Herablassung schmutzig einherzukommen, innen aber bleibt die Senatorenwürde um so unversehrter, je größer das Erbarmen war, das ihn zum Anziehen des niedrigen Gewandes bewog –: so ist auch der Herr, bleibend Gott, bleibend Wort, bleibend Weisheit, bleibend göttliche Macht, bleibend in der Lenkung der Himmel, bleibend in der Verwaltung der Erde, erfüllend die Engel, ganz allenthalben, ganz in der Welt, ganz in den Patriarchen, ganz in den Propheten, ganz in allen Heiligen, ganz im Schoße der Jungfrau [herabgestiegen], um sich mit Fleisch zu bekleiden, das Fleisch wie eine Braut sich anzutrauen, um «aus seinem Brautgemach wie ein Bräutigam hervorzugehen» und sich der Kirche, der reinen Jungfrau, anzuverloben. Dazu ist er geringer als der Vater, als Mensch; dem Vater aber gleich, als Gott.

So hebet also hinweg die fleischlichen Gelüste. Als spräche er zu den Aposteln: ‚Ihr wollt mich nicht ziehen lassen, so, wie ein jeder seinen Freund zurückhalten will und ihm gleichsam sagt: Bleib noch ein Weilchen bei uns, unsere Seele erlabt sich, wenn sie dich sieht; – aber besser ist es, ihr seht dieses Fleisch nicht mehr und denket der Gottheit. Äußerlich hebe ich mich hinweg von euch, und mit mir selber erfülle ich euch inwendig.‘ Tritt denn etwa nach dem Fleisch und mit dem Fleische Christus ins Herz ein? Nach der Gottheit besitzt er das Herz: nach dem Fleische spricht er durch den Anblick zum Herzen und ermahnt von außen, wohnend darinnen, daß wir nach innen hin uns bekehren und belebt werden von ihm und gebildet werden aus ihm, dem unerschaffenen Urbild aller Gebilde.

Das Fest der Einheit

[121] Als der Geist vom Himmel herabkam und die an Christus Glaubenden erfüllte, sprachen sie in allen Sprachen; und dies war damals ein Zeichen dafür, daß einer den Heiligen Geist empfangen hatte: daß er in allen Sprachen sprechen konnte. Wird aber heute der Heilige Geist den Gläubigen nicht mehr verliehen? Fern sei dieser Gedanke von uns, sonst hätten wir keine Hoffnung mehr. Auch die [Häretiker] bezeugen, daß den Gläubigen der Heilige Geist verliehen werde, und auch wir sagen dies, glauben dies und pflichten vor allem dem bei, daß das einzig in der katholischen Kirche der Fall ist. Jene seien katholisch, so wird auch bei ihnen der Heilige Geist verliehen; wir seien katholisch, so wird hier der Heilige Geist verliehen. Wir wollen jetzt nicht fragen, was sie hindert, katholisch zu sein; sind sie es, so wird ihnen zweifellos der Heilige Geist verliehen. Warum aber reden heute, die den Heiligen Geist empfangen, nicht mehr in allen Sprachen? Darum, weil früher in wenigen vorgebildet wurde, was nachher in allen offen gezeigt werden sollte. Denn was weissagte der Heilige Geist, als er die Herzen derer bewegte, die er damals erfüllte, und sie in allen Sprachen unterwies? Kaum lernt ein Mensch zwei oder drei, sei es durch Lehrer, sei es durch Länder, in die er sich durch Lebensumstände versetzt sieht; höchstens drei oder vier Sprachen. In allen Sprachen redeten, die der Heilige Geist erfüllte, und sie sprachen sie plötzlich, nicht allmählich erlernend. Was erwies damals der Heilige Geist? Sag mir, warum tut er heute nicht mehr, was er einst gleichnishaft tat? Was aber wollte er anderes bedeuten, als daß das Evangelium durch alle Sprachen hindurchgehen sollte? Ich wage es auszusprechen: Noch heute redet die Kirche in allen Sprachen: denn in allen Sprachen ruft sie die frohe Botschaft; und was ich früher von den Gliedern sagte, das sage ich jetzt von den Sprachen. Wie

das Auge sagt: Mir wandelt der Fuß, und der Fuß: mir sieht das Auge, so sage ich nun: Meine Sprache ist Griechisch, meine Sprache ist Hebräisch, meine Sprache ist Syrisch: denn alle hält *ein* Glaube zusammen, alle umfaßt das eine Gefüge der Liebe. Was durch den Herrn erwiesen wurde, das ward vorausgesagt durch die Propheten: «In alle Länder drang ihr Schall, und ihre Worte bis an die Grenzen der Erde.» Sieh, bis wohin jene Kirche gewachsen ist, die um der Ganzheit willen katholisch genannt wird. Und sieh, wie alle Sprachen durch alle Länder drangen: «Es sind keine Reden und keine Zungen, deren Klang nicht gehört worden wäre» (Ps 18, 4–5).

[122] Wie nach der Sündflut die stolze Gottlosigkeit der Menschen einen hohen Turm gegen den Herrn erbaute, da verdientermaßen in verschiedene Sprachen das Menschengeschlecht zerteilt wurde, und jedes Volk eine besondere Sprache sprechen sollte, um nicht von den andern verstanden zu werden: so führte die demütige Gottseligkeit der Gläubigen die Vielfalt ihrer Sprachen zur Einheit der Kirche zurück; damit, was Streit zerstreute, Liebe versammle, und die zerstückelten Glieder des Menschengeschlechts wie die eines Leibes unter das *eine* Haupt Christi vereint und zusammengefügt und vom Feuer der Liebe zusammengeschmolzen würden in die Einheit des heiligen Leibes. Von diesem Geschenk des Heiligen Geistes sind jene durchaus fern, welche die Gnade des Friedens hassen und die Gemeinschaft der Einheit nicht fassen. Und wenn auch sie sich am heutigen Tage feierlich versammeln, und wenn auch sie die gleichen Lesungen vernehmen, in denen der Heilige Geist verheißen und ausgegossen wird: sie hören es sich zum Gericht, nicht zum Heil. Denn was frommt es ihnen, mit Ohren zu vernehmen, was sie mit Herzen verwerfen; und dessen Tag zu feiern, dessen Licht sie hassen? Ihr aber, meine Brüder, Sprossen der Einheit, Kinder des Friedens, feiert froh diesen Tag, feiert ihn sorglos. Denn was damals, als der Heilige Geist kam, vorgezeichnet wurde, erfüllt sich in euch.

[123] Auch wir empfangen also den Heiligen Geist, wenn anders wir die Kirche lieben, wenn anders wir durch Liebe zusammengekettet sind, wenn anders wir ob des katholischen Namens und Glaubens uns freuen. So laßt uns denn glauben, Brüder! Denn in eben dem Maße, als einer die Kirche liebt, in eben dem Maße hat er den Heiligen Geist... Wenn du die Einheit liebst, dann hat, wer immer in ihr etwas hat, es auch für dich. Laß ab vom Neid, so ist dein, was ich habe: und lasse ich ab vom Neid, so ist auch das Deinige mein. Neid trennt, Gesundheit verbindet... Wir haben den Heiligen Geist, wenn wir die Kirche lieben, und wir lieben sie, wenn wir in ihrer Gliederung und Liebe verbleiben... «Die Liebe Gottes ist ausgegossen in unseren Herzen durch den Heiligen Geist, der uns geschenkt ist» (Röm 5,5).

[124] «Herr, richtest du in dieser Zeit das Reich Israel wieder auf?» (Apg 1,6.) Betrachtet das Vorgehen und den Lehrgang des guten Lehrers, des einzigartigen Lehrers, des einzigen Lehrers. Er beantwortet nicht, was sie fragten, und sagt, was sie nicht gefragt. Denn er wußte, daß, was sie gefragt, zu wissen ihnen nicht frommte; was er ihnen aber zukömmlich wußte, sagte er unbefragt. «Es ist eure Sache nicht, die Zeiten zu wissen.» Was brauchst du die Zeiten? Darum geht's, daß du den Zeiten entkommest, und du fragst nach Zeiten?.. Was aber zu wissen ist unsre Sache? «Vielmehr werdet ihr die Kraft des Heiligen Geistes empfangen, der euch überfallen wird, und werdet mir Zeugen sein.» Wo? «In Jerusalem.» Es schickte sich, daß wir dies zu hören bekämen: denn in diesen Worten wird die Kirche verkündet, wird die Kirche anempfohlen, wird die Einheit gepriesen, die Spaltung verwiesen. Es wird den Aposteln gesagt: «Und ihr werdet mir Zeugen sein.» Den Gläubigen wird gesagt, den Gefäßen Gottes wird gesagt, den Gefäßen der Erbarmung wird gesagt: «Ihr werdet mir Zeugen sein.» Wo? «In Jerusalem», wo ich getötet wurde: «und in ganz Judäa und Samaria und bis an die Grenzen der Erde.» *Das* ist's, was man euch sagt, *das* ist's, woran ihr euch halten sollt. Seid die Braut, dann mögt ihr den Bräutigam ohne Zagen erwarten. Die Braut ist die Kirche. Wo wurde die Kommende vorausverkündet, von der jene zeugen sollten? Wo wurde die Kommende verkündet? Denn viele werden sagen: ‚Siehe, hier ist sie.' Ich würde aufhorchen, spräche nicht auch ein anderer: ‚Siehe, hier ist sie.' Was sagst du? ‚Siehe, hier ist sie.' Schon bin ich unterwegs: aber da ruft mich ein dritter mit gleichem Spruche zurück: ‚Siehe, hier ist sie.' Einesteils du: ‚Siehe, hier ist sie', anderntei1s jener: ‚Siehe, hier ist sie.' Den Herrn wollen wir fragen, der Herr soll entscheiden. Verstummen sollen die Teile, das Ganze wollen wir hören. Aus dem einen Winkel redet der eine: ‚Siehe, hier ist sie', aus einem andern Winkel ein anderer: ‚Nein, sondern hier ist sie.' Sprich du nun, Herr, erweise

sie, die du erlöst, erzeige sie, die du geliebt. Zur Hochzeit sind wir geladen, so zeige uns deine Braut, daß wir deinen Bund nicht streitend stören. Und er redet fürwahr: er verläßt die Fragenden nicht, er liebt die Streitenden nicht. Er sagt es zu seinen Aposteln und spricht zu denen, die nicht danach fragen, denn er widerspricht denen, die Streit hereintragen. Und vielleicht wurde die Frage von den Aposteln darum nicht gestellt, weil die Herde Christi noch nicht von Räubern zerrissen wurde. Wir, die die Schmerzen der Spaltung erfuhren, wollen eifrig nach dem Bindemittel der Einheit suchen. Die Apostel fragen nach der Zeit des Gerichts, und der Herr antwortet mit dem Ort der Kirche. Er antwortet nicht, was sie fragten, aber er sieht unsere Schmerzen voraus: «Ihr werdet mir Zeugen sein in Jerusalem.» Das ist zuwenig. Nicht dafür allein hast du den Preis bezahlt, um das allein loszukaufen. «In Jerusalem.» Sprich weiter! «Und bis an die Enden der Erde.» Wir stehen an den Enden, warum willst du den Streit nicht enden? Keiner sage mir mehr: ‚Siehe, hier ist sie, nein, sondern hier!' Es schweige die menschliche Überhebung, man höre die göttliche Verkündigung, man halte sich an die wahre Verheißung: «In Jerusalem, und in ganz Judäa und Samaria, und bis an die Enden der Erde.» Nach diesen Worten «nahm eine Wolke ihn auf». Es war nichts mehr hinzuzufügen, damit nichts hinzugedacht werde.

Ihr seht also, Brüder, was ihr am stärksten lieben, am festesten halten sollt. Der glorreiche Herr, bei seiner Auferstehung: er empfiehlt die Kirche. Der zu verherrlichende, bei seiner Himmelfahrt: er empfiehlt die Kirche. Den Heiligen Geist vom Himmel sendend, empfiehlt er die Kirche. Was nämlich sagte er auferstehend zu seinen Aposteln? «Dies sprach ich zu euch, als ich noch unter euch weilte, daß alles sich erfüllen mußte, was über mich im Gesetz, in den Propheten und Psalmen geschrieben steht. Und dann eröffnete er ihnen die Schriften und sagte ihnen: So steht es geschrieben, und so mußte Christus leiden und am dritten Tage von den Toten erstehen.» Wo ist die Empfehlung der Kirche? «Und in seinem Namen die Buße und Vergebung der Sünden verkündet werden.» Wo das? «Über alle Völker hin, ausgehend von Jerusalem» (Lk 24,44–47). So der auferstehend Verherrlichte. Und wie der auffahrend zu Verherrlichende? Ihr habt es vernommen: «Ihr werdet mir Zeugen sein in Jerusalem und in ganz Judäa und Samaria und bis an die Enden der Erde.» Und wie bei der Ankunft des Heiligen Geistes? Es kam der Heilige Geist, und die er als erste erfüllte, sprachen in aller Völker Zungen. Jeder einzelne Mann sprechend in allen Zungen, was bedeutete dies anderes als die Einheit in allen Zungen? Daran sich haltend, darin bestärkt, darin gefestigt, darin in unerschütterter Liebe angeheftet, wollen wir «Kinder loben den Herrn» und Alleluja rufen. Doch wo stehend? von woher? bis wohin? «Vom Aufgang der Sonne bis zum Niedergang lobet den Namen des Herrn» (Ps 112, 3).

[125] Da unser Herr Jesus Christus am vierzigsten Tage zum Himmel auffahren wollte, anempfahl er seinen Leib, dort, wo er lag. Denn er sah voraus, daß viele ihm Ehre erweisen würden, weil er zum Himmel emporfuhr; daß aber ihre Ehrenerweisungen sinnlos wären, weil sie gleichzeitig seine Glieder auf Erden bedrängten. Und damit keiner sich täusche und, während er das Haupt im Himmel anbetet, die Füße auf Erden trete, gab er zu wissen, wo seine Glieder sind. Schon im Begriffe hinaufzufahren, sprach er nämlich seine letzten Worte; nach diesen Worten sprach er kein Wort mehr auf Erden. Das auffahrende Haupt anempfahl die irdischen Glieder und schied. Auf Erden hörst du kein Wort Christi mehr: noch hörst du ihn reden, aber vom Himmel. Und warum redet er sogar noch vom Himmel herab? Weil seine Glieder auf Erden getreten werden. Von oben rief er Saulus, dem Verfolgenden, zu: «Saul, Saul, was verfolgst du mich?» (Apg 9,4.) Ich fuhr zum Himmel, aber noch liege ich auf der Erde: hier sitz ich zur Rechten des Vaters; dort bin ich immer noch hungrig, durstig und fremd!

Wie also empfahl er bei der Himmelfahrt den irdischen Leib? Als ihn die Jünger fragten: «Herr, wirst du in dieser Zeit das Reich Israel aufrichten?», da antwortete er, schon im Abschied: «Es ist nicht eure Sache, die Zeiten zu wissen, die der Vater in seiner Allmacht bestimmt hat; vielmehr werdet ihr die Kraft des Heiligen Geistes empfangen, der euch überkommen wird, und ihr werdet mir Zeugen sein.» Und seht nun, wohin er seinen Leib ausbreitet, seht, wo er nicht getreten sein will: «Ihr werdet mir Zeugen sein in Jerusalem und in ganz Judäa und Samaria und über die ganze Erde hin» (Apg 1,6–8). Seht, da lieg ich, der ich jetzt aufsteige! Denn ich steige auf, weil ich das Haupt bin: noch aber liegt da mein Leib! Gib acht: schlage ihn nicht; gib acht: verletze ihn nicht; gib acht: tritt nicht darauf!

Das sind Christi letzte Worte, bevor er in den Himmel ging. Stellt euch einen Mann vor, der zu Hause krank zu Bett liegt, von Siechtum verzehrt, dem Tode nah; er röchelt und hält seine Seele gleichsam schon mit den Zähnen; nun ist er vielleicht besorgt um eine Sache, die ihm sehr am Herzen liegt, die er sehr liebt: es fällt ihm ein, er ruft seine Erben zusammen und sagt: Ich bitte euch, tut dies! Er hält seine Seele gleichsam mit Gewalt noch zurück, daß sie nicht eher entweiche, als bis jene Worte festgelegt sind. Und kaum hat er diese letzten Worte hervorgestoßen, so haucht er den Geist aus: der Leib wird ins Grab gelegt. Wie werden die Erben sich der letzten Worte des Sterbenden erinnern? Wenn einer käme und sagte: ‚Tut das nicht!' Was würden sie sagen? ‚Was, ich soll nicht tun, was mein Vater mir in der Todesstunde zuletzt noch empfahl? Was als Letztes mir in die Ohren drang, als mein Vater verschied? Über jedes andere seiner Worte ließe sich reden, seine letzten aber binden mich fest: ich sah ihn danach nicht wieder, hörte seine Stimme nicht mehr!'

Brüder, erwägt mit christlichem Gemüt: Wenn den Erben die Worte eines, der ins Grab ging, so süß, so willkommen, so gewichtig sind, was müssen dann für den Erben Christi die letzten Worte dessen sein, der nicht zur Grube, der zum Himmel empor fuhr?.. Und was haben jene zu hoffen, die das Vermächtnis dessen nicht bewahren, der im Himmel sitzt, der von oben her zusieht, ob man es achtet oder nicht; dessen, der da sprach: «Saul, Saul, was verfolgst du mich?», und der alles, was er seine Glieder leiden sieht, aufbewahrt zum Gericht?

V

DIE QUELLEN DES HEILS

Das Rote Meer

[126] ‚Ich glaube an die Vergebung der Sünden.' Wäre nicht diese in der Kirche, so wäre keinerlei Hoffnung: Wäre nicht Sündenvergebung in der Kirche, so wäre keine Hoffnung auf künftiges Leben und ewige Befreiung. Sagen wir Gott unsern Dank, daß er seiner Kirche dieses Geschenk verlieh. Seht, nun sollt ihr zum heiligen Brunnen treten, durch die heilsame Taufe vom Schmutz gereinigt, durch das Bad der Wiedergeburt erneuert werden; ohne jede Sünde entsteigt ihr jenem Bade. Alles, was euch früher verfolgte, wird dort vernichtet. Den Ägyptern gleich, die die Juden verfolgten, sind eure Sünden; sie verfolgten, doch nur bis zum Roten Meer. Was heißt: bis zum Roten Meer? Bis zum Brunnen Christi, der durch Kreuz und Blut geweiht ist. Denn was rot ist, fließt rot. Siehst du nicht, wie die Seite Christi rot fließt? Befrage die Augen des Glaubens: siehst du das Kreuz, so beachte das rinnende Blut: siehst du, was da hängt, so beachte, was es ergoß. Die Lanze hat Christi Seite durchbohrt, und es entquoll unser Preis. Darum wird die Taufe mit Christi Zeichen bezeichnet, ich meine das Wasser, in das ihr eingetaucht werdet und das ihr durchschreitet wie ein Rotes Meer. Eure Sünden sind eure Feinde: sie folgen, aber nur bis zum Meer. Steigt ihr hinein, so entkommt ihr, jene werden vernichtet, so wie das Wasser die Ägypter begrub, derweil die Juden trocken entkamen. Und wie sagt die Schrift? «Nicht einer von ihnen blieb übrig» (Ps 105,11). Du sündigtest viel, du sündigtest wenig, du sündigtest Schweres, du sündigtest Leichtes: was verschlägt's, wenn «nicht einer von ihnen blieb übrig»? Aber weil wir weiterleben werden in dieser Welt, wo keiner ohne Sünde lebt, darum ist Vergebung der Sünden nicht allein in der Waschung der heiligen Taufe, sondern auch im täglichen Vaterunser, das euch nach acht Tagen übergeben wird. Dort werdet ihr gleichsam eure tägliche Taufe finden; um Gott Dank zu sagen, der

dieses Geschenk seiner Kirche übergab, das wir im Glaubensbekenntnis bekennen, wo wir, nachdem wir gesagt: ‚eine heilige Kirche', hinzufügen: ‚die Vergebung der Sünden'.

Sühnendes Blut

[127] Sie töteten ihren Arzt, aber der Arzt schuf seinen Mördern aus seinem Blut einen Heiltrank... Ihr tobtet und vergoßt unschuldiges Blut: glaubt und trinkt nun, was ihr vergossen... Großes Erbarmen, strahlendes Heil: was ist ihnen nicht verziehen, ist ihnen dieses verziehen, daß sie den Messias getötet? So darf, Geliebteste, niemand zweifeln, daß im Bad der Wiedergeburt durchaus alle Sünden, die kleinsten und die größten, samt und sonders verziehen werden: dafür gibt es einen Beweis und einen großen Erweis: keine größere Sünde, als Christus zu töten: wird diese erlassen, was würde im Glaubenden nach der Taufe gelassen?

Taufansprache

[128] «Tretet hinzu [zu Gott] mit zerknirschtem Herzen: denn nahe ist er allen, die zerknirschten Herzens sind, und er wird euch, die ihr demütigen Geistes seid, heilen» (Ps 33, 19). Tretet hinzu um die Wette, auf daß ihr erleuchtet werdet. Denn noch seid ihr Finsternis, und Finsternis ist in euch. Ihr sollt aber Licht werden im Herrn, der «jeden Menschen erleuchtet, der in diese Welt kommt» (Joh 1,9). Befeuert euch für die Welt, erneuert euch für Gott. Möchtet ihr endlich überdrüssig sein der babylonischen Kerkerhaft! Seht, jene Mutter, das himmlische Jerusalem, eilt euch auf den Straßen heiter entgegen und beschwört euch, das Leben zu wollen und es zu lieben, gute Tage zu sehen, wie ihr sie nie erblickt und auch nie erblicken werdet in der hiesigen Welt. Hier zerflossen wie Rauch eure Tage: an ihnen zunehmen hieß abnehmen, an ihnen wachsen hieß schwinden, in ihnen fortschreiten hieß vergleiten. Die ihr durch viele und schlimme Jahre der Sünde lebtet, wünschet nun Gott

zu leben: nicht lange Jahre, die doch ein Ende finden und zum Untergang im Schatten des Todes eilen, sondern gute Tage, nah der Wahrheit des lebendigen Lebens: wo euch kein Hunger, kein Durst mehr ermüden wird, weil eure Speise der Glaube, euer Trank die Weisheit ist. Jetzt nämlich lobt ihr Gott im Glauben: einst aber werdet ihr im Schauen überschwellend bewässert werden von Israels Quellen...

Hofft auf ihn, ihr, die ganze Schar des neuen Volkes, und du Volk, das du geboren wirst, das Gott geschaffen, sieh zu, daß dir glückhafte Geburt erfolge, damit du nicht etwa todbringend abgetrieben werdest. Sieh da den Schoß der Mutter Kirche, sieh, wie sie stöhnend in Wehen liegt, um dich zu gebären und zum Licht des Glaubens zu bringen. Erschüttert nicht durch eure Ungeduld die mütterlichen Eingeweide und verengt nicht die Tore eurer Geburt. Volk, das du geboren wirst, lobe deinen Gott: lobe, daß du geboren wirst, lobe deinen Herrn. Daß du die Muttermilch saugst: lobe; daß du aufgezogen wirst: lobe; daß du genährt wirst: schreite fort an Weisheit und Alter. Auch er hat die zögernden Zeiten irdischer Geburt an sich gelitten, der weder durch Kürze der Zeit abnimmt, noch durch irgendeine Dauer der Zeit zunimmt, vielmehr von den ewigen Tagen jegliche Enge und Zeitlichkeit ausnimmt. «Wollet nicht», wie der gütige Erzieher der Kleinen ermahnt, «an Verstand wie die Kinder werden, sondern seid Kinder an Bosheit, im Denken aber seid gereifte Männer» (1 Kor 14,20). Als die Taufe Begehrende[1] wachset, wie es begehrt ist, jugendlich, in Christus heran, um weiterhin männlich euch zum vollkommenen Manne auszuwachsen. Erfreut, wie geschrieben steht, durch den Fortschritt eurer Weisheit den Vater, und betrübt nicht durch euer Versagen die Mutter (Spr 10,1; 15,20).

Liebt, was ihr sein werdet. Kinder Gottes, Söhne der Verheißung sollt ihr sein. Umsonst wird euch dies geschenkt, umsonst übergeben. Ihr werdet darin um so voller und reich-

[1] Competentes, jene Katechumenen, die sich unmittelbar um die Taufe bewarben und damit in einen neuen Rang mit strengerer Disziplin erhoben sind.

licher überfließen, je dankbarer ihr gegen den seid, von dem ihr's empfingt. Bemüht euch bei ihm, der weiß, welche die Seinigen sind. Er wird es aber dann nicht ablehnen, euch unter die, die er als die Seinen kennt, zu empfangen, wenn ihr, den Namen des Herrn anrufend, euch von der Ungerechtigkeit abwendet (2 Tim 2, 19). Fleischliche Eltern besitzt ihr oder besaßet ihr doch in dieser Welt, die euch in die Mühsal und in das Erleiden des Todes hineingebaren: weil nun aber jeder von euch in glücklicherer Verwaisung von solchen sagen kann: «Verlassen haben mich mein Vater und meine Mutter» (Ps 26, 10), so erkenne, Christ, deinen Vater, der dich, wo jene weichen, entgegennahm aus dem Schoß deiner Mutter, dem ein Gläubiger gläubig sagte: «Vom Mutterschoß an bist du mein Beschützer» (Ps 21, 11). Gott ist der Vater, die Kirche die Mutter. Weit anders werdet ihr von diesen geboren, als jene ersten Eltern euch gebaren. Diese Geburt erwarten nicht Mühsal, nicht Elend, nicht Zähren, nicht Tod, sondern Leichtigkeit, Seligkeit, Freude und Leben. Durch jene geschah beklagenswerte Geburt, durch diese begehrenswerte. Jene gebaren uns, wegen der uralten Schuld, zu ewiger Strafe; diese lassen in der Wiedergeburt weder Schuld noch Strafe bestehen. Das ist die Wiedergeburt derer, die «ihn suchen, die das Angesicht des Gottes Jakobs suchen» (Ps 23, 6). Sucht in Demut und Erniedrigung, habt ihr diese gefunden, so gelangt ihr zu gesicherter Höhe. Eure Säuglingszeit sei Unschuld, eure Kinderzeit Ehrfurcht, eure Reifezeit Geduld, euer Mannesalter Tugend, euer Altern Verdienst, euer Greisentum nichts als die Weiße einsichtiger Weisheit. Durch diese Gezeiten und Stufen des Daseins schreitest du nicht hindurch, sondern, bleibend was du bist, erneuerst du dich. Denn nicht rückt die zweite so nahe, daß sie die erste verdirbt, noch ist der Aufgang der dritten der zweiten Untergang, noch entsteht die vierte, um die dritte vergehen zu lassen, noch neidet die fünfte der vierten ihr Bleiben, noch wird die fünfte von der sechsten begraben. Wenngleich diese Gezeiten nicht gleichzeitig kommen, so verharren sie doch zumal und einträchtig in der frommen und gerechtfertigten

Seele. Und gemeinsam geleiten sie dich in die siebente Ruhe und in den Frieden.

Der Glaube und die Taufe

[129] «Ihr seid schon rein auf Grund des Wortes, das ich zu euch sprach» (Joh 15,3). Warum sagt er nicht: Ihr seid rein auf Grund der Taufe, durch die ihr gewaschen seid, sondern: «auf Grund des Wortes, das ich zu euch sprach», wenn nicht, weil es auch im Wasser das Wort ist, das reinigt? Nimm weg das Wort, und was ist das Wasser, als eben Wasser? Es tritt das Wort zum Element, so wird das Sakrament, selbst gleichsam sichtbares Wort. Denn auch dieses hatte er ja gesagt, als er den Jüngern die Füße wusch: «Wer gewaschen ist, bedarf nichts weiter, als die Füße zu waschen; vielmehr ist er ganz rein» (Joh 13,10). Woher diese gewaltige Macht des Wassers, daß es den Leib berühre und die Seele bespüle, wenn nicht, weil das Wort es wirkt: nicht weil es gesprochen, sondern weil es geglaubt wird? Denn im Wort selbst ist ein andres der Klang, der verweht, und die Kraft, die besteht. «Das ist das Wort des Glaubens, das wir verkünden», sagt der Apostel, «wenn du in deinem Munde bekennst, daß Jesus der Herr ist, und in deinem Herzen glaubst, daß ihn Gott von den Toten erweckt hat, so hast du das Heil. Denn mit dem Herzen glaubt man zur Gerechtigkeit, mit dem Munde aber bekennt man zum Heil» (Röm 10,8–10). Darum liest man in der Apostelgeschichte: «Durch Glauben reinigt er ihre Herzen» (Apg 15,9), und sagt der selige Petrus in seinem Briefe: «So macht euch die Taufe heil, nicht das Ablegen fleischlichen Schmutzes, sondern das Anrufen mit einem guten Gewissen» (1 Petr 3,21). «Dies ist das Wort des Glaubens, das wir verkünden»: durch das ohne Zweifel auch die Taufe geweiht wird, um reinigen zu können. Denn Christus, der mit uns Weinstock, mit dem Vater Weingärtner ist, «hat die Kirche geliebt und sich für sie dahingegeben». Lies den Apostel und sieh, was er beifügt: «Auf daß er sie heilige, sie reinigend durch das Wasserbad im Worte» (Eph

5,25–26). Die Reinigung würde demnach keineswegs dem flüssigen, zerfließenden Element zugesprochen, würde nicht «im Worte» hinzugefügt. So viel vermag dies Wort des Glaubens in Gottes Kirche, daß durch sie[1], die Glaubende, Darbringende, Segnende, Eintauchende, auch das winzige Kind gereinigt wird, das doch noch nicht «mit dem Herzen zur Gerechtigkeit zu glauben» und «mit dem Munde zum Heil zu bekennen» vermag. All dies geschieht durch das Wort, von dem der Herr sagt: «Ihr seid schon rein auf Grund des Wortes, das ich zu euch sprach.»

Heilige Schrift

[130] Wer immer [in der Taufe neu] geboren wurde, der wisse, daß er Kind ist und unmündig; gierig verlange er nach den Brüsten der Mutter, und schnell wird er wachsen. Die Mutter aber ist die Kirche; und ihre Brüste sind die beiden Testamente der göttlichen Schriften. Hier mag er die Milch aller Geheimnisse saugen, die um unseres ewigen Heiles willen zeitlich geschahen, um genährt und gestärkt hindurchzugelangen zum Genuß jener Speise, welche da ist: «Im Anfang war das Wort und das Wort war bei Gott, und Gott war das Wort.»

Der neue Gesang

[131] Alleluja ist der neue Gesang. Der neue Mensch singt den neuen Gesang. Wir haben ihn gesungen, auch ihr, Kinder, die ihr vor kurzem von ihm erneuert worden seid; und wir sangen mit euch, die wir durch den gleichen Preis erlöst worden sind. Wie es brüderliche Liebe fordert, ermahne ich euch, nicht euch allein, sondern alle, die mich hören, ermahne ich als Brüder und Söhne: als Brüder, weil uns die gleiche Mutter, die Kirche, geboren, als Söhne, weil ich euch durch das Evangelium geboren. Lebet gut, geliebteste Kin-

[1] Nach der Lesart: per ipsam credentem etc; sonst: per ipsum (scil. verbum).

der, daß ihre gute Früchte von diesem hehren Sakrament, das ihr empfingt, auch ernten könnt... Liebet den Herrn, der euch liebt; kommt oft zu der Mutter, die euch gebar. Bedenket, was euch diese Mutter verschaffte, da sie das Geschöpf mit dem Schöpfer geeint, die Knechte zu Kindern Gottes, die Sklaven des Teufels zu Brüdern Christi gemacht. Solchen Wohltaten erweist ihr euch als nicht undankbar, wenn ihr den würdigen Dienst eurer Anwesenheit ihr leistet. Es kann auch niemand Gott zum Vater haben, der die Kirche als Mutter verschmäht. Diese heilige und geistliche Mutter also bereitet euch täglich geistliche Speise, um damit nicht eure Leiber, vielmehr eure Seelen zu erquicken. Sie reicht euch himmlisches Brot, den Kelch des Heiles schenkt sie euch ein: sie will nicht, daß irgendeins ihrer Kinder solchen Hunger erleide. So seht auch ihr zu, Geliebteste, daß ihr eine solche Mutter nicht im Stiche lasset, daß ihr gesättigt werdet vom Überfluß ihres Hauses, daß sie euch tränke mit dem Gießbach ihrer Seligkeiten und Gott dem Vater würdige Söhne bereite, die sie, als fromm zu nährende, heil und frei ins ewige Leben geleite.

Frei zu neuen Diensten

[132] «Der Knecht aber bleibt nicht ewig im Hause.» Das Haus ist die Kirche, der Knecht ist der Sünder. Viele Sünder treten ein in die Kirche. Es heißt also nicht: Der Knecht weilt nicht im Hause; sondern «bleibt nicht ewig im Hause». Wenn also kein Knecht dort sein wird, wer wird dann dort sein? Es steht in der Schrift: «Wenn der gerechte König Platz nehmen wird auf dem Throne, wer wird sich dann rühmen, ein keusches Herz zu haben? Oder wer wird sich rühmen, frei zu sein von Sünde?» (Spr 20,8–9.) Gar sehr, o meine Brüder, hat uns das Wort erschreckt: «Der Knecht bleibt nicht ewig im Hause.» Doch fügt er bei: «Der Sohn aber bleibt ewig.» So wird also Christus allein in seinem Hause sein? Und kein Volk ist mit ihm verbunden? Wem wird er dann Haupt sein, wenn kein Leib sein wird? Nicht

ohne Grund hat er nämlich erschreckt und Hoffnung erweckt: erschreckt, damit wir die Sünde nicht lieben, Hoffnung erweckt, damit wir betreffs der Nachlassung nicht in Verzweiflung blieben. «Jeder», heißt es, «der Sünde tut, ist ein Knecht der Sünde. Der Knecht aber bleibt nicht ewig im Hause.» Welche Hoffnung bleibt uns also, da wir nicht ohne Sünde sind? Hör deine Hoffnung: «Der Sohn bleibt ewig. Wenn euch also der Sohn erlöst hat, so seid ihr in Wahrheit frei.» Das ist unsere Hoffnung, Brüder: vom Freien befreit, und als Freie zu Knechten gemacht zu werden: Knechte waren wir der Begierden, wir wurden frei, daß wir Knechte der Liebe würden. So sagt auch der Apostel: «Ihr aber, Brüder, wurdet zur Freiheit berufen; doch benützt die Freiheit nicht als Freibrief für das Fleisch, sondern dienet einander durch Liebe» (Gal 5,13). Nicht sage der Christ: ‚Frei bin ich, zur Freiheit bin ich berufen: ich war Knecht, jetzt bin ich losgekauft und durch den Loskauf frei und kann tun, was ich will. Niemand soll mich hindern zu tun, was ich will; denn ich bin frei.' Tust du mit diesem Willen die Sünde, so bist du ein Knecht der Sünde. Mißbrauche deine Freiheit nicht zum Frei-Sündigen, sondern zum Nicht-Sündigen. Frei ist dein Wille dann, wenn er fromm ist. Frei bist du dann, wenn du dienst; frei von Sünde im Dienst der Gerechtigkeit, wie der Apostel sagt: «Als ihr Knechte der Sünde wart, wart ihr frei von Gerechtigkeit: nun aber, befreit von der Sünde, wurdet ihr Knechte für Gott und habt zu eurer Frucht die Heiligung, zum Ziele aber das ewige Leben» (Röm 6,20–22).

Hebt den Stein hinweg!

[133] «Jesus kam zum Grabmal. Dieses aber war eine Höhle, und ein Stein war darauf gelegt» (Joh 11,38). Der Tote unterm Stein: der Sünder unterm Gesetz. Ihr wißt: das Gesetz, das die Juden bekamen, war auf Stein geschrieben. Alle Sünder aber sind unterm Gesetz; die Recht-Lebenden sind mit dem Gesetz. Denn Paulus nennt sich Diener des Neuen Bundes, nicht des Buchstabens, sondern des Geistes. «denn der Buchstabe tötet, der Geist belebt» (2Kor 3,6). Der tötende Buchstabe ist der Stein überm Grabe. «Hebet den Stein hinweg», sagt er. Hebet die Last des Gesetzes hinweg; verkündet die Gnade. «Denn wäre ein Gesetz ergangen, das beleben könnte, so wäre durchaus die Gerechtigkeit aus dem Gesetze. Aber die Schrift verschloß alles unter der Sünde, damit die Verheißung durch den Glauben Jesu Christi allen Glaubenden geschenkt würde» (Gal 3,21f,). Und also: «Hebet den Stein hinweg!»

Löst die Fesseln!

[134] «Vom Himmel schaute der Herr, daß er das Seufzen der Gefangenen höre, daß er löse der Getöteten Söhne» (Ps 101,20)... Die Vergebung der Sünden ist die «Lösung». Was hätte es Lazarus gefruchtet, aus dem Grab zu kommen, wenn nicht gesagt worden wäre: «Löset ihn und laßt ihn gehen»? Freilich ist's der Herr, der...die Erdenlast, die über den Begrabenen gehäuft war, besiegte, und jener trat gefesselt heraus, nicht also mit seinen eigenen Füßen, sondern durch des Rufenden Kraft. Dies eben geschieht im Herzen des Reuigen: Hörst du, daß ein Mensch seine Sünden bereut, so ist er schon aufgelebt; hörst du, wie ein Mensch im Bekenntnis sein Gewissen ans Licht bringt, so ist er schon aus dem Grabe geführt, aber noch nicht gelöst. Wann wird er gelöst? Von welchen wird er gelöst? «Was ihr auf Erden

lösen werdet, das wird im Himmel auch gelöst sein» (Mt 16, 19). Mit Recht kann durch die Kirche Lösung von den Sünden verliehen werden. Auferweckt aber kann der Tote nur werden, wenn inwendig der Herr ruft. Das nämlich wirkt innen der Herr. Wir reden zu euren Ohren, wie wüßten wir, was innen in euren Herzen vorgeht? Was innen vorgeht, wird nicht von uns, sondern von ihm gewirkt.

Das Ärgernis der Beichte

[135] «Den ganzen Tag tadeln mich meine Feinde.»... Welches ist heute der Vorwurf der Heiden gegen uns?.. Ihr verderbt die Zucht. Ihr verkehrt die Sittlichkeit der Menschheit, indem ihr den Menschen die Möglichkeit der Beichte eröffnet, indem ihr Straflosigkeit für alle Laster versprecht. Darum tun die Menschen das Böse, sorglos, weil ihnen, wenn sie sich bekehren, doch alles vergeben wird... Daraus also wird der Vorwurf gemacht: «Weil ich Asche wie Brot aß und meinen Trank mit Zähren mischte» (Ps 101, 10). O du, der da hadert, ich lade dich zu diesem «Brote» ein. Denn du wagst es nicht, dich nicht Sünder zu nennen. Und was tust du, Armseliger, wenn kein Port des Verzeihens sich auftut? Wenn allein die Freiheit zur Sünde ist und kein Nachlaß der Sünden?.. Und doch, sagt man, mehren die Menschen die Sünden aus Hoffnung auf die Vergebung. Vielmehr aber würden sie sie häufen aus Verzweiflung an der Vergebung. Denn, daß die Menschen nicht aus Verzweiflung schlimmer dahinlebten, versprach er den Port der Vergebung; und umgekehrt, damit sie nicht aus Hoffnung auf Vergebung schlimmer lebten, machte er den Todestag ungewiß und ordnete so in bester Vorsehung beides.

Empfangt, was ihr seid

[136] Das Amt des Wortes und die Sorge, in welcher wir für euch Geburtswehen litten, bis Christus in euch geformt war, treibt uns, eure Kindheit zu ermahnen, euch, die ihr, wiedergeboren aus Wasser und Geist, in neuem Licht diese Speise, diesen Trank auf dem Tisch des Herrn hier erblickt und in ungetrübter Andacht empfangt: was es bedeute, dieses so große, göttliche Sakrament, das so berühmte und adlige Medikament, das so reine und leichte Opfer, das heute nicht mehr bloß in der einen irdischen Stadt Jerusalem, in jenem einen von Moses errichteten Zelt, noch in jenem von Salomon gebauten Tempel, den Vorschattungen des künftigen, sondern nach der Weissagung des Propheten «vom Aufgang der Sonne bis zum Niedergang» geschlachtet und nach der Gnade des Neuen Bundes als Opfer des Lobes Gott dargereicht wird. Nicht mehr wird aus Tierherden ein blutiges Opfer gewählt, kein Schaf oder Bock wird mehr zu den göttlichen Altären geschleppt: das Opfer unserer Zeiten ist das Fleisch und Blut des opfernden Priesters selbst. Denn allein von ihm wurde in den Psalmen geweissagt: «Du bist Priester auf ewig nach der Ordnung des Melchisedech.» Wir lesen und halten aber aus dem Buche Genesis, daß Melchisedech, der Priester des Herrn, Brot und Wein brachte, als er kam, unsern Vater Abraham zu segnen.

Christus also, unser Herr, der beim Leiden für uns darbrachte, was er bei der Geburt von uns empfangen, zum ersten der Priester auf ewig bestellt, setzte die Ordnung des Opfers fest, die ihr seht: seines Leibes nämlich und seines Blutes. Denn sein von der Lanze durchbohrter Leib hat jenes Wasser und Blut hergegeben, wodurch er unsere Sünden vergeben. Eingedenk dieser Gnade, wirkend euer eigenes Heil mit Furcht und Zittern – weil es Gott ist, der in euch wirkt –, tretet hin zur Gemeinschaft mit diesem Altar. Erkennet das im

Brote, was gehangen am Kreuze: das im Kelche, was sich ergoß aus der Seite. Denn auch jene alten Opfer des Gottesvolkes waren in bunter Vielfalt Gleichnis des kommenden einen. Denn Christus selbst ist wegen der Unschuld des einfachen Gemütes das Lamm, und wegen der Ähnlichkeit des Fleisches der Sünde der Bock. Und was immer sonst in vielen und vielfachen Weisen in den Opfern des Alten Bundes vorausgezeichnet war, gehört zu dem einen, das im Neuen offenbar wurde.

Empfangt denn und esset den Leib Christi, selber in Christi Leib geworden zu Gliedern Christi; empfangt und trinket Christi Blut. Löst euch nicht wieder auf, eßt das Band eurer Einheit; erkennt eure Würde, trinkt euren Preis. Wie sich dies umwandelt in euch, wenn ihr es eßt und trinkt, so wandelt ihr euch um in Christi Leib, wenn ihr fromm und folgsam wandelt... Indem ihr in ihm das Leben erhaltet, seid ihr in einem Fleische mit ihm. Denn nicht so bedeutet dieses Geheimnis das Fleisch Christi, daß es euch davon trenne. Der Apostel erwähnt, daß dies in der Schrift vorausgesagt sei: «Die beiden werden in einem Fleisch sein» (1 Kor 10, 17). Und an anderer Stelle sagt er von der Eucharistie selbst: «Ein einziges Brot, ein einziger Leib sind wir, die vielen.» So beginnt ihr nun zu empfangen, was ihr begannt zu sein...

Würdig aber empfangt ihr, wenn ihr euch hütet vor dem «Sauerteig falscher Lehre», damit ihr «ungesäuerte Brote in Lauterkeit und Wahrheit» seid; oder wenn ihr jenen Sauerteig der Liebe bewahrt, den «ein Weib in drei Maß Mehl verbarg, bis alles durchsäuert war». Denn jenes Weib ist die Weisheit Gottes, die durch eine Jungfrau in sterbliches Fleisch kam und über dem gesamten Erdkreis, den sie nach der Flut unter die drei Söhne Noes verteilte, wie in drei Maß ihr Evangelium verstreute, bis alles durchsäuert war. Das ist jenes ‚alles', das auf griechisch ‚holon' genannt wird, wo ihr, das Band des Friedens bewahrend, ‚allem gemäß' sein werdet, was ‚katholon' heißt und wonach die katholische Kirche benannt ist.

[137] Wissen müßt ihr, was ihr empfangen habt, was ihr empfangen werdet, was ihr täglich empfangen sollt. Jenes Brot, das ihr auf dem Altar erblickt, geweiht durch das Wort Gottes, ist der Leib Christi. Jener Kelch, oder besser: was jener Kelch enthält, geweiht durch das Wort Gottes, ist das Blut Christi. Durch diese wollte Christus der Herr uns seinen Leib und sein Blut nahe bringen, das er für uns vergoß zur Vergebung der Sünden. Denn es sagt der Apostel: «Ein Brot, ein Leib sind wir alle, die vielen» (1 Kor 10,17). So erklärt er das Sakrament des Tisches des Herrn: «Ein Brot, ein Leib sind wir alle, die vielen.» In diesem Brot wird euch begreiflich gemacht, wie sehr ihr die Einheit lieben sollt. Ist denn jenes Brot aus einem einzigen Korn bereitet? Waren's nicht viele Weizenkörner? Doch bevor sie zum Brote kamen, waren sie einzeln: durch Wasser wurden sie vereint, und nach einer gewissen Zermahlung. Denn wird der Weizen nicht gemahlen und mit Wasser besprengt, so gelangt er niemals zu dieser Gestalt, die wir Brot nennen. So seid auch ihr durch die Demütigung der Fasten und die Zeremonie des Exorzismus gleichsam gemahlen worden. Dann kam die Taufe und das Wasser; ihr wurdet gleichsam besprengt, um die Gestalt des Brotes annehmen zu können. Aber nicht ohne Feuer wird es Brot. Was also bedeutet das Feuer? Das Chrisma. Denn das Öl ist das Sakrament unsres Feuers, des Heiligen Geistes... So kommt der Heilige Geist hinzu, nach dem Wasser das Feuer, und ihr werdet Brot, das der Leib Christi ist. Und so wird die Einheit gewissermaßen bedeutet. Ihr wißt, wie die Zeremonien der Reihe nach kommen. Zuerst, nach dem Gebet, die Ermahnung: ‚Empor die Herzen!' So ziemt es den Gliedern Christi. Denn wenn ihr Glieder Christi wurdet, wo ist dann euer Haupt?.. Im Himmel ist unser Haupt. Darum antwortet ihr auf den Anruf: ‚Empor die Herzen!': ‚Wir halten sie zu Gott.' Und damit ihr dies, daß ihr die Herzen emporhaltet zu Gott, nicht euren Kräften, euren Verdiensten, euren Bemühungen zuschreibet, weil es

ja Gottes Geschenk ist, das Herz droben zu haben, darum fährt der Bischof fort, oder der darbringende Priester, und sagt: ‚Laßt uns danksagen dem Herrn, unserem Gott', daß wir die Herzen nach oben halten. Laßt uns danksagen, denn hätte nicht er es geschenkt, wir hätten die Herzen niedergesenkt. Und ihr bezeugt dies, indem ihr sagt: ‚Würdig ist das und gerecht', daß wir ihm danksagen, der uns gab, unsere Herzen droben zu halten, zu unserem Haupt hin. Und dann, nach der Heiligung des Opfers Gottes, weil er wollte, daß auch wir sein Opfer seien (was angezeigt wurde, als jenes Opfer Gottes zum erstenmal angeordnet wurde,.. nämlich das Zeichen der Sache, die wir selbst sind), wenn also die Heiligung vorbei ist, dann sprechen wir das Gebet des Herrn, das ihr bekannt und aufgesagt habt. Nach diesem heißt es: ‚Der Friede sei mit euch', und die Christen küssen sich im heiligen Kuß. Es ist das Zeichen des Friedens: was die Lippen außen berühren, soll innen das Gewissen ausführen. Wie nämlich deine Lippen den Lippen des Bruders sich nähern, so soll sich dein Herz von seinem Herzen nicht entfernen. Große Geheimnisse also, und sehr große sogar. Wollt ihr wissen, wie sie uns nahegelegt werden? Der Apostel sagt: «Wer unwürdig den Leib Christi ißt oder das Blut Christi trinkt, der wird schuldig des Leibes und Blutes Christi» (1 Kor 11,27). Was heißt unwürdig empfangen? Leichtfertig empfangen, verachtend empfangen. Nicht soll es dir schal erscheinen, weil du es siehst. Was du siehst, vergeht: das Unsichtbare aber, das bedeutet wird, vergeht nicht, sondern besteht. Sieh, es wird empfangen, genossen, verzehrt: wird etwa der Leib Christi verzehrt? Wird die Kirche Christi verzehrt? Werden die Glieder Christi verzehrt? Das sei fern. Hier werden wir gereinigt, drüben gekrönt. Es wird also bleiben, was ewige Bedeutung hat, auch wenn es im Anschein vergeht. Empfangt es also in der Weise, daß ihr dabei euch selbst denkt, die Einheit ins Herz senkt, das Herz immer emporlenkt. Nicht auf Erden, im Himmel sei eure Hoffnung: fest gegründet in Gott sei euer Glaube, so wird Gott ihn annehmen. Denn was ihr hier jetzt nicht seht, aber glaubt, das werdet ihr drüben sehn, wo euch niemand die Freude raubt.

Zweierlei Fleisch

[138] «Wer mein Fleisch ißt und mein Blut trinkt, der bleibt in mir und ich in ihm» (Joh 6, 57). Das also hat er uns mit geheimnisvollen Worten gelehrt und nahegelegt, daß wir in seinem Leibe unter dem Haupte Glieder sein sollten, sein Fleisch genießend, seine Einheit nicht verlassend. Aber manche, die anwesend waren, ärgerten sich, weil sie nicht verstanden: denn als sie hörten, dachten sie an nichts anderes denn an das Fleisch, das sie selber waren. Der Apostel aber sagt, und sagt wahr: «Nach dem Fleisch zu sinnen ist Tod» (Röm 8, 6). Sein Fleisch reicht uns der Herr zur Speise, und nach dem Fleisch zu sinnen ist Tod. Und doch sagt er von seinem Fleische, daß dort das ewige Leben sei. Also nicht einmal das Fleisch dürfen wir fleischlich verstehen.

Sakrament der Heilsordnung

[139] Unter diesem Speis und Trank will er die Gemeinschaft seines Leibes und seiner Glieder verstanden wissen, welche da ist die heilige Kirche in seinen vorauserwählten, berufenen, gerechtfertigten und verherrlichten Heiligen und Gläubigen. Deren erstes ist schon vollzogen: die Vorauserwählung: das zweite und dritte ist geschehen, geschieht und wird noch geschehen, ich meine die Berufung und Rechtfertigung; das vierte aber ist jetzt in Hoffnung und wird einstens in Wirklichkeit sein: die Verherrlichung. Das sakramentale Zeichen von alledem, von der Einheit des Leibes und Blutes Christi nämlich, wird an gewissen Orten tagtäglich, an andern in bestimmten Abständen von Tagen am Tische des Herrn bereitet und vom Tische des Herrn genossen; den einen zum Leben, den andern zum Verderben; die Sache selbst aber, dessen Sakrament es ist, gereicht jedem Menschen zum Leben, keinem zum Verderben, wer immer ihrer teilhaftig wird.

Ein Brot, ein Leib

[140] Die Gläubigen wissen, was Christi Leib ist, wenn sie Christi Leib zu sein nicht versäumen. Leib Christi sollen sie werden, wenn sie wünschen, vom Geiste Christi zu leben. Von Christi Geist lebt einzig Christi Leib. Begreift, meine Brüder, was ich da sagte. Mensch bist du, hast einen Geist, hast einen Leib. Geist nenne ich, was man Seele heißt, durch welche du Mensch bist: du bestehst ja aus Leib und Seele. So hast du denn einen unsichtbaren Geist, einen sichtbaren Leib. Sag mir, welcher aus welchem lebt: lebt dein Geist aus deinem Leib oder dein Leib aus deinem Geist? Es antwortet jeder, der lebt: und wer anders antwortet, von dem weiß ich nicht, ob er lebt; was antwortet jeder, der lebt? Es ist klar, daß mein Leib von meinem Geiste lebt. Willst also auch du vom Geist Christi leben? So sei im Leib Christi. Lebt denn mein Leib von deinem Geiste? Meiner lebt von meinem Geiste, und deiner von deinem. Nicht kann der Leib Christi leben, außer vom Geiste Christi. Das ist's, was der Apostel Paulus sagt, wenn er uns dieses Brot erklärt: «Ein Brot, ein Leib sind wir, die vielen» (1 Kor 10, 17). O Sakrament der Frömmigkeit, o Mahl der Einigkeit, o Band der Liebe! Wer Leben will, der weiß, wo Leben ist, wo Leben fließt. Er trete an und glaube; er werde einverleibt, um einverlebt zu werden,.. er lebe von Gott für Gott.

VI

GLIEDER UND ÄMTER

Glaube als Schoß

[141] Wir glauben an Jesus Christus, unsern Herrn, geboren vom Heiligen Geiste aus Maria der Jungfrau. Denn wie Maria, die selige, ihn glaubend gebar, so empfing sie ihn auch glaubend. Als sie nämlich bei der Verheißung eines Sohnes frug, wie dies sollte geschehen, weil sie doch keinen Mann erkenne, war ihr nur eine Art des Empfangens und des Gebärens bekannt, die sie zwar selbst nicht erfahren, die ihr aber von andern Frauen als das naturhaft Übliche bekannt worden war, daß nämlich der Mensch aus einem Manne und einem Weibe geboren wird. Nun ward ihr die Antwort vom Engel: «Der Heilige Geist wird über dich kommen und die Kraft des Allerhöchsten dich überschatten; darum wird, was aus dir Heiliges geboren wird, Sohn Gottes heißen.» Auf dieses Engelswort hin erwiderte sie, voll des Glaubens, und Christus früher im Geist als im Schoß empfangend: «Siehe die Magd des Herrn, mir werde gemäß deinem Worte» (Lk 1,34.38). Es werde, sagt sie, der ohne männlichen Samen in der Jungfrau Empfangene; geboren werde der aus dem Heiligen Geist und einem unversehrten Weibe, in welchem wiedergeboren wird aus dem Heiligen Geist die unversehrte Kirche... Maria glaubte, und was sie glaubte, wurde Wirklichkeit in ihr; laßt auch uns glauben, damit auch uns zugute komme, was Wirklichkeit wurde.

Erde und Himmel

[142] Wunderbar ist er geboren. Was ist wunderbarer als das Gebären der Jungfrau? Sie empfing und ist Jungfrau; sie gebiert und ist Jungfrau. Geschaffen nämlich aus der, die er schuf, gab er ihr Fruchtbarkeit und verdarb nicht ihre Unberührtheit. Woher Maria? Aus Adam. Woher Adam? Aus Erde. Wenn Adam aus Erde und Maria aus Adam, so ist auch Maria Erde. Ist Maria Erde, so verstehen wir unsern Ge-

sang: «Wahrheit entsproßte der Erde.» Und welche Wohltat reichte sie uns? «Wahrheit entsproßte der Erde, und Gerechtigkeit blickte vom Himmel» (Ps 84, 12)... Wir hatten keine Gerechtigkeit; es gab da nur Sünden. Woher kam Gerechtigkeit? Wo gibt es Gerechtigkeit außer im Glauben? Denn «mein Gerechter lebt aus dem Glauben» (Röm 1, 17)... Die Gerechtigkeit schaute vom Himmel, damit die Menschen Gerechtigkeit hätten, nicht ihre eigene, sondern die Gottes.

Jungfräulich gebärend

[143] ‚Ich glaube an die heilige Kirche.' Die heilige Kirche sind wir; ich meine aber mit ‚wir' nicht die, die jetzt hier sind, euch, die ihr mich eben hört. So viele mit Gottes Gunst Christgläubige sind in dieser Kirche, das heißt in dieser Stadt, so viele ihrer sind in dieser Gegend, in dieser Provinz, so viele sich finden jenseits des Meeres, so viele auf dem gesamten Erdkreis – weil ja vom Aufgang der Sonne bis zum Niedergang gelobt wird der Name des Herrn (Ps 112, 3) – sie alle bilden die katholische Kirche, unsere wahrhafte Mutter, die wahre Gattin des Bräutigams. Laßt uns sie ehren, die eines solchen Herrn würdiges Eheweib ist; und was soll ich sagen? Groß und einzigartig ist des Bräutigams Gunst: als Dirne fand er sie, zur Jungfrau schuf er sie. Daß sie Dirne war, soll sie nicht abstreiten, um des Befreiers Erbarmung nicht zu vergessen. Wie war sie nicht Dirne, die hinter Götzen und Teufeln her Unzucht trieb? Herzensunzucht war es in allen: in einigen Unzucht des Fleisches, in allen des Herzens. Und er kam und schuf sie zur Jungfrau: die Kirche schuf er zur Jungfrau. Im Glauben ist sie jungfräulich: im Fleisch hat sie wenig geweihte Jungfrauen: im Glauben soll sie alle zu Jungfrauen haben, Frauen und Männer; denn dort muß die Keuschheit herrschen und die Reinheit und Heiligkeit. Ihr wollt vernehmen, wie man Jungfrau ist? Hört denn Paulus, hört den Freund des Bräutigams, den Eiferer für den Bräutigam, nicht für sich: «Ich führte euch», sagt er, «einem Manne zu.» Es gilt einer Kirche. Und welcher? Es gilt, wohin immer der

Brief gelangen konnte: «Ich führte euch einem Manne zu, um Christo eine keusche Braut vorzustellen. Ich fürchte nur», sagt er, «wie die Schlange mit ihrer Arglist Eva verführt hat, so könnten auch eure Gemüter geschändet werden, von der Keuschheit weg, die in Christus ist.» Wo du fürchtest, geschändet zu werden, dort bist du jungfräulich. «Ich fürchte nur», sagt er, «daß, wie die Schlange mit ihrer Arglist, Eva verführt hat.» Hat denn die Schlange fleischlichen Umgang mit Eva gehabt? Und doch löschte sie die Jungfräulichkeit ihres Herzens aus. «Ich fürchte nur», sagt er, «daß eure Gemüter geschändet werden, von der Keuschheit weg, die in Christus ist» (2 Kor 11,2–3). Eine Jungfrau ist also die Kirche. Sie ist es, sie sei es: sie fürchte den Blender, daß sie nicht finde den Schänder. Eine Jungfrau ist die Kirche. Vielleicht wirst du mir sagen: Wenn sie Jungfrau ist, wie gebiert sie dann Kinder? Oder wenn sie keine Kinder gebiert, wie gaben wir dann unsre Namen, um aus ihrem Schoße geboren zu werden? Ich erwidre: Sie ist Jungfrau sowohl wie Gebärende. Sie ahmt Maria nach, die den Herrn gebar. War Maria nicht Jungfrau, als sie gebar, und verblieb sie nicht Jungfrau? So gebiert auch die Kirche und ist eine Jungfrau; und wenn du's genauer bedenkst, so gebiert sie Christus, denn seine Glieder sind es, die die Taufe empfangen. «Ihr seid der Leib Christi und seine Glieder», sagt der Apostel (1 Kor 12,27). Wenn sie also Glieder Christi gebiert, so ist sie Maria in jeder Beziehung ähnlich.

Die Abweisung

[144] Da er so zu dem Volke redete, standen seine Mutter und seine Brüder draußen und wollten ihn sprechen ... Und er: «Wer ist meine Mutter? Oder wer meine Brüder?» Und seine Hand ausstreckend über seine Jünger, sprach er: «Diese sind meine Mutter und meine Brüder. Und wer immer den Willen meines Vaters tut, der im Himmel ist, der ist mir Bruder und Schwester und Mutter» (Mt 12,46–50).

Wie konnte Christus, ohne die Pietät zu verletzen, die Mutter verschmähen, nicht eine beliebige Mutter, eine um so größere, als sie jungfräulich war..? Eine solche Mutter verschmähte er, damit nicht in das Werk, das er betrieb, hindernd sich einmengten die Triebe der Mutterliebe. Denn was betrieb er? Er sprach zur Menge, zerstörte die alten Menschen, erbaute die neuen, befreite die Seelen, erlöste die Gefesselten, erleuchtete blinde Gemüter, wirkte das gute Werk, glühte durch Tat und Rede im guten Werk. Dazwischenhinein kam die Meldung des leiblichen Triebes... Die Mütter mögen es hören, damit sie nicht durch fleischliche Liebe die guten Werke der Kinder verhindern... Doch du sagst mir: ‚Du vergleichst also meinen Sohn mit Christus?' Ich vergleiche ihn weder mit Christus, noch dich mit Maria. Nicht hat Christus die Regung der Mutterliebe verurteilt, doch gab er ein großes Beispiel, wie um des Werkes Gottes willen die Mutter verschmäht werden muß. Er war Lehrer durch Reden, Lehrer auch im Verschmähen; darum würdigte er sich, die Mutter zu verschmähen, damit er dich lehrte, um des Werkes Gottes willen auch den Vater zu verschmähen.

Denn hätte Christus nicht auch ohne Mutter Mensch werden können?.. Bedenkt und erinnert euch, woraus Gott den ersten Menschen erschuf!.. Und wenn ein Engel Menschengestalt annehmen konnte, wann er wollte, konnte nicht der Herr der Engel, wann immer er wollte, einen wahren Menschen erschaffen, um ihn anzunehmen? Doch wollte er keinen Menschen zum Vater haben, um nicht durch fleischliche Begierlichkeit zu den Menschen zu kommen; er wollte aber eine Mutter, um unter den Menschen eine Mutter zu haben, an welcher er den Menschen vorzeigen könnte, wie sie um des Werkes Gottes willen zu verschmähen sei. Das männliche Geschlecht wollte er aufnehmen in sich, und das weibliche würdigte er sich zu ehren in seiner Mutter. Denn von alters her hatte auch das Weib gesündigt und dem Manne die Sünde eingeflößt; beide Gatten aber waren vom Trug des Teufels verführt. Wäre Christus der Mann erschienen ohne Empfehlung des Frauengeschlechts, so müßten die Frauen an sich verzweifeln, vor allem, weil durch sie der Mensch gefallen war. Beide ehrte er, beide empfahl er, beide nahm er auf. Vom Weibe ist er geboren. Verzweifelt nicht, Männer: Christus würdigte sich, Mann zu sein. Verzweifelt nicht, Frauen: Christus würdigte sich, vom Weibe geboren zu werden. Zum Heile Christi wirken beide Geschlechter zusammen: es komme das männliche, es komme das weibliche: im Glauben besteht weder Mann noch Weib. So lehrt dich Christus, deine Eltern zu verschmähen, deine Eltern zu lieben. Dann nämlich liebst du geordnet und voll Pietät die Eltern, wenn du die Eltern Gott nicht vorziehst. «Wer Vater und Mutter» – es sind des Herrn eigene Worte – «wer Vater und Mutter mehr liebt als mich, der ist meiner nicht wert» (Mt 10,37)... Er liebe sie zwar, aber nicht mehr als mich: Gott ist Gott, und der Mensch ist Mensch...

Beachtet nun aber, meine Brüder, beachtet, ich bitte euch, sehr, was der Herr spricht, da er seine Hand über die Jünger ausstreckt: «Diese sind meine Mutter und meine Brüder; und wer den Willen meines Vaters tut, der im Himmel ist, der ist mir Bruder und Schwester und Mutter.» Hat etwa die Jungfrau Maria nicht den Willen des Vaters erfüllt, sie, die im Glauben für wahr hielt, im Glauben empfing, die auserwählt wurde, daß aus ihr das Heil unter den Menschen geboren werde, die von Christus erschaffen wurde, bevor in ihr Christus erschaffen wurde? Sie tat, sie tat ihn durchaus, den Willen des Vaters, die heilige Maria: und so ist es mehr, daß Maria die Jüngerin Christi war, als daß sie seine Mutter wurde; es ist mehr, es ist seliger, die Jüngerin Christi zu sein, als die Mutter Christi. Darum war Maria selig, weil sie, schon bevor sie gebar, den Meister im Schoß trug. Schau, ob es sich nicht so verhält. Als der Herr vorbeiging und die Scharen ihm folgten und er göttliche Wunder wirkte, da rief ein Weib: «Selig der Schoß, der dich trug!» (Lk 11,27.) Seliger Schoß, der dich trug! Und der Herr, damit die Seligkeit nicht im Fleisch gesucht werde, was antwortete er? «Gewiß, selig, die das Wort Gottes hören und bei sich bewahren.» Von da her also ist auch Maria selig, weil sie das Wort Gottes hörte und bei sich bewahrte: und mehr bewahrte sie die Wahrheit im Geist als das Fleisch im Schoß. Die Wahrheit ist Christus, das Fleisch ist Christus: die Wahrheit Christus im Geist Mariens, das Fleisch Christus im Schoß Mariens; mehr ist, was im Geiste lebt, als was im Schoße getragen wird. Heilige Maria, selige Maria, aber besser ist die Kirche als die Jungfrau Maria. Warum? Weil Maria ein Teil der Kirche ist, ein heiliges Glied, ein hervorragendes Glied, ein überhinausragendes Glied, aber doch ein Glied am gesamten Leib. Wenn am gesamten Leib, so ist offenbar mehr der Leib als das Glied. Das Haupt ist der Herr, und der ganze Christus ist Haupt und Leib. Was soll ich sagen? Wir haben ein göttliches Haupt, wir haben Gott zum Haupt.

So gebt denn acht, Geliebteste: auch ihr seid Glieder Christi, auch ihr seid Christi Leib. Gebt acht, wie ihr das seid, was er sagt: «Siehe da meine Mutter und meine Brüder.» Wie solltet ihr Mutter Christi sein? «Und jeder, der hört, und jeder, der den Willen meines Vaters tut, der im Himmel ist, der ist mir Bruder, Schwester und Mutter.» Bruder versteh ich, Schwester versteh ich: es ist ein und dasselbe Erbe; so wollte Christus, da er der Einzige war, aus Barmherzigkeit nicht allein sein, wollte uns zu Erben des Vaters, zu seinen Miterben einsetzen. Denn so beschaffen ist jenes Erbe, daß es durch die Menge der Miterben nicht schmal wird. So versteh ich denn, daß wir Brüder Christi sind, Schwestern Christi die heiligen, gläubigen Frauen. Aber Mütter Christi: wie sollen wir das verstehen? Wie denn? Wagen wir's, uns Mütter Christi zu nennen? Ja, wir müssen es wagen, uns Christi Mütter zu nennen. Euch alle nannte ich seine Brüder, seine Mutter sollte ich nicht wagen? Viel weniger aber wage ich zu leugnen, was Christus sagte. Eia, Geliebteste, habt acht, wie die Kirche – das ist bekannt – Braut Christi ist; wie sie –was schwieriger einzusehn und doch wahr ist – Mutter Christi ist. Als ihr Gleichnis ging Maria, die Jungfrau, voraus. Wodurch, so frage ich euch, ist Maria die Mutter Christi, als weil sie die Glieder Christi gebar? Ihr, zu denen ich rede, ihr seid die Glieder Christi: wer hat euch geboren? Ich höre die Stimme eures Herzens: die Mutter Kirche. Diese heilige, geehrte Mutter, Maria gleich, gebiert und ist Jungfrau. Daß sie gebiert, beweise ich durch euch: aus ihr seid ihr geboren; und Christus gebiert sie, denn ihr seid Christi Glieder. Die Gebärende hab ich bewiesen, nun beweise ich die Jungfrau: das göttliche Zeugnis verläßt mich nicht. Tritt vor das Volk, seliger Paulus, bezeuge meine Behauptung, sprich aus, was ich sagen will: «Ich vermählte euch einem Manne, um Christus eine keusche Braut entgegenzuführen.» Wo ist diese Jungfräulichkeit? Wo fürchtet man Schändung? Er soll es sagen, der sie Jungfrau nannte: «Ich vermählte euch einem Manne, um Christus eine keusche Braut zuzuführen. Ich fürchte aber», so heißt es, «daß, wie die Schlange durch ihre Arglist Eva verführte, so auch eure Gemüter geschändet werden, von der Keuschheit weg, die in Christus ist» (2 Kor 11,2–3). Haltet fest in euren Geistern die Jungfrauschaft: des Geistes Jungfräulichkeit ist des katholischen Glaubens Unversehrtheit: wo Eva geschändet wurde durch die Rede der Schlange, dort muß die Kirche Jungfrau sein durch des Allmächtigen Gnade. Im Geist also sollen die Glieder Christi gebären, wie Maria als Jungfrau im Schoße Christus gebar; und so werdet ihr Mütter Christi. Es ist nicht unerreichbar, nicht unvergleichbar, nicht unvereinbar für euch: ihr seid Kinder geworden, werdet nun Mütter. Ihr Kinder der Mutter: als ihr die Taufe empfingt, da wurdet ihr als Glieder Christi geboren: führt eurerseits zum Bad der Taufe, wen ihr vermögt; auf daß ihr, wie ihr Kinder wart bei eurer Geburt, nun auch, hinführend zur Geburt, Mütter zu sein vermögt.

Fruchtbar für Gott

[145] Christus ist geboren, niemand zögre, wiedergeboren zu werden: er kam zur Geburt, er bedurfte nicht der Wiedergeburt. Denn wem war Wiedergeburt vonnöten, wenn nicht dem, dessen Geboren Verloren besagte? So geschehe denn in unseren Herzen seine Barmherzigkeit. Die Mutter trug ihn im Schoße; tragen auch wir ihn im Herzen. Schwanger wurde die Jungfrau bei der Menschwerdung Christi: schwanger mögen auch unsere Herzen werden vom Glauben Christi.

Die Jungfrau gebar den Erlöser: es gebäre auch unsere Seele das Heil, wir alle gebären das Lob. Laßt uns nicht kinderlos bleiben: unsere Seelen seien fruchtbar für Gott.

Jungfräulich in allen Ständen

[146] Die Kirche ahmt die Mutter ihres Herrn nach; konnte sie es nicht leiblich, so ist sie doch dem Geist nach Mutter und Jungfrau. Keineswegs also benahm bei seiner Geburt Christus seiner Mutter die Jungfrauschaft, der seine Kirche von der Unzucht der Dämonen loskaufend zur Jungfrau machte... Der in euch heilt, was ihr übernahmt aus Eva, ferne sei, daß er verletze, was ihr liebt in Maria. Sie also, deren Spuren ihr folgt, hat bei der Empfängnis von keinem Manne bekommen, und ist Jungfrau verblieben im Niederkommen. Ahmt ihr nach, soweit ihr's vermögt; nicht in der Fruchtbarkeit, denn das könnt ihr nicht bei heiler Jungfräulichkeit. Sie allein hat beides vermocht, nach dessen einem ihr sucht; weil ihr das eine verliert, wenn ihr beides zu haben versucht. Sie allein hat beides vermocht, die den Allmächtigen gebar, durch den sie's vermocht. Denn dem einzigen Gottessohn ziemte es, in dieser einzigen Weise Sohn des Menschen zu werden. Doch nicht darum bedeutet euch Christus nichts, weil er Kind der einzigen Jungfrau war. Denn ihr, die ihr ihn nicht als Sohn zu gebären vermochtet im Fleische, findet ihn vor als Bräutigam im Herzen: den eure Seligkeit auch als Erlöser also umfange, daß eure Jungfrauschaft ihn nicht als Verführer erbange. Denn der seiner Mutter Jungfrauschaft selbst durch leibliche Geburt nicht entrissen, wird sie um so mehr in geistlicher Umarmung in euch zu wahren wissen. Auch dürft ihr euch nicht für unfruchtbar halten, weil ihr euch bisher jungfräulich gehalten. Denn ebendiese fromme Unversehrtheit des Fleisches gehört mit zur Fruchtbarkeit des Geistes. Tut, was der Apostel sagt: und sinnt nicht auf das, was zur Welt gehört, und wie ihr dem Gatten gefallt; sinnt vielmehr auf das, was Gottes ist, und wie ihr ihm in allen Dingen gefallt (1 Kor 7,32–34); auf daß euer Schoß nicht an

Keimen, vielmehr euer Geist an Tugenden schwanger sei. Zum Schluß wende ich mich an alle, rede ich zu allen; die gesamte keusche Jungfrau, die der Apostel Christo vermählte, möge mich hören: Was ihr im Fleische Mariens bestaunt, das vollbringt im geheimen Innern der Seele. Wer im Herzen zur Gerechtigkeit glaubt, der hat Christus empfangen: wer im Munde zum Heile bekennt (Röm 10,10), der hat Christus geboren. So wird in euren Geistern die Fruchtbarkeit überschauern, und die Jungfrauschaft überdauern.

[147] Jubelt, ihr Jungfrauen Christi, eure Gefährtin ist die Mutter Christi. Ihr konntet zwar Christus nicht gebären, aber um Christi willen wolltet ihr nicht gebären. Der nicht aus euch geboren, der ist euch heute geboren. Und doch, wenn ihr seines Wortes gedenkt, wie ihr seiner gedenken solltet, dann seid auch ihr Mütter Christi, weil ihr den Willen seines Vaters erfüllt. Sagt er nicht selbst: «Wer immer den Willen meines Vaters tut, der ist mir Bruder und Schwester und Mutter» (Mt 12,50)? Jubelt, ihr Witwen Christi: der die Jungfrauschaft fruchtbar sein ließ, dem habt ihr heilige Enthaltsamkeit gelobt. Juble auch du, eheliche Keuschheit, alle, die ihr treu mit euren Gatten lebt: was ihr im Leibe verlort, das bewahret im Herzen. Wo das Fleisch nicht mehr unberührt sein kann von Umarmung, dort sei das Gewissen im Glauben Jungfrau, so wie die ganze Kirche Jungfrau ist. In Maria hat die fromme Jungfrauschaft Christus geboren: in Anna hat die greise Witwenschaft den kleinen Christus erkannt, in Elisabeth hat sich die eheliche Keuschheit und die späte Fruchtbarkeit Christus geweiht. Alle Stände der gläubigen Glieder haben dem Haupte das beigetragen, was sie durch seine Gnade beitragen konnten. Und also: weil Christus die Wahrheit und der Friede und die Gerechtigkeit ist, so empfangt ihn im Glauben, gebärt ihn zur Welt durch Werke; auf daß, was Mariens Schoß am Fleische Christi vollzog, euer Herz im Gesetze Christi vollziehe. Denn wie solltet ihr nicht zum Gebären der Jungfrau hinzugehören, wenn ihr doch Glieder Christi seid? Euer Haupt gebar Maria, euch die

Kirche. Denn auch sie ist Mutter und Jungfrau zugleich: Mutter durch den Schoß der Liebe, Jungfrau durch die Unversehrtheit hingebenden Glaubens. Völker gebiert sie, die doch Glieder eines einzigen sind, dessen Leib und Braut sie zugleich ist, auch darin jener Jungfrau vergleichbar, weil sie in den vielen die Mutter der Einheit ist.

DER VORLÄUFER JOHANNES

[148] In der über alle Welt zerstreuten Kirche Christi feiert man heute den Geburtstag des heiligen Täufers Johannes, des Freundes des Bräutigams und Vorläufers des Herrn: ich schulde dem Fest eine Predigt, ihr Aufmerksamkeit, wir alle Verehrung. Denn «unter den vom Weibe Gebornen erstand kein Größerer als Johannes der Täufer» (Mt 11,11): er ist der einzige, der seinem Schöpfer vorlaufen durfte. Denn es geschah das Wunder, daß er in seiner Geburt dem voranging, ohne dessen Hilfe er gar nicht vermochte, geboren zu werden. Mit Recht ist er die Stimme, jener das Wort; sagte er doch: «Ich bin die Stimme des Rufenden in der Wüste» (Joh 1,23), während von jenem gesagt wird: «Im Anfang war das Wort» (Joh 1,1). Ein Ähnliches geht auch in unseren weit unähnlichen Reden vor sich: Das Wort wird im Geiste vorausgeboren, bevor es Stimme des Redenden wird; die Stimme aber schallt aus dem Munde, wodurch das Wort den Hörenden eingeht. So blieb Christus im Vater, er, durch den Johannes sowohl wie alles geschaffen wurde; Johannes ging hervor aus der Mutter, er, durch den von allen Christus erkannt werden sollte. Jener im Anfang: Wort vor der Welt; dieser im Ende: Stimme vor dem Wort. Das Wort ertönt nach der Einsicht, die Stimme nach dem Schweigen: so glaubt Maria, Christum gebärend, verstummt Zacharias, Johannes erzeugend. Endlich wird jener aus einem blühenden Mädchen geboren, dieser aus einer versagenden Greisin: das Wort vermehrt sich in des Denkenden Herzen, die Stimme verzehrt sich in des Hörenden Ohr. Auch darauf bezieht sich vielleicht: «Jenem gebührt es, zu wachsen, mir aber, abzunehmen»: denn alle vor Christus ergangene Vorbotschaft in Gesetz und Propheten ging als die Stimme vor dem Wort, bis zu Johannes, mit dem die letzten Gleichnisse erloschen; von dann an fruchtet und wächst in aller Welt die evangelische Gnade und die Verkündigung des Reiches der Himmel, dessen kein Ende sein wird.

Dies bedeuten Johannes' und Christi Geburten, dies auch ihre Leiden. Denn Johannes wurde geboren, als der Tag abzunehmen begann, Christus, als der Tag zu wachsen begann. Jenes Abnehmen bedeutete die Enthauptung, dieses Wachstum die Kreuzerhöhung. Noch ein zweiter verborgener Sinn, den der Herr den Klopfenden öffnet, liegt in dem Wort über Johannes und Christus: «Jenem gebührt es zu wachsen, mir aber abzunehmen» (Joh 3,30). Was immer menschliche Gerechtigkeit vermag, wie weit der Mensch es bringen kann, das war in Johannes erfüllt; sagt doch die Wahrheit von ihm: «Unter den vom Weib Gebornen ist kein Größerer aufgestanden als Johannes der Täufer» (Mt 11,11). So vermag kein Mensch es höher zu bringen als dieser: doch ist er nur Mensch, aber Christus ist Gott-Mensch. Weil aber in der christlichen Gnade dies vor allem andern anempfohlen, dies gelernt wird, daß niemand im Menschen sich rühme, vielmehr «wer sich rühmt, im Herrn sich rühme» (2 Kor 10, 17), der Mensch in Gott, der Knecht im Herrn, so «muß jener wachsen, ich aber abnehmen». Gott nämlich nimmt in sich selbst weder ab, noch wächst er, sondern in den Menschen; je mehr und mehr wir in wahrer Andacht wachsen, wächst die göttliche Gnade, schwindet die menschliche Macht; bis der Tempel Gottes zu jener Vollendung geführt wird, die in allen Gliedern Christi besteht, daß nach Entleerung aller Herrschaft, Kraft und Gewalt «Gott alles in allem sei». Jener Johannes, der Evangelist, sagt: «Er war das wahre Licht, das jeden Menschen erleuchtet, der in diese Welt kommt» (Joh 1,9); dieser Johannes, der Täufer, sagt: «Wir alle haben von seiner Fülle empfangen.» Während also das Licht, das in sich selber immer unversehrt ist, im Erleuchteten wächst, nimmt dieser offenbar in sich selber ab, weil das, was er ohne Gott war, abgebaut wird. Denn ohne Gott vermag der Mensch nur zu sündigen: hier wird die menschliche Macht übersiegt, während die sündentilgende Gottes-Macht überwiegt. Die Ohnmacht des Geschöpfs weicht vor der Allmacht des Schöpfers, und der Aufruhr des ich-süchtigen Eros gibt sich auf in die all-gemeine Agape, unter dem

Ruf des Johannes in unserem Elend von Gottes Erbarmen: «Jenem gebührt es zu wachsen, mir aber abzunehmen.»

[149] Jünger hatte Christus und hatte Johannes: es taufte Johannes, es taufte auch Christus. Unter den vom Weibe Geborenen gilt, daß kein Größerer aufstand als der Täufer Johannes: und doch sammelt er Jünger wie ein Nebenbuhler, scheinbar gegen Christus. Und doch für Christus. Weil er so groß war, daß er für Christus gehalten werden konnte, so mußte er Zeugnis ablegen für Christus. Wem der höchste der Menschen Zeugnis ablegt, der ist mehr als ein Mensch. ‚Ich bin nicht, was ihr glaubt. Gewiß bin ich groß, daß ihr dies meint, doch nicht, was ihr meint.' «Und wer bist du?» wurde gefragt. «Ich bin die Stimme des Rufenden in der Wüste: Bereitet den Weg dem Herrn» (Joh 1,23). Seht den Herold, nehmt auf den Bahner des Weges, fürchtet den Richter. «Bereitet den Weg dem Herrn, macht gerade seine Pfade: jeder Berg und Hügel wird erniedrigt, jedes Tal erhöht werden: und das Krumme wird grad sein und das Rauhe zum Weg sich glätten und alles Fleisch das Heil Gottes erblicken.» Nicht mich, das Heil Gottes. «Und alles Fleisch wird das Heil Gottes erblicken» (Is 40, 3–5). Die Leuchte zeugt für den Tag, denn Christus ist der Tag. Und Johannes? Die Leuchte. Doch wozu eine Leuchte? Weil sich der Tag verbarg: er verbarg sich, bis er litt: denn er hätte ohne Verborgenheit nicht gelitten. «Denn hätten sie es gewußt, so hätten sie niemals den Herrn der Glorie gekreuzigt» (1 Kor 2,8). Und doch: damit sie dem Tag nicht lang widerstehn, werden die Juden von der Leuchte widerlegt. Sie sind gesandt zu Johannes. Er sprach: «Ich bin es nicht, in eurer Mitte steht der, der größer ist als ich.» Um wieviel größer?.. Hören wir Johannes, um wieviel größer er Jesus den Herrn bezeugte. Als er sagte: «Der nach mir kommt, ist größer als ich» (Joh 1,37), da hörtest du: größer. Nun fragst du: um wieviel größer? Wenn er schwiege, könnten wir Verdacht schöpfen; doch glauben müssen wir durchaus: Johannes ist Knecht, Christus ist Herr. So sage Johannes, wieviel. «Ich bin

nicht wert», sagt er, «seinen Schuhriemen zu lösen» (Joh 1,27). Wie hätte er sich erniedrigt, wenn er sich als würdig bezeichnet hätte! Wenn einer steht oder sitzt und du lösest ihm die Schuhriemen, so erkenne ich: Jener ist der Herr, du der Knecht. Das ist zuwenig, sagt Johannes, auch dessen bin ich nicht wert. So antworte uns, wenn es möglich ist, warum du nicht unter seinen Jüngern bist, warum du außerhalb Jünger gesammelt hast. Ich, sagt Johannes, bin nicht sein Jünger. Ich bin's zwar, aber dort, wo ihr es nicht seht. «Wer die Braut hat, ist der Bräutigam.» So tönt des Johannes Stimme über Christus den Herrn: «Wer die Braut hat, ist der Bräutigam; der Freund des Bräutigams aber steht und hört ihn» (Joh 3,29). Zwar ist er nicht sein Jünger: er ist Knecht zwar, sofern jener steht, aber Freund, sofern jener schenkt. Sprach er doch auch zu seinen Jüngern: «Ich nenne euch nicht mehr Knechte, sondern Freunde» (Joh 15,15). So seht ihn dennoch als Jünger, im Innern, im Verborgenen, und im Geheimnis des Heiligtums.

[150] So erscheint denn Johannes als die zwischengelegte Schwelle zwischen den beiden Testamenten, dem Alten und dem Neuen. Daß er gleichsam die Schwelle ist, bezeugt der Herr selbst, wenn er sagt: «Das Gesetz und die Propheten reichen bis auf Johannes» (Lk 16,16). Er verkörpert also die Rolle des Alten und die Kündung des Neuen. Wegen der Rolle des Alten wird er von Greisen geboren: wegen der Rolle des Neuen wird er im Mutterschoß zum Propheten erklärt. Denn noch ungeboren jubelt er auf bei der Ankunft der Jungfrau Maria. Schon dort war er erkoren, erkoren noch eh' geboren: zum Vorläufer dessen ersehen, der noch nicht ward gesehen. Göttliche Dinge sind dies und überschreiten das Maß menschlicher Gebrechlichkeit. Dann endlich wird er geboren, empfängt den Namen, die Zunge des Vaters löst sich. Versteh den Vorgang als bedeutsames Gleichnis dessen, was vorging: .. Zacharias verstummt und verliert die Stimme, bis Johannes, der Vorläufer des Herrn, geboren ist und die Zunge ihm löst. Was ist das Schweigen des Zacharias

andres als das Verstummen der Prophezeiung, die vor der Verkündigung Christi gleichsam verhüllt und verschlossen war? Bei seiner Ankunft wird sie wieder geöffnet, durchsichtig wird sie durch dessen Kommen, den sie verhieß. Nichts anderes ist die Öffnung der Stimme des Zacharias bei des Johannes Geburt als das Zerreißen des Vorhangs bei der Kreuzigung Christi. Würde Johannes sich selbst verkünden, so würde des Zacharias Mund nicht entsiegelt. Die Zunge löst sich, weil die Stimme geboren wird: denn schon als Johannes den kommenden Herrn verkündete, hieß es: «Wer bist du?» Und er erwiderte: «Ich bin die Stimme des Rufenden in der Wüste» (Joh 1,22–23).

[151] So ist also der Darsteller aller Stimmen Johannes, der Darsteller des Wortes Christus. Alle Stimmen aber müssen schwinden, wenn wir uns auf den Weg der Anschauung Christi begeben. Denn je weiter du fortschreitest in der Schau der Weisheit, um so weniger ist dir die Stimme vonnöten, die Stimme in den Propheten, die Stimme in den Aposteln, die Stimme in den Psalmen, die Stimme im Evangelium. Es komme jenes «Im Anfang war das Wort, und das Wort war bei Gott». Wenn wir ihn sehen werden, so wie er ist, wird dann noch das Evangelium gelesen werden? Werden wir dann noch die Briefe der Apostel lesen? Und warum? Weil die Stimmen hinschwinden im Maße, als wächst das Wort. Denn «ihm gebührt es, zu wachsen, mir aber, hinzuschwinden» (Joh 3,30).

[152] Der Apostel Petrus schwankte im Meere: Petrus allein hat geschwankt, aber er allein wandelte auf dem Meer. Petrus allein verleugnete den Herrn, aber er allein folgte dem Herrn aus Liebe bis hinein in die Lebensgefahr. Gewiß war dort auch der Apostel Johannes, aber der stützte sich auf seine Freundschaft mit dem Hohenpriester: Johannes war nämlich mit dem Hohenpriester befreundet, zu dessen Haus der Herr geführt worden war. Petrus folgte aus Liebe: die Ohnmacht strauchelte, aber die Liebe weinte und so empfing Vergebung die Ohnmacht.

[153] Hörst du den Herrn fragen: Petrus, liebst du mich?, so nimm das als Spiegel und betrachte dich dort. Denn was war Petrus anderes als das Gleichnis der Kirche? Als darum der Herr Petrus frug, so frug er uns, die Kirche frug er. Damit ihr wißt, daß Petrus das Gleichnis der Kirche trug, so erinnert euch an die Stelle: «Du bist Petrus, und auf diesem Felsen werde ich meine Kirche erbauen; und die Höllenpforten werden sie nicht besiegen; dir werde ich die Schlüssel des Himmelreichs geben» (Mt 16,18.19). *Ein* Mensch empfängt sie. Was die Schlüssel des Himmelreichs sind, das erklärt er selbst: «Was ihr auf Erden binden werdet, wird auch im Himmel gebunden sein; und was ihr auf Erden lösen werdet, wird auch im Himmel gelöst sein.» Ist das allein zu Petrus gesagt, so hat das Petrus allein getan: er starb und ging von dannen; wer bindet fortan, wer löst? Ich wage zu sagen: Diese Schlüssel tragen auch wir. Und was soll ich sagen? Daß wir allein binden, oder daß wir allein lösen? Auch ihr bindet, auch ihr löst. Denn wer gebunden wird, der wird von eurer Gemeinschaft getrennt: und wird er von eurer Gemeinschaft getrennt, so wird er von euch gebunden: wird er dann wiederversöhnt, so wird er von euch gelöst, weil auch ihr zu Gott für ihn bittfleht.

Denn wir alle lieben Christus den Herrn und sind seine Glieder; und wenn er den Hirten die Schafe empfiehlt, so wird die ganze Zahl der Hirten zum Leib eines einzigen Hirten zusammengeführt. Und damit ihr erkennt, daß die ganze Zahl der Hirten zum einzigen Leib eines einzigen Hirten zusammengeführt wird: gewiß ist Petrus Hirt, sicherlich ist er Hirt: ist Paulus Hirt, ohne Zweifel ein Hirt: Johannes ein Hirt, Jakobus ein Hirt, Andreas ein Hirt und die andern Apostel Hirten. Alle heiligen Bischöfe sind sicherlich Hirten, gewiß. Und wie gilt dann: «Es wird *eine* Herde sein und *ein* Hirt» (Joh 10,15)? Wenn das wahr ist, daß eine Herde sein wird und ein Hirt, so wird zweifellos die ganze unzählbare Zahl der Hirten zum Leib des einzigen Hirten zusammengeführt. Dort aber befindet auch ihr euch, ihr seid seine Glieder... So ist es also die Liebe Christi, die wir in euch lieben: die Liebe Christi, die auch ihr in uns liebt.

[154] «Der Herr schaute Petrus an, und da erinnerte sich Petrus» (Lk 22,61.62). Hätte der Herr sich nicht umgesehen nach Petrus, so hätte Petrus alles vergessen. «Der Herr schaute ihn an, und Petrus erinnerte sich, daß ihm Jesus gesagt: Bevor der Hahn kräht, wirst du mich dreimal verleugnen. Und er ging hinaus und weinte bitter.» Petrus bedurfte, um die Schuld der Verleugnung zu waschen, der Taufe der Tränen: aber woher hätte er diese genommen, hätte der Herr ihm nicht auch diese gegeben?..

Und jetzt, nach der Auferstehung des Herrn, wird Petrus befragt: das Bekenntnis herausgefragt, das Leiden vorausgesagt: in der Liebe wird er erfunden, in der Kraft gestärkt. Jetzt, nach der Auferstehung, fragt ihn der Herr: «Petrus, liebst du mich mehr als diese?» (Joh 21,15.) Du, der mich verleugnete, liebst du mich? Schon ward dir genugsam gewährt: den Lebenden schaust du, den du als Sterbenden schautest, als du zu sterben dich nicht getrautest. Siehe, ich lebe, siehe ich bin es: warum hast du den Tod gefürchtet? Als du gegen mich geschworen, hast du mich freilich nicht verloren. So liebst du mich wirklich? Denn ich bin es. Und er: «Herr, ja, du weißt, daß ich dich liebe.» Was fragst du mich, was du doch weißt? Du wußtest es schon, als du mir mein Leugnen verhießest. Was ich in mir nicht wußte, du wußtest es: und was ich weiß, weißt du nicht? Denn in meinem Herzen seh ich, daß ich dich liebe, aber du siehst es auch; denn nicht übersiehst du das jetzige Anhangen, der du sahst das künftige Bangen. Und wiederum weiß der Herr und fragt; und wiederum, auf die gleiche Frage, gibt Petrus die gleiche Antwort. Und es fragt zum drittenmal der Herr, daß das dreifache Bekennen tilge das dreifache Verleugnen. Laßt uns dem Apostel Glück wünschen: «Er war tot und ist wiedererstanden: er war verloren und ist wiedergefunden.»

Nun wird er zu Besserem und Größerem gewappnet; nun heißt es: «Weide meine Schafe.» Worin er gefährdet werden sollte im Fleische, darin sollte sein Ruhm ihm werden im Geiste. Denn beim Weiden der Schafe Christi: wieviel Leiden für den Namen Christi! «Weide meine Schafe, weide meine Lämmer!» Was wirst du für mich leisten, wenn du mich liebst? Er bestimmt ihn zum Hirten, der Erste der Hirten, damit Petrus die Schafe Christi weide, nicht seine. Denn einige, die sich als Unterwiesene der Apostel aufspielten, wurden von den Aposteln selbst zur Vernunft zurückgeholt. Sie waren Schafe Christi und wollten solche der Menschen sein, und die einen sagten: «Ich bin des Paulus, ich aber des Apollo, ich hingegen des Kephas» (1 Kor 1, 12). Und es waren auch Schafe dabei, die ihren Herrn anerkannten: «Ich aber bin Christi.» Paulus aber, der wußte, daß der Herr seine eigenen Schafe den Aposteln anvertraut, und daß sie nicht ihm gehörten, wies eine solche Herrschaft weit von sich: er bekennt, er sei nicht der Herr, um mit dem Herrn zu sein. «Ist denn Paulus für euch gekreuzigt worden? Oder seid ihr auf den Namen Pauli getauft?» Seine Schafe seid ihr, und ihr wißt nicht, wessen Schafe ihr seid; lest das Zeichen, das euch aufgebrannt wurde! «Weide meine Schafe.» Warum? Weil du mich liebst, weil du mich minnst, befehle ich dir meine Schafe. Weide, aber sei eingedenk: *meine*. Die Anstifter von Häresien aber wollen die Schafe, die Christus gehören, zu den ihrigen machen; und doch sind sie gezwungen, ob sie wollen oder nicht, ihnen das Zeichen Christi aufzuprägen: sie wollen sich Sondervermögen eintreiben, und müssen den Namen des Herrn darauf schreiben[1].

[155] Petrus war ein Fischer; und heute erntet ein Redekundiger hohes Lob, wenn er den Fischer zu verstehen vermag. Darum sagt Paulus zu den ersten Christen: «Betrachtet eure Berufung, Brüder: es sind nicht viele Weise dem Fleische nach unter euch, nicht viele Mächtige, nicht viele Edle: sondern das Schwache dieser Welt erwählte Gott, um das Starke zuschanden zu machen; und das Törichte dieser Welt erwählte Gott, um die Weisen zuschanden zu machen; und das Unedle und Verächtliche erwählte Gott, und das gleichsam Nichtseiende, als ob es wäre, auf daß das Seiende zunichte würde» (1 Kor 1, 26–28). Denn hätte Gott zuerst einen Redekünstler erwählt, so würde der Redekünstler sagen: Auf Grund meiner Redekunst bin ich erwählt. Hätte er einen Senator erwählt, so würde der Senator sagen: Auf Grund meiner Würde bin ich erwählt. Und schließlich: hätte er am Anfang einen Kaiser erwählt, so würde der Kaiser sagen: Auf Grund meiner Machtstellung bin ich erwählt. Still sein mögen diese und aufgeschoben werden; eine kleine Weile mögen sie still sein. Man wird sie nicht vergessen, man wird sie nicht verachten; aber eine kleine Weile mögen sie Aufschub dulden, jene, die sich ihrer selbst in sich selber rühmen könnten. Gib mir, sagt er, jenen Fischer, gib mir jenen Ungebildeten, gib mir jenen Ungelernten, gib mir den, mit welchem der Senator beim Einkauf eines Fisches nicht einmal zu reden geruht hätte: diesen, sagt er, gib mir; und wenn ich diesen erfüllen kann, so wird es klar sein, daß *ich* es getan habe. Obwohl auch ich den Senator und den Redner und den Kaiser hinstellen werde; gewiß werde ich irgendwann auch den Senator bilden; aber beim Fischer bin es sicherer ich. Der Senator kann sich seiner selbst rühmen, der Redner kann es, der Kaiser kann es; aber der Fischer kann's nur in Christus. So komme zuerst, um heilsame Demut zu lehren, so komme zuerst der Fischer; durch ihn wird einst besser herbeigeführt werden der Kaiser.

[1] Auch die Donatisten müssen auf Jesu Namen hin die Taufe spenden.

[156] Zweierlei Leben kennt die Kirche, beide von Gott her ihr offenbart und empfohlen: das eine im Glauben, das andere im Schauen; das eine in wandernder Zeitlichkeit, das andere in bleibender Ewigkeit; das eine in Mühe, das andere in Ruhe; das eine auf der Wanderung, das andere in der Heimat; das eine im Leisten des Werks, das andere im Lohn der Beschauung;.. Gut und Böse trennt das eine, nur das Gute kennt das andere; gut ist also das eine, aber noch elend, besser das andere und selig.

Jenes wird dargestellt durch Petrus, dieses durch Johannes. Jenes wird ganz hienieden verlebt bis zum Ende der Welt und findet an diesem sein Ende; dieses wird, um vollendet zu werden, verschoben bis nach dem Ende der Welt, in der künftigen Welt aber hat es kein Ende. Darum wird zu jenem gesagt: «Folge mir nach», von diesem aber: «Wenn ich will, daß er so bleibe, bis ich komme, was geht dich das an? Du folge mir nach» (Joh 21, 19–23). Was denn bedeutet dies? Soviel ich sehe, soviel ich verstehe, nichts andres als dies: Du folge mir nach, du ahme mich nach im Ertragen zeitlicher Übel; dieser bleibe, bis ich wiederkehrend bringe ewige Güter. Was sich offenbar also umschreiben läßt: Es folge mir nach vollendete Aktion, eingetaucht in die beispielgebende Form meiner Passion. Anhebende Kontemplation hingegen harre aus, bis ich komme, um dann erst, wenn ich komme, vollendet zu werden. Es folgt Christus nach bis hin zum Tode die Vollgestalt des fromm-geduldigen Leidens, aufgespart aber bleibt bis zur Ankunft Christi die dann zu enthüllende Vollgestalt der Erkenntnis. Denn hienieden erträgt man die Übel der Welt im Lande der Sterbenden, drüben erschaut man die Güter Gottes im Lande der Lebenden. Und wenn es heißt: «Ich will, daß er so bleibe, bis ich komme», so meint dieses Bleiben kein Zurückbleiben oder Am-Leben-Bleiben, sondern ein wartendes Aufgespart-Werden: weil das, was er versinnbildet, eben nicht jetzt, sondern bei Christi Wiederkunft sich erfüllt. Wenn aber das Wirken dessen, dem gesagt ist: «Folge mir nach», nicht erfüllt wird, so gelangt man auch nicht zum Erhofften hindurch. Je mehr wir in diesem tätigen Leben Christus lieben, um so leichter werden wir von dem Übel erlöst. Er aber liebt uns weniger, so wie wir jetzt sind; und erlöst uns von hier, damit wir nicht immer so seien. Drüben liebt er uns mehr, denn dort wird nichts Mißfälliges, Abzustreifendes mehr an uns haften: und allein darum liebt er uns hier, um uns zu heilen und hinüberzupflanzen von dem weg, was er nicht liebt. [Darum heißt es, daß Petrus ihn mehr lieben soll als alle andern (Joh 21,15), während er selber Johannes mehr als die andern liebt.] So liebe ihn denn Petrus, auf daß wir dieser Sterblichkeit entrinnen; er aber liebe Johannes, auf daß wir jene Unsterblichkeit gewinnen...

Niemand aber trenne diese beiden hehren Apostel. Denn einerseits waren beide in dem, was Petrus sinnbildete, und anderseits sollten beide in dem, was Johannes sinnbildete, einmal sein. Nur im Sinnbild folgte jener, blieb dieser: im Glauben erduldeten beide die Übel der elenden Gegenwart, erhofften beide die Güter der kommenden Seligkeit. Und nicht allein sie, die gesamte heilige Kirche, Christi Braut, tut das, um diesen Fährnissen enthoben und jenem Glück aufgehoben zu werden. Für diese beiden Leben wurden Petrus und Johannes als Sinnbilder aufgestellt: aber einträchtig wandelten beide hienieden im Glauben und werden beide drüben im Schauen genießen. Für alle Heiligen, die unzertrennlich zum Leibe Christi gehören, hat also der Apostelfürst Petrus am Steuer dieses hochwogenden Lebens die Schlüssel des Himmelreichs zum Binden und Lösen der Sünden erhalten. Aber nicht minder für alle Heiligen hat der Evangelist Johannes um jenes andern, tiefverborgenen Lebens im abgründigen Schoße willen am Busen Christi geruht.

[157] ... Weil Verfolgung nie ausbleibt und der Teufel entweder heimlich nachstellt oder offen tobt, heißt es immer bereit sein, das Herz im Herrn festheften und, soweit wir vermögen, zwischen diesen Widrigkeiten, Drangsalen, Versuchungen uns Kraft vom Herrn erbitten, denn in uns selbst sind wir klein und nichtig. Doch ihr hörtet ja Paulus selbst, als vorhin gelesen wurde: «Wie die Leiden Christi in uns überströmen, so überströmt durch Christus auch unsere Tröstung»... (2Kor 1,5). Wir würden versagen angesichts des Versuchers, mangelte uns der Tröster. Und weil sowohl die Kräfte selbst, es zu ertragen, wie ein gewisses Aufatmen, das zeitweilig nötig ist für den Dienst an der Kirche, nicht aus ihnen selbst stammte, so seht, was er weiterhin sagt: «Ich tue euch unsere Drangsal kund, Brüder, die uns in Asien befiel, denn wir wurden über das Maß und über die Kräfte hinaus beschwert» (2Kor 1,8). Jene Drangsal übersteigt die menschlichen Kräfte: übersteigt sie den göttlichen Beistand? «Über das Maß», so sagt er, «und über die Kräfte hinaus beschwert.» Wie weit über die Kräfte? Du siehst, er redet von Kräften der Seele: «so sehr, daß es uns verleidete weiterzuleben». Wie muß der Apostel von der Menge der Drangsale betroffen sein, daß ihn, den die Liebe zu leben stachelte, der Ekel zu leben erschwerte! Während ihn die Liebe zu leben zwang, jene Liebe, von der er anderswo sagt: «Bleiben im Fleische tut aber not um euretwegen» (Phil 1,24). Sieh, so sehr nahm die Verfolgung überhand, so sehr die Bedrängnis, daß ihm «sogar das Leben verleidet» war. Sieh, «Furcht und Grauen kamen über ihn und Finsternisse bedeckten ihn» (Ps 54, 6.7), wie ihr eben im Psalm vernahmt. Denn es ist die Stimme des Leibes, die Stimme der Glieder Christi. «Furcht», sagt er, «und Grauen befielen mich, und Finsternisse bedeckten mich. Und ich sprach: Wer gibt mir Flügel wie die einer Taube? Daß ich entfliege und ruhe!» (Ps 54, 6–7.) Klingt das nicht wie ein Wort des Apostels, der sprach: «so daß es mir verleidete weiterzuleben»? Irgendwie

kam ihn Ekel an vor der Leimrute des Fleisches: entfliegen wollte er zu Christus; Fülle der Trübsal behinderte den Weg, verhinderte ihn aber nicht. Es ekelte ihn zu leben, aber nicht in jenem ewigen Leben, von dem er sagt: «Leben ist mir Christus und Sterben Gewinn» (Phil 1,21). Weil ihn aber die Liebe hier festhielt, was folgte daraus? «Wenn ich aber im Fleische hier leben soll, so besagt es Frucht der Arbeit, und so wird die Wahl mir schwer. Von beiden Seiten bedrängt es mich, da ich Drang fühle, aufgelöst zu werden und bei Christus zu sein.» Wer gibt mir Flügel wie die einer Taube? Aber Bleiben im Fleisch ist notwendig um euretwillen. Nachgibt er dem Zwitschern seiner Kücken: er deckt mit gebreiteten Flügeln und schützt seine Kücken, wie er selbst sagt: «Ich wurde wie ein Kleines in eurer Mitte, wie eine Amme, die ihre Kinder hegt» (1 Thess 2,7).

Und seht, Brüder, eben wurde im Evangelium gelesen: «Wie oft wollte ich deine Kinder versammeln wie die Henne ihre Kücken, und du wolltest nicht» (Mt 23,37). Gebt acht auf eine Henne und auf andere Vögel, die vor unsern Augen nisten; diese brüten ihre Eier, nähren ihre Kleinen: keinen sieht man schwach werden mit seinen Kindern. Seht der Henne Gebaren, wenn sie die Kücken ernährt, wie ihre Stimme sich verwandelt und sich in Heiserkeit bricht. Die Federn selbst sind nicht mehr glatt und gespannt, sondern zerzaust und matt: so daß du beim Anblick eines anderen Vogels, von dessen Nest du nichts weißt, nicht ahnen kannst, ob er Eier oder Junge hat oder nicht, bei der Henne aber siehst du, auch ohne die Eier oder die Kücken zu sehen, an Stimme und Gebaren selbst, daß sie Mutter ist. Was also tat unsere Mutter, die Weisheit? Im Fleische ward sie geschwächt, um Kinder zu sammeln, um zu gebären, um zu ernähren. Aber das Schwache Gottes ist stärker als die Menschen: unter diese Schwingen der Schwäche ihres Fleisches, aber unter die verborgene Kraft ihrer Gottheit wollte sie sammeln die Söhne Jerusalems. Und dies hat sie ihren Apostel gelehrt, denn das wirkte sie selber in ihm; so bezeugt er selbst, der Apostel: «Wollt ihr einen Beweis, daß Christus selbst aus mir spricht?» (2 Kor 13, 3.) Und er sagt, die Leiden Christi überströmten in ihm: nicht seine Leiden, sondern Christi Leiden. Denn er war im Leibe Christi, und war ein Glied Christi: und was immer zur Hut der Kücken im Apostel gewirkt wurde, das wirkte als in seinem Gliede das Haupt.

[158] «Schon werde ich hingeopfert, und die Zeit meiner Auflösung ist nahe. Den guten Kampf habe ich gefochten, den Lauf vollendet, den Glauben bewahrt: im übrigen ist mir die Krone der Gerechtigkeit hinterlegt, die mir der Herr an jenem Tage herausgeben wird, der gerechte Richter; nicht mir allein, sondern all denen, die seine Wiederkunft lieben» (2Tim 4, 6–8). Daß er hingeopfert werde, sagt er, nicht, daß er sterbe: nicht, weil nicht stirbt, wer geopfert wird, aber nicht jeder, der stirbt, wird geopfert. Hingeopfert werden heißt: für Gott sterben. Denn das Wort kommt von Opfer. Alles, was geopfert wird, wird für Gott getötet. Denn es verstand der Apostel, wem er sein Blut im Leiden schulde: er wurde zum Schuldner seines Blutes, für den das Blut seines Herrn vergossen wurde. Jener Eine nämlich vergoß sein Blut und setzte uns alle als Pfand. Und wir alle, die jenen Glauben empfangen, schulden, was wir bekamen: und dies, weil er sich würdigte, uns zur gleichen Zeit zu Schuldnern und zu Zahlern zu machen. Denn wer von uns, in so großer Armut und Not, wäre fähig, einem solchen Gläubiger zu bezahlen? Aber es steht geschrieben: «Der Herr schenkte sein Wort den Verkündenden mit mächtiger Kraft» (Ps 67, 12): das Wort, durch das sie verleumdet werden, die Kraft, durch die sie zu leiden vermöchten. Er selbst also bereitete sich Schlachtopfer, er selbst weihte sich Opfergaben, er selbst erfüllte die Blutzeugen mit dem Geiste, er selbst stattete die Bekenner mit Kraft aus. Denn zu ihnen sprach er: «Nicht ihr nämlich werdet es sein, die da reden» (Mt 10, 20). Obgleich er also sich anschickt zu leiden, obgleich er sein Blut für Christus verströmen wird, sagt er doch richtig: «Was soll ich dem Herrn vergelten für alles, was er mir vergolten hat?»

Und was bietet sich an? «Den Kelch des Heiles will ich ergreifen und den Namen des Herrn anrufen» (Ps 115,12–13). Vergelten wolltest du? Sieh, du empfängst. Was immer du also empfängst, du empfängst, was du schuldig warst, und empfängst es somit, um es zurückzuerstatten; Schuldner beim Empfang, Schuldner im Erstatten. «Was also soll ich vergelten?» spricht er. «Den Kelch des Heiles will ich empfangen.» Auch diesen also empfängst du, diesen Kelch des Leidens, diesen Kelch, von dem der Herr sagte: «Könnt ihr den Kelch trinken, den ich trinken werde?» (Mt 20,22.) Aber siehe, schon ist der Kelch in deiner Hand, schon steht die Passion vor der Türe: was willst du tun, um nicht zu zittern?, was tun, um nicht zu wanken?, was tun, um den Trank, den du schon in der Hand hältst, hinunterzubringen? Was soll ich tun, sagt er. Auch hier will ich empfangen: will Schuldner sein; denn ich werde den Namen des Herrn anrufen. «Schon werde ich dahingeopfert.» Durch Offenbarung war es ihm bekräftigt: denn nicht hätte die menschliche Ohnmacht sich solches zu versprechen gewagt. Sein Vertrauen stammt nicht aus ihm, sondern aus dem, der alles gab, und den er verstand, als er früher sagte: «Was hast du, was du nicht empfangen hättest?» (1 Kor 4,7.)

Liebhaber des Lebens

[159] Was ist denn der Akt dieses Lebens, das so sehr geliebt wird? Begehren, Sichängsten, Hoffen, Enttäuschtsein, Sichmühen, Sichärgern: wahre Trauer, falsche Trauer: Gebete flehen, Versuchungen fürchten. Was ist das für ein Leben? Welche Redekunst reichte hin, seine Trübsal zu beschreiben? Und doch wird es geliebt. Und der Akt des andern Lebens? Ich will ihn nicht lange schildern: «Ich lobsinge Gott, solange ich lebe» (Ps 145,2). Liebhaber des Lebens waren die Martyrer, darum waren sie Dulder des Todes. Und doch, meine Brüder, so süß ist dieses Leben, dieses schmierige, schwierige, so süß ist es, daß es die Martyrer nicht für die Wahrheit und das ewige Leben zu verachten vermöchten, gäbe nicht der die Kraft, der das Verachten gebot. Auch die Wollust verachtet nicht selten den Tod, aber nicht aus gesundem Sinn: ein böser Trieb treibt den andern, denn die Begierlichkeit ist einzig von dieser Welt... Manche Menschen verachten den Tod aus Fleischeslust, verachten den Tod aus Augenlust, verachten den Tod aus Hoffart des Lebens: all das ist von dieser Welt. Wer den Tod verachtet aus Liebe zu Gott, vermag dies nimmermehr ohne Hilfe Gottes. ..Nicht in dir ist Heil, denn «im Herrn ist Heil» (Ps 3,9). Willst du wissen, was du aus dir selbst bist, soweit es dich selbst betrifft? «Aus geht ihr Geist und kehrt in seine Erde zurück: an jenem Tag wird all ihr Sinnen zugrunde gehen» (Ps 145,4). Das also bist du, wenn in dir niemand ist als nur du... «Selig, wessen Helfer der Gott Jakobs ist» (ebd. 5). Gewiß: du verachtest den Tod, du glaubst, du hältst die Gebote: du trittst die Drohung der Verfolger mit Füßen: du liebst und verehrst voller Glut das ewige Leben. Es ist wahr: du bist's. Aber: «Selig, wessen Helfer der Gott Jakobs ist.» Nimm weg, der dich zieht, so bleibt nur, der flieht. Adam ist der Fliehende, Christus der Ziehende... Und es sagt mir mein Helfer: Du fürchtest die Sünde und wirst sün-

digen, um nicht zu sterben. Siehe, ich dulde, was du fürchtest. Was du fürchtest, hab ich erlitten, fürchte das andere, was ich nicht tue. Was fürchtest du? Den Tod. Ich hab ihn gelitten. Fürchte, was ich nicht tat, die Sünde. «Der keine Sünde tat, und in dessen Mund kein Trug erfunden ward» (1 Ptr 2,22). Tu also nicht, was er nicht getan, und fürchte nicht, was er litt. Den Tod nämlich wirst du nicht tun, sondern leiden: fürchte dein Tun, nicht dein Leiden. Fürchte, was du willig tust, nicht was du willenlos leidest: der Tod tötet dich nicht, bist du dir nicht selber der Tod.

[160] Es mag sich wohl der eine oder andere finden, der die Lust der Gerechtigkeit den Lüsten und Vergnügungen seines Leibes vorzieht: der aber für jene Gerechtigkeit Strafen, Schmerzen und den Tod verachtete, fände sich wohl unter euch ein solcher? So laßt uns wenigstens bedenken, was zu bekennen wir nicht wagen. Was bedenken wir, wo bedenken wir? Tausende von Martyrern stehn vor unsern Augen, sie, die wahren und vollendeten Liebhaber der Gerechtigkeit. Von ihnen heißt es: «Haltet es für eitel Freude, meine Brüder, wenn ihr in mancherlei Drangsale fallt, wissend, daß die Prüfung eures Glaubens Geduld wirkt, die Geduld aber ein vollkommenes Werk hat» (Röm 5,3). Was kann da hinzugefügt werden, wo einer ein vollkommenes Werk hat? Er liebt, er brennt, er glüht; alle Lüste tritt er unter die Füße und übersteigt: er kommt zum Schweren, zum Fürchterlichen, Gräßlichen, Beängstigenden: er tritt es nieder, zerbricht es und übersteigt. O Lieben, o Gehen, o Sichselbstvergehen, o zu Gott Übergehen!

Unter die Wölfe

[161] «Siehe, ich sende euch wie Schafe mitten unter die Wölfe» (Mt 10,16). Daraus wird ersichtlich, wie viele der Wölfe sein müssen und wie wenig der Schafe, denn nicht werden die Wölfe mitten unter die Schafe gesandt, sondern die Schafe mitten unter die Wölfe. Der Herr sagt ja auch

nicht: Siehe, ich sende euch wie Löwen mitten in eine Rinderherde; vielmehr deutet er mit den «Schafen inmitten der Wölfe» genugsam auf die geringe Anzahl der Schafe, auf die Rudel der Wölfe. Und während ein einziger Wolf eine noch so große Schafherde in Schrecken zu setzen pflegt, gingen die gesendeten Schafe in die Mitte der zahllosen Wölfe und fürchteten sich nicht; weil, der sie gehen hieß, sie dabei nicht verließ. Was sollten sie fürchten, unter die Wölfe zu gehen, wenn das Lamm unter ihnen war, das den Wolf besiegte?

Petri Zeugnis für Christus

[162] «Weide meine Schafe. Wahrlich, wahrlich, ich sage dir: als du jünger warst, gürtetest du dich selbst und gingst, wohin du wolltest; bist du aber alt geworden, so wirst du deine Hände ausbreiten, und ein anderer wird dich gürten und dich dorthin führen, wohin du nicht willst. Dies sagte er, andeutend, welchen Todes er Gott verherrlichen sollte» (Joh 21, 18–19). Dies also war das Ende jenes Leugnenden und Liebenden, der vermessentlich hochfuhr, verratend hinabfuhr, weinend geläutert, bekennend erprobt und leidend gekrönt ward: das also war sein Ende: daß er in vollendeter Liebe stürbe für dessen Namen, mit dem zusammen er in verkehrter Hast zu sterben versprochen. So leiste in der Kraft des Auferstandenen, was der Kraftlose unzeitig versprach. Denn so war es recht: erst mußte Christus sterben für Petri Entsündigung, dann Petrus für Christi Verkündigung.

Die Jünger und der Schächer

[163] «Kostbar ist vor dem Herrn der Tod seiner Heiligen» (Ps 115, 15). Kostbar ist der Tod der heiligen Martyrer: denn ihr Preis ist das Blut ihres Herrn. Denn dieser litt sein Leiden, weil jene nach ihm leiden sollten. Er ging voraus, und viele folgten ihm nach. Denn es war ein gar rauher Weg; doch er machte ihn sanft, als er ihn selbst vor allen andern durchschritt. Darum fürchteten die andern nicht mehr, ihn zu be-

schreiten, weil er als erster vorausgegangen. Er starb nämlich und versetzte seine Jünger in Furcht. Dann stand er auf und nahm ihnen die Furcht hinweg und gab ihnen die Liebe. Denn als Christus gestorben war, schwankten die Jünger und hielten ihn für verloren. Als sie ihm aber folgten, dort seht ihr die Gnade Gottes. Während die Jünger schwankten, glaubte der Schächer. Denn ein Schächer hing mit ihm am Kreuz, der glaubte so sehr an ihn, daß er sagte: «Herr, gedenke meiner, wenn du in dein Reich kommst» (Lk 23,42). Wer belehrte ihn, wenn nicht der, der neben ihm hing? Festgenagelt hing er ihm zur Seite, aber bewohnte sein Herz.

Größe im Leiden

[164] Man kann den Tod nicht lieben, man kann ihn nur leiden. Denn würde er geliebt, was hätten die Großes geleistet, die ihn um des Glaubens willen ertrugen? Wenn wir Leute sich ergötzen sehen bei Trinkgelagen, nennen wir sie dann große Menschen, starke Menschen? Wenn wir sie in Wollüsten umherschwimmen sehen, loben wir dann in ihnen Starkmut oder Geduld? Warum sollten wir? Etwa weil sie Dinge betreiben, die dem Schmerz, der Mühsal entgegengesetzt sind, in Freuden, Lüsten, Vergnügen sich tummeln; müssen wir sie darum als groß, stark, wahrhaft geduldig loben? Nicht dergestalt loben wir die Martyrer. Sie sind große Menschen, starke Menschen, geduldige Menschen. Willst du erkennen, daß es um Ertragen geht, nicht um Lieben des Todes? Befrage den Namen: er heißt Passion. Jegliche Natur, nicht nur die Menschen, sondern die Lebewesen insgesamt weigern sich zu sterben und fürchten den Tod. Und darum sind die Martyrer groß, weil sie, was sehr hart ist, starkmütig um des Himmelreiches willen ertrugen ... Und darum [sagt Christus zu Petrus]: «Man wird dich schleppen, wohin du nicht willst.» Die Natur spricht er aus, nicht die Leidensliebe. Diese Natur unserer Schwachheit hat der Herr in sich vorgebildet, als er dem Vater vor dem Leiden sagte: «Vater, wenn es möglich ist, so gehe dieser Kelch vorüber an mir»

(Mt 26,39)... Wenn Paulus sagt: «Schon werde ich hingeopfert, und die Zeit meiner Auflösung ist nahe» (2 Tim 4,6), so scheint er zwar darin gleichsam jubelnd zum Tode zu eilen. Aber es sind eines Leidenden Worte, nicht eines Verzückten... Anderswo sagt er: «Beschwert seufzen wir auf»,.. «wir wollen nicht ausgezogen werden.» O Stimme der Natur, o Bekenntnis der Strafe! Schwer ist der Leib, drückend ist der Leib, verweslich ist der Leib, man seufzt unter seiner Last, und doch wird er nicht gerne verlassen, nicht gerne abgelegt. «Wir wollen nicht beraubt werden», sagt er. So willst du also seufzend verbleiben? Wenn du seufzest unter der Last, warum willst du von ihr nicht befreit sein? Nein, sagt er. Sieh, was folgt: «Nicht beraubt, sondern überkleidet wollen wir werden.» .. Aber nicht so, daß unter der Unverweslichkeit die Verweslichkeit heimlich zurückbleibt, sondern so, daß «das Sterbliche hinwegverzehrt werde vom Leben» (2 Kor 5,4).

Kein Gebet für die Martyrer

[165] In der Heimat wird kein Ort mehr sein zum Bitten, sondern nur noch zum Loben. Warum nicht zum Bitten? Weil nichts mehr fehlt. Was hier geglaubt wird, das wird dort geschaut; was hier erhofft wird, wird dort gehalten, was hier erbeten wird, wird dort empfangen. Und doch gibt es auch in diesem Leben eine gewisse Vollkommenheit, zu der die heiligen Martyrer gelangt sind. Darum ist es auch, wie die Gläubigen wissen, üblich in der Kirche, beim Verlesen der Martyrer am Altare Gottes nicht für sie zu beten; für die andern Verstorbenen, deren wir gedenken, wird hingegen gebetet. Unrecht nämlich ist es, für einen Martyrer zu beten, dessen Gedenken wir vielmehr uns anempfehlen müssen.

Christus allein in den Martyrern

[166] Und doch, Brüder, verehren wir unsere Martyrer nicht wie Götter, spenden wir ihnen nicht göttliche Ehre.

Keine Tempel, keine Altäre, keine Opfer weihen wir ihnen. Nicht ihnen opfern die Priester: ferne sei dies! Gott opfern sie. Gott wird dies dargebracht, von dem wir alle Güter empfangen. Und auch, wenn wir bei den Gedächtnisstätten der Martyrer das Opfer darbringen, bringen wir's dann nicht Gott dar? Einen Ehrenplatz nehmen die heiligen Martyrer ein. Gebt acht: bei der Verlesung am Altare Christi werden sie von erhabenerem Platz aus verlesen; und doch werden sie nicht angebetet wie Christus. Wann habt ihr beim Gedächtnis des heiligen Theognis von mir oder von einem meiner Brüder und Amtsgenossen je sagen hören: Ich opfre dir, heiliger Theognis?, oder: ich opfre dir, Petrus? oder: ich opfre dir, Paulus? Niemals habt ihr so etwas gehört. Es geschieht nicht, es darf nicht geschehen. Und fragt man dich: erweisest du dem Petrus göttliche Ehren?, so antworte..: Ich verehre nicht Petrus, sondern Gott, den auch Petrus verehrt. Dann liebt dich Petrus...

Jubelt denn, Geliebteste, an den Gedenktagen der heiligen Martyrer: betet, daß ihr den Fußstapfen der Martyrer folget. Nicht nämlich seid ihr Menschen, und jene wären es nicht. Nicht seid ihr geboren, und jene auf einer andern Welt geboren: das Fleisch, das sie trugen, ist nicht von dem euren verschieden. Alle sind wir aus Adam, alle wollen wir trachten, in Christus zu sein. Er also ist unser Herr, er das Haupt der Kirche, der eingeborne Sohn Gottes.

[167] Sind nicht die Martyrer Zeugen Christi, legen sie nicht Zeugnis ab für die Wahrheit? Aber wenn wir es sorgfältig bedenken: im Zeugnisgeben der Martyrer legt Christus für sich selber Zeugnis ab. Denn er wohnt ja in den Martyrern, damit sie Zeugnis ablegen können für die Wahrheit. Höre einen der Zeugen, den Apostel Paulus selbst: «Wollt ihr einen Beweis dafür haben, daß Christus in mir redet?» (2 Kor 13,3.) Wenn also ein Johannes Zeugnis ablegt, legt Christus für sich selber Zeugnis ab, denn er wohnt in Johannes. Mögen Petrus, Paulus, die andern Apostel, Stephanus Zeugnis ablegen, er selber zeugt für sich, der ihnen allen

einwohnt. Denn er ist Gott ohne sie; was aber sind sie ohne ihn?.. Willst du also Gott lieben, so laß Gott in dir wohnen; er liebe sich selbst in dir. Das heißt: er bewege dich hin zu seiner Liebe, entzünde, erleuchte, erwecke dich.

Fruchtbares Blut

[168] Der Herr Jesus Christus sprach, als er am Kreuze hing: «Vater, in deine Hände empfehle ich meinen Geist.» Das sagte er als Mensch, als Gekreuzigter, als vom Weibe Geborener, mit dem Fleisch Bekleideter, für uns Sterbender, ins Grab Steigender, am dritten Tage Auferstehender, in den Himmel Auffahrender. Denn all dies ist im Menschen. Der Mensch also sagt: «Vater, in deine Hände übergebe ich meinen Geist.» Er sagt «Vater»; Stephanus sagt: «Herr Jesus» – und was weiter? – «nimm meinen Geist in Empfang.» Du hast den Vater angeredet, ich dich. Du kamst, den Hingesunkenen aufzuheben, warst nicht mit mir gefallen. «Nimm meinen Geist in Empfang.» So betete er für sich; da kam ihm in den Sinn, wie er seinen Herrn noch auf andere Weise nachahmen könnte. Erinnert euch der Worte dessen, der am Kreuze hing, und vergleicht damit die Worte dessen, der bekennend den Steinen erlag. Was sagte jener? «Vater, verzeih ihnen, denn sie wissen nicht, was sie tun» (Lk 23,46.34). Wer weiß, ob nicht Stephanus sich damals unter denen befand, die nicht wissen, was sie tun... Vielleicht also war er dabei. Wenn er dabei war, dann galt auch ihm jenes Gebet: «Vater, verzeih ihnen, denn sie wissen nicht, was sie tun.» Aber auch Saulus war unter jenen. Als das Lamm Stephanus gesteinigt wurde, war er noch ein Wolf, dürstete er noch nach Blut; noch traute er nicht der Kraft seiner Hände, mit denen er hätte steinigen sollen, er hütete der Steiniger Gewänder. Indem jener sich also entsann, was für ihn gesagt worden war –, wenn anders er unter denen war, von denen der Herr gesagt hatte: «Vater, vergib ihnen, denn sie wissen nicht, was sie tun» – indem er also auch darin seinen Herrn nachahmte, um sein Freund zu sein, sprach nun auch er:

«Herr, rechne es ihnen nicht zur Sünde an» (Apg 7,59)... Hat wohl Saulus diese Worte gehört? Hörte er sie, so spottete er: und doch gehörte er mit zum Gebet des Stephanus. Noch wütete er, und schon wurde Stephanus für ihn erhört. ..Und schnaubend ging Saulus dahin, ging der Wolf zum Stalle, zur Herde des Herrn: blutrünstig wie ein reißender Wolf dürstete er nach Mord, zog seines Weges. Und jener von oben: «Saul, Saul, was verfolgst du mich?» Wolf, Wolf, was verfolgst du das Lamm? Als ich getötet wurde, tötete ich den Löwen. «Warum verfolgst du mich?» Leg ab den Wolf: werde aus einem Wolf ein Lamm, aus einem Lamm ein Hirt. Gar süß ist das Bild, auf welchem ihr des Stephanus Steinigung seht, und Saulus die Kleider der Steiniger hütet. Das ist jener «Paulus, Apostel Jesu Christi», das ist jener «Paulus, Knecht Jesu Christi». Gut hast du die Stimme vernommen: «Warum verfolgst du mich?» Hingestreckt, aufgerichtet: niedergestreckt der Verfolger, aufgerichtet der Verkünder. Sag's, daß wir es hören: «Paulus, Knecht Jesu Christi durch den Willen Gottes» (Röm 1,1; 1 Kor 1,1)... Mit dem zusammen, den du gesteinigt, herrschest du bei Christus. Beide habt ihr euch dort getroffen: beide hört ihr jetzt unsere Predigt, beide mögt ihr für uns beten. Beide möge euch erhören, der euch krönte, den einen zuerst, den andern später: den einen, der Verfolgung erlitt, den andern, der ihn verfolgte.

[169] Feiern wir die Feste der Martyrer, wie wir es tun, mit großer Andacht, mit nüchterner Fröhlichkeit, in keuscher Versammlung, in treuem Gedenken, in vertrauendem Bekennen. Kein geringer Teil der Nachahmung ist es, über der Besseren Tugend sich mitzufreuen... Nicht gering soll es uns erscheinen, daß wir Glieder desselben Leibes sind wie sie, denen wir nicht gleichgestellt werden können. «Denn leidet ein Glied, so leiden alle Glieder mit ihm: und wird ein Glied verherrlicht, so freuen sich alle Glieder mit ihm» (1 Kor 12,26). Ruhm sei dem Haupte, von dem her für die Hände droben wie für die Füße da unten gesorgt wird. Wie

jener Einzige seine Seele dahingab für uns: so ahmten ihn auch die Martyrer nach und gaben ihre Seelen dahin für die Brüder und besprengten die Erde mit ihrem Blute, damit diese wundersame Fruchtbarkeit an Völker-Garben aufsprosse. Die Frucht ihrer Mühen sind also auch wir. Wir bestaunen sie, sie mögen sich unser erbarmen. Wir wünschen ihnen Glück, sie mögen fürbitten für uns. Sie breiteten ihre Leiber wie Kleider aus, als das Füllen mit dem Herrn auf dem Rükken gen Jerusalem geführt wurde; wir wollen wenigstens gleichsam Zweige von den Bäumen brechen: Hymnen und Lobgesänge den Schriften entnehmen und sie in gemeinsamer Freude schwingen. Alle aber wollen wir dem gleichen Herrn gehorchen, dem gleichen Meister folgen, den gleichen Fürsten geleiten, dem gleichen Haupte uns unterwerfen, dem gleichen Jerusalem zustreben, die gleiche Liebe pflegen, die gleiche Einheit umarmen.

Unblutiges Martyrium

[170] Da siehst du einen hinsiechen, siehst ihn keuchend im Bette liegen, kaum bewegt er die Glieder, kaum regt er die Lippen, und dieser Ermüdete siegt über den Teufel. Viele wurden gekrönt, weil sie in der Arena gegen die wilden Tiere ankämpften; viele werden gekrönt, weil sie in ihrem Bette den Teufel besiegten: sie scheinen sich nicht rühren zu können, und innen im Herzen haben sie solche Kräfte, schlagen sie solche Schlachten. Wo aber die Schlacht im Verborgenen ist, da bleibt auch der Sieg verhüllt.

[171] Keiner sage: Ich kann nicht Martyrer sein, weil heute keine Christenverfolgung herrscht. Du hörst, daß Johannes das Martyrium erlitt, und, wenn du die Wahrheit betrachtest, so ist auch er für Christus gestorben. Wie denn für Christus, fragst du, da er doch weder über Christus befragt noch gezwungen wurde, Christus zu verleugnen? Höre, wie Christus selbst sagt: «Ich bin der Weg und die Wahrheit und das Leben» (Joh 14,6). Wenn Christus die Wahrheit ist, so leidet

für Christus, wer immer für die Wahrheit leidet, und er wird rechtmäßig gekrönt. So entschuldige sich keiner: alle Zeiten stehen den Martyrern offen. Es sage auch keiner, daß keine Christenverfolgung herrsche. Der Spruch des Apostels Paulus kann nicht entkräftet werden, denn er ist wahr; Christus hat durch ihn geredet und nicht gelogen. Er sagt: «Alle, die fromm leben wollen in Christus Jesus, werden Verfolgung erleiden» (2 Tim 3, 12). Alle, sagt er, er schließt niemanden aus, hält keinen fern. Willst du die Wahrheit seiner Worte erproben, so beginne nur fromm in Christus zu leben, und dann wirst du schon sehen, daß er wahr geredet.

Sukzession

[172] «An Stelle deiner Väter wurden dir Söhne geboren» (Ps 44,17). Die Apostel haben dich gezeugt; sie waren gesandt, sie haben gepredigt, sie sind die Väter. Aber konnten sie immerdar leiblich bei uns bleiben? Es sagte zwar einer von ihnen: «Ich sehne mich nach Auflösung; bei Christus zu sein ist weitaus das Beste; im Fleische zu bleiben aber notwendig um euretwillen» (Phil 1,23–24); er sagte es zwar, aber wie lange konnte er bleiben? Etwa bis heute? Bis in die Nachwelt? Wurde also die Kirche bei ihrem Scheiden verödet? Das sei fern. «An Stelle deiner Väter wurden dir Söhne geboren.» Was heißt das?..Es wurden Bischöfe eingesetzt. Woher sind heute die Bischöfe auf der ganzen Welt geboren worden? ..Die Kirche selbst nennt sie Väter, aber sie hat sie geboren, und sie selber hat sie auf die Throne der Väter gesetzt. So halte dich nicht für verwaist, weil du Petrus nicht siehst, Paulus nicht siehst, die nicht siehst, durch die du geboren wurdest: aus deiner eigenen Kinderschar erwuchs dir Vaterschaft. «An Stelle deiner Väter wurden dir Söhne geboren; du wirst sie zu Fürsten einsetzen über das ganze Erdenrund.» ..Das ist die katholische Kirche: ihre Söhne sind eingesetzt zu Fürsten über dem ganzen Erdenrund, ihre Söhne nehmen die Stelle der Väter ein. Erkennen sollen es, die sich getrennt, zur Einheit sollen sie kehren, zum Tempel des Königs kommen.

[173] Wir lernten ihn nicht im Fleische kennen und wurden doch gewürdigt, sein Fleisch zu essen und in seinem Fleisch seine Glieder zu sein. Warum? Weil er zu uns sandte. Wen? Seine Herolde, seine Jünger, seine Diener, seine Erlösten, die er geschaffen, die er sogar als seine Brüder erlöste: noch immer sag ich zuwenig: seine Glieder, sich selbst; er sandte ja seine Glieder zu uns und machte uns selbst zu seinen Gliedern.

[174] Heute wird euch aus Gnade und Barmherzigkeit Gottes ein Bischof geweiht; so gilt es für uns, so zu reden, daß wir uns selber ermahnen, ihn unterrichten und euch belehren. Es muß, wer dem Volke vorsteht, vor allem begreifen, daß er Diener vieler ist. Und das ist nicht zu verachten, er schätze es nicht gering, der Diener vieler zu sein; denn der Herr der Herren hat es nicht verschmäht, uns zu dienen. Vom Teufel des Fleischlichen her hatte sich in die Jünger des Herrn Jesus Christus, in unsere Apostel, ein gewisser Drang nach Größe geschlichen, und der Rauch der Überhebung begann in ihre Augen zu dringen. Denn so lesen wir im Evangelium: «Ein Streit entbrannte unter ihnen, wer von ihnen der Größere sei» (Lk 22,24). Aber der Herr war als Arzt zur Stelle und hemmte ihr Schwellen... In einem Kinde stellte er ihnen das Beispiel der Demut vor Augen... Denn ein großes Übel ist Hochmut, das erste Übel, Anfang und Ursprung und Ursache jeglicher Sünden...

So erwähnt der Apostel Paulus in dem eben verlesenen Brief unter den andern bischöflichen Eigenschaften auch diese: «Er soll kein Neophyt sein», nicht neu im Glauben, «damit er nicht in Hochmut gerate und in das Gericht des Teufels verfalle» (1 Tim 3,6).. Als der Herr zu den Jüngern sprach und sie in der heiligen Demut bestärkte und ihnen das Kind als Beispiel vorgestellt hatte, sagte er ihnen: «Wer unter euch der Größte sein will, der soll euer Diener sein» (Mt 20,26). Seht ihr, daß ich meinem Bruder kein Unrecht antat, eurem künftigen Hirten, wenn ich darauf drang und ihn mahnte, euer Diener zu sein? Tat ich es ihm an, so mir selber zuerst, denn ich rede nicht als Beliebiger über den Bischof, sondern als Bischof, und wozu ich mahne, das fürchte ich selbst, und rufe mir ins Gedächtnis, was der Apostel gesagt hat: «Ich laufe nicht wie ins Ungewisse, ich schlage nicht, als schlüge ich Luft; vielmehr züchtige ich meinen Leib und mache ihn mir untertan, damit ich nicht etwa, während ich anderen predige, selber verworfen werde» (1 Kor 9,26–27).

Betrachten wir denn, worin der vorgesetzte Bischof Diener sein soll:..«Wie der Menschensohn nicht kam, sich bedienen zu lassen, sondern zu dienen» (Mt 20,28). Suchen wir, welche Dienste er tat. Wenn wir auf Leibesdienste achten, so sehen wir die Jünger ihm dienen; er sandte sie, um Speise zu kaufen, um das Mahl zu bereiten... Höre aber, was folgt: «Er kam nicht, sich bedienen zu lassen, sondern zu dienen und seine Seele hinzugeben zum Loskauf für viele.» Du siehst, wie der Herr gedient hat, du siehst, was für Diener er uns zu werden befahl. Er gab seine Seele zum Loskauf für viele: er hat uns erlöst. Wer von uns ist fähig, jemand zu erlösen? Wir sind zwar durch sein Blut, seinen Tod vom Tode erlöst, durch seine Erniedrigung aufgerichtet worden; aber wir müssen unserseits unsern winzigen Teil für seine Glieder beitragen, weil wir selber seine Glieder geworden sind: er ist das Haupt, die Glieder sind wir. Und da uns der Apostel Johannes in seinem Brief zur Nachahmung des Herrn aufmuntert,.. sagt er: «Christus gab für uns seine Seele dahin: so müssen auch wir unsere Seele für die Brüder hingeben» (1Joh 3,16). Und der Herr selbst sagte nach der Auferstehung: «Petrus, liebst du mich?» Dieser entgegnete: Ich liebe. Jener sagte es dreimal, dieser antwortete dreimal, und jedesmal sagte der Herr: «Weide meine Schafe» (Joh 21,15–17). Wo zeigst du mir, daß du mich liebst, wenn nicht beim Weiden meiner Schafe? Wie willst du mir deine Liebe erweisen, da du doch alles von mir erwartest? Und doch hast du etwas, was deine Liebe tun kann: Weide meine Schafe. Dies einmal, ein zweites, ein drittes Mal. Du liebst mich? Ich liebe. Weide meine Schafe. Denn dreimal hatte er geleugnet aus Angst: dreimal bekannte er aus Liebe. Und dann, als der Herr zum drittenmal dem seine Schafe empfohlen, der die Liebe erwiderte und bekannte, die Angst verwarf und verdammte, fuhr er sogleich fort: «Als du ein Jüngling warst, gürtetest du dich und gingest, wohin du wolltest; bist du aber älter geworden, so wird ein andrer dich gürten und führen, wohin du nicht willst.» Dies aber sagte er, bedeutend, durch welchen Tod er Gott verherrlichen sollte (Joh 21,18.19). Sein Kreuz kündete er ihm an, sein Leiden sagte er ihm voraus. Dorthin also wandernd, sagt der Herr, weide meine Schafe: leide für meine Schafe. So also muß ein guter Bischof beschaffen sein; ist er nicht so, so ist er kein Bischof...

In seiner Beschreibung des Bischofs erwähnt der Apostel zuerst: «Wer das Bischofsamt begehrt, erstrebt ein gutes Werk» (1 Tim 3, 1)... Das Bischofsamt begehren heißt nicht ‚begehren', sondern ein gutes Werk anstreben. Aber will nicht auch der Bischof sein, der nicht das Bischofsamt anstrebt, sondern sein eigenes Werk? Ein solcher strebt nicht nach dem Bischofsamt. Er strebt nach dem Namen, nicht nach der Sache. ‚Ich möchte wohl Bischof sein, o wär' ich ein Bischof!' Ach, wärst du es nur! Was suchst du? Den Namen oder die Sache? Suchst du die Sache, so begehrst du ein gutes Werk, suchst du den Namen, so kannst du ihn auch im schlechten Werk haben, aber mit schlimmerer Strafe. Wie also? Gibt es schlechte Bischöfe? Das sei ferne, nein, es gibt keine! Ich wage durchaus den Satz: Es gibt keine schlechten Bischöfe; weil sie schlecht sind, sind sie es nicht. Aber du verweisest mich an den Titel und sagst: ‚Er ist Bischof, denn er sitzt auf der Kathedra!' Es hüten auch Strohpuppen den Weinberg...

Wir sprachen von guten und schlechten Bischöfen; von dem, was wir sein sollen, und dem, was wir meiden sollen. Aber du nun, o Volk Gottes? Auch du hast hier einen Teil... Ihr sollt für uns beten, denn je höher der Standort, um so größer die Gefahr, die uns droht. Mehr Sorge bereitet uns, welche Rechenschaft wir ablegen müssen für die Gefälligkeiten der Menschen als für die Lästerungen der Menschen. In ärgere Gefahr bringen uns die, die uns schmeicheln, als die, die uns schmähen: denn die Gunst der Menschen kitzelt unsern Hochmut, das Lästern der Menschen übt unsre Geduld... Es erhöht meinen Lohn, der mich lästert, mindern will meinen Lohn, der mir schmeichelt. Doch was sag ich, Brüder? Sollen wir, zur Mehrung unseres Lohns, wünschen, daß ihr uns schmähet? Nicht auf eure Kosten soll unser Lohn sich mehren! Seid wohlwollend, seid dienstbeflissen;

mögen wir in Gefahr sein, wenn nur ihr nicht gemindert werdet!

Was nun, wenn eine Gemeinde einen schlechten Bischof bekommt? Der Herr, der Bischof der Bischöfe, hat auch das sichergestellt, damit eure Hoffnung nicht auf dem Menschen ruhe. Seht, ich rede zu euch als Bischof, im Namen des Herrn: was für einer ich bin, weiß ich nicht; wieviel weniger ihr? Denn was ich bis zur Stunde bin, das vermag ich freilich zu fühlen: was ich künftighin sein werde, wie sollt' ich das wissen? Wie sich Petrus überhob, so wurde Petrus sich selber gezeigt; als Kranken kannte er sich nicht, aber dem Arzt entging er doch nicht. Er sagte, er nahm sich heraus, er wagte zu versprechen: «Mit dir bis zum Tod» (Lk 22,33). «Meine Seele geb ich für dich dahin» (Joh 13,37). Und der Arzt durchschaute ihn bis ins Herz: «Deine Seele gibst du für mich? Wahrlich, ich sage dir, bevor dreimal der Hahn kräht, wirst du mich dreimal leugnen.»

So gebe also der Herr, mit dem Beistand eurer Gebete, daß wir so seien und so bis ans Ende ausharren, wie ihr wollt, daß wir seien, ihr alle, die uns wohlwollt, und wie der will, daß wir seien, der uns rief und bestellte: er helfe uns erfüllen, was er gefordert. Aber wie immer wir sein mögen, eure Hoffnung sei nicht auf uns. Ich vergebe mir nichts, wenn ich als Bischof so rede: Freude möcht ich an euch erleben, nicht aufgebläht werden. Im Ernst: wen immer ich fände, der seine Hoffnung auf mich gesetzt, dem wünsch ich nicht Glück: zu bessern ist er, nicht zu bestärken, umzustimmen, nicht festzulegen. Kann ich ihn nicht ermahnen, so tut es mir leid; kann ich ihn mahnen, so leid ich nicht mehr. Da ich jetzt im Namen Christi zum Volke Gottes rede, in der Kirche Gottes rede, als ein beliebiger Diener Gottes rede: so sage ich euch: Setzt eure Hoffnung nicht auf uns, nicht auf Menschen! Sind wir gut, so sind wir Diener; sind wir schlecht, so sind wir Diener. Wenn aber gut, so gute Diener und wahre Diener. Achtet darauf, *was* wir euch dienen: hungert ihr und wollt ihr nicht undankbar sein, so achtet darauf, aus welches Herrn Kammer verteilt wird. In welchem Gefäß dir geboten wird, was du gierig zu essen begehrst, das soll dich nicht kümmern. «Im großen Hause» des Hausvaters «stehen nicht nur goldene und silberne Gefäße, sondern auch tönerne» (2 Tim 2,20). Sei das Gefäß aus Gold, Silber oder Ton: du sieh zu, ob du dein Brot hast und wessen Brot es ist, durch dessen Gunst es verteilt wird. Achtet auf ihn, von dem ich rede, durch dessen Geben dieses Brot verteilt wird. Er selbst ist das Brot: «Ich bin das lebendige Brot, der ich vom Himmel herabstieg» (Joh 6,51). Wir teilen euch also Christus für Christus aus, ihn selbst unter ihm, damit er zu euch gelange. Er selbst sei der Richter unseres Dienstes. Denn ist der Bischof ein Dieb, so wird er dir nie von dieser Kanzel aus sagen: Stiehl; er wird dir immer befehlen: Du sollst nicht stehlen. Das nämlich empfing er aus der Vorratskammer des Herrn. Und wollte er etwas anderes sagen, so verschmähst du ihn und sagst: ‚Das stammt nicht aus der Vorratskammer des Herrn, du redest dein Eigenes.' «Wer lügt, der redet sein eigenes» (Joh 8,44). Er sage dir also gemäß Gott: du sollst nicht stehlen, du sollst nicht Ehebruch, nicht Mord begehen; er sage es dir gemäß Gott, daß du fürchtest, daß du dich nicht überhebest, daß du von weltlicher Liebe dich abkehrest, daß du deine Hoffnung auf den Herrn richtest. Das sage er dir gemäß Gott. Wenn er es selber nicht tut, was geht dich das an? Dein Herr und Gott ist Christus, er stellt dich sicher. «Die Schriftgelehrten und Pharisäer» – als Gleichnisse der Vorgesetzten – «sitzen auf dem Lehrstuhl des Moses: was sie sagen, das tut, was sie aber tun, das tut nicht; denn sie reden, und tun nicht darnach» (Mt 23,3). Was sagst du dazu? Womit willst du dich im Gericht Gottes entschuldigen? Wirst du sagen: Ich tat das Böse, weil ich sah, daß mein Bischof schlecht lebte? So wird die Antwort lauten: Du hast dir erwählt, mit wem du verdammt, nicht mit wem du erlöst wirst... Was sie also sagen, das sollen wir tun, was sie tun, das sollen wir nicht tun. An einer andern Stelle heißt es aber: «Sammelt man etwa Trauben von Dornen oder Feigen von Disteln? Jeder gute Baum wird an seinen Früchten erkannt» (Mt 7,16). Wie sollen wir also gehorchen? Wie sollen wir es verstehen? Sie sind Disteln und Dornen. Und doch: Tut! Ich soll Trauben aus Dornen sammeln? Das eine Mal befiehlst du, das andere Mal verbietest du: wie soll ich gehorchen? Hör zu und verstehe: Wenn ich sage: Tut, was sie sagen, tut nicht, was sie tun, so achte zuerst auf das Wort: «Sie sitzen auf dem Lehrstuhl des Moses.» Wenn sie Gutes reden, so reden sie nicht selbst, es redet der Lehrstuhl des Moses. Lehrstuhl steht hier für die Lehre: nicht als ob der Lehrstuhl spräche, sondern die Lehre des Moses: der lebt in ihrem Gedächtnis, aber nicht in ihren Werken. Wenn sie hingegen selbst reden, selbst sagen, das heißt, wenn sie das Ihrige sagen, was bekommen sie dann zu hören? «Wie könntet ihr Gutes reden, da ihr doch böse seid?» (Mt 12, 34.) Nehmt noch ein Gleichnis: Sammelt nicht Trauben von Dornen: denn niemals können aus Dornen Trauben erwachsen. Aber habt ihr nie einen Weinstock gesehn, der wachsend in die Dornhecke hineinging, sich zwischen den Dornen verfing, zwischen den Dornen sproßte und eine Traube erzeugte? Du bist hungrig, du gehst vorbei, du siehst die Traube hängen zwischen den Dornen,.. du möchtest sie pflücken. Pflücke sie, aber vorsichtig, und sorgsam strecke die Hand aus: fürchte die Dornen, pflücke die Traube. So auch, wenn ein schlechter, ein schlechtester Mensch die Lehre Christi dir vorträgt: höre sie, nimm sie an, verachte sie nicht, ..aber fürchte die Dornen!.. Und damit du dich nicht täuschest, so sieh zu, woher du die Frucht nimmst: eine Rebe ist dort. Lenke den Blick auf die Rebe, und du siehst, daß sie zum Weinstock gehört, aus dem Weinstock hervorgeht, hervorwächst, sich aber in den Dornen verliert. Ist etwa der Weinstock verpflichtet, diese Rebe wieder zurückzuziehn? So hat sich auch die Lehre Christi wachsend und sich ausbreitend um gute Bäume gerankt, sich auch in schlechte Dornen gerankt; sie wird vorgetragen von Guten, vorgetragen von Schlechten. Du sieh zu, woher die Frucht kommt, woher sich gebar, was dich nährt; woher sich gebar, was dich stach: vermischt ist beides für die Öffentlichkeit, aber getrennt in der Wurzel Heimlichkeit...

Wenn der Herr nicht baut...

[175] Viele mühen sich ab bei dem Bau, aber «wenn *er* nicht baut, so bauen die Bauleute vergebens» (Ps 126,1). Welche sind's, die in Mühen bauen? Alle, die in der Kirche das Wort Gottes verkünden, die Diener der Geheimnisse Gottes... Wir also reden draußen, er baut innen. Wie ihr zuhört, das merken wir; was ihr denkt, das weiß der allein, der eure Gedanken sieht. Er ist's, der baut, der ermahnt, der schreckt, der die Einsicht eröffnet, der euer Verständnis dem Glauben anpaßt, und doch arbeiten auch wir wie Werkleute, aber «wenn der Herr nicht das Haus erbaut, so bauen die Bauleute vergebens».. [Die Kirche] hat auch ihre Aufseher, wie sie ihre Bauleute hat... Die Bischöfe sind dazu da. Denn darum ist der Platz der Bischöfe erhöht, damit sie den Überblick haben und gleichsam über dem Volke wachen... Und über diesen erhöhten Platz wird gefährliche Rechenschaft eingefordert, wenn wir nicht solchen Herzens hier stehen, daß wir in Demut unter euren Füßen sind und für euch beten, auf daß der, der eure Seelen kennt, selbst die Wacht übernehme. Denn wir können euch herein- und hinausgehen sehen, aber so wenig wissen wir, was ihr in euren Herzen denkt, daß wir nicht einmal sehen, was ihr in euren Häusern treibt. Wie also halten wir Wacht? So wie Menschen, so gut wir können, soweit wir's empfangen haben. Und weil wir auf Menschenweise Aufsicht halten und vollkommene Wache nicht halten können, bleibt ihr deswegen ohne Aufsicht zurück? Das sei fern! Denn wo ist der, von dem es heißt: «Wenn der Herr nicht das Haus erbaut, so bauen die Bauleute vergebens»? Wir bemühen uns, Aufsicht zu halten, aber unser Bemühen ist umsonst, wenn der nicht Aufsicht hält, der eure Gedanken sieht. Hält er doch Wache, wenn ihr wachet, und hält auch Wache, wenn ihr schlaft... Wir wachen über euch dem Amte der kirchlichen Ordnung gemäß, möchten aber mit euch zusammen behütet werden. Wir sind gleichsam eure Hirten, aber unter jenem Hirten sind wir mit euch zusammen Schafe. Wir sind euch von diesem

Platze aus Lehrer, aber unter dem einen Lehrer sind wir in dieser Schule zusammen mit euch Mitschüler.

Gefährliches Lehramt

[176] Obgleich wir, um unsere Stimme besser vernehmlich werden zu lassen, auf erhöhtem Platze zu stehen scheinen, seid doch auf ebendiesem erhöhten Platze ihr die Richter, wir die Gerichteten. Lehrende werden wir genannt, und doch suchen wir in manchem einen Belehrer und wollen nicht für Meister gehalten werden. Denn gefährlich ist dies und verboten, da der Herr selbst sagt: «Laßt euch nicht Meister nennen; einer ist euer Meister, Christus» (Mt 23,10). Gefährlich ist also das Lehramt, sicher das Höramt... Und weil der Apostel aus Not die Rolle des Lehrers auf sich zu nehmen gezwungen war, seht, was er sagt: «Mit Furcht und großer Angst weilte ich unter euch» (1 Kor 2,3). Sicherer also ist es, daß wir, die wir reden, und ihr, die ihr hört, uns als gemeinsame Mitschüler unter dem einen Lehrer wissen. Sicherer ist dies durchaus, und es frommt, daß auch ihr uns nicht als Meister, sondern als eure Mitschüler anhört. Denn seht, wie sehr uns Sorge auferlegt ist, da es heißt: «Brüder, tretet nicht zuviel als Lehrer auf, denn wir alle fehlen ja vielfach.» Wer erzittert da nicht, wenn der Apostel sagt: «alle»? Und was folgt? «Wer immer im Worte sich nicht verfehlt, der ist ein vollkommener Mann» (Jak 3,1–2). Wer aber wollte wagen, sich selbst vollkommen zu nennen? Wer also steht und zuhört, der verfehlt sich im Worte nicht. Wer aber redet, auch wenn er nicht – was schwierig ist – sich verfehlt, der leidet doch und fürchtet sich vor Verfehlung. Darum sollt ihr nicht nur die Redenden anhören, sondern euch auch der Geängstigten erbarmen: so daß ihr in dem, was wir Wahres sagen, weil alles Wahre von der *Wahrheit* stammt, nicht uns, sondern ihn lobet: wo wir aber als Menschen uns verfehlen, wiederum zu ihm für uns bittfleht.

[177] «Weicht von mir, ihr Bösen, und ich werde die Aufträge meines Gottes durchforschen» (Ps 118,115). Es heißt nicht: ausführen, sondern: «durchforschen». Um sie also vollkommen und sorgfältig zu erkennen, möchte er, daß die «Bösen» von ihm wichen... Denn die «Bösen» üben zwar ein in der Ausführung der Gebote, von ihrem Durchforschen aber führen sie ab, nicht nur dann, wenn sie verfolgen oder Streit mit uns anfangen wollen, sondern auch, wenn sie uns folgen und Ehren erweisen und dabei fordern, daß wir uns mit der Unterstützung ihrer lasterhaften und betriebsamen Begierden abgeben sollen – oder sie bedrücken wenigstens die Hilflosen und betreiben, daß ihre Rechtshändel vor uns gebracht werden, denen wir dann nicht zu sagen wagen: «Sag, o Mensch, wer hat mich zum Richter und Erbteiler zwischen euch eingesetzt?» (Lk 12,14.) Denn der Apostel setzte für solche Händel kirchliche Behörden ein, da er nicht wollte, daß die Christen vor heidnischem Gerichtshof Prozesse führten. Und auch denen, die nicht Fremdes rauben, sondern das Ihre gierig zurückfordern, sagen wir nicht: «Tor, diese Nacht noch wird deine Seele von dir genommen werden; wem wird gehören, was du gesammelt?» (Lk 12,20), denn auch wenn wir es sagen, weichen sie doch nicht von uns und lassen uns keine Ruhe, sondern sie beharren, drängen, bitten, rumoren, pressen es aus, so daß wir um ihretwillen mehr mit dem, was ihnen lieb ist, als mit der Durchforschung der «Aufträge Gottes», die uns lieb sind, uns abgeben müssen. Oh, mit wieviel Überdruß an dem wirren Treiben der Menge, mit wieviel Sehnsucht nach den göttlichen Reden ist es gesagt: «Weichet von mir, ihr Bösen, und ich werde die Aufträge meines Gottes durchforschen!» Die gehorsamen Gläubigen mögen uns verzeihen, die uns selten wegen ihrer weltlichen Geschäfte aufsuchen und unserem Urteil sich ohne Widerrede fügen, die uns nicht durch Nörgeleien zermürben, sondern vielmehr durch ihren Gehorsam trösten!

Der Mietling

[178] «Wenn der Mietling den Wolf kommen sieht, flieht er; weil es nicht seine eigenen Schafe sind und er sich um die Schafe nicht kümmert» (Joh 10,12–13). War etwa Paulus ein solcher?... Ich fand in einem der Briefe, daß Paulus floh: über die Mauer wurde er in einem Korbe hinabgelassen, um den Händen des Verfolgers zu entgehen (2Kor 11,33). Kümmerte er sich also nicht um die Schafe, die er bei Ankunft des Wolfes verließ?...

Wer ist der Mietling, der den Wolf kommen sieht und flieht? Wer das Seine sucht und nicht, was Jesu Christi ist; wer den Sünder nicht freimütig zu tadeln wagt (1 Tim 5,20). Sieh, es hat irgendeiner gesündigt, schwer gesündigt; er ist zu rügen, aus der Kirche auszuschließen. Aber aus der Kirche ausgeschlossen, wird er zum Feinde werden, wird er nachstellen, schaden, wo immer er kann. Der nun, der das Seine sucht, nicht das, was Jesu Christi ist, wird, um nicht zu verlieren, was er anstrebt: die Vorteile persönlicher Freundschaft, um sich die Widrigkeiten persönlicher Feindschaft nicht zuzuziehen, schweigen und keine Rüge erteilen. Schon packt der Wolf das Schaf an der Kehle: der Teufel hat einen Gläubigen zum Ehebruch überredet; du schweigst, tadelst nicht: o Mietling, du hast den nahenden Wolf gesehen und bist geflohen! Er entgegnet vielleicht: Ich bin ja hier, bin nicht geflohen. Dein Schweigen war deine Flucht; du schweigst, du hattest ja Angst. Die Angst ist die Flucht der Seele. Dein Leib stand da, aber die Seele floh; das tat jener nicht, der sagte: «Auch wenn ich leiblich abwesend bin, im Geiste bin ich dennoch bei euch» (Kol 2,5). Wie wäre der im Geiste geflohen, der auch abwesenden Leibes die Unzüchtigen schriftlich rügte?

Der Eifer bis zum Tode

[179] «Weide meine Schafe» (Joh 21,15–17). Welche Schafe? Die ich mit meinem Blute erkaufte. Ich bin gestorben für sie. Liebst du mich? So stirb für sie... Was Petrus

empfohlen wurde, was Petrus befohlen wurde, das galt nicht nur ihm allein. Auch die andern Apostel hörten es, hielten es, befolgten es, vor allem jener Mitgefährte des Leidens und Todestages, der Apostel Paulus; sie haben es gehört, sie haben es uns überliefert, daß auch wir es hören. Wir weiden euch, wir werden zusammen mit euch geweidet: gebe der Herr uns die Kraft, euch so zu lieben, daß wir auch sterben können für euch, sei es in Tat und Wahrheit, sei es in Gesinnung und Wahrheit. Denn obschon der Apostel Johannes nicht Martyrer wurde, war doch seine Seele für das Martyrium bereit. Er litt nicht, aber er konnte leiden, Gott wußte um seine Bereitschaft.

[180] Ich bezeuge euch vor Gott und seinen Engeln: was uns betraf, so gaben wir, was wir empfingen; und *wir* gaben's auch nicht, es wurde vielmehr durch uns gegeben. Das Geld ist des Herrn: wir sind nur die Schenken, nicht der Schenker. Der Herr ist uns gemeinsam, wir messen die Vorräte den Mitknechten zu; auch wir leben aus der gleichen Scheune. Wir sind nicht unser, sondern dessen, der sein Blut als Lösegeld für uns vergoß. Zugleich mit euch sind wir erkauft, wir alle haben denselben Preis: unser Weizen ist das heilige Evangelium. Zu Brüdern machte aus Sklaven uns der Erlöser, zu Miterben schuf der Einzige uns.

[181] Ich habe es euch gesagt und meine Seele losgekauft. Denn ich wäre in großer – ich sage nicht: Gefahr, sondern Todesnot, wenn ich schwiege. Nun aber, da ich's gesagt und meines Amtes gewaltet, achtet eurerseits auf eure Gefahr. Was aber will ich, was ersehn ich, was begehr ich, warum red ich, warum sitz ich hier, warum leb ich, wenn nicht einzig dafür, daß wir gemeinsam mit Christus leben? Das ist meine Begier, das ist meine Ehre, das ist mein Ruhm, das ist meine Freude, und das mein Besitz. Wenn ihr mich aber nicht hört, obwohl ich nicht schwieg, so habe ich zwar meine Seele losgekauft – aber ich will ja nicht ohne euch gerettet werden!

Der Weg aller Stände

[182] «Christus hat für uns gelitten, indem er uns ein Beispiel hinterließ, damit wir seinen Fußstapfen folgten» (1 Petr 2,21). In diesem Satze scheint der Apostel Petrus zu sagen, daß Christus nur für jene gestorben sei, die seinen Fußstapfen folgen, und daß Christi Leiden nichts nütze, außer denen, die seinen Spuren folgen. Gefolgt sind ihm die heiligen Martyrer bis zum Vergießen des Blutes, bis zur Nachbildung der Passion: gefolgt sind die Martyrer, aber nicht sie allein. Denn nicht wurde, nachdem sie hinübergegangen, die Brücke abgebrochen, noch ist, nachdem sie getrunken, die Quelle versiegt. Denn was wäre die Hoffnung der guten Gläubigen, die im geschlossenen Bündnis das Ehejoch keusch und einträchtig tragen oder in enthaltsamer Witwenschaft die Lokkungen des Fleisches bezähmen oder auch, den First der Heiligkeit höher bauend und in neuer Jungfrauschaft blühend, dem Lamme folgen, wo immer es geht? Was hätten diese, was hätten wir alle für eine Hoffnung, wenn jene allein Christus nachfolgten, die ihr Blut vergossen für ihn? Soll die Mutter Kirche die Söhne verlieren, die sie um so fruchtbarer gewann, je friedlicher die Zeiten geworden? Sollen wir, damit sie sich nicht verlieren, um eine Verfolgung bitten, um eine Anfechtung bitten? Nicht also, Brüder! Denn wie könnte um eine Verfolgung bitten, wer tagtäglich ruft: «Und führe uns nicht in Versuchung» (Mt 6,13)?

Es stehen, es stehen, o Brüder, in jenem Garten des Herrn nicht nur die Rosen der Martyrer, sondern auch die Lilien der Jungfraun, der Efeu der Vermählten, die Veilchen der Witwen.

Kein Stand von Menschen, Geliebteste, kein einziger Stand soll an seiner Berufung verzweifeln: für alle hat Christus gelitten. Der Wahrheit gemäß steht von ihm geschrieben: «Der will, daß alle Menschen gerettet werden und zur Anerkennung der Wahrheit gelangen» (1 Tim 2,4). So laßt uns denn begreifen, auf welche Weise der Christ auch ohne Blutvergießen, auch ohne Leidenserfahrung Christus nachfolgen soll. Von Christus dem Herrn sprechend, sagt der Apostel: «Der, als er sich in Gottes Gestalt befand, es nicht für Raub hielt, Gott gleich zu sein.» Welche Erhabenheit! «Der sich aber vernichtigte, Sklavengestalt annehmend, in die Ähnlichkeit der Menschen versetzt und dem Gehaben nach als ein Mensch erfunden.» Welche Erniedrigung! Christus erniedrigte sich: da hast du, Christ, woran du dich halten kannst... Und nachdem er diese Niedrigkeit durchlaufen und den Tod niedergestreckt, stieg Christus zum Himmel auf: laßt uns ihm folgen! Vernehmen wir des Apostels Wort: «Wenn ihr auferstanden seid mit Christus, so sinnet auf das, was droben ist, wo Christus zur Rechten Gottes sitzt; trachtet nach dem, was droben ist, nicht nach dem, was auf Erden ist» (Kol 3,1–2). Was immer die Welt an Ergötzlichkeiten zeitlicher Dinge uns vorgaukelt, ist abzuweisen: was immer Herbes und Schreckhaftes sich aufbäumt, ist zu verachten. Und wer so handelt, der zweifle nicht, daß er den Fußstapfen Christi anhängt, so daß er getrost mit dem Apostel Paulus zu sagen wage: «Im Himmel ist unser Wandel» (Phil 3,20).

Passion in der Kirche

[183] «Für die Kelter»... Gewiß hängt die Traube am Weinstock und die Olive in den Bäumen – denn für diese beiden Früchte pflegen die «Keltern» bereitet zu werden – und solange sie an ihren Fruchtbäumen hängen, genießen sie gleichsam die freie Luft, und es ist, vor der Pressung, weder die Traube Wein noch die Ölfrucht Öl. So gibt es Menschen, die Gott von Ewigkeit vorbestimmte, gleichförmig zu werden dem Bilde seines einziggebornen Sohnes, der vorzüglich in seinem Leiden als die große Traube ausgepreßt wurde. Solche Menschen genießen, bevor sie zur Knechtschaft Gottes herantreten, in der Welt gleichsam eine köstliche Freiheit, wie die hängenden Trauben und Oliven. Weil aber gesagt ist: «Sohn, wenn du zur Knechtschaft Got-

tes herantrittst, steh in Gerechtigkeit und Furcht, und bereite deine Seele auf Versuchung» (Sir 2, 1), so wisse jeder, der zur Knechtschaft Gottes herantritt, daß er zu den «Keltern» kommt; er wird eingepreßt, zermalmt, zerdrückt, nicht um in dieser Welt zugrunde zu gehen, sondern um in die Lager Gottes fließen zu können.

[184] Wenn der Mensch den Aufstieg zu unternehmen beginnt – ich will deutlich reden: wenn der christliche Mensch an Fortschreiten zu denken beginnt, so fängt er an, die Zungen der Widersprechenden zu erleiden. Wer immer diese noch nicht erlitt, der schreitet noch nicht fort... Er will wissen, was ich meine? So erfahre er vielmehr, was wir beide gemeinsam hören. Er fange an fortzuschreiten, er beginne aufsteigen zu wollen, das Irdische verachten zu wollen, das Zerbrechliche, Zeitliche, das Weltglück für nichts zu achten, Gott allein zu sinnen, an Gewinn sich nicht zu ergötzen, über Verlust sich nicht zu verzehren, auch alles Eigene verkaufen und den Armen geben zu wollen und Christus nachzufolgen – dann werden wir sehen, wie er die Zungen der Verleumder und viel Widersprechenden leidet und, was schlimmer ist, derer, die mit gleichsam guten Ratschlägen vom Heile abwenden... Der also sich anschickt aufzusteigen, bittet Gott vor allem andern gegen diese Zungen, er sagt nämlich: «Zu dir, Herr, rief ich in meiner Bedrängnis, und du hast mich erhört» (Ps 119, 1). Wie hat er ihn erhört? Dadurch, daß er ihn schon vor die Stufen des Aufstiegs stellte. Und da er, im Begriffe aufzusteigen, erhört ist, worum betet er nun? «Herr, erlöse meine Seele von den ungerechten Lippen und von der listigen Zunge» (ebd. 2). Was ist die «listige Zunge»? Die heimtückische, die den Schein des guten Ratschlags hat und das Verderbliche des Schädigens. Es sind die, die sagen: ‚Was unternimmst du da, was doch niemand tut? Bist etwa nur du Christ?‘ Und wenn er ihnen dann zeigt, daß auch andere es tun, und das Evangelium liest, wo der Herr es gebietet,.. was sagen sie dann mit «listiger Zunge» und «ungerechten Lippen»? ‚Du wirst es vielleicht nicht

durchhalten können, denn gar viel ist's, was du da unternimmst!' .. Tadel wäre besser als so listiges Lob!..

[185] «Moses und Aaron sind unter seinen Priestern, und Samuel unter denen, die ihn anrufen... Du warst ihnen Verzeihung, straftest all ihre Missetaten» (Ps 98, 6–8)... Was sollen wir da sagen? Daß Moses vielleicht zuerst ein Leben in Sünde führte? Denn er floh aus Ägypten, nachdem er einen Menschen erschlagen (Ex 2, 12. 15). Es hatte auch Aaron zuerst ein Leben geführt, das Gott mißfiel. Denn er erlaubte dem rasenden und tobenden Volk, einen Götzen zu machen... Aber was tat Samuel, der als Kind dem Tempel übergeben wurde? .. Nichts Böses wurde je über Samuel berichtet, von Menschen nichts. Vielleicht aber kannte Gott etwas in ihm, was er reinigen wollte, denn auch das, was den Menschen schon vollkommen scheint, ist vor seiner Vollkommenheit noch unvollkommen. Lange arbeiten die Künstler und zeigen es dann Unkundigen, und wenn bereits die Unkundigen urteilen, es sei vollkommen, so arbeiten es die Künstler erst aus, die wissen, was noch daran fehlt, so daß die Menschen sich wundern, daß Dinge, die sie schon für vollkommen hielten, noch solche Durcharbeitung erhalten müssen... So wandelten auch jene Heiligen vor den Augen Gottes gleichsam ohne Schuld, gleichsam vollkommen, gleichsam wie Engel; er aber wußte, was ihnen fehlte... Ich sage dies, damit die Christen wissen, die hier bereits Christus kennenlernten,.. die er so liebte, für die er sein Blut vergoß, damit sie es wissen, wie sie noch geschlagen werden müssen, wenn sie auch schon weit vorangekommen sind... Lest und seht die «Strafen», und ihr, die ihr vorankommt, ertraget die «Strafen». Täglich litten sie ein widersprechendes Volk, täglich litten sie die Schlechtlebenden, waren gezwungen, unter ihnen zu leben, deren Wandel sie täglich tadelten. Das war «Strafe». Der kam noch nicht voran, dem sie gering scheint. Die fremde Ungerechtigkeit drückt dich im Maße, als du von der eigenen abrückst. Dann, wann du Weizen bist, gute Frucht aus gutem Samen, Sohn des

Reiches, .. dann wird der Lolch für dich ansichtig werden, .. dann wirst du dich zwischen Schlechten finden. Du spürst den Trieb, dich gleichsam von den Schlechten zu sondern, von der Kirche alle Schlechten auszuscheiden; aber des Herren Spruch tritt dir entgegen: «Laßt beide wachsen bis zur Ernte, damit ihr nicht, beim Ausreißen des Lolchs, zugleich auch den Weizen entwurzelt» (Mt 13,26–29)... So ist es also zu erleiden, und vielleicht gehört hierher, was gesagt ist: «Der Knecht, der den Willen seines Herrn kennt und nicht entsprechend handelt, wird viele Schläge erhalten» (Lk 12,47–48). Denn oft ist es so: im Maß, als der Wille Gottes uns klarer wird, werden auch unsere Schulden uns deutlicher; und je mehr jener uns aufgeht, um so mehr vergehen wir in Weinen und Tränen. Denn wir sehen dann, wie gerecht das ist, was Gott von uns fordert, in wie tiefer Unvollkommenheit wir noch immer liegen; und es verwirklicht sich in uns, was geschrieben steht: «Wer das Wissen steigert, steigert den Schmerz» (Pred 1,18). Siehe, wenn in dir die Liebe überströmt, so wirst du stärker am Sündigenden leiden, es quält dich nicht als Zorn gegen ihn, sondern gleichsam als Schmerz an seiner Stelle... Schau Paulus, den Apostel:.. «Wer ist schwach, und ich würde nicht schwach? Wer wird zum Bösen verführt, und ich würde nicht brennen?» (2 Kor 11,28–29.)

Es gibt keine Flucht

[186] «Furcht und Schrecken kamen über mich, und es umwebten mich Finsternisse. Und ich sprach:.. Wer gibt mir Flügel wie einer Taube, daß ich flöge und ruhte?» (Ps 54, 8–10.) Entweder wünscht er den Tod, oder er sehnt sich nach Einsamkeit. Solange man, sagt er, mich drängt, mir vorschreibt, daß ich die Feinde liebe, reizen ihre Schmähungen, die sich häufen und mich überschatten, mein Auge, trüben mein Licht, gieren nach meinem Herzen, töten meine Seele. Am liebsten ging ich hinweg – doch ich bin schwach –, um nicht durch Bleiben Sünde durch Sünde zu mehren; oder ich wollte wenigstens mich etwas abscheiden von dem

Geschlechte der Menschen, damit meine Wunde nicht so häufige Hiebe leide, damit sie geheilt der Übung zurückgegeben werde. Solches kommt vor, Brüder, und um keines anderen willen steigt zumeist in der Seele des Knechtes Gottes die Sehnsucht nach Einsamkeit auf, als wegen der scharweisen Drangsale und Ärgernisse, so daß er ausruft: «Wer gibt mir Flügel?» Es müht sich also ein Mensch vielfach, verrenkte, verderbte Menschen zu bessern, die zwar unter seine Sorge gestellt sind, an denen aber alle menschliche Kunst und Wachsamkeit scheitern; bessern kann er's nicht, so muß man's eben erleiden. Und der Unverbesserliche ist einer der Deinen, sei's durch Gemeinschaft des menschlichen Geschlechts, sei's häufiger noch durch kirchliche Gemeinsamkeit; drinnen ist er, was tust du?, wohin willst du gehn?, wohin dich zu wenden hoffen, um solches nicht zu leiden? .. Alles tat ich; was ich an Kräften hatte, gab ich dran und preßte ich aus; ich sehe nicht, daß ich weitergekommen wäre; alle Arbeit ist vertan, Schmerz ist, was bleibt... Nützen kann ich nicht, o ruhte ich irgendwo, getrennt von ihnen dem Leibe nach, nicht der Liebe nach,.. vielleicht kann ich ihnen betend nützen!.. – Notwendig ist es, daß Sehnsucht im Herzen sei; und nicht erleidet solches Verlangen, außer wer auf dem engen Wege zu wandeln begann, damit er wisse, daß der Kirche die Anfechtungen nicht ausbleiben, auch zu dieser Zeit nicht, wo für die Kirche Ruhe vor jenen, vor Verfolgungen zu herrschen scheint, wie unsere Martyrer sie gelitten. Aber es fehlt nicht an Verfolgungen, denn wahr ist jenes: «Alle, die fromm leben wollen in Christo, werden Verfolgung leiden» (2 Tim 3, 12). Du leidest keine Verfolgung – nicht willst du fromm leben in Christo. Was heißt: fromm leben in Christo? Daß dein Innerstes angehe, was der Apostel sagt: «Wer ist schwach, und ich werde nicht schwach? Wer leidet Ärgernis und ich brenne nicht?» (2 Kor 11, 29.) Schwächen anderer, Ärgernisse anderer waren für ihn Verfolgungen. Fehlen sie also zu dieser Zeit?..

Warum glaubt ihr, Brüder, daß die Wüste sich mit Dienern Gottes füllte? Wäre es ihnen wohl unter den Menschen, würden sie dann aus der Mitte der Menschen scheiden? Und doch, was treiben sie selber? Sieh, sie entfernten sich fliehend, verharren in der Wüste – aber etwa einzeln? Es hält sie die Liebe, daß sie mit vielen zusammenbleiben, und unter diesen vielen sind solche da, die «einüben». Denn in jeder Zusammenscharung von vielen finden sich notwendig Schlechte. Gott nämlich, der weiß, daß wir eingeübt werden müssen, untermischt uns solche, die nicht durchhalten, oder auch so sehr Gefälschte, daß sie nicht einmal begannen, worin sie durchhalten sollten. Er weiß, es ist notwendig, daß wir Schlechte ertragen, und uns förderlich, daß wir gütig seien.

«Siehe, fliehend entfernte ich mich und blieb in der Wüste weilen.» In welcher Wüste? Wo immer du bist, da werden sich die andern versammeln, sie betteln um die Wüste mit dir, suchen dein Leben nachzuahmen, du kannst den Umgang der Brüder nicht zurückstoßen, es mischen sich dir auch Schlechte hinzu, noch immer ist dir Einübung aufgegeben. «Siehe, fliehend entfernte ich mich und blieb in der Wüste weilen.» In welcher Wüste? Vielleicht im Bewußtsein, wohin kein Mensch eintritt, niemand mit dir ist, wo du allein bist mit Gott? .. Nicht nämlich vermagst du vom Menschengeschlechte getrennt zu sein, solange du unter Menschen lebst. Achte vielmehr auf den Tröster, ihn, den Herrn und König, unseren Herrscher und Schöpfer, geschaffen auch unter uns: achte, daß er unter seine Zwölfe einen mischte, den er erleiden mußte... Vielleicht floh jener, wie ich sagte, zu seinem Bewußtsein, fand dort ein wenig «Wüste», um auszuruhen. Aber jene Liebe stört ihn, er war allein im Bewußtsein, aber doch nicht allein in der Liebe; inwendig, im Bewußtsein, fände er Trost, aber draußen lassen die Bedrängnisse nicht nach. Der daher in sich ruhig ist, aber an den andern noch hängend, noch immer gestört, was sagt er? «Ich wartete auf den, der mich heil machte aus Kleinmütigkeit und Sturm.» Meer ist es, Sturm ist es, es bleibt dir nichts andres als auszurufen: «Herr, ich gehe zugrunde!» (Mt 14, 30.) Es reiche dir seine Hand, der furchtlos die Wogen tritt, ..er rede dich innen an und sage: Achte auf mich, was ich durchlitt... Zu Recht also vielleicht wurde dein Herz verwirrt, weil dir entfiel, an wen du glaubst; unerträglich leidest du, weil dir nicht in den Sinn kommt, was für dich Christus durchlitten. Hast du aber mit vollem Herzen eingesehen, was er litt, wirst dann nicht auch du mit innerem Gleichgewicht dulden? Und vielleicht sogar freudig, weil erfunden in etwelcher Ähnlichkeit mit deines Königs Leiden?

Ganzbrandopfer

[187] «Ich will in dein Haus eingehen in Ganzbrandopfern» (Ps 65,13). Was ist ein «Ganzbrandopfer»? Das Ganze entflammt – aber von göttlichem Feuer .. und das Ganze aufgezehrt vom göttlichen Feuer... «Ganzbrandopfer» also verspricht er – es redet der Leib Christi, es redet die Einheit Christi –: ‚All das Meine verzehre dein Feuer, nichts Meiniges verbleibe mir, das Ganze sei dir!' Dies aber wird sein in der Auferstehung der Gerechten.. «Dann wird geschehen, was geschrieben steht: Aufgezehrt ist der Tod im Sieg» (1 Kor 15,54). Der Sieg ist gleichsam göttliches Feuer: verzehrt es unseren Tod, so wird es Ganzbrandopfer. Nichts Sterbliches bleibt im Fleische zurück, nichts Schuldbares bleibt im Geiste zurück; alles wird hinausverzehrt aus dem sterblichen Leben, um hineinvollendet zu werden ins ewige Leben: Das wird das Ganzbrandopfer sein.

[188] «Bekennen will ich dir, Herr, aus meinem ganzen Herzen» (Ps 137,1). Mein ganzes Herz, sagt er, entzünde sich in der Flamme deiner Liebe, nichts in mir verbleibe mir, nichts, womit ich auf mich selbst rückschaute, sondern als Ganzer möchte ich brennen in dir, als Ganzer lodern in dir, als Ganzer dich lieben, von dir in Flammen gewandelt.

Hingerissen zu Gott

[189] Denn es war dieser Überspringende unbefriedigt von allem Irdischen, und fliegend adlergleich überstieg er allen

Dunst, der die Erde bedeckt. So sagt ja die Schrift «Und mit Nebel umhüllte ich die ganze Erde» (Sir 24,6). Und er gelangte zu etwas Heiter-Klarem, nachdem er alles Geschaffene überflogen und auf der Suche nach Gott seine Seele über sich selber hinaus ergossen, und er gelangte zum Ursprung, und zum Wort-Gott bei Gott... Überspringend setzte er hinüber mit starker Spitze des Geistes, mit tüchtiger und sehr vertrauender, setzte über die Erde, und was immer auf Erden ist, die Luft und die «Wolken[1]», aus denen Gott manches und oft und zu vielen geredet hatte, setzte auch über alle Engel hinweg mit der Spitze des Glaubens.., und er fand das eine Wort des einen Vaters, und er sah, daß «einmal Gott geredet». Er sah das Wort, durch das alles gemacht wurde, und in dem alles zugleich ist, nicht verschieden, nicht getrennt, nicht ungleich. Nicht nämlich wußte Gott selber nicht, was er durch das Wort wirkte; wußte er aber, was er wirkte, so war in ihm, was wurde, bevor es war... Also in jenem Worte, durch das er alles wirkte, waren alle Dinge, bevor sie wurden; und nachdem sie wurden, sind sie alle dort; aber anders hier, anders dort: hier in der eigenen Natur, in der sie gewirkt sind, dort in der Kunst, durch die sie gewirkt sind. Wer mag das erklären? Wir können's versuchen: geht selbst mit und schauet.

Qual zwischen Gott und Welt

[190] «Ich sagte mir: meine Wege will ich hüten, daß ich nicht fehle mit meiner Zunge» (Ps 38,2)... Er sieht, wie schwierig es ist, daß von Natur der Mensch reden muß und doch beim Reden nicht etwas sage, was er nachher ungesagt möchte, und im Überdruß dieser Fehler sucht er ein Mittel, sie zu vermeiden. Solcher Schwierigkeit begegnet der Übersteigende. Nicht richte mich, wer noch nicht übersteigt; er übersteige, und er wird erfahren, was ich sage... Das beste Mittel gegen solches ist das Schweigen..: Fleischlichen rede ich vom Geistigen, äußerlich Sehenden und Hörenden, inner-

[1] D. h. Propheten und Apostel.

lich Tauben und Blinden! «Während gegen mich der Sünder steht.» Was willst du da von Heiligem reden, . . wenn sogar zu jenen Gern-Hörenden, Lern-Gierigen . . der Herr selbst sagt: «Ich hätte euch noch viel zu sagen, aber ihr könnt es jetzt noch nicht tragen» (Joh 16, 12)? Dränge dich also nicht zu hören, was du nicht fassest, sondern wachse, um es zu fassen . . .

«Ich wurde taub, wurde gedemütigt und verschwieg das Gute» (ebd. 3) . . . Weil er sich vornahm zu schweigen, begann er, nicht mehr zu hören, weil er sich allzusehr fürchtete, einiges Nicht-Gute zu sagen, beschloß er, auch das Gute nicht mehr zu sagen: und weil er zu schweigen beschloß, begann er, nicht mehr zu hören . . .; stehen kannst du nämlich nur im Überstieg, bereit, von Gott zu hören, was du den Menschen sagen sollst; zwischen dem reichen Gott und dem Armen, der sucht, was er zu hören bekomme, eilst du im Übersprung vermittelnd hin und her, du, der es vermag, von dort zu erhorchen und nach hier zu sprechen. Wählst du dir, nach hier nicht zu reden, so wirst du nicht gewürdigt, von dort zu hören . . . Was erwartest du zu empfangen, was auszuspenden du zögerst? Weil du nicht sagen willst, was du empfangen hast, wird dir mit Recht der Empfang dessen verweigert, was du begehrtest . . . Eins wolltest du, eins hattest du; gib her, was du hast, um würdig zu sein, das zu empfangen, was du nicht hast . . : «Ich verschwieg das Gute, und es erneute sich mein Schmerz.» . . Und ich begann mehr Schmerz darüber zu empfinden, daß ich verschwiegen hatte, was ich doch sagen sollte, als darüber, daß ich gesagt hatte, was ich nicht hätte sagen sollen.

«Und während ich sinne, erbrennt ein Feuer» (ebd. 4). Es beginnt mein Herz unruhig zu werden . . . Und gestellt in dieses Schwanken zwischen Reden und Schweigen, . . zwischen Gefahr, die Perlen vor die Schweine zu werfen, und Gefahr, den Mit-Knechten die Speise zu versagen, . . in dieser Beklemmung also «ließ ich meine Zunge reden». Sinken wir nicht zu dem zurück, was wir schon übersprangen, bleiben wir nicht in dem, wohin wir schon kamen, eilen wir! . . Sei über das Zurückgelegte nicht unbesorgter als besorgt über das noch Unerledigte... Das erbat sich jener..: nicht auf dem Wege zurückzubleiben und von einigen Tautropfen des Herrn aus den Wolken der Schriften hinzugelangen wie der Hirsch zum lebendigen Quell... Ich weiß freilich, diese Sehnsucht ist in wenigen, und wirklich verstehen mich nur, die gekostet haben von dem, aus dem ich rede. Dennoch reden wir zu allen.

Vermittelnd

[191] «Wahrlich, ich sage euch, ihr werdet den Himmel offen sehen und die Engel Gottes auf- und absteigend über dem Menschensohn» (Joh 1,48–51). Die Engel sind die Boten der Wahrheit Gottes. Sie mögen steigen und sehen: «Im Anfang war das Wort» .. Sie mögen herabkommen und sehen: «Und das Wort ist Fleisch geworden» (Joh 1,14). Sie mögen steigen – und die Großen aufrichten, herabkommen – und die Kleinen nähren. Schau, wie Paulus aufsteigt: «Ob wir verzückt seien, für Gott», schau, wie er niedersteigt: «oder ob wir uns mäßigen, für euch» (2 Kor 5,13). Sieh ihn aufsteigen: «Weisheit reden wir unter Vollkommenen» (1 Kor 2,6), sieh, wie er herabkommt: «Milch gebe ich euch zu trinken, nicht feste Speise» (1 Kor 3,2). Solches geschieht in der Kirche... Zum Haupte steigt man auf, zu den Gliedern steigt man herab. Christus dort, Christus hier.

[192] Ein großer Unterschied ist ja zwischen Abstieg und Fall. Denn weil Adam fiel, darum stieg Christus ab, ..jener fiel aus Stolz, dieser stieg ab aus Barmherzigkeit. Nicht aber stieg er allein herab – obwohl er freilich vom Himmel her allein herabkam –, sondern viele, die ihn nachahmen, Heilige, steigen zu uns ab und sind schon zu uns abgestiegen... «Sei es, daß wir im Geiste entrissen werden, für Gott, sei es, daß wir uns mäßigen, für euch» (2 Kor 5, 13). Was heißt: wir «mäßigen uns»? Wir reden so, daß ihr es fassen könnt. Weil auch Christus in Geburt und Tod sich so gestaltete, daß

Menschen über ihn zu reden vermöchten, da ja leicht vom Menschen redet der Mensch. Auf daß also die Großen zu den Kleinen abstiegen, und doch jenen nur Großes geredet werde, wurde er selber, der groß war, klein, damit die Großen den Kleinen von ihm zu reden vermöchten ... Trink an der Brust, was er für dich wurde, so wächst du heran zu dem, was er ist.

Dünger der Kirche

[193] «Wie Dünger der Erde über das Feld hin zerstreut, so sind über das Totenreich unsre Gebeine verschleudert» (Ps 140,7)... Wir wissen, «Dünger der Erde» ist etwas Verächtliches. Was den Menschen verächtlich scheint, das befruchtet die Erde. Denn es heißt auch in einem andern Psalm, daß die «Leichen der Heiligen liegen, und es war keiner, der sie begrub» (Ps 78,3). All diese Leichen aber wurden zum «Dünger der Erde». So wie die Erde eine gewisse Fettigkeit aus verächtlichen und weggeworfenen Dingen gewinnt, so gewinnt aus dem, was diese Welt verachtete, der Boden eine Fettigkeit, daß daraus die Ernten der Kirche üppiger strotzen. Ihr wißt ja, Brüder, daß das Verächtliche dieser Erde, mit dem man die Erde befettet – ich will es nicht nennen, es ziemt sich nicht, davon zu reden –, daß es eine Art Fett, eine Art Dung ist; die Menschen verachten es, es ist gleichsam schmutzig, man wirft es weg. Was aber tut dieser – um mich nun seiner Worte zu bedienen? «Vom Boden erhob er den Machtlosen, und aus dem Kot erhöhte er den Armen» (Ps 112,7–8). Hingestreckt nämlich ist er auf dem Boden, wie Dünger der Erde, zerrissen ist er über die Erde: so lag jener Lazarus schwärend da, und doch wurde er von Engeln aufgehoben in Abrahams Schoß. «Kostbar ist im Angesicht des Herrn die Leiche seiner Heiligen» (Ps 115,15). So verächtlich er der Welt ist, so kostbar ist der Dünger dem Landmann. Denn dieser kennt den Nutzen, den kräftigen Saft, er weiß, wonach er zu greifen, was er zu wählen hat, woraus eine fruchtbare Saat aufsproßt, auch wenn diese Welt es verachtet. Wißt ihr nicht, daß «Gott das Verächtliche dieser

Welt erwählte, und das Nichtseiende, als ob es wäre, um das Seiende abzufertigen?» (1 Kor 1,28.)

Christus in seinen Heiligen

[194] Christus selber spricht in seinen Heiligen; wie der Apostel sagt: «Oder sucht ihr einen Beweis dafür, daß Christus in mir redet?» (2 Kor 13,3.) Und wenn er auch sagt: «Weder wer pflanzt ist etwas, noch wer begießt; sondern der das Wachstum spendet, Gott» (1 Kor 3,7), weil er wollte, daß man Gott in ihm liebe; so gibt er doch auch wieder einigen das Zeugnis: «Ihr habt mich wie einen Engel Gottes aufgenommen, ja wie Jesus Christus selbst» (Gal 4,14). In allen seinen Heiligen ist also er allein zu lieben, der da sagte: «Ich hungerte, und ihr gabt mir zu essen» (Mt 25,33). Denn nicht sagte er: Ihr gabt ihnen, sondern «Ihr gabt mir». So groß ist die Liebe des Hauptes zu seinem Leibe!

VII

DIE KIRCHE ALS LIEBE

Das ganze Gesetz

[195] Das ganze Gesetz hängt in den beiden Geboten: «Du sollst den Herrn, deinen Gott, lieben aus deinem ganzen Herzen und aus deiner ganzen Seele und aus all deinem Gemüte: und deinen Nächsten sollst du lieben wie dich selbst. In diesen beiden Geboten hängt das ganze Gesetz und die Propheten» (Mt 22,37–40). In Christus hast du das Ganze. Willst du deinen Gott lieben? Du hast ihn in Christus: «Im Anfang war das Wort, und das Wort war bei Gott, und Gott war das Wort.» Deinen Nächsten willst du lieben? Du hast ihn in Christus: «Das Wort ist Fleisch geworden und hat unter uns gewohnt.»

Folge mir nach

[196] Was soll ich tun? sagst du. Alles, was ich hatte, gab ich den Armen, und was mir blieb, teile ich mit den Bedürftigen: was kann ich mehr? Du hast mehr, dich selbst: dich hast du mehr, du gehörst zum Deinen, du mußt hinzugetan werden. Achte den Rat deines Herrn, den er dem Reichen gab: «Geh, verkaufe all deine Habe und gib sie den Armen» (Mt 19,21). Entließ er ihn denn mit diesen Worten? Und damit jener das Gegebene nicht zu verlieren meine, so beruhigte er ihn zuerst, daß er nicht ausgelegt, sondern angelegt habe: «Du hast», sagt er, «einen Schatz im Himmel.» Genügt dies? «Und komm, folge mir nach.» Liebst du wirklich? Willst du folgen? Er eilt, er fliegt, dem du folgen willst. Welchen Weg? Durch Drangsale, durch Schmähungen, durch falsche Urteile, durch Geifer im Gesicht, durch Ohrfeigen und Geißelhiebe, durch eine Dornenkrone, durch Kreuz, durch Tod. Was bist du träge? Du wolltest folgen: der Weg ist gewiesen.

Ich bin der Weg

[197] «Ich bin der Weg und die Wahrheit und das Leben» (Joh 14,6). Nach Wahrheit und Leben begehrt jeder Mensch:

aber nicht jeder Mensch findet den Weg. Daß Gott ein gewisses ewiges Leben ist, unveränderlich, geistig einsehbar und einsichtig, weise seiend und weise machend, das haben auch gewisse Denker dieser Welt begriffen. Eine beständige, unveränderliche, unverfallende Wahrheit, in der alle Urgründe aller geschaffenen Dinge ruhen, die erblickten sie, aber von ferne; die erblickten sie, aber vom Standort des Irrtums aus, und darum fanden sie nicht, auf welchem Wege man zu einem so hohen, so unaussprechlichen, so seligen Besitz gelangt. Denn daß auch sie durch das Geschöpf hindurch den Schöpfer erblickten – soweit er vom Menschen erblickt werden kann – den Erschaffenden durch das Erschaffene, den Weltbaumeister durch die Welt, dessen ist der Apostel Paulus Zeuge, dem die Christen durchaus zu glauben haben..: «Sein Unsichtbares (nämlich Gottes) wird durch das, was geschaffen wurde, geistig angeschaut; seine ewige Kraft und Gottheit; so daß sie unentschuldbar sind. Denn obschon sie Gott erkannten, haben sie ihn doch nicht als Gott ehrend anerkannt und ihm nicht dankgesagt; sondern sie wurden eitel in ihren Gedanken, und ihr törichtes Herz verfinsterte sich.» Es sind des Apostels Worte, nicht meine: «Und ihr törichtes Herz verfinsterte sich; indem sie nämlich behaupteten, sie seien weise, wurden sie töricht.» Was sie durch geschäftiges Forschen gefunden, das verloren sie wieder durch Stolz. «Indem sie behaupteten, sie seien weise», das heißt, indem sie das Geschenk sich selber zuschrieben, «wurden sie töricht.».. Du hast die Wahrheit gefunden und hältst ebendiese Wahrheit in «Unbotmäßigkeit gefangen» (Röm 1,18–21). Und was du durch Gottes Werke erkanntest, das verlierst du von neuem durch des Menschen Werke... Sie fanden nämlich den Weg nicht, der hindurchführt.

Christus aber, weil er selbst beim Vater Wahrheit und Leben ist, das Wort Gottes, von dem es heißt: «Das Leben war das Licht der Menschen» (Joh 1,4), weil er also selbst beim Vater Wahrheit und Leben war, und wir nicht hatten, wodurch wir zur Wahrheit gelangten: der Sohn Gottes, der immerdar im Vater Wahrheit und Leben ist, wurde, indem er den Menschen annahm, zum Weg. Wandle durch den Menschen, und du gelangst zu Gott. Durch ihn wandelst du, zu ihm wandelst du. Suche nicht, wie du zu ihm gelangest, außer durch ihn selber. Denn wollte er nicht der Weg sein, so würden wir immerdar irren. Da er also Weg ward, gibt es nun einen Weg. Ich sage dir nicht: Suche den Weg. Der Weg selbst kommt zu dir: steh auf und wandle. Wandle durch guten Wandel, nicht mit den Füßen. Denn viele gibt es, die rüstig sind in den Schritten, aber nicht in den Sitten. Es kommt ja vor, daß sie gut wandeln, aber sie eilen abseits des Weges. Du findest nicht selten Menschen, die gut leben, aber nicht Christen sind. Sie laufen gut, aber sie laufen nicht auf dem Weg. Je mehr sie laufen, um so mehr irren sie, denn sie entfernen sich vom Wege. Wenn aber solche Menschen zum Wege gelangen und den Weg festhalten: o welche Sicherheit ist dies, weil sie nun gut wandeln und dabei nicht irren! Halten sie sich aber nicht an den Weg, auch wenn sie gut wandeln, o wie sehr ist dies dann zu beklagen! Denn besser ist es, auf dem Wege zu hinken, als abseits vom Wege rüstig voranzuschreiten.

Fortschreiten

[198] Seht, wir sind Wanderer. Ihr fragt: Was heißt wandern? Ich sage es in Kürze: Fortschreiten, auf daß ihr mich nicht etwa mißversteht und träger dahingeht. Schreitet fort, meine Brüder, prüfet euch immerdar ohne Arglist, ohne Schmeicheln, ohne Zärtlichkeit. Denn keiner ist drinnen mit dir, vor dem du erröten müßtest oder dich brüsten. Einer ist dort, dem aber Demut gefällt, er wird dich prüfen. Prüfe dich aber auch selber, du selbst. Immer mißfalle dir, was du bist, willst du gelangen zu dem, was du noch nicht bist. Denn wo du dir wohlgefielst, dort bliebst du schon hängen. Und sagst du gar: ‚Es genügt', so gingst auch du schon zugrunde. Immer füge hinzu, immer wandre, immer schreite voran: bleibe nicht stehn auf dem Weg, kehre nicht um, weiche nicht ab. Zurück bleibt, wer nicht fortschreitet; rück-

wärts geht, wer dorthin zurückkommt, von wo er schon wegschritt; vom Wege weicht, wer vom Glauben weicht. Besser ein Hinkender auf dem Weg, als ein Renner außer dem Weg.

Kreuz

[199] «Die Jesu Christi eigen sind, haben ihr Fleisch gekreuzigt mit seinen Leidenschaften und Lüsten» (Gal 5,24). An diesem Kreuz muß der Christ sein ganzes Leben lang, das sich inmitten der Versuchungen abspielt, hangen. Denn nicht gibt es in diesem Leben einen Zeitpunkt, jene Nägel auszuziehen, von denen es im Psalm heißt: «Durchbohre mit den Nägeln deiner Furcht mein Fleisch» (Ps 118,120). Fleisch ist hier die fleischliche Begierlichkeit; die Nägel sind die Gebote der Gerechtigkeit: mit diesen nagelt die Furcht des Herrn jene fest und kreuzigt uns als angenehmes Opfer für ihn. Darum sagt der Apostel weiter: «Ich beschwöre euch also, Brüder, bei der Barmherzigkeit Gottes, daß ihr eure Leiber zu einem lebendigen, heiligen, gottgefälligen Opfer darbietet» (Röm 12,1). Das Kreuz also, dessen sich ein Knecht Gottes nicht nur nicht schämt, sondern auch rühmt mit den Worten: «Es sei fern von mir, mich zu rühmen außer im Kreuze unseres Herrn Jesus Christus, durch das mir die Welt gekreuzigt ist und ich der Welt» (Gal 6,14): dieses Kreuz, sage ich, dauert nicht allein vierzig Tage hindurch, sondern das ganze Leben.

Leicht durch Liebe

[200] Hart und schwer scheint, was der Herr gebot: daß, wer ihm nachfolgen wolle, sich selber verleugne. Aber nicht hart und schwer ist, was jener befiehlt, der dazu hilft, daß geschehe, was er befiehlt. Denn wahr ist sowohl, was im Psalm steht: «Um der Worte deiner Lippen willen folgte ich harten Wegen» (Ps 16,4), als auch, was er selbst gesagt hat: «Mein Joch ist sanft und meine Bürde ist leicht» (Mt 11, 30). Denn alles, was in den Geboten schwer ist – die Liebe

bewirkt, daß es leicht wird. Wir wissen, wie Großes die Liebe vermag. Oft genug ist die Liebe selber verworfen und zuchtlos: aber wie Hartes litten die Menschen, wie Unwürdiges und Unerträgliches duldeten sie, um hinzugelangen zu dem, was sie liebten; sei es ein Liebhaber des Geldes, ein Geizhals; oder ein Liebhaber der Ehre, ein Ehrgeiziger; oder ein Liebhaber schöner Leiber, ein Ausschweifender! Und wer vermöchte alle Weisen der Liebe zu zählen? Betrachtet dennoch, wie sehr sich alle Liebenden mühen, und wie sie ihre Mühe nicht fühlen; und sie mühen sich dann am meisten, wenn man sie hindert, sich abzumühen. Wenn also viele Menschen so leben, wie ihre Liebe es will, und keinerlei Sorge des Lebens sie bedrückt als die: dessen, was sie lieben, habhaft zu werden; was wunderst du dich noch, wenn einer, der Christus liebt und Christus nachfolgen will, liebend sich selbst verleugnet? Wenn ja der Mensch sich verliert, indem er sich selber liebt, so muß er sich wiederfinden, indem er sich leugnet...

Gut ist es, ihm zu folgen: doch gilt es zu sehn, auf welchem Wege. Denn jene Worte hat Jesus der Herr nicht erst nach seiner Auferstehung gesprochen. Er hatte noch nicht gelitten, er war noch unterwegs zum Kreuz, unterwegs zur Entehrung, zu den Lästerungen, zu den Geißelhieben, den Dornen, den Wunden, den Beschimpfungen, den Schmähungen, zum Tod. Rauh und wild wird der Weg; du erlahmst, du magst nicht folgen. Folge. Aufgerauht ist, was sich der Mensch bereitet, aber geglättet, was Christus rückkehrend niedertrat. Wer aber wollte nicht zur Erhöhung schreiten? Alle ergötzt das Erhabene: aber die Erniedrigung ist die Stufe dazu. Was reckst du den Fuß über dich selbst? Fallen willst du, nicht steigen. Mit der Stufe beginne, und du bist gestiegen. Jene Stufe der Demut wollten die beiden Jünger nicht achten, die da sprachen: «Herr, befiehl, daß in deinem Reiche der eine von uns zu deiner Rechten sitze, der andre zu deiner Linken.» Sie suchten die Höhe, sie sahen nicht die Erniedrigung. Der Herr aber weist auf die Stufe. Was nämlich antwortet er? «Könnt ihr den Kelch trinken, den ich trinken werde?» (Mk 10,37–38.) Die ihr die Gipfel des Erhabenen anstrebt, könnt ihr trinken den Kelch der Erniedrigung? So sagt er auch nicht bloß allgemein: «Er verleugne sich selbst und folge mir nach», sondern fügt bei: «Er nehme sein Kreuz auf sich und folge mir nach.» Was heißt dies: «Er nehme sein Kreuz auf sich?» Er trage, was immer beschwerlich ist: so folge er mir. Denn wenn er anfängt, meine Gebote in seinem Lebenswandel zu halten, so wird er viele Widersacher finden, viele, die ihm abraten, und dies gleichsam unter den Genossen Christi selber. Mit Christus wandern auch jene, die den Blinden das Rufen verbieten (Mt 20,30). Sei es denn Drohung oder Schmeicheln oder welche Verbote auch immer –: willst du folgen, so nimm es als Kreuz; ertrage es, trage es, und verzage nicht. Zum Martyrium scheinen jene Worte des Herrn aufzumuntern. Herrscht eine Verfolgung, muß dann nicht alles um Christi willen verachtet werden? Mag man die Welt auch lieben, vorgezogen muß werden der Schöpfer der Welt.

Der Meister ruft

[201] Es wurde verlesen, wie sich der Herr auf verschiedene Weise betrug: als einer sich zur Nachfolge anbot, wurde er abgewiesen; einen zweiten rief er selbst, und dieser wagte nicht, zu folgen, der dritte bat um Aufschub und wurde gescholten (Lk 9,57–62). Als der erste sprach: «Herr, ich möchte dir folgen, wohin immer du gehst»: was ist so bereit, was ist so flink, was ist so unbeschwert, was ist zu einem solchen Gute angemessener, als dem Herrn zu folgen, wohin immer er geht? Was ist dies, daß dem guten Meister, dem Herrn Jesus Christus, der seine Jünger einlud, um ihnen das Himmelreich zu geben, ein so Bereiter mißfiel? Aber weil er ein solcher Meister war, daß er auch die Zukunft voraussehen konnte, so müssen wir annehmen, Brüder, daß dieser das Seine gesucht haben würde, nicht das, was Jesu Christi ist. Sagt er doch selbst: «Nicht jeder, der zu mir sagt: Herr,

Herr, wird in das Himmelreich eingehn» (Mt 7,21)... Was also antwortete er? «Die Füchse haben ihre Höhlen, die Vögel des Himmels ihre Nester, der Menschensohn aber hat nicht, wohin er sein Haupt legen könnte.» Aber wo hat er's nicht? In deinem Glauben. Die Füchse nämlich haben ihre Höhlen in deinem Herzen: du bist verschlagen; die Vögel des Himmels haben ihre Nester in deinem Herzen: du bist hochfahrend. Verschlagen und hochfahrend, folgst du mir nicht. Wie folgte ein Verschlagener der Einfalt!

Und beim zweiten, der nichts sagte und schwieg und nichts versprach, sagt er unvermittelt: «Folge mir nach.» Soviel Böses ich in jenem sah, soviel Gutes seh ich in dir. «Folge mir nach», sagst du dem, der keinen Willen bekundete. Sieh, *das* ist doch der Mann, der bereit ist, der dir sagte: «Ich will dir folgen, wohin immer du willst.» Und du sprichst zum Nichtwollenden: «Folge mir nach.» Jenen, sagt er, vermeide ich, denn ich erblicke dort Höhlen und Nester. Was drängst du dich also diesem auf, den du anforderst und der sich entschuldigt? Sieh, du nötigst ihn ja, und er kommt nicht; du mahnst, und er folgt nicht. Was sagt er doch? «Ich gehe zuerst hin, meinen Vater zu begraben.» Der Glaube seines Herzens lag offen da vor dem Herrn: aber die Kindesliebe ersuchte um Aufschub. Doch wenn der Herr Menschen fürs Evangelium bereitet, dann duldet er keine hindernde Entschuldigung fleischlicher und irdischer Pietät... Ich rufe dich zum Evangelium, sagt er, ich brauche dich zu einem andren Werk: größer ist dies, als was du tun willst...

Ein dritter Jünger drängt sich vor, dem niemand etwas gesagt hatte. «Ich will dir folgen, Herr», sagt er, «aber zuerst will ich zu Hause melden gehn.» Das soll, denk ich, heißen: Ich will es meinen Angehörigen melden, damit sie mich nicht, wie es wohl zu geschehen pflegt, suchen. Und der Herr: «Keiner, der seine Hand an den Pflug legt und zurückschaut, ist tauglich für das Himmelreich.» Dich ruft der Aufgang, und du schaust gen Untergang!

Ziehende Gnade

[202] «Niemand kommt zu mir, als wenn der Vater, der mich sandte, ihn zieht» (Joh 6,44). Er sagt nicht: führt, sondern: zieht. Diese Gewalttat wird nicht dem Fleische zugefügt, sondern dem Herzen. Was also wunderst du dich? Glaube, so nahst du; liebe, so wirst du gezogen. Halte diese Gewalt nicht für bitter oder beschwerlich: sie ist mild, sie ist süß; die Süßigkeit selber zieht dich. Wird das Lamm nicht gezogen, wenn dem hungernden Gras gezeigt wird? Und ich denke, daß es nicht leiblich getrieben, sondern durch seine Begierde gefesselt wird. Komm auch du so zu Christus. Denke nicht an lange Wanderungen; wo du glaubst, da kommst du auch schon. Zu ihm, dem Allgegenwärtigen, gelangt man durch Liebe, nicht durch Seefahrten. Doch weil auch auf dieser Reise die Fluten und Stürme mannigfacher Versuchungen häufig genug sind, so glaube an den Gekreuzigten, damit dein Glaube das Holz zu besteigen vermöge. Dann wirst du nicht sinken, sondern das Holz wird dich tragen. Auf diese Weise schiffte inmitten der Wogen dieser Welt, der sprach: «Es sei ferne von mir, mich in etwas anderm zu rühmen als im Kreuz unseres Herrn Jesus Christus» (Gal 6,14).

So taten viele

[203] «Siehe, wir haben alles verlassen und sind dir gefolgt» (Mt 19,27)... Was hast du verlassen, Petrus? Ein einziges Schifflein, ein einziges Netz. Und er würde mir erwidern: die ganze Welt hab ich verlassen, denn ich habe nichts weniger als mich selber verlassen. Die Armut an allem, das heißt, wer an allem arm ist, hat geringe Güter, aber große Begierden. Nicht achtet Gott auf das, was er hat, sondern auf das, was er will: gerichtet wird der Wille, der vom Unsichtbaren unsichtbar durchsichtet wird. So verließen sie alles, verließen durchaus die vollzählige Welt, weil sie alles preisgaben, was sie von dieser Welt erhofften, dem nachfolgten, der die Welt erschuf, seinen Verheißungen glaubten;

und so taten später noch viele. Und wundersam, Brüder, wer tat es? Jene taten's, die den Herrn getötet. Dort in Jerusalem, nach der Auffahrt des Herrn, als er nach zehn Tagen durch die Sendung des Heiligen Geistes sein Versprechen einlöste, da redeten die Jünger, erfüllt vom Heiligen Geist, in aller Völker Sprachen. Und viele Juden hörten es, die in Jerusalem waren, und erbleichend über das Geschenk der Erlösergnade, staunend, betroffen unter sich überlegend, woher dies käme, empfingen sie Antwort von den Aposteln, daß der es durch seinen Geist geleistet, den sie getötet, und so suchten sie die Wege des Heils. Denn sie waren daran verzweifelt und hatten nicht mehr geglaubt, daß ihnen eine solche Untat verziehen werden könnte, der Mord am Herrn aller Kreatur; und so empfingen sie den Trost der Apostel. Auf die Verheißung der Gnade, der Straflosigkeit hin glaubten sie; und alles verkaufend, was sie besaßen, legten sie den Erlös zu Füßen der Apostel nieder; um so besser, je erschrokkener sie waren. Größere Furcht entpreßte Seligkeiten. Jene taten's, die den Herrn getötet; später taten es viele, und viele tun es. Wir wissen es, wir sehen die Beispiele, sind in manchem getröstet, in manchem beglückt, weil in denen, die gläubig hören, das Wort Gottes nicht leer bleibt. Einige taten es nicht, doch als die Verfolgung kam, erwiesen sie sich als solche, die «die Welt gebrauchten, als ob sie sie nicht gebrauchten». Nicht niederes Volk allein, nicht beliebige Handwerker, nicht Arme, nicht Dürftige, nicht Mittelstand allein, sondern sehr viele Reiche, Senatoren, auch berühmteste Frauen entsagten, als die Verfolgung begann, all ihren Gütern.

DIE LIEBE

Das neue Gebot

[204] «Ein neues Gebot gebe ich euch: daß ihr einander liebet» (Joh 13,34). Aber bestand dieses Gebot nicht schon im Alten Bund Gottes, wo geschrieben stand: «Liebe deinen Nächsten wie dich selbst» (Lev 19,18)? Warum wird dann vom Herrn als neu bezeichnet, was sich als so alt erweist? Ist es darum das neue Gebot, weil es den alten Menschen aus- und den neuen anzieht? Denn es erneut den Hörenden oder vielmehr den Gehorchenden nicht jede Liebe zwar, wohl aber diese, welche der Herr von der fleischlichen Liebe dadurch unterschied, daß er beifügte: «So, wie ich euch geliebt.» Denn freilich lieben einander die Gatten, die Eltern und Kinder, und was sonst an menschlichen Banden die Menschen zusammenkettet: um nicht zu reden von der schuldigen und verdammlichen Liebe zwischen Ehebrechenden, Hurern und Dirnen, und was sonst noch nicht menschenwürdige Bande, sondern menschenverderbende Schande verknüpft. Ein neues Gebot also gab uns Christus, daß wir einander so lieben, wie Er uns geliebt hat. Diese Liebe schafft uns neu, daß wir neue Menschen, Erben des Neuen Bundes, Sänger des neuen Gesanges werden. Diese Liebe, geliebteste Brüder, hat damals auch die alten Gerechten, die Patriarchen und Propheten ebensowohl erneut wie nachmals die seligen Apostel: sie ist's, die auch heute die Völker erneut und aus dem gesamten Menschengeschlecht, das über den ganzen Erdkreis verstreut ist, das neue Volk erschafft und zusammenrafft, den Leib der neuvermählten Braut des Gottessohns, die im Hohenliede also besungen wird: «Wer ist diese, die in neuem Glanze emporsteigt» (Hl 8,5)?, in neuem Glanze, und also erneuert, und wodurch, wenn nicht durch das neue Gebot? Drum sind in ihr die Glieder füreinander besorgt; und leidet ein Glied, so leiden alle Glieder mit ihm, und wird eines verherrlicht, so freuen sich alle mit ihm (1 Kor 12,25–26). Denn sie hören und halten: «Ein neues Gebot

gebe ich euch, daß ihr einander liebet»: nicht wie sich lieben, die einander beflecken, nicht wie Menschen sich lieben, nur weil sie Menschen sind, sondern wie sie sich lieben, weil sie Götter sind und Söhne des Allerhöchsten (Ps 81,6), um seinem einzigen Sohne Brüder zu sein, mit jener Liebe sich liebend, mit der Er sie liebte, um sie hinzuführen zum Ziele, das ihnen genügen, das mit Gütern ihre Sehnsüchte sättigen soll. Denn nichts wird dann ihrem Verlangen ermangeln, wenn Gott alles in allem sein wird (1 Kor 15,28). Dieses Ende weiß von keinem Ende. Keiner stirbt dort, wohin keiner gelangt, der dieser Welt nicht gestorben ist, nicht des gemeinen Todes, wo die Seele den Leib verläßt, sondern des Todes der Auserwählten, wo bei lebendigem sterblichem Fleische das Herz droben beiseite gelegt wird. Das ist der Tod, von dem der Apostel sagt: «Gestorben seid ihr, und euer Leben ist verborgen mit Christus in Gott» (Kol 3,3). Und deshalb heißt es vielleicht: «Kraftvoll wie der Tod ist die Liebe» (Hl 8,6). Denn diese Liebe vermag, daß wir noch mitten in diesem sterblichen Fleische dieser Welt absterben und unser Leben mit Christus in Gott verabgründet werde: ja diese Liebe selbst ist unser Tod für die Welt und unser Leben mit Gott. Denn da es Tod besagt, wenn die Seele vom Leibe sich trennt, wie sollte es dann kein Tod sein, wenn unsere Liebe von dieser Welt sich trennt? Kraftvoll also wie der Tod ist die Liebe. Was ist kraftvoller als sie, durch welche die Welt überwunden wird?

Glaubt also nicht, meine Brüder, daß im Worte des Herrn: «Ein neues Gebot gebe ich euch, daß ihr einander liebet», jenes größere Gebot übergangen würde, das uns befiehlt, den Herrn, unsern Gott, aus unsrem ganzen Herzen, aus unsrer ganzen Seele und aus unsrem ganzen Gemüte zu lieben. Es scheint zwar übergangen zu sein, wenn es heißt: «Liebet einander», und es scheint nicht zusammenzuhängen mit dem andern, das da lautet: «Du sollst deinen Nächsten lieben wie dich selbst.» «In diesen beiden Gesetzen» nämlich «hängt das ganze Gesetz und die Propheten». Allein, wer es richtig begreift, findet ja beide in beiden. Denn wer Gott liebt, kann ihn nicht verachten, sofern er das Gebot der Nächstenliebe erließ; wer aber heilig und geistig den Nächsten liebt, was anderes liebt er in ihm als Gott? Das ist die von aller weltlichen Liebe unterschiedene Liebe, die unterscheidend der Herr beifügte: «so, wie ich euch geliebt». Denn was hat er in uns geliebt, wenn nicht Gott? Nicht den wir besaßen, sondern damit wir ihn besäßen: um uns, wie ich kurz zuvor sagte, dorthin zu führen, wo Gott alles in allem ist. So sagt man auch vom Arzt mit Recht, daß er die Kranken liebt: was anderes liebt er in ihnen, als die Gesundheit, die er herzustellen sich müht, nicht das Gebrechen, das er kam zu vertreiben? So sollen auch wir einander lieben, daß wir, so gut wir können, durch besorgte Liebe einander helfen, Gott in uns zu haben. Mit dieser Liebe beschenkt uns, der sprach: «Wie ich euch geliebt habe, so sollt ihr einander lieben.» Dazu also liebte er uns, daß auch wir einander lieben; indem er uns durch seine Liebe zu uns verlieh, uns durch wechselseitige Liebe untereinander zu binden und die durch so süße Fesseln verbundenen Glieder des Leibes eines so großen Hauptes zu sein.

«Daran», sagt er, «mögen alle erkennen, daß ihr meine Jünger seid, daß ihr einander liebet.» Als würde er sagen: Andere Gaben von mir haben mit euch auch solche gemeinsam, die nicht zu den Meinen gehören: nicht allein die Natur, das Leben, Empfinden, Denken und jenes Wohlbehagen, das Menschen und Tieren gemeinsam ist, sondern auch die Sprachengabe, die Sakramente, das Weissagen, die Weisheit, den Glauben, die Verteilung der eigenen Güter an Arme, ja die Übergabe ihres Leibs zum Verbrennen: weil sie aber die Liebe nicht haben, rasseln sie wie die Schellen, sind nichts, und es nützt ihnen nichts (1 Kor 13,1–3). Nicht also an jenen gewiß zu schätzenden Gaben, die auch solche besitzen können, die meine Jünger nicht sind, sondern «daran mögen alle erkennen, daß ihr meine Jünger seid, daß ihr einander liebet». O Christi Braut, wundervoll unter den Frauen! O die du «aufsteigst in neuem Glanze, hingelehnt an deinen Herzensfreund»! Durch wessen Licht du erleuchtet wirst, um zu strahlen, dessen Hilfe stützet dich auch, um nicht zu fallen. Wie treffend singt dir das Hohe Lied als dein Hochzeitslied zu: «Denn die Liebe ist dein Entrücken» (Hl 7,6). Sie läßt deine Seele nicht mit den Gottlosen verderben (Ps 25,9), sie sondert dein Anliegen aus von dem ihren (Ps 42,1), sie ist stark wie der Tod, sie ist dein Entzücken. Welch wundersamer Art ist der Tod, dem es nicht genügt, keine Strafe zu sein, sondern darüber hinaus ein Entzücken.

Die Liebe steht über der Schrift

[205] «Er spannte den Himmel aus wie ein Pergament» (Ps 103,2)... Wenn wir bildlich etwas Verhülltes aufdecken wollen und am Verschlossenen anklopfen, so finden wir, daß Gott «den Himmel wie ein Pergament» ausgespannt, damit wir unter dem «Himmel» die Heilige Schrift verstehen. Diese Autorität stellte Gott als Erstes in seiner Kirche auf, von da aus begann er das übrige auszuführen... «Der im Wasser beschützt, was über ihm liegt» (Ps 103,3)... Was bedeutet das bildlich? .. Was liegt über der Heiligen Schrift? Was finden wir Höheres als die Heilige Schrift? Frage Paulus: «Ich will euch», sagt er, «einen überhinausragenden Weg zeigen» (1 Kor 12,31). Was nennt er den überhinausragenden Weg? «Wenn ich in Zungen der Menschen redete und der Engel, die Liebe aber nicht habe, so bin ich gleich einem tönenden Erz und einer klingenden Schelle» (ebd. 13,1). Wenn also nichts Überragenderes in der Heiligen Schrift gefunden werden kann als die Liebe, wie wird dann, was über dem Himmel liegt, «im Wasser beschützt», wenn das Höchste der Schrift die Vorschriften der Liebe sind? Vernimm: «Die Liebe», heißt es, «ist ausgegossen in unseren Herzen durch den Heiligen Geist, der uns geschenkt ist» (Röm 5,5). Im Wort der Ausgießung begreife die Wasser in der Liebe des Heiligen Geistes. Das sind die Wasser, von denen es .. heißt: «Und auf deinen Plätzen werden deine Wasser springen, kein Fremder teilt sie mit dir» (Spr 5,16–17). Alle nämlich, die fremd sind dem Wege der Wahrheit – seien es Heiden oder

Juden oder Irrlehrer oder auch schlechte Christen –, besitzen vielleicht viele Gaben, doch sie können die Liebe nicht haben. Sie können an der Taufe teilhaben, an den übrigen Sakramenten, können am Gebet teilnehmen, können diesen Raum mit uns teilen und diese Versammlung; an der Liebe haben sie nicht mit uns teil... Ein überhinausragender Weg der Liebe also führt jene dahin, die im eigentlichen Sinn zum Himmelreiche gehören. So ist das Gebot der Liebe über den «Himmeln», über allen Büchern, ihm sind alle Bücher unterstellt, dafür kämpfen alle Zungen der Heiligen, und jeder Zug der Heilsordnung Gottes, sei's für Leib oder Seele.

Das hochzeitliche Kleid

[206] «Empfangt das hochzeitliche Kleid.» Deute uns, sagst du, das hochzeitliche Kleid. Zweifellos ist es das Kleid, das nur die Guten haben, die beim Gastmahl dabeisein wollen, zum Gastmahl aufgespart werden wollen, zu dem kein Schlechter hinzutritt, die durch die Gnade des Herrn dahin geführt werden: diese besitzen das hochzeitliche Kleid. Suchen wir also, meine Brüder, welche die sind, die etwas haben, was die Schlechten nicht haben, dieses Etwas wird dann das hochzeitliche Kleid sein. Nennen wir die Sakramente, so seht ihr, daß sie Schlechten und Guten gemeinsam sind. Sollte es die Taufe sein? Gewiß, ohne Taufe gelangt niemand zu Gott: aber nicht jeder, der getauft ist, gelangt zu Gott. Ich kann also unter dem hochzeitlichen Gewand nicht die Taufe verstehen, ich meine das Sakrament als solches: denn dieses Kleid sehe ich an Guten wie an Schlechten. Ist es vielleicht der Altar, oder was vom Altare empfangen wird? Wir sehen, wie viele essen, und sie essen und trinken sich das Gericht. Was also ist es? Das Fasten? Auch Schlechte fasten. In die Kirche gehen? Auch Schlechte eilen hin. Schließlich vielleicht das Wunderwirken? Nicht nur wirken sie Gute und Schlechte, sondern oft wirken die Guten keine. Sieh, im Alten Bunde wirkten die Magier Pharaos Wunder, und die Israeliten wirkten keine; in Israel wirkten nur Moses

und Aaron welche, die andern nicht, sondern die sahen sie nur, fürchteten sich und glaubten...

Was also ist das hochzeitliche Gewand? Dies ist das hochzeitliche Gewand: «Das Ziel des Gebotes» – der Apostel spricht – «ist die Liebe aus reinem Herzen und aus gutem Gewissen und ungeheucheltem Glauben.» Das ist das hochzeitliche Kleid. Nicht eine beliebige Liebe: denn zumeist scheinen auch Menschen bösen Gewissens einander zu lieben. Die zusammen stehlen, zusammen Schandtaten verüben, zusammen das Theatervolk lieben, zusammen Wettläufern und Tierfechtern zujubeln, auch diese lieben sich meistens: doch ist in ihnen nicht «die Liebe aus reinem Herzen und gutem Gewissen und ungeheucheltem Glauben» (1 Thess 1,5). Nur diese Liebe ist das hochzeitliche Gewand. «Spräche ich mit Zungen der Menschen und denen der Engel und hätte die Liebe nicht, so wäre ich» – heißt es – «ein tönendes Erz und eine klingende Schelle.» Es kommen die Zungen allein, und man sagt ihnen: Was tretet ihr hier ein und habt kein hochzeitliches Gewand? «Hätte ich» – heißt es – «die Gabe der Weissagung, und wüßte ich alle Geheimnisse und alle Wissenschaft und hätte den Glauben, so daß ich Berge versetzen könnte, hätte aber die Liebe nicht, so wäre ich nichts.» Sieh, das eben sind die Wunder jener Menschen, die zumeist das hochzeitliche Kleid nicht haben. Und wenn ich das alles habe und Christus nicht habe, so bin ich nichts. Versteht ihr: Nichts. Ist also die Weissagung nichts? Das Wissen um die Geheimnisse nichts? Nicht *sie* sind nichts, sondern *ich*, der ich sie habe und die Liebe nicht habe, bin nichts. Wie viele Güter nützen nichts ohne das eine Gut! Hab ich die Liebe nicht, und ich spende Almosen den Armen, und ich geh im Bekenntnis des Namens Christi bis zum Blut, bis zum Feuer, so kann dies alles auch aus eitler Ruhmsucht geschehen und ist umsonst...

Zwei sind in einem Menschen: die Liebe und die Begierlichkeit. Die Liebe werde in dir geboren, falls sie es noch nicht ist; und ist sie geboren, so werde sie genährt, gehegt und wachse. Jene Begierlichkeit aber, auch wenn wir sie in diesem

Leben nicht völlig auszulöschen vermögen, «denn wenn wir sagen, wir hätten keine Sünde, so verführen wir uns selbst, und die Wahrheit ist nicht in uns» (1Joh 1,8), im Maße also jene Begierlichkeit in uns herrscht, in dem Maße sind wir nicht ohne Sünde: es wachse die Liebe, es schwinde die Begierlichkeit, daß sich einstens die Liebe vollende, die Begierlichkeit ende. Legt an das hochzeitliche Kleid, euch rede ich an, die ihr es noch nicht besitzt! Schon seid ihr im Innern, schon tretet ihr zum Gastmahl heran, aber das Kleid zu Ehren des Bräutigams habt ihr noch nicht: noch immer sucht ihr das Eure, nicht, was Jesu Christi ist. Das hochzeitliche Kleid aber wird angezogen zu Ehren des Hochzeitspaars, das heißt, des Bräutigams und der Braut. Den Bräutigam kennt ihr: es ist Christus. Die Braut kennt ihr: es ist die Kirche. Seid ergeben dem Bräutigam, seid ergeben der Braut. Erweist ihr Ehrfurcht denen, die ihre Hochzeit feiern, so werdet ihr ihre Kinder sein. Darin also schreitet voran. Liebet den Herrn, und dort lernt euch lieben, auf daß ihr, in der Liebe des Herrn euch liebend, ohne Gefahr den Nächsten liebt wie euch selbst.

Und wer ist mein Nächster? Jeder Mensch ist dein Nächster. Haben wir nicht alle zwei Eltern? Am nächsten stehen sich die Tiere innerhalb des gleichen Geschlechts: die Taube der Taube, der Panther dem Panther, die Schlange der Schlange, das Rind dem Rinde; – und der Mensch sollte nicht der Nächste des Menschen sein? Erinnert euch an die Schöpfungsgeschichte..: Es wurde uns *ein* Vater geschaffen, und nicht einmal zwei, Vater und Mutter, .. sondern vom einen Vater die eine Mutter: und der eine stammt von nichts her, sondern wurde von Gott erschaffen, jene aber von ihm. Das also ist unser Geschlecht: aus einer Quelle sind wir alle geflossen; und weil jener eine «sich in Bitternis wandte», so wurden wir alle aus dem edlen Ölbaum zum wilden. Nun kam auch die Gnade. Einer zeugte zur Sünde und zum Tod, und doch sind wir nur *ein* Geschlecht, und jeder des anderen Nächster; und nicht nur einander ähnlich, sondern auch verwandt. Dann aber kam gegen den Einen der Eine: gegen den

Einen, der ausstreute, der Eine, der sammelte. Und so gegen den Einen, der tötete, der Eine, der wiederbelebte. Denn «wie in Adam alle sterben, so werden in Christus alle wiederbelebt» (1 Kor 15, 22). Wie in Adam jeder Geborene stirbt, so wird in Christus jeder Glaubende zum Leben erweckt. Aber nur, wenn er das hochzeitliche Kleid trägt, wenn er geladen wird, um behalten, nicht um hinausgeworfen zu werden...

So ermahne ich euch nicht zum Glauben, sondern zur Liebe. Denn die Liebe könnt ihr nicht ohne den Glauben haben, ich meine die Liebe zu Gott und zum Nächsten; wie könnte diese ohne den Glauben bestehen? Wie wollte einer Gott lieben, der nicht an Gott glaubt? Wie sollte der Tor Gott lieben, der in seinem Herzen spricht: «Es ist kein Gott» (Ps 13, 1)? So ist es zwar möglich, daß du an Christi Wiederkunft glaubst, aber Christus nicht liebst. Nicht aber kannst du Christus lieben und nicht an seine Wiederkunft glauben. Habt also den Glauben mitsamt der Liebe. Das ist das hochzeitliche Kleid. Liebet einander, ihr, die ihr Christus liebet; liebet die Freunde, liebet die Feinde... Dehnt eure Liebe aus, nicht nur bis zu euren Gatten und Kindern. Denn eine solche Liebe gibt es auch bei Vieh und Vögeln. Ihr wißt ja, wie sehr jene Spatzen und Schwalben ihre Gatten lieben, wie sie die Eier zusammen brüten, gemeinsam die Kücken füttern, durch eine Art offenherziger und natürlicher Güte, die an keinerlei Lohn denkt. Denn nicht sagt sich der Spatz: Ich will meine Jungen nähren, damit, wenn ich alt bin, sie mich nähren. Nichts dergleichen denkt er: er liebt umsonst, er nährt umsonst; er erweist die elterliche Neigung, er sucht keine Heimzahlung. Und auch ihr, das weiß ich, dessen bin ich überzeugt, ihr liebt eure Kinder. «Denn nicht müssen die Kinder für die Eltern zusammensparen, sondern die Eltern für die Kinder» (2 Kor 12, 14). Und daraus entschuldigt ihr oft genug eure Habsucht, daß ihr's für eure Kinder erwerbt und spart. Aber dehnet die Liebe aus, wachsen soll diese Liebe: Kinder und Gatten zu lieben ist noch nicht das hochzeitliche Gewand. Glaubt an Gott. Liebt zuerst Gott. Dehnt euch aus bis zu Gott, und dann reißt zu Gott, so viele ihr könnt. Es ist ein Feind? Reiß ihn zu Gott. Es ist ein Sohn, eine Gattin, ein Knecht? Reiß ihn zu Gott. Ein Fremdling? Reiß ihn zu Gott. Ein Feind? Reiß ihn zu Gott. Reiß ihn hin, deinen Feind, hingerissen wird er dein Feind nicht mehr sein. So schreite fort, so werde die Liebe gehegt, um im Hegen sich zu vollenden: so legt euch an das hochzeitliche Kleid.

Die Liebe das Maß der Werke

[207] Überliefert hat der Vater Christus (Röm 8,32), überliefert hat ihn auch Judas; scheint nicht beides dieselbe Tat zu sein? Verräter ist Judas: ist also auch Gott Vater Verräter? Gewiß nicht, sagst du. Nicht ich, der Apostel, sagt: «Der seines eigenen Sohnes nicht schonte, sondern ihn für uns alle überliefert hat.» Der Vater lieferte ihn aus wie auch er selber lieferte sich aus. Der Apostel sagt ja ebenso: «Der mich geliebt hatund sich für mich überliefert hat» (Gal 2,20). Hat der Vater den Sohn überliefert und der Sohn sich selbst überliefert, was hat dann Judas getan?.. Das nämliche geschah: was aber unterscheidet das Überliefern des Sohns durch den Vater, die Selbstauslieferung des Sohnes und die Überlieferung des Meisters durch Judas den Jünger? Dies, daß es Vater und Sohn in der Liebe taten, Judas aber im Verrat. Ihr seht: nicht was der Mensch tut, ist zu erwägen, sondern in welcher Gesinnung und Absicht er es tut. Die Tat Gott Vaters und die des Judas ist dieselbe; den Vater benedeien, Judas verabscheuen wir. Warum benedeien wir den Vater und verabscheuen Judas? Wir benedeien die Liebe, wir verabscheuen die Bosheit. Wie Großes ward dem Menschengeschlecht durch die Überlieferung Christi geschenkt! Aber dachte Judas daran, als er überlieferte? Gott dachte an unser Heil, durch das wir Erlösung fanden; Judas an den Preis, um den er den Herrn verkaufte. Auch der Sohn dachte an den Preis, den er für uns zahlen wollte; Judas aber dachte an den Preis, den er durch den Verkauf empfangen sollte. Zweierlei Absicht schuf also zweierlei Tat. Ein und derselbe Bestand, an den verschiedenen Absichten gemessen, wird

einmal liebenswert, einmal verdammenswert; einmal zu rühmen, einmal zu hassen. So viel vermag die Liebe. Ihr seht, daß sie allein unterscheidet; ihr seht, daß sie allein die Taten der Menschen trennt.

Dies gilt für den gleichen Bestand. Bei verschiedenem Tun finden wir einen Menschen, der aus Liebe wütet, einen andern, der aus Bosheit sich liebenswürdig benimmt. Der Vater prügelt den Knaben, der Sklavenhändler putzt ihn heraus. Stellst du nur dies beides zur Wahl: Stockstreiche und hübschen Aufputz: wer wählte nicht lieber den Putz als die Streiche! Achtest du auf die Personen: so ist es die Liebe, die schlägt, die Bosheit, die schmeichelt. Ihr seht, was wir euch nahelegen wollen: die Taten der Menschen lassen sich nur von der Wurzel der Liebe her werten. Denn vieles kann man tun, was guten Anschein hat, aber nicht aus der Wurzel der Liebe hervorgeht. Denn auch der Dornstrauch blüht; vieles aber scheint hart und finster, und doch gebeut es um der Zucht willen die Liebe. Einmal für alle wird dir also ein kurzes Gebot aufgestellt: Liebe, und tu, was du willst! Schweigst du, so schweige aus Liebe; sprichst du, so sprich aus Liebe; rügst du, so rüge aus Liebe; schonst du, so schone aus Liebe: innen sei die Wurzel der Liebe, nur Gutes kann dieser Wurzel entsprießen.

Selbstlose Liebe

[208] Zu jeder Liebe, selbst zur fleischlichen, .. geliebteste Brüder, gehört ein gewisses Wohlwollen gegen die, die man liebt. Denn nicht so sollen wir die Menschen lieben, .. wie wir die Feinschmecker sagen hören: Ich liebe die Krammetsvögel. Warum? fragst du. Um sie zu töten und zu verspeisen. Das nennt er Liebe, seine Liebe geht darauf aus, sie umzubringen und zu vernichten. Was immer wir zum Essen lieben, das lieben wir, um es aufzuzehren und uns daran zu stärken. Soll man die Menschen so lieben, daß man sie gleichsam verbraucht? Nein, sondern Freundschaft ist eine Art Wohlwollen, der wir durch gelegentliche Gaben an den Geliebten Ausdruck verleihen. Und wenn wir nichts zu schen-

ken haben? Dann genügt dem Liebenden das reine Wohlwollen allein. Denn nicht dürfen wir wünschen, daß es Bedürftige gebe, damit wir Werke der Barmherzigkeit ausüben können. Dem Armen gibst du Brot: besser wäre, niemand hungerte und du müßtest keinem geben... Heb auf das Elend, und die Werke der Barmherzigkeit versiegen. Die Werke der Barmherzigkeit versiegen; wird damit auch das Feuer der Liebe gelöscht? Ursprünglicher liebst du einen glücklichen Menschen, dem du nichts zu geben vermagst; reiner wird diese Liebe sein und um vieles lauterer. Denn solange du einem Bedürftigen schenkst, hast du vielleicht den Drang, dich über ihn zu erheben, du willst den unter dir sehen, der doch der Urheber deiner Wohltat ist. Jener war bedürftig, du aber hast ihm gegeben; du kommst dir aber als der Geber gleichsam überlegen vor über dem Empfangenden. Wünsche, daß er dir gleich sei, auf daß ihr beide unter dem Einen seid, dem nichts zu schenken ist... Willst du besser sein als ein anderer Mensch, so wirst du ihm neidisch sein, wenn du siehst, daß er dir gleich ist. Alle solltest du dir gleich wünschen; und bist du einem an Klugheit überlegen, so sollst du wünschen, daß auch er klug werde. Solang er arm ist an Wissen, lernt er von dir, solang er ungelehrt ist, bedarf er deiner; und du erscheinst als Lehrer, er als Belehrter; du also als Lehrer überlegen, er als Lernender unterlegen. Wenn du nicht wünschest, daß er dir gleich werde, so willst du ihn ewig als Schüler haben. Willst du ihn ewig als Schüler, so bist du ein neidischer Lehrer; bist du aber neidisch als Lehrer, wie willst du dann Lehrer sein? Ich bitte dich: lehre ihn nicht deinen Neid! Hör den Apostel aus innerster Gesinnung der Liebe heraus sprechen: «Ich wollte, alle Menschen wären wie ich» (1 Kor 7,7). Alle sollten ihm gleich sein? Ebendarin war er allen überlegen, daß er in Liebe alle sich gleich wünschte.

Langmütige Liebe

[209] Wir dürfen nicht nachlässig sein: du weißt nicht, was der morgige Tag bringt. Gottes Langmut mahnt uns zu sol-

chem Tun, daß wir in uns und unserem Wandel, was schlecht war, verbessern, und daß wir das Bessere erwählen, solang es noch Zeit ist. Oder meint ihr, Gott schlafe, und er sehe die Übeltäter nicht? Aber vielleicht lehrt er uns Langmut und übt als erster Langmut. Er findet vielleicht einen Menschen, der voranschritt und nicht mehr tut, was er tat, das Böse. Dieser erleidet einen Böswilligen und möchte, daß Gott ihn entferne; und er murrt gegen Gott, weil er seinen Feind noch gewähren läßt, der ihm vielleicht Böses tut, und ihn nicht entfernt. Er hat vergessen, daß Gott gegen ihn selber Langmut übte, und wenn er als erster streng sein wollte, keiner mehr den Mund auftun könnte. Du forderst Strenge von Gott? Du bist hindurchgeschritten, so schreite auch der andere hindurch. Nicht ist, weil du durchgingst, abgebrochen die Brücke von Gottes Erbarmung; noch ist einer da, der hinüber soll.

Tragende Liebe

[210] «Traget gegenseitig eure Lasten..., jeder trage seine eigene Last» (Gal 6,2.5). Ihr fragt in eurem Herzen, wenigstens die, die es bemerkt haben: Wie sollen wir gegenseitig unsere Lasten tragen, wenn jeder seine eigene Last trägt? Und wie soll jeder seine eigene Last tragen, wenn wir gegenseitig unsere Lasten tragen sollen? Ich gebe zu, es ist eine Frage. Klopfet, und es wird euch aufgetan werden: klopfet durch Aufmerken, klopfet durch Nachdenken, klopfet für euch durch Gebet, damit wir euch nämlich etwas Würdiges sagen können, also klopfend helft ihr uns, und schnell wird die Frage gelöst sein. Würde nur jeder so wirksam das Eingesehene befolgen, als die Frage schnell gelöst ist. In der Bedrückung der Schwäche tragen wir gegenseitig unsere Lasten: in der Hinsicht der Frömmigkeit trage jeder die eigene Last. Was hab ich gesagt? Wir alle, die wir Menschen sind, was sind wir andres als Menschen, und darum Schwache und solche, die durchaus nicht ohne Fehler sein können? In dieser Hinsicht nämlich tragen wir gegenseitig unsere Lasten. Wenn dich der Überdruß faßt an dem Fehler deines Bruders, und

ihn an deinem, dann vernachlässigt ihr euch und begeht wahrhaft eine große Sünde. Wenn aber du trägst, was jener nicht konnte, und was du nicht konntest, jener trägt, dann tragt ihr gegenseitig eure Lasten; und weil ihr gegenseitig eure Lasten tragt, erfüllt ihr das hochheilige Gesetz der Liebe. Denn das ist Christi Gesetz...

Und also, Brüder, «wenn einer sich unversehens zu einem Fehler hinreißen läßt, so sollt ihr, die ihr ‚Geistige' seid» – alle unter euch, die ihr Geistige seid, – «einen solchen belehren im Geiste der Sanftmut». Auch wenn du laut tadelst, liebe im Innern. Du mahnst, du schmeichelst, du tadelst, du tobst: liebe, und tu, was du willst! Denn nicht haßt der Vater den Sohn: und doch, wenn es not tut, gibt er ihm Streiche; er fügt ihm Schmerz zu, um sein Heil zu wahren. *Das* heißt: «im Geiste der Sanftmut». Läßt sich nämlich einer zu einem Fehler hinreißen, und du sagst dir: Was geht mich das an!, und ich frage dich: Warum geht es dich nicht an?, und du gibst mir zur Antwort: Weil jeder seine eigene Last tragen soll; dann will ich dir entgegnen: Du hast doch mit Zustimmung vernommen und eingesehen: «Traget gegenseitig eure Last.» Läßt sich also jemand zu einem Fehler hinreißen, so belehre du, der du geistig bist, einen solchen im Geiste der Sanftmut. Über seinen Fehler wird er Rechenschaft ablegen müssen, weil jeder seine eigene Last trägt; vernachlässigst du aber seine Wunde, so wirst du über den Fehler deiner Nachlässigkeit strenge Rechenschaft ablegen müssen; und so werdet ihr, die ihr eure Last gegenseitig nicht tragt, jeder strenge Rechenschaft ablegen müssen darüber, daß jeder nur seine eigene Last trägt. Tut es, gewiß, aber tragt auch gegenseitig eure Lasten, und Gott wird euch nachsichtig sein, daß jeder von euch seine eigene Last trägt...

Aber jene «Geistigen», die ermahnt wurden, ..sagen vielleicht in ihrem Herzen: Laßt uns die Lasten tragen derer, die sich zu Fehlern hinreißen lassen; denn wir selbst haben nicht, was wir in uns selbst zu tragen hätten. So vernimm, damit du nicht sorglos werdest, die Worte, die folgen: «Gib auf dich selber acht, damit nicht auch du in Versuchung geratest.» Die Geistigen mögen sich nicht überheben, sich nicht überschätzen: obgleich, wenn anders sie Geistige sind, sie sich nicht überheben werden: ich fürchte, sie überheben sich, weil sie Fleischliche sind; und doch hüte sich auch der Geistige, daß er nicht selbst in Versuchung gerate. Ist er vielleicht, weil er geistig ist, weniger Mensch? Trägt vielleicht er, weil er geistig ist, nicht «einen verweslichen Leib», der «die Seele beschwert»? Hat er denn, weil er geistig ist, dieses Leben schon hinter sich, das als Ganzes «eine Versuchung ist auf Erden»? Mit Recht ist ihm also gesagt, durchaus mit Recht: «Gib auf dich selber acht, daß nicht auch du in Versuchung geratest.»

Vergebende Liebe

[211] «Wenn siebenmal im Tag dein Bruder gegen dich fehlte, und er käme und sagte: es tut mir leid; so vergib ihm» (Lk 17,4). Es werde dir nicht zum Überdruß, immer von neuem dem Reumütigen zu vergeben. Wärst du nicht Schuldner, so könntest du straflos der lästige Betreiber sein; nun aber, da du als Schuldner einen Schuldner hast und du Schuldner dessen bist, der seine Schuld nicht bezahlen kann, sieh zu, wie du's mit deinem Schuldner treibst: denn so wird's Gott mit dem seinigen treiben. Höre und fürchte: «Es freue mein Herz sich, deinen Namen zu fürchten.» Wenn du dich freust, daß dir vergeben wird, fürchte, damit du selber vergebest. Wie sehr zu fürchten ist, das hat der Erlöser gezeigt, indem er uns jenen Knecht im Evangelium vorlegte, den der Herr zur Rechenschaft zog und als Schuldner von hunderttausend Talenten erfand: «Er befahl, ihn zu verkaufen und seine ganze Habe dazu, als Tilgung der Schuld» (Mt 18,25). Jener warf sich zu Füßen seines Herrn und begann zu bitten um Aufschub und erlangte den Nachlaß. Und er ging weg vom Angesicht seines Herrn, mit dem Nachlaß der gesamten Schuld, und begegnete seinem Schuldner, seinem Mitknecht, der ihm hundert Denare schuldete, und begann ihn zu würgen und zur Zahlung zu zwingen. Als ihm verziehen war, freute sein Herz sich, aber nicht so, daß er den Na-

men des Herrn, seines Gottes, gefürchtet hätte. Der Knecht sagte seinem Mitknecht dasselbe, was dieser dem Herrn gesagt: «Habe Geduld, und ich werde es dir bezahlen.» Der aber: ‚Nein, heute bezahlst du.' Es kam dem Hausherrn zu Ohren, und ihr wißt: er drohte nicht nur, ihm später nicht mehr zu verzeihen, wenn er wieder Schulden haben sollte, sondern alles, was er ihm erlassen, legte er ihm neuerdings auf und befahl ihm, alles Erlassene zu erstatten. Wie sehr also müssen wir fürchten, meine Brüder, wenn wir Glauben besitzen, wenn wir dem Evangelium trauen, wenn wir den Herrn nicht für trügerisch halten! Laßt uns fürchten, befolgen, uns hüten, verzeihen. Denn was verlierst du, wenn du vergibst? Du schenkst Vergebung, nicht Geld...

Dann aber, sagst du, ist keine Zucht mehr: alle Sünden gehen straflos aus; denn es ist eine Lust, immer zu sündigen, wenn jener, der sündigt, denkt, daß du immer verzeihst. So ist es nicht. Es wache die Zucht, und das Wohlwollen schlummere nicht. Glaubst du, es heiße Böses mit Bösem vergelten, wenn du dem Schuldigen Zucht angedeihen läßt? Gewiß nicht: du vergiltst ihm Böses mit Gutem und tust selber nicht wohl, wenn du ihm diese Wohltat nicht tust.

Miterlösende Liebe

[212] «Wenn ich, euer Herr und Meister, eure Füße gewaschen habe, so müßt auch ihr euch gegenseitig die Füße waschen. Denn ein Beispiel gab ich euch, damit auch ihr tut, wie ich getan habe» (Joh 13, 14–15). Dürfen wir denn sagen, daß auch der Bruder den Bruder von der Befleckung der Sünde zu reinigen vermag? Ja, wir sollen sogar in der Erhabenheit dieser Tat des Herrn eine Aufforderung dazu erblicken, daß wir, die wir einander unsere Sünden bekennen, so für uns beten sollen, wie Christus selbst fürbittend eintritt für uns (Röm 8, 34)... Denn wenn er, der keinerlei Sünde hat, noch hatte, noch haben wird, für unsere Sünden bittet, um wieviel mehr müssen wir dann gegenseitig für die unseren bitten? Und wenn er uns vergibt, dem wir nichts zu

vergeben haben, um wieviel mehr müssen wir einander vergeben, die wir hier ohne Sünde nicht leben können?.. An uns ist es, mit seiner Gnade den Dienst der Liebe und Erniedrigung zu leisten: an ihm, uns zu erhören und von allem Makel der Schuld zu befreien.

Gott ist die Liebe

[213] Wie sollen wir uns im Herrn erfreuen, wenn er so fern ist von uns? Daß er fern ist oder nicht fern ist, das liegt in deiner Hand. Liebe, so wird er sich nähern; liebe, so wird er in dir wohnen. «Der Herr ist ganz nahe, seid ohne Sorge» (Phil 4,5–6). Willst du sehn, wie sehr er mit dir ist, wenn du liebst? «Gott ist die Liebe» (1 Joh 4,8). Was schweifen weit und breit die Gedanken deiner Einbildungskraft, und du sagst dir: Was mag wohl Gott sein? Wie wird er wohl aussehen? Was immer du dir einbildest, er ist es nicht: was immer du mit Gedanken umfassest, er ist es nicht. Denn wenn er es wäre, so könnte er vom Gedanken nicht eingefaßt werden. Und doch, damit du einen Vorgeschmack habest: «Gott ist die Liebe.» Du fragst mich: Was ist denn die Liebe? Die Liebe ist das, wodurch wir lieben. Und was lieben wir? Ein unaussprechliches Gut, ein gutspendendes Gut, ein allen Gütern ursprunggebendes Gut. Er soll dich ergötzen, von dem du hast, was immer dich freut.

Nächstenliebe ist Gottesliebe

[214] «Die Liebe stammt aus Gott: und jeder, der liebt, ist aus Gott geboren und kennt Gott. Wer nicht liebt, kennt Gott nicht.» Warum? «Denn Gott ist die Liebe» (1 Joh 4, 7–8). Ihr seht also: Gegen die Liebe verstoßen heißt gegen Gott verstoßen. Keiner sage: Ich sündige nur gegen einen Menschen, wenn ich meinen Bruder nicht liebe – gebt acht! – die Sünde gegen den Menschen wiegt nicht schwer; gegen Gott aber wollte ich nicht sündigen. Wie sündigst du nicht gegen Gott, wenn du gegen die Liebe sündigst? «Gott ist die Liebe.»

Die Einheit der Liebe

[215] Der *eine* Christus wird uns zur Betrachtung vorgestellt, und es wird uns gesagt: «Jeder, der glaubt, daß Jesus der Christus ist, der ist aus Gott geboren: und jeder, der den liebt, der ihn geboren hat» – nämlich den Vater –, «der liebt auch den, der aus ihm geboren wurde» – nämlich den Sohn, unsern Herrn Jesus Christus. Und dann heißt es weiter: «Daran erkennen wir, daß wir die Söhne Gottes lieben, wenn wir Gott lieben» (1 Joh 5,1–2). Fast als wollte er sagen: Daran erkennen wir, daß wir den Sohn Gottes lieben. Er sagt aber «Söhne Gottes», nachdem er kurz vorher noch Sohn Gottes gesagt hatte. Denn die Söhne Gottes sind der Leib des eingeborenen Sohnes Gottes; da jener das Haupt ist, wir die Glieder, ist nur ein einziger Sohn Gottes. Wer also die Söhne Gottes liebt, der liebt den Sohn Gottes; und wer den Sohn Gottes liebt, der liebt den Vater: und keiner kann den Vater lieben, ohne den Sohn zu lieben, und wer den Sohn liebt, muß auch die Söhne Gottes lieben. Was für Söhne Gottes? Die Glieder des Sohnes Gottes. Und liebend wird er selbst zum Gliede und gliedert liebend sich ein ins Gefüge des Leibes Christi; und so wird zuletzt nur ein einziger Christus sein, der sich selber liebt. Denn wenn die Glieder einander lieben, so liebt sich der Leib... Wenn du aber den Bruder liebst, liebst du dann zwar den Bruder, aber nicht Christus? Wie solltest du nicht, da du doch ein Glied Christi liebst? Liebst du also ein Glied Christi, so liebst du Christus; und liebst du Christus, so liebst du den Sohn Gottes; und liebst du den Sohn Gottes, so liebst du auch den Vater. Unteilbar also ist die Liebe. Wähle, was du lieben willst; das übrige folgt dir von selber.

Flamme zum Himmel

[216] «Brannte nicht unser Herz unterwegs, als er uns die Schriften eröffnete?» (Lk 24,32.) Brennet, damit ihr nicht einst im Feuer brennet, in dem die Dämonen brennen werden.

Im Feuer der Liebe brennet, damit ihr euch von den Dämonen abtrennet. Die Brunst reißt euch nach oben, hebt euch nach oben, schwingt euch zum Himmel. Was immer ihr auf Erden an Drangsal erleidet, wie sehr auch der Feind das drunten gedemütigte christliche Herz bedränge: zum Höchsten strebt das Feuer der Liebe. Nehmt ein Gleichnis. Wenn du eine brennende Fackel trägst, dann trägst du sie aufrecht mit der Spitze nach oben; das Flammenbündel steigt zum Himmel empor; senkst du die Fackel, die Flamme geht doch zum Himmel: kehrst du die Fackel mit der Spitze nach unten, wendest du dann etwa auch die Flamme nach unten? Wohin immer sich das Brennende wende, die Flamme weiß keinen anderen Weg, sie strebt gen Himmel. «Glühend im Geiste», laßt euch entzünden vom Feuer der Liebe; setzt euch in Glut durch Gotteslob und ausgezeichnete Sitten. Der eine ist warm, der andere kalt: der Warme entzünde den Kalten; und wer wenig brennt, wünsche sich Mehrung, erbitte sich Zehrung. Gott ist zu schenken bereit: laßt uns mit aufgeschlagenen Herzen bereit sein, auch zu empfangen.

Der Gott der Armen und Reichen

[217] Die Schrift sagt: «Der Reiche und der Arme begegneten sich; beide aber schuf der Herr» (Spr 22,2). Auf welchem Wege, wenn nicht auf dem dieses Lebens? Geboren wurde der Reiche, geboren der Arme. So seid ihr einander begegnet, da ihr des gleichen Weges einhergingt. Du da bedrücke nicht, du dort stiehl nicht. Dieser ist bedürftig, jener ist reich. «Beide aber schuf der Herr.» Durch den Besitzenden hilft er dem Bedürftigen; durch den Bedürftigen prüft er den Besitzenden. Wir haben's gehört, wir haben's gesagt: fürchten wir, scheuen wir, beten wir, gelangen wir hin.

[218] Es sage der Arme: Du bist mein Gott; es sage der Reiche: Du bist mein Gott. Jener hat weniger, dieser hat mehr; aber an Geld, nicht an Gott. Um zu Gott zu gelangen, gab der reiche Zachäus die Hälfte seines Vermögens dahin; um zu ihm zu gelangen, verließ Petrus Netze und Schifflein; um hinzugelangen, gab die Witwe zwei Pfennige; um hinzugelangen, reichte ein noch Ärmerer ein Glas kalten Wassers (Mt 10,42); um hinzugelangen, gab der Allerärmste und Allerbedürftigste nur seinen guten Willen. Verschiedenes gaben sie und gelangten doch zu demselben, weil sie nicht Verschiedenes liebten. So auch ihr, Menschen, Schafe Gottes, Schafe der Herde Gottes, laßt euch nicht verwirren durch eure zeitlichen Unterschiede, daß die einen in Ehre sind, die andern ohne Ehre, die einen mit Geld versehen, die andern ohne Geld, die einen schöneren Leibes, die andern weniger schön, die einen vom Alter gebückt, die andern in Jugendblüte, die einen Kinder, andere Männer, andere Frauen: nah ist allen Gott auf gleiche Weise.

Der Arme beschert

[219] Darum macht Gott sehr oft seine Diener, die er selber ernähren könnte, zu Armen, damit er Helfer finde.

Keiner überhebe sich, der einem Armen gibt: Christus war arm. Keiner überhebe sich, der einen Fremden beherbergt: Christus war fremd. Besser ist der Aufgenommene als der Aufnehmende: reicher der Empfangende als der Geber. Der empfing, besaß alles: der gab, hatte, was er gab, von jenem erhalten, dem er es gab. Keiner überhebe sich also, Brüder, wenn er einem Armen gibt; er sage nicht in seinem Herzen: Ich gebe, jener empfängt; ich beherberge, jener bedarf eines Daches. Vielleicht ist das, wessen du bedarfst, mehr. Vielleicht ist der, den du aufnimmst, gerecht; er bedarf des Brotes, du aber der Wahrheit; er bedarf des Daches, du aber des Himmels, er bedarf des Geldes, du der Gerechtigkeit...

Du sagst dir vielleicht: O selig, die Christus beherbergen durften! O hätte ich doch damals gelebt! O wäre ich doch einer von den Zwölfen gewesen, die er auf seinem Wege gefunden! Sei du auf dem Wege, dann wird Christus der Gast nicht ausbleiben... «Was ihr einem meiner Geringsten getan habt, das habt ihr mir getan.» Jener Reiche, er ist ein Bettler bis ans Ende der Welt. Er ist allen Ernstes ein Bettler, nicht im Haupte, wohl aber in seinen Gliedern.

Das Almosen

[220] Almosen heißt auf griechisch Erbarmen. Welches Erbarmen über uns Armen konnte aber größer sein als jenes, das den Schöpfer des Himmels vom Himmel entsetzte und den Erschaffer der Erde in einen irdischen Körper versetzte; das ihn, der aus der Ewigkeit des Vaters gleich ewig nicht wich, unserer Sterblichkeit anglich und dem Weltenherrscher anzog Sklavengestalt; so daß das Brot selbst hungerte, die Kraft ohnmachtete, die Gesundheit blutete, das Leben starb? Dies aber, auf daß unser Hunger gesättigt werde, unsre Dürre begossen, unsre Schwäche getröstet, unsre Bosheit vernichtet, unsre Liebe entflammt. Welches Erbarmen ist größer, als wenn der Schöpfer geschaffen, der Herr verknechtet, der Erlöser verschachert, der Erhöher erniedrigt, der Erwekker getötet wird? Uns wird im Almosengebot verordnet, daß

wir Brot dem Hungernden reichen (Is 58,7); er aber, um sich uns Hungernden selber zu reichen, lieferte sich zuerst uns Tobenden aus. Es wird uns geboten, einen Fremdling aufzunehmen: er selber kam für uns in sein Eigentum, und die Seinigen nahmen ihn nicht auf (Joh 1,11). So benedeie ihn denn unsre Seele, der all ihre Vergehen nur mit Güte vergalt.

Der Glaube an den Armen

[221] «Schenke Glauben deinem Nächsten, wenn er in Armut ist, so wirst du teilhaben an seinen Gütern» (Sir 22,28). Verachtet nicht die Armen, die nichts zum Vergelten haben, die nicht haben, wo sie eintreten können. Sie haben ihr Dach, sie haben ihr Gezelt, ein ewiges sogar. Sie haben das, worin ihr vergeblich – wie jener Reiche – Aufnahme wünschen werdet, wenn ihr sie nicht jetzt in das Eure aufnehmt. «Denn wer einen Gerechten im Namen des Gerechten aufnimmt, der wird den Lohn des Gerechten erhalten; wer einen Propheten im Namen des Propheten aufnimmt, wird den Lohn des Propheten empfangen; und wer einem meiner Geringsten ein Glas kalten Wassers reicht, auch nur im Namen des Jüngers, wird seines Lohns nicht verlustig gehn» (Mt 10,41–42). Er schenkt seinem Nächsten in der Armut Glauben und wird so teilhaben an seinen Gütern. Und der Herr sagt es dir selber, er, der arm wurde, obschon er der Reiche war; er legt dir diesen Spruch besser und glaubhafter aus. Denn vielleicht zweifelst und zögerst du einigermaßen wegen des Armen, den du in dein Haus eingelassen, ob es ein ehrlicher Mensch sei oder vielleicht doch ein heuchlerischer, durchtriebener Schwindler; es zögert das Gemüt, das barmherzig sein will, da du ihm nicht ins Herz blicken kannst. Tu's auch mit dem Bösen, damit du hindurchgelangst zum Guten. Der sich scheute, seinen guten Samen auf den Weg, in die Dornen, auf Gestein fallen zu lassen und im Winter träg war im Säen, der hungert im Sommer. Und schließlich sagt dir dein Herr, an dem du nicht Zweifel hegst, wenn du ein Christ bist: Ich bin für dich arm geworden, ob ich schon

reich war. «Der sich in Gottes Gestalt befand» – was ist reicher als diese Gestalt? –, «hielt es nicht für Raub, gottgleich zu sein; aber er leerte sich aus, nahm Sklavengestalt an» – was ist reicher als Gottes Gestalt, was ist ärmer als Sklavengestalt? –, «wurde dem Menschen ähnlich und im Gehaben als Mensch erfunden; er erniedrigte sich selbst, wurde gehorsam bis zum Tode, ja bis zum Tode am Kreuz» (Phil 2,6–8). Füge noch bei: Er dürstete am Kreuz, empfing einen Trank nicht von einem Erbarmenden, sondern von einem Lästernden; und Galle trank im Tode der Quell des Lebens. Verachte nicht, verschmähe nicht, sag nicht: So soll mein Gott Mensch geworden sein? So soll mein Gott getötet, gekreuzigt worden sein? Doch, durchaus, so ist es: er wurde gekreuzigt. Seine Armut wird dir ans Herz gelegt. Er war fern von dir; durch Armut kam er dir näher. «Schenke Glauben deinem Nächsten, wenn er in Armut ist.» Gewiß, diesmal wankt und verdunkelt sich nie dieser Spruch. An Stelle des Namens des Nächsten setze den Namen Christi, und nimm ihn demütig auf. Demütig nämlich wirst du dem Demütigen angeglichen... Und was heißt: «Dann wirst du teilhaben an seinen Gütern»?.. «Vater», sagte er, «ich will, daß auch sie dort seien, wo ich bin.»

Es kostet so viel, als du hast

[222] «Kommt, ihr Gesegneten meines Vaters, empfanget.» Empfanget was? «Das Reich.» Wofür? «Ich hungerte, und ihr gabt mir zu essen» (Mt 25,34–35). Was ist so wohlfeil, was so irdisch, als einem Hungernden Brot brechen? Soviel wert ist das Himmelreich... Aber du hast nicht die Möglichkeit, Brot zu brechen, hast kein Haus, um zu beherbergen, hast kein Kleid, um zu bedecken –: gib einen Becher kalten Wassers, wirf zwei Scherflein in den Opferkasten. Ebensoviel kaufte die Witwe mit zwei Scherflein, als Petrus, seine Netze verlassend, kaufte, als Zachäus kaufte, indem er die Hälfte seines Vermögens hingab. Es kostet so viel, als du hast.

Der bettelnde Kleriker

[223] «Du sollst dem dreschenden Ochsen das Maul nicht verbinden.».. Denn «der Herr verordnete, daß, die das Evangelium verkünden, vom Evangelium leben sollen» (1 Kor 9,9.17)... Die Verkünder des Evangeliums also sind die Tiere und die Diener. Es bringe die Erde, wenn sie Regen erhalten hat, «Heu den Tieren» hervor (Ps 103,14)... Sei neugierig, sei vorsehend, schau zu, achte, wovon ein jeder lebt, womit er sich durchbringt, woher er's hat; eine solche Neugier wird dir nicht getadelt, .. «habe Verständnis mit dem Dürftigen und Armen» (Ps 40,2). Der eine kommt zu dir und bittet; dem andern komme zuvor, damit er nicht bitten muß... Der Herr selber hatte Spargeld, und man gab daraus jenen Armen, von denen Gott lehrte, daß sie nicht zu verachten seien. Wenn du aber jenen nicht verachtest, um wieviel weniger den «Ochsen», durch den diese Tenne gedroschen wird? Um wieviel weniger den, der für dich dient? Er braucht nicht Speise, vielleicht aber braucht er Kleider. Kleider braucht er nicht, vielleicht aber braucht er ein Dach, vielleicht baut er eine Kirche, vielleicht sinnt er über eine nützliche Einrichtung im Hause Gottes nach; er wartet darauf, daß du es merkest, er wartet darauf, daß du «Verständnis habest mit dem Dürftigen und Armen». Du dagegen, harte Erde, steinige, unbegossene oder vergeblich bewässerte, behältst dir vor zu sagen: Ich wußte nicht, ich kannte nicht, niemand hat mich aufmerksam gemacht!

Zedern und Spatzen

[224] «Und Libanonzedern, die er pflanzte. Dort nisten die Spatzen» (Ps 103,16–17)... Kleine Vöglein sind's... Es gibt nämlich Diener Gottes, die im Evangelium hören: «Gib all das Deinige weg» oder: «Verkaufe all das Deine und gib es den Armen und du wirst einen Schatz im Himmel haben, und komm, folge mir nach» (Mt 19,21). Und es hörten's nicht nur Große, sondern es hörten's auch Kleine, und

es wollten dies auch Kleine tun und «geistig» sein... Schelten wir nicht und sagen: Du hast nichts verlassen. Es werde nicht übermütig, wer viel verlassen. Petrus – wir wissen, daß er ein Fischer war –, was konnte er schon verlassen, um dem Herrn zu folgen? .. Viel verließ er, meine Brüder, viel verließ er, der nicht nur alles verließ, was er besaß, sondern alles, was er zu besitzen begehrte... Diese Begierlichkeit wurde abgeschnitten... Die ganze Welt geradezu ließ Petrus, und die ganze Welt erhielt er wieder. «Gleichsam nichts habend und alles besitzend» (2Kor 6,10). Das tun viele, das tun solche, die nichts haben, und sie kommen und werden nützliche «Spatzen»..., die «nisten» in den «Zedern des Libanon». Denn auch die «Zedern des Libanon», die Edeln und Reichen und Erhabenen dieser Welt, weil sie mit Furcht hören: «Selig, der Verständnis hat für den Dürftigen und Armen», blicken auf ihre Güter, ihre Ländereien und all die überflüssigen Mittel, um derentwillen sie erhaben scheinen, und bieten sie dar den Dienern Gottes. Sie geben Äcker, Gärten, bauen Kirchen, Klöster, sammeln die «Spatzen», damit die «Spatzen nisten in den Zedern des Libanon». .. Und dennoch, meine Brüder, die «Spatzen» selbst, wenn anders sie «geistig» sind, müssen die «Zedern des Libanon» nicht für sehr wichtig halten und nicht meinen, die seien überlegen, von denen ihr Lebensunterhalt zusammengebracht wird. Sie selbst sind ja «Spatzen»,.. und wenn vielleicht die «Zedern» des Libanon sich erzürnen und allerhand Drangsal oder Ärgernis den Dienern Gottes in ihren Zweigen bereiten, so fliegen die «Spatzen» davon, aber weh der «Zeder», die ohne «Spatzennester» zurückbleibt. «Spatzen» nämlich gehen nicht unter, gehn nicht zugrund.

Das Almosen des Armen

[225] Es gebe acht eure Liebe, wie ein Almosen gegeben wird..: Oft findet sich auch ein Reicher, der arm ist, und es wird ihm von einem Armen etwas geboten. Irgendeiner kommt an den Fluß, um so verweichlichter, je reicher er ist;

er kann nicht hinüber: ginge er entblößten Leibes hindurch, so würde er sich erkälten, würde krank, würde sterben; da tritt ein Armer geübteren Leibes hinzu, trägt den Reichen hinüber: er gibt dem Reichen ein Almosen. Glaubt also nicht, daß nur die arm sind, die kein Geld haben. Worin ein jeglicher arm ist, darauf achte, denn vielleicht bist du in ebendem reich, worin er arm ist, und du hast, womit du ihm dienen kannst. Vielleicht dienst du mit deinen Gliedern, und das ist mehr, als wenn du mit Geld dienen würdest. Er braucht einen Rat, du bist voll Rats; an Rat ist er arm, du reich. Schau, es macht dir keine Mühe, du verlierst nichts, du gibst den Rat und hast ein Almosen gewährt. Jetzt eben, meine Brüder, während wir reden, seid ihr gleichsam Arme uns gegenüber, und weil Gott sich gewürdigt hat, uns zu geben, so geben wir weiter an euch, und alle empfangen wir von dem, der allein reich ist. So also hält sich der Leib Christi, die verbrüderten Glieder fügen sich so ineinander und einen sich in der Liebe und im Band des Friedens, da jeder, was er hat, dem gewährt, der nicht hat; reich ist er in dem, was er hat, arm in dem, was er nicht hat. So sollt ihr euch lieben, so euch minnen. Achtet nicht auf euch allein, sondern achtet auf die Bedürftigen um euch her.

Das Almosengericht

[226] Beim Jüngsten Gericht wird er ihnen nicht sagen: Kommt und empfanget das Reich, denn ihr habt ein keusches Leben geführt, ihr habt niemand betrogen, keinen Armen bedrückt, niemandes Grenzen eingerannt, niemand durch Meineid getäuscht; das alles sagt er nicht. Sondern: «Empfangt das Reich, denn ich hungerte, und ihr gabt mir zu essen.» Wie sehr ragt dieses hervor, wenn der Herr alles andere verschweigt und einzig von diesem redet! Und zu den andern sagt er: «Geht ins ewige Feuer, das dem Teufel und seinen Engeln bereitet ist.» Wie manches könnte er gegen die Gottlosen vorbringen, wenn sie ihn fragen würden: Warum sollen wir ins ewige Feuer? Du fragst warum, du

Ehebrecher, du Mörder, du Schwindler, du Gottesräuber, du Lästerer, du Abtrünniger? Aber nichts davon, sondern: «Ich hungerte, und ihr gabt mir nicht zu essen.» Ich sehe, daß eine Bewegung durch eure Reihen geht, so wie auch ich bewegt bin. Wahrlich, wundersam ist die Sache. Ich will versuchen, so gut ich kann, den Grund für diese wundersame Sache zu finden, und ihn euch nicht vorenthalten. Es steht geschrieben: «Wie Wasser das Feuer löscht, so löscht Almosen die Sünde» (Sir 3,33). Weiter steht geschrieben: «Schließ Almosen ein ins Herz des Armen, und es wird für dich beten zum Herrn» (ebd. 29,15). Weiter steht geschrieben: «Hör meinen Rat, König, und kaufe dich los von deinen Sünden durch Almosen» (Dan 4,24). Und noch viele Zeugnisse enthält die Heilige Schrift, die beweisen, daß Almosen gar viel vermögen zur Löschung und Tilgung der Sünden. Jene also, die er im Begriff steht zu verdammen, und mehr noch jene, die er im Begriff steht zu krönen, beurteilt er allein nach den gespendeten Almosen; als ob er gleichsam sage: Schwierig wäre es, wenn ich euch prüfte, wenn ich euch auf die Waage legte, wenn ich eure Taten aufs peinlichste untersuchte, nicht etwas zu finden, um dessentwillen ich euch verdammen müßte, aber: «Geht ein in das Reich; denn ich hungerte, und ihr gabt mir zu essen.» Nicht darum also geht ihr ein in das Reich, weil ihr nicht gesündigt habt, sondern weil ihr durch Almosen eure Sünden getilgt habt. Und zu den andern: «Geht in das ewige Feuer, das dem Teufel und seinen Engeln bereitet ist.» Und sie, als Schuldige, von alters her Sündige, zu spät Erzitternde, auf ihre Sünden Blickende, werden nicht wagen zu sagen, sie würden ungerecht verurteilt... Er aber sagt ihnen gleichsam: Nein, es ist nicht das, was ihr glaubt. Sondern: «Ich hungerte, und ihr gabt mir nicht zu essen.».. Denn «selig die Barmherzigen, denn sie werden Barmherzigkeit erlangen» (Mt 5,7). Jetzt aber «geht in das ewige Feuer». «Gericht ohne Erbarmen dem, der nicht Barmherzigkeit übte» (Jak 2,13).

Der Tempel Gottes

[227] Alle Glaubenden machen die eine Stätte des Herrn aus. Im Herzen nämlich hat Gott seinen Ort, und ein einziges Herz ist aller, die in Liebe verschlungen sind. Wieviel Tausende glaubten doch, meine Brüder, als sie den Erlös ihrer Habe den Aposteln vor die Füße legten! Was aber sagt von ihnen die Schrift? Sie wurden zum Tempel Gottes, nicht nur jeder für sich ein Tempel Gottes, sondern alle zusammen der Tempel Gottes. Sie wurden also dem Herrn zur Stätte. Und damit ihr es wißt, daß in ihnen allen der eine Ort des Herrn bereitet wurde, sagt die Schrift: «Es war ihnen *eine* Seele und *ein* Herz zu Gott hin» (Apg 2,41). Viele aber, um Gott keinen Ort einräumen zu müssen, suchen das Ihre, lieben das Ihre, freuen sich ihrer Macht, gieren nach ihrem Eigenbesitz. Wer aber dem Herrn einen Ort bereiten will, freue sich nicht am Alleinbesitz, sondern am Gemeinbesitz. So machten es jene mit ihrer Eigenhabe: sie machten sie zur allgemeinen. Was sie für sich hatten, verloren sie es? Hätten sie das allein, hätte jeder nur, was ihm gehörte, so hätte er nur, was er als Eigenes besaß. Da er aber das Eigene zum Allgemeinen gemacht, so wurde auch, was den übrigen gehörte, sein.

Vereinzelt und eins

[228] «Der einzeln ihre Herzen bildete.» Mit der Hand seiner Gnade, mit der Hand seiner Barmherzigkeit bildete er unsere Herzen.., bildete jedes einzeln für sich, hat er uns eine Art vereinzelter Herzen gegeben, die doch die Einheit nicht aufheben... In unseren Gliedern sind vielerlei Werke, aber *eine* Gesundheit; so sind in allen Gliedern Christi vielerlei Stände, aber *eine* Liebe.

Im Ziel verbunden

[229] Wenn heutzutage die Gegenwart des Heiligen Geistes sich nicht mehr durch Wunder bezeugt, wie geschieht

es dann, wie erkennt dann einer, daß er den Heiligen Geist empfangen hat? Er befrage sein Herz: liebt es den Bruder, so bleibt Gottes Geist in ihm. Er sehe zu, er prüfe sich selbst vor den Augen Gottes; er sehe zu, ob in ihm die Liebe zu Friede und Einheit ist, die Liebe zu der über das Erdenrund verbreiteten Kirche. Nicht darauf achte er, ob er nur den Bruder liebe, der ihm vor Augen ist: denn viele unserer Brüder sehen wir nicht und sind ihnen doch in der Einheit des Geistes verbunden. Ist es erstaunlich, daß sie nicht da sind? Wir sind ja im selben Leibe, wir haben ein gemeinsames Haupt im Himmel. Brüder, unsere Augen sehen sich nicht, kennen sich gleichsam nicht. Aber kennen sie sich denn nicht in der Liebe der körperlichen Verbundenheit? Denn, damit ihr wißt, daß sie sich in der Liebesverbindung wohl kennen: wenn beide Augen offen sind, kann nicht das rechte irgendwohin blicken, ohne daß auch das linke ebendorthin blicken müßte. Richte das rechte ohne das andere, falls du es kannst! Mitsammen wandern sie, mitsammen richten sie sich; der Blickpunkt ist derselbe, ist auch der Ausgangspunkt verschieden. Wenn also alle, die mit dir zusammen Gott lieben, auch mit dir auf das gleiche zielen, so achte nicht auf die leibliche, örtliche Trennung: der Strahl eurer Herzen hat sich gemeinsam auf das Licht der Wahrheit geheftet.

Strömen

[230] «Ihr sollt keinen Säckel bei euch tragen.» Was ist ein Säckel? Verschlossenes Geld, das heißt: verheimlichte Weisheit. Was heißt: «Ihr sollt keinen Säckel bei euch tragen?» Ihr sollt nicht weise sein bei euch selber. Empfanget den Heiligen Geist. Ein Quell soll in dir sein, nicht ein Säckel, aus dem ausgeflossen, nicht in den eingeschlossen wird.

Dreifaltigkeit

[231] «Ich und der Vater sind eins.» Der Arianer höre das «eins», Sabellius höre: das «sind»... Vater und Sohn und

Heiliger Geist ist ein Gott: drei sind, und ein Gott ist. Der Vater ist nicht der Sohn, der Sohn nicht der Vater, der Heilige Geist weder Vater noch Sohn, sondern der Geist des Vaters und Sohnes; und dies Ganze ist *ein* Gott. Warum ein Gott? Weil hier so große Liebe, so großer Frieden, so große Eintracht und keinerlei Zwietracht herrscht. Ich will dir zeigen, wie du glauben kannst, was du nicht ohne Glauben einsehen kannst. Sag mir: Wieviel Seelen waren es in der Apostelgeschichte, welche da glaubten, als sie die Wunder der Apostel sahen?.. «Dreitausend Seelen.» Sieh, dreitausend Seelen, soviel tausend Seelen; und doch kommt der Heilige Geist, durch den die Liebe in unsere Herzen ausgegossen wird, und was steht von so vielen Seelen geschrieben? «Sie waren aber ein Herz und eine Seele» (Apg 4,32). So viele Seelen sind eine Seele, nicht durch Natur, sondern durch Gnade. Und wenn so viele Seelen durch die herabkommende Gnade zu einer einzigen Seele wurden, was wunderst du dich, daß Vater und Sohn und Heiliger Geist ein Gott sind?

VIII

DAS ÄRGERNIS

[232] «Wahrlich, wahrlich, ich sage euch, wer nicht durch die Türe zum Schafstall eingeht, sondern anderswo einsteigt, der ist ein Dieb und ein Räuber» (Joh 10, 1). Es gibt ja viele, die nach einem gewissen üblichen Maßstab dieses Lebens als gute Menschen bezeichnet werden, brave Männer, brave Frauen, ohne Schuld, die sozusagen das im Gesetz Befohlene beobachten: ihren Eltern Ehre erweisen, nicht ehebrechen, nicht morden, nicht stehlen, gegen niemanden falsches Zeugnis ablegen und die übrigen Gesetzesgebote gleichsam halten, aber nicht Christen sind... So sagen also die Heiden: Wir führen ein gutes Leben. Gehen sie aber nicht durch die Türe ein, was nützt ihnen, dessen sie sich rühmen? Denn dazu soll einem das gute Leben frommen, daß ihm das ewige Leben verliehen werde, denn wem das ewige Leben versagt wird, was frommt einem solchen das gute Leben? Aber wie kann von gutem Leben die Rede sein bei solchen, die das Ziel des guten Lebens entweder aus Blindheit nicht kennen oder aus Dünkel verachten? Keiner aber hat wahre und sichere Hoffnung auf ewiges Leben, der das Leben, das Christus ist, nicht anerkennt und nicht durch die Tür in den Schafstall eingeht.

Nun pflegen solche Menschen auch andere zu bereden, daß sie gut leben und dazu das Christentum nicht benötigen. Sie wollen anderswo einsteigen, rauben und töten; und nicht, wie der Hirt, wahren und retten. So gab es Philosophen, die vielerlei über Tugenden und Laster tiefschürfend erörterten, einteilten, abgrenzten, die scharfsinnigsten Schlüsse zogen, Buch um Buch füllten, ihre Weisheit hochtönend anpriesen und sich nicht scheuten, den Leuten zu sagen: Folget uns nach, schließt euch unserer Schule an, wenn ihr selig zu leben begehrt. Aber sie waren nicht durch die Türe eingegangen: verderben wollten sie, schlachten und töten.

Was soll ich von diesen sagen? Sieh: auch die Pharisäer lasen und ertönten von dem, was sie lasen von Christus, erhofften den Kommenden, und erkannten den Gekommenen nicht; auch sie rühmten sich als Lebende, will sagen, als Wissende, und sie leugneten Christus und gingen nicht ein durch die Tür. Auch sie also, wenn anders sie welche verführten, verführten sie, um sie zu schlachten und zu töten, nicht um sie zu befreien. Lassen wir diese beiseite; wenden wir uns zu jenen, die sich des Namens Christi rühmen: ob vielleicht sie durch die Türe eingehen.

Unzählige nämlich gibt's, die sich nicht nur als Sehende brüsten, sondern als von Christus Erleuchtete betrachtet sein wollen, aber Häretiker sind. Sind vielleicht sie durch die Tür eingegangen? Mitnichten!.. So einer predigt den Christus, den er sich selber zurechtgedacht hat, nicht den die Wahrheit verkündet. Den Namen hast du, die Sache nicht. Christus ist der Name für eine Sache: halte dich an die Sache, wenn du willst, daß der Name dir nütze... Haltet dies *eine* fest: Der Schafstall Christi ist die katholische Kirche. Wer immer zum Schafstall eintreten will, trete ein durch die Tür, verkünde den wahren Christus. Und nicht nur verkünden soll er den wahren Christus, sondern auch Christi Ehre suchen, nicht die seine; denn viele haben, indem sie ihre eigene Ehre suchten, die Schafe Christi mehr zersprengt als gesammelt. Demütig und niedrig ist nämlich die Türe, Christus der Herr: wer durch die Türe eintreten will, muß sich ducken, um heilen Hauptes eintreten zu können. Wer sich nicht demütigen will, sich vielmehr erhebt, der will über die Mauer klettern: wer aber über die Mauer klettert, der steigt, um zu fallen.

Gottesstaat und Weltstaat

[233] Es gibt ein Babylon, es gibt ein Jerusalem... Jenes hat den Teufel zum König, dieses Christus zum König.. Alle, die Irdisches sinnen, alle, die irdisches Glück Gott vorziehen, alle, die Ihriges suchen und nicht, was Jesu Christi (Phil 2,21), gehören zu jenem einen Staate, der mystisch Babylon genannt wird.. und den Teufel zum König hat. Alle dagegen, die nach «dem trachten, was oben ist» (Kol 3,1), .. die sich vor Sünde hüten, die sündigend sich nicht schämen zu bekennen, die Demütigen.., die alle gehören zum einen Staate, der Christus zum König hat... Jener Staat ist früher geboren, dieser Staat ist später geboren. Jener nämlich begann mit Kain, dieser mit Abel. Diese zwei Leiber, von den zwei Königen gelenkt, die sich über jeden einzelnen Staat erstrecken, befeinden sich bis ans Ende der Welt, bis aus der Vermischung Trennung wird und die einen zur Rechten gestellt werden, die andern zur Linken... «Nicht ist früher», sagt der Apostel, «was geistig ist, sondern was irdisch ist, nachher kommt das Geistige» (1 Kor 15,46). Darum ist jener Staat älter, weil Kain zuerst geboren ist und nachher Abel. Darin aber «dient der Ältere dem Jüngeren» (Gen 25,23)... Es baute aber Kain, wie wir lesen, eine Stadt, bevor irgendeine andere Stadt bestand; am Uranfang der menschlichen Dinge baute Kain eine Stadt... Später wurde Jerusalem gebaut, das Reich Gottes, die Heilige Stadt, der Staat Gottes... Als aber Jerusalem gebaut werden sollte, wurde es nicht dort gebaut, wo noch keine Stadt war, sondern es war da schon vorher eine Stadt, die Jebus genannt wurde, daher die Jebusäer. Sie wurde eingenommen, besiegt, unterjocht, und es wurde die neue Stadt gebaut, gleichsam auf der zerstörten alten, und die wurde Jerusalem genannt, das heißt Schau des Friedens, die Gottesstadt... Denn ein jeder beginnt von der Sterblichkeit und Bosheit, um erst darauf ein Guter zu werden.

[234] Auf zwei Arten von Menschen achtet: die eine derer, die in Mühe sind, die andere, in deren Mitte sie sich mühen; die eine derer, die an die Erde, die andere derer, die an den Himmel denken; die eine derer, die das Herz in die Tiefe senken, die andere derer, die das Herz den Engeln verbinden; die eine derer, die vom Irdischen hoffen, davon diese Welt strotzt, die andere derer, die vom Himmlischen vorwegnehmen, das Gott, der nicht lügt, versprochen. Aber vermischt sind diese Arten der Menschen. So finden wir einen Bürger Jerusalems, einen Bürger des Himmelreichs, etwas auf Erden verwalten, er trägt zum Beispiel den Purpur, ist eine Amtsperson, ist Ädil, ist Prokonsul, ist Kaiser, lenkt den irdischen Staat; aber das Herz trägt er oben, wenn er Christ ist, wenn er Glaubender ist, wenn er fromm ist, wenn er das für wenig achtet, worin er ist, und auf das hofft, worin er noch nicht ist... Verzweifeln wir also nicht an den Bürgern des Himmelreiches, wenn wir sie gewisse Geschäfte Babylons treiben sehen, etwas Irdisches im irdischen Staatswesen; wiederum beglückwünschen wir nicht ohne weiteres alle Menschen, die wir himmlische Geschäfte treiben sehen; denn es sitzen auch Söhne der Pest zuweilen auf Moses' Lehrstuhl, von denen gesagt ist: «Was sie sagen, tut, was sie aber tun, das tut nicht, denn sie sagen, und tun nicht» (Mt 23, 3). Jene heben in irdischen Dingen das Herz zum Himmel, diese schleppen in himmlischen Worten das Herz auf der Erde. Es kommt aber die Zeit des Worfelns, wann beides aufs peinlichste geschieden wird, daß nicht ein Korn übergehe in den Strohhaufen zum Verbrennen.

Gebt dem Kaiser...

[235] Wir wissen, was der Leib Christi, das heißt die heilige Kirche, an Verfolgungen von den Fürsten der Erde auszustehn hatte. Erkennen wir also auch hier ihre Worte: «Die

Fürsten haben mich ohne Grund verfolgt, und vor deinen Worten zitterte mein Herz» (Ps 118, 161). Worin nämlich hätten die Christen die irdischen Reiche geschädigt?.. Hatte etwa ihr König seinen Soldaten verboten, darzubieten und zu leisten, was den Fürsten der Erde gebührt? Hat er nicht, da die Juden ihn in dieser Sache verleumdeten, gesagt: «Gebet Cäsar, was Cäsar gehört, und Gott, was Gott gehört» (Mt 22, 21)? Hat nicht er selber aus dem Munde des Fisches die Steuer gezahlt? Hat etwa sein Vorläufer, als die Soldaten dieses Reiches ihn fragten, was sie für das ewige Heil tun sollten, gesagt: ‚Löset den Gürtel, werfet die Waffen weg, verratet euren König, damit ihr für Gott streiten könnt'; und nicht vielmehr: «Beunruhigt niemand, verleumdet keinen, es genüge euch euer Sold» (Lk 3, 14)? Hat nicht einer seiner Krieger und sein vielgeliebter Gefolgsmann zu seinen Mitkriegern und gleichsam zu den Unterbeamten Christi gesagt: «Jedermann gehorche der obrigkeitlichen Gewalt» (Röm 13, 1)? Und kurz darauf: «Gebet jedem das Gesollte, wem Steuer gesollt ist, Steuer, wem Achtung, Achtung, wem Ehre, Ehre. Bleibet niemand etwas schuldig, als daß ihr einander liebet» (ebd. 7–8)? Gebietet er nicht, daß die Kirche für die Fürsten selber bete? Was also haben ihnen die Christen zuleide getan? Welche Pflicht haben sie nicht erfüllt? Worin haben die Christen den irdischen Herrschern nicht gehorcht? Also haben die irdischen Herrscher die Christen «ohne Grund» verfolgt. Aber achte auf das, was folgt: «Und vor deinen Worten zitterte mein Herz.» Auch jene hatten freilich drohende Worte: Vertreibung, Achterklärung, Tod, Marter mit der Kralle, Feuerrost, Vor-die-Tiere-Werfen, Zerfleischen der Glieder – aber viel eher «zittert vor deinen Worten mein Herz».

Es leiden alle Christen

[236] Es leiden alle Christen, und wenn die Menschen nicht toben, so tobt der Teufel, und wenn die Kaiser christlich geworden sind, ist etwa der Teufel ein Christ geworden?

[237] Die Welt ist jetzt so wie eine Kelter: es wird ausgepreßt. Bist du Ölschaum, so fließest du in die Kloake; bist du Öl, so bleibst du im Ölgefäß. Daß gepreßt wird, ist unumgänglich. Nur beachte den Schaum, beachte das Öl. Pressung geht in der Welt vor sich: zum Beispiel Hungersnot, Krieg, Armut, Teuerung, Not, Sterblichkeit, Raub, Geiz; das sind Drangsale der Armen, Mühsale der Staaten: wir erleben's. Es wurde vorausgesagt, daß es so kommen werde; wir haben gesehn, wie es eintraf. Da finden sich Leute, die in solchen Drangsalen murren und sagen: ‚Wie schlecht sind die christlichen Zeiten! Vor den christlichen Zeiten, wie flossen da über die Güter! So große Übel gab es da nicht!' Das ist der Schaum, der aus der Presse fließt und durch die Kloaken rinnt; sein Ausfluß ist darum schwarz, weil sie lästern; er glänzt nicht. Das Öl hat Glanz. Da findet sich nämlich ein anderer Mensch in der Presse und in der Reibung, die ihn zerreibt – war es denn keine Reibung, was ihn so blank rieb? Ihr vernahmt die Stimme des Schaums, hört nun die Stimme des Öls: ‚Gott sei gedankt! Gepriesen werde dein Name! Alle diese Drangsal, mit der du uns reibst, ist verheißen, so sind wir sicher, daß auch das Gute kommen wird. Wenn wir und die Bösen zugleich gezüchtigt werden: Dein Wille geschehe! Wir erkannten dich, Vater, an deiner Verheißung, wir erkennen dich, Vater, an deiner Geißel, bring uns zu Sinnen und verleih uns das Erbteil, das du zum Ende verheißen. Wir segnen deinen heiligen Namen, weil du niemals trügerisch warst: wie du alles verheißen hast, so hast du's erfüllt.'

Ärgernis der Heiden

[238] Die meisten Heiden reden so zu uns: Erklärt uns den Grund, warum Christus kam und was Christus dem menschlichen Geschlechte genützt hat. Geht es nicht schlimmer zu in den Angelegenheiten der Menschen, seit Christus kam, als vorher, und waren die menschlichen Dinge nicht glücklicher

damals als jetzt? Die Christen mögen uns sagen, was Christus Gutes gebracht hat! In welchem Punkte ihnen die menschlichen Dinge durch die Ankunft Christi gebessert erscheinen! .. Weil man aber heute das Verkehrte verfolgt, damit an Stelle der entwurzelten Begierde die Liebe Jerusalems eingepflanzt werde, weil man uns Bitterkeiten unter das zeitliche Leben mischt, damit das Ewige begehrt werde, weil die Menschen in Geißelhieben erzogen werden, väterliche Zucht empfangend, damit sie dem richterlichen Spruche entgehen, – darum hat Christus nichts Gutes gebracht, ja hat Christus nur Mühen gebracht! Und du fängst an, dem Menschen zu erklären, wieviel Gutes Christus getan, doch er faßt es nicht. Du stellst ihm die vor, .. die all ihre Habe verkaufen und den Armen geben, .. da verlachen sie euch wie Toren: Solche Güter, sagen sie, hat also Christus gebracht, daß der Mensch seine Güter verliere, und während er den Bedürftigen gibt, selber dürftig bleibt?

Warum hat Rom gebrannt?

[239] In Rom, sagen die Leute, liegt Petri Leib, Pauli Leib liegt in Rom, des Laurentius Leib liegt in Rom, anderer heiliger Martyrer Leiber liegen in Rom: und doch liegt Rom elend darnieder, wurde Rom verwüstet, bedrängt, zertreten, verbrannt; wie viele starben doch durch Hunger, Pest und Schwert! Wo bleibt da das Andenken der Apostel? *Was* sagst du? Das hab' ich gesagt: So viel hat Rom zu erdulden: wo bleibt da das Andenken der Apostel? Es ist dort, es ist dort, aber nicht in dir! Wäre es doch in dir, wer immer du bist, der so redet, der so schwatzt, der, im Geiste berufen, Fleischliches sinnt, wer immer du bist: wäre in dir das Andenken der Apostel, wären doch deine Gedanken bei den Aposteln! Dann würdest du sehen, ob ihnen irdisches Glück verheißen war oder ewiges!

So hör den Apostel, wenn sein Andenken in dir lebt: «Denn die zeitliche, leichte Bedrängnis wirkt in uns in unglaublicher und überunglaublicher Weise ein Gewicht ewiger

Herrlichkeit, da wir nicht auf Sichtbares schauen, sondern auf Unsichtbares; denn das Sichtbare ist zeitlich, das Unsichtbare aber ewig» (2 Kor 4, 17.18). In Petrus selbst war zeitlich das Fleisch; und du willst nicht, daß zeitlich sei der Stein Roms? Der Apostel Petrus herrscht mit dem Herrn, der Leib des Apostels Petrus liegt irgendwo vergraben: er ist ein Andenken, das die Liebe zum Ewigen anfacht, nicht damit du der Erde anklebest, sondern mit dem Apostel den Sinn zum Himmel erhebest. Sag mir, der du gläubig bist, überdenke das Gedächtnis der Apostel, das Gedächtnis auch des Herrn, deines Gottes, der gewiß schon im Himmel sitzt. Hör, wohin der Apostel dich weist: «Wenn ihr auferstandet in Christo, so sinnet, was oben ist, wo Christus sitzet zur Rechten des Vaters; was oben ist, suchet, nicht was auf Erden. Denn tot seid ihr, und euer Leben ist verborgen mit Christus in Gott. Wenn Christus, euer Leben, erscheinen wird, dann werdet auch ihr mit ihm in Glorie erscheinen» (Kol 3, 1–4). In einem Wort hörst du's: Empor das Herz! Du jammerst und weinst, weil Balken sanken und Steine, und Sterbliche starben? Gesetzt, der Verstorbene lebe ewig: was bejammerst du Balken und Steine, die sanken, und daß Sterbliche starben? Hast du oben dein Herz, wo hast du es dann? Was ist dort gestorben? Was ist dort versunken? Hast du oben dein Herz, «dann ist dein Herz, wo dein Schatz ist». Drunten ist dein Fleisch: und erbleicht auch dein Fleisch, so wanke dein Herz nicht. Und doch, sagst du, es ist schade. Was ist schade? Es ist schade, daß Rom so viel dulden mußte. Ich verzeihe dir, daß es dich jammert: du aber zürne nicht Gott, daß er es wollte: du bist Mensch, er ist Gott. Sagst du: Ich will nicht, wo jener sagte: Ich will? Er verdammte dich nicht wegen deinem Ich-will-nicht, und du lästerst sein Ich-will? Warum aber wollte das Gott? Warum wollte das Gott? Diene du unterdessen dem Willen des Herrn, deines Gottes, dann wirst du zum Freund bestellt, der den Ratschluß des Herrn, deines Gottes, versteht. Welcher Knecht ist so kühn, dem Herrn, wenn er etwas befiehlt, zu entgegnen: Warum? Der Herr hat seine Gründe bei sich: er leiste Gehorsam, wenn anders er vollkommen ist, wenn anders er gut handeln will, wenn er aus einem Knecht ein Freund geworden, nach dem Wort des Herrn selbst: «Ich nenne euch nicht mehr Knechte, sondern Freunde» (Joh 15,15). Dann wird er vielleicht auch den Ratschluß seines Herrn verstehen: einstweilen, bevor er den Ratschluß versteht, trage er willig das Urteil...

Aber noch lese ich in deinem Herzen das Wort: Sieh, in christlichen Zeiten wird Rom so bedrängt, wurde es so bedrängt und verbrannt: warum gerade in christlichen Zeiten? Wer redet da so? Ein Christ. So antworte dir selber, wenn du Christ bist: weil Gott es so wollte. Aber was sag ich einem Heiden? Er beschimpft mich. Was sagt er dir denn? Warum beschimpft er dich? Sieh, als wir unsern Göttern Opfer darbrachten, da stand Rom: jetzt, da das Opfer eures Gottes überhandnahm und Übermacht gewann und die Opfer unserer Götter verdrängt und verboten wurden, sieh nur, was Rom jetzt erleidet! Antworte einstweilen kurz, damit du ihn los wirst... Nach ihrer Geschichte ist dies der dritte Brand Roms... Das nun einmal brennt über den Opfern der Christen, hatte schon zweimal gebrannt über den Opfern der Heiden. Einmal hatten die Gallier es so entzündet, daß allein der Kapitolinische Hügel übrigblieb, das zweite Mal hat Rom unter Neros – soll ich sagen Gluten oder Fluten? – in zweitem Brande gelodert. Es befahl Nero, der Kaiser Roms, selber, der Götzendiener, der Apostelmörder, er befahl, und Rom wurde angesteckt. Warum, glaubt ihr, aus welchem Grunde? Der Aufgeblasene, Eitle, Flennende ergötzte sich am Brande Roms. Ich möchte sehen, sagte er, wie Troja brannte. Es brannte einmal, zweimal, und jetzt zum drittenmal: was reizt es dich, gegen Gott anzurennen, für ein Rom, das gewohnt ist zu brennen?

Aber dabei, heißt es, haben so viele Christen so viel Schlimmes erduldet. Entfiel dir also, daß es Sache der Christen ist, zeitliche Übel zu leiden, zu erhoffen ewige Freuden? Du, der du Heide bist, hast Grund, darob zu weinen; du hast das Zeitliche verloren, das Ewige noch nicht erkoren. Der Christ aber weiß, was er denken soll: «Erachtet es für eitel Freude, meine Brüder, wenn ihr in vielfache Drangsal geratet» (Jak 1,2). Wenn dir in den Tempeln gesagt wird: Die Schutzgötter Roms haben Rom nicht geschützt, weil sie nichts mehr gelten, dann sage: sie hätten es damals schützen sollen, als sie noch galten. Wir aber können die Wahrhaftigkeit unsres Gottes erweisen: er hat euch dies alles vorausgesagt. Ihr habt es gelesen, vernommen; vielleicht nicht aufgenommen, die ihr über solchen Worten verwirrt seid. Habt ihr nicht die Propheten, die Apostel, den Herrn selbst gehört, die kommende Leiden ansagen? Wenn das Greisenalter der Welt kommt, wenn das Ende herannaht – ihr habt es gehört, Brüder, wir haben's zusammen gehört –, dann werden Kriege entbrennen, Wirrsale, Bedrängnisse, Hungersnöte. Warum widersprechen wir uns selbst, daß wir es glauben, wenn es gelesen wird, und dann, wenn es eintrifft, murren?

Aber schlimmer als je, heißt es, wird heute die Menschheit geplagt. Erwäge ich die vergangene Geschichte (die Frage beiseite), so weiß ich kaum, ob schlimmer. Aber nehmen wir an, es sei schlimmer; ich will es glauben. Der Herr selbst schlichte die Frage. Die Welt wird heute schlimmer entzündet, sagt er: und warum wird sie schlimmer entzündet, während man überall das Evangelium verkündet? Du achtest nur, mit welcher Verbreitung man das Evangelium verkündet, und beachtest nicht, mit welcher Ruchlosigkeit man es geringschätzt. Lassen wir nun, Brüder, allmählich die Heiden aus dem Spiel, und lenken wir unsere Blicke auf uns. Das Evangelium wird verkündet, die ganze Welt ist voll davon. Bevor es verkündet wurde, war der Wille Gottes verhüllt, durch seine Verkündung wurde der Wille Gottes enthüllt. In diesem Evangelium wurde uns kund, was wir zu lieben hätten und was zu verschmähen, was zu tun, was zu lassen, was zu erhoffen: wir haben das alles gehört. Der Wille Gottes ist über dem Erdkreis enthüllt. Angenommen, die Welt sei ein Knecht, achte nun auf das Evangelium. Höre die Stimme des Herrn; diese Welt ist der Knecht: «Ein Knecht, der den Willen des Herrn nicht kennt und Unwürdiges tut, wird wenig Schläge erhalten» (Lk 12,48). Der Knecht ist die Welt: Knecht, denn «die Welt wurde durch ihn geschaffen, und die Welt hat ihn nicht erkannt». Ein Knecht, der den Willen seines Herrn nicht kannte, sieh, das war früher die Welt... «Ein Knecht aber, der den Willen seines Herrn kannte»: sieh, das ist die Welt heute. Und nun sagt euch auch, was folgt, wir wollen es uns alle sagen: «Ein Knecht, der den Willen seines Herrn kennt und nichts Würdiges tut, wird viele Schläge erhalten.» Und oh, daß er viele Schläge erhielte und nicht, einmal für immer, Verdammung!..

Behalte wenigstens diese eine Stelle: murre nicht, lästere nicht, lobe vielmehr deinen Gott, weil er dich züchtigt; lobe ihn, weil er dich bessert, um dich zu trösten: «Wen Gott liebt, den züchtigt er, er geißelt aber jeden Sohn, den er annimmt» (Hebr 12,6). Du verzogener Sohn des Herrn, der du die Annahme möchtest, aber nicht die Geißel! Daß du dich verlieren kannst, soll er lügen? So sollte dir also das Gedächtnis der Apostel, durch das dir der Himmel bereitet wird, auch auf Erden jene Theater des Wahnsinns erhalten? Dazu ist Petrus gestorben und begraben, daß kein Stein vom Amphitheater falle? Gott schlägt den verzogenen Knaben ihr Spielzeug aus der Hand... Du gehst zugrund, wenn er dich schont. Du weißt nicht, Elender, was du verlangst... Besser, du wirst geschunden, als in der Verdammung erfunden!

Die beiden Welten

[240] Die Welt verfolgt die Welt... Was ist die verfolgende Welt? «Alles, was in der Welt ist, ist Fleischeslust und Augenlust und Hoffart des Lebens, die nicht vom Vater stammt, sondern aus der Welt: und die Welt vergeht.» Das ist die verfolgende Welt. Und was ist die verfolgte Welt? «Wer aber den Willen Gottes tut, der bleibt in Ewigkeit, so wie Gott selbst in Ewigkeit bleibt» (1 Joh 2,16–17)... Es verfolgt die verdammte Welt, verfolgt wird die versöhnte Welt. Die verdammte Welt: alles, was sich außerhalb der Kirche befindet; die versöhnte Welt: die Kirche...

In dieser Welt also, in der Kirche, die als ganze Christus nachfolgt, heißt es ohne Unterschied: «Wer mir nachfolgen will, der verleugne sich selbst.» Denn nicht sollen dies die Jungfrauen hören, und die Verheirateten nicht; oder die Witwen, und die Gatten nicht; oder die Klosterleute, und die Eheleute nicht; oder die Kleriker, und die Laien nicht; sondern die gesamte Kirche, der gesamte Leib, die sämtlichen Glieder, die durch besondere Ämter unterschieden und verteilt sind, sie alle sollen Christus nachfolgen. Als ganze folge sie, die die Einzige ist, folge die Taube, folge die Braut, folge die Losgekaufte, deren Mitgift des Bräutigams Blut ist.

[241] Um der Liebe willen sollen wir geduldig den Haß der Welt ertragen. Sie muß uns ja hassen, wenn sie sieht, daß wir nicht wollen, was sie liebt. Aber der Herr tröstet uns gar sehr, indem er auf sich selber verweist: «Das trage ich euch auf: daß ihr einander liebt. Wenn die Welt euch haßt, so wißt, sie hat mich vor euch gehaßt.» Warum also erhebt sich das Glied über den Scheitel? Du weigerst dich, im Leib zu sein, wenn du der Welt Haß nicht ertragen willst mit dem Haupt. «Wäret ihr von der Welt, so würde die Welt das Ihrige lieben.» Dies sagt er schlechthin der gesamten Kirche, die er ja häufig genug mit dem Namen Welt anredet, etwa dort, wo er sagt: «Gott hat in Christus die Welt mit sich versöhnt» (2 Kor 5, 19), ebenso: «Der Menschensohn kam nicht, um die Welt zu richten, sondern damit durch ihn die Welt gerettet werde» (Joh 3, 16). Und Johannes sagt in seinem Brief: «Wir haben einen Anwalt beim Vater, Jesus Christus den Gerechten, er hat unsre Sünden gesühnt, und nicht die unsern allein, sondern die der ganzen Welt» (1 Joh 2, 1–2). Die gesamte Welt also ist die Kirche, und die gesamte Welt haßt die Kirche. Die Welt haßt also die Welt, die feindliche die versöhnte, die verdammte die erlöste, die befleckte die gereinigte.

[242] «Damit alle eins seien, wie du, Vater, in mir bist, und ich in dir, und auch sie in uns eins seien, damit die Welt glaube, daß du mich gesandt hast» (Joh 17,21). Wie denn? Wird etwa die Welt dann zum Glauben gelangen, wenn wir alle im Vater und im Sohn eins sein werden? Ist das nicht schon der ewige Friede und viel eher der Lohn des Glaubens als der Glaube? Denn eins werden wir sein, nicht um zu glauben, sondern weil wir glaubten. Und sogar in diesem Leben schon sind wir alle, die an dasselbe glaubten, auf Grund desselben Glaubens eins, gemäß dem Apostelwort: «Ihr alle seid eins in Christus Jesus» (Gal 3,28), und sind es nicht, um zu glauben, sondern weil wir glaubten. Was bedeutet demnach: «Alle mögen eins sein, damit die Welt glaube»? Eben jene «alle» sind die glaubende Welt. Denn jene, die «eins sein werden», sind nicht verschieden von der Welt, die darum glauben wird, weil jene eins sein werden; offenbar gilt von denselben, über die gesagt wird, «daß alle eins seien», auch das frühere Wort: «Nicht für sie allein bitte ich, sondern auch für jene, die durch ihr Wort an mich glauben werden», wo gleich beigefügt wird: «damit alle eins seien.» Diese «alle» aber sind doch zweifellos die Welt, nicht die feindliche zwar, sondern die gläubige. So bittet also der, der vorhin sagte: «Nicht für die Welt bitte ich», jetzt für die Welt, damit sie glaube. Denn es gibt zwar eine Welt, von der geschrieben steht: «Damit wir nicht mit dieser Welt zusammen verdammt werden» (1 Kor 11,32). Für diese Welt bittet er nicht: weiß er doch, wozu sie vorherbestimmt ist. Es gibt aber auch eine Welt, von der geschrieben steht: «Der Menschensohn ist nicht gekommen, die Welt zu richten, sondern damit die Welt durch ihn gerettet werde» (Joh 3, 17); und darum sagt der Apostel: «Gott hat in Christus die Welt mit sich versöhnt» (2 Kor 5,19). Für diese Welt bittet er: «daß die Welt glaube, daß du mich gesandt hast»... Dasselbe ist also «alle sollen eins sein» und «die Welt soll glauben»: denn glaubend werden sie eins, vollkommen eins, die

im Ursprung eins gewesen, aber, vom Einen sich lossagend, uneins geworden waren.

Denkt an die Wurzel!

[243] Zu solcher Zeit wurden wir in diese Welt geboren und dem Volke Gottes zugesellt, da jene Staude aus dem Senfkörnlein bereits ihre Äste ausbreitet, ..zu dieser Glorie der Kirche Christi also öffneten wir unsre Augen und fanden jene «Unfruchtbare» .. schon als eine solche vor, die die Schande und Schmach ihrer Witwenschaft bereits vergaß; und darum möchten wir uns vielleicht wundern, wenn wir die Stimmen der Niedrigkeit Christi und der unsren in einer Prophezeiung lesen. Und es kann sein, daß wir weniger von ihnen ergriffen werden, weil wir nicht zu der Zeit kamen, als diese mit innerm Verkosten gelesen wurden unter dem Überfluß der Bedrängnisse. Aber wiederum, .. wenn wir klug und recht überlegen, daß «eine Versuchung ist des Menschen Leben auf Erden» (Job 7, 1) und niemand völlig sorgenlos ist,.. dann entdecken wir auch jetzt mitten in der Glorie selbst der Kirche die Stimmen unserer Drangsale, und, als Glieder Christi, durch das Bänderwerk der Liebe unserem Haupte unterworfen und untereinander zusammenhängend, ..daß Drangsal allen gemeinsam ist, vom Anfang an bis zum Ende. Lenken wir unsre Gedanken ein wenig von der Höhe der Staude und der Breite der Zweige ab, in denen die Vögel des Himmels ruhen, und hören wir, aus welch Kleinem diese Größe, die uns am Strauche ergötzt, emporstieg.

Das Kleid des Herrn

[244] Halten wir fest, was jenes nahtlose Kleid bedeutet, das selbst jene nicht teilten, die Christus töteten, sondern dazu durch das Los gelangten, wer immer dazu gelangen mochte. So können denn durch viele Häretiker die Sakramente Christi verteilt werden: kein Gläubiger zerreißt oder verteilt die Liebe Christi, vielmehr, wer zum «Los der Heiligen im Lichte» gehört, der besitzt es als eigen, weil er geistlich die Einheit liebt.

Der Ursprung der Häresien

[245] Es gibt Schwache, die fester Speise nicht fähig sind, sie wollen sich ausstrecken zu dem, was sie nicht fassen können, und wenn sie irgendwas auf eine Weise erhaschen oder erfaßt zu haben glauben, was sie doch nicht faßten, so überheben sie sich dessen und werden hochfahrend davon; sie erscheinen sich selbst als gleichsam weise. Das aber stößt allen Häretikern zu, die, da sie irdisch und fleischlich waren, ihre verkehrten Meinungen verteidigten, deren Falschheit sie nicht einzusehen vermochten, und so wurden sie aus der katholischen Kirche ausgeschlossen.

[246] Jener strauchelt unter den Bösen, der nicht auf den Herrn hofft, daher kam es, daß Glaubensspaltungen sich bildeten. Sie wurden ungeduldig zwischen den Bösen, da sie doch selbst schlimmer waren, und indem sie nicht gut unter Bösen sein wollten. O wären sie Weizen, so würden sie bis zur Zeit des Worfelns die Spreu in der Tenne ertragen! Aber weil sie Spreu sind, erhob sich ein Wind vor dem Worfeln und riß aus der Tenne die Spreu und schleuderte sie in die Dornen. So ist freilich Spreu darin, ist aber, was blieb, etwa der Weizen allein? Vor dem Worfeln fliegt nur Spreu, zurückbleibt aber sowohl Weizen wie Spreu.

[247] Brüder, so laufen wir denn, weil wir katholische Christen sind, auf dieser Straße der einen Kirche Gottes, wie sie geweissagt ist in den Heiligen Schriften. Denn Gott wollte sie nicht verborgen, auf daß sich keiner entschuldige: verheißen ist sie als den Erdkreis umspannend, erwiesen ist sie als den Erdkreis umspannend. Nicht kümmern dürfen uns die zahllosen Schismen und Sekten: sie würden uns kümmern, wenn sie nicht wären, denn auch sie sind vorausverkündet. Alle, seien sie in der Kirche verblieben, seien sie außerhalb, bezeugen das Evangelium. Was meine ich da? Sie legen Zeugnis ab, daß alles wahr ist, was im Evangelium gesagt wird. Denn wie ist die Kirche verheißen unter den Heiden? Als die eine, auf dem Felsen gegründet, den die Pforten der Hölle nicht besiegen. Die Höllenpforte ist der Eingang zur Sünde: «der Sold der Sünde ist der Tod» (Röm 6,23), und der Tod führt zur Hölle. Und was ist der Eingang zur Sünde? Befrage die Schrift. «Der Anfang jeder Sünde ist Stolz» (Sir 10,15); und ist der Stolz der Anfang der Sünde, so ist der Stolz die Pforte der Hölle. Und nun bedenkt: welches Ding hat alle Häresien geboren? Ihr findet keine andere Mutter als den Stolz. Denn wenn die Menschen sich wichtig machen, wenn sie sich heiligsprechen, wenn sie die Menge an sich ziehn und von Christus lostrennen wollen, dann haben sie nicht anders nützliche Häresien und nützliche Schismen gegründet als durch den Stolz. Weil aber von all diesen Schismen und Häresien, das heißt, diesen Kindern des Stolzes, die katholische Kirche nicht besiegt werden kann, darum wurde geweissagt: «Die Pforten der Hölle werden sie nicht besiegen.»

Vom Leibe getrennt

[248] Wie unser Geist, das heißt unsre Seele, sich zu unseren Gliedern verhält, so verhält sich der Heilige Geist zu den Gliedern Christi, zum Leibe Christi, welcher da ist die Kirche. Nachdem daher der Apostel von einem Leibe geredet, damit wir ihn nicht als tot ansähen, – «Ein Leib», so sagt er –: aber ich bitte dich: lebt dieser Leib? Er lebt. Und

woraus? Aus dem einen Geiste. «Und ein Geist.» Achtet nun, Brüder, auf unsern Leib und beklaget jene, die von der Kirche getrennt sind. Solang wir leben, solang wir gesund sind, erfüllen in unserm Leib alle Glieder ihr Amt. Leidet irgendwoher ein Glied, so leiden alle Glieder mit ihm. Weil es im Leib ist, so kann der Schmerz es zwar meistern, aber es kann nicht ausgeistern. Was heißt Ausgeistern anderes als den Geist verlieren? Wird aber ein Glied vom Leibe getrennt, folgt ihm dann der Geist? Und doch ist es noch als Glied erkennbar: es ist ein Finger, eine Hand, ein Arm, ein Ohr. Außerhalb des Leibes hat es noch die Form, aber es hat nicht das Leben. So ist der Mensch, der von der Kirche getrennt ist. Du fragst ihn nach dem Sakrament; er hat's; du fragst nach der Taufe, er hat sie, du fragst nach dem Glaubensbekenntnis: er hat's. Es ist die Form: wirst du nicht drinnen vom Geist durchseelt, so rühmst du dich draußen vergeblich der Form.

Der Kern der Häresie

[249] «Jeder Geist, der bekennt, daß Jesus Christus im Fleische erschienen ist, ist aus Gott» (1 Joh 4,2). Aber wir sehen doch viele Irrlehren bekennen, daß Christus im Fleische erschienen ist, und können doch nicht sagen, daß sie aus Gott sind. Der Manichäer leugnet, daß Christus im Fleische erschienen sei. Wir brauchen uns also nicht weiter zu bemühen und euch nicht länger zu überreden, daß dieser Irrtum nicht aus Gott stammt. Aber der Arianer bekennt, daß Christus im Fleische erschienen sei, der Eunomianer, der Sabellianer, der Photinianer... Wer zählt die Seuchen alle auf? Doch behandeln wir indessen nur die bekanntern aus ihnen. Denn manche von den Irrlehren, die ich nannte, sind unbekannt, und diese Unwissenheit ist besser. Wir wissen zweifellos, daß der Donatist bekennt, Christus sei im Fleische erschienen: und doch sei es ferne von uns zu sagen, diese Irrlehre stamme aus Gott. Und um von der neuesten Irrlehre zu reden: der Pelagianer bekennt, daß Christus im Fleische erschienen ist, und doch ist keinesfalls diese Irrlehre aus Gott.

Wir müssen also, Geliebteste, sorgsam zusehen, weil wir nicht zweifeln, daß der Satz wahr ist: «Jeder Geist, der bekennt, daß Jesus Christus im Fleische erschienen ist, ist aus Gott.» Es sind also jene zu überführen, daß sie nicht bekennen, daß Christus im Fleische erschienen ist. Denn würden wir ihnen dieses Bekenntnis einräumen, so müßten wir zugestehen, daß sie aus Gott sind...

Der Arianer hört und verkündet die Geburt aus der Jungfrau Maria. Bekennt er damit, daß Christus im Fleische erschienen ist? Nein. Wie beweisen wir's? Wenn Gott eure Einsicht erleuchtet, aufs leichteste... Wie kann er bekennen, daß Jesus Christus im Fleische erschienen ist, wenn er Christus selbst leugnet? Wer nämlich ist Christus? Wir wollen den heiligen Petrus fragen... Es antwortet Petrus, einer für alle, weil die Einheit in allen: «Du bist Christus, der Sohn des lebendigen Gottes» (Mt 16,16). Da hast du also das wahre Bekenntnis, das volle Bekenntnis... Wer bekennt, daß Jesus Christus im Fleische erschien, sagt ebendamit, daß der Sohn Gottes im Fleische erschien. Nun mag uns Arius sagen, ob er auch bekennt, daß Christus im Fleische erschienen ist. Wenn er Christus als Sohn Gottes leugnet, dann kennt er Christus nicht: dann setzt er einen andern an dessen Stelle, er nennt ihn nicht selbst. Was ist aber der Sohn Gottes?.. «Im Anfang war das Wort, und das Wort war bei Gott, und Gott war das Wort.» Was sagst du dazu, Arius? Du sagst, das Wort sei im Anfang von Gott geschaffen worden. ..Du leugnest also den Sohn... Und nicht anders der Anhänger des Eunomius, sein Genosse... Ich frage: Ist Christus im Fleische erschienen? Er sagt: ja. Und wir glauben, daß er bekenne. Ich frage: Was für ein Christus erschien im Fleische? Der dem Vater gleich ist oder ungleich? Er antwortet: ungleich. Von einen dem Vater Ungleichen also bekennst du das Erscheinen im Fleische: du leugnest, daß Christus im Fleische erschien, denn Christus ist dem Vater gleich.

Höre den Sabellianer. Der Sohn ist derselbe wie der Vater. Das sagt er, von daher sticht er, von daher verströmt er sein Gift. Er ist der Vater selbst, sagt er. Wenn er will, ist er Sohn, wenn er will, ist er Vater. Das ist nicht Christus. Auch du irrst, wenn du sagst, daß Christus im Fleische erschienen sei...

Was sagst du, Photin? Photin sagt: Christus ist bloßer Mensch, er ist nicht Gott. Die Gestalt des Sklaven bekennst du, die Gestalt Gottes leugnest du. Und Christus ist in der Gottesgestalt dem Vater gleich, in der Sklavengestalt unsersgleichen. Auch du leugnest die Ankunft Christi im Fleische.

Und der Donatist? Die meisten Donatisten bekennen vom Sohne dasselbe wie wir, daß er nämlich dem Vater gleich sei, von gleicher Wesenheit,.. und doch sind sie Donatisten. So sagen wir ihnen: Ihr bekennt mit Worten, ihr leugnet durch Taten. Es gibt auch Leute, die durch Taten leugnen. Nicht jeder, der leugnet, leugnet durch Worte. Durchaus gibt es Leute, die durch Taten leugnen. Fragen wir den Apostel: «Alles ist rein den Reinen», sagt er, «den Unreinen aber und Ungläubigen ist nichts rein, vielmehr befleckt ist ihr Geist und Gewissen. Sie behaupten, daß sie Gott kennen, leugnen es aber durch Taten» (Tit 1,15-16). Was heißt: durch Taten leugnen? Sich erheben und Spaltungen hervorrufen; sich nicht in Gott, sondern im Menschen rühmen. So leugnen sie Christus durch Taten, denn Christus liebt die Einheit. Um klarer zu reden: sieh, wie sie schließlich Christus selber leugnen: Wir nennen Christus den, von dem Johannes der Täufer sagt: «Wer die Braut hat, der ist der Bräutigam» (Joh 3,29). Das ist der gute Ehebund, die heilige Trauung. Bräutigam ist Christus, Braut die Kirche. Vom Bräutigam her erkennen wir die Braut... Christus aber ist der Bräutigam jener Kirche, die bei allen Völkern verkündet wird, die sich ausbreitet und wächst bis an die Grenzen der Erde, angefangen von Jerusalem (Lk 24, 44-47): von ihr ist Christus der Bräutigam. Und du, was sagst du? Wessen Bräutigam ist Christus? Der Sekte des Donatus? Er ist es nicht, er ist es nicht! Du guter Mann, er ist es nicht; oder auch, du schlechter Mann, er ist es nicht!.. Wenn du sagst: Er ist es, und dabei ist er es nicht, dann leugnest auch du die Ankunft Christi im Fleische.

Der Pelagianer bleibt noch übrig, nicht von allen Irrlehren, wohl aber von denen, die ich wegen der Kürze der Zeit anführte. Denn ich sagte schon: Wer soll die Seuchen alle aufzählen? Was sagst du, Pelagianer? Hört, was er sagt. Er scheint Christus und sein Erscheinen im Fleische zu bekennen: setzt man ihm aber zu, so wird er als Leugner erfunden. Christus nämlich erschien im Fleische, das ähnlich war dem Fleische der Sünde, aber nicht selbst das Fleisch der Sünde war. Es sind des Apostels Worte: «Gott sandte seinen Sohn in die Ähnlichkeit des Fleisches der Sünde» (Röm 8,3). Nicht in die Ähnlichkeit des Fleisches, als wäre es kein echtes Fleisch: sondern «in die Ähnlichkeit des Fleisches der Sünde», weil es Fleisch, aber nicht Fleisch der Sünde war. Dieser Pelagius aber möchte alles übrige Fleisch jedes Kindes dem Fleische Christi gleichsetzen. Nicht so, Geliebteste. Nicht würde uns so ausdrücklich in Christus die Ähnlichkeit des Fleisches der Sünde hervorgehoben, wenn nicht alles übrige Fleisch Fleisch der Sünde wäre. Was nützt es also, zu sagen, Christus sei im Fleische erschienen, und dabei aller Kinder Fleisch ihm gleichzusetzen? Auch dir sage ich, was ich dem Donatisten sagte: Er ist es nicht...

Und wenn wir alle Häresien durchgingen, immer fänden wir, daß sie leugnen, daß Christus im Fleische erschien. Alle Häretiker leugnen, daß Christus im Fleische erschien... Aber ich sage eurer Liebe: auch alle schlechten Katholiken bekennen zwar mit Worten, daß Christus im Fleische erschien: leugnen aber durch Taten. Seid also nicht gleichsam sicher des Glaubens. Füget zum Glauben das rechte Leben hinzu, auf daß ihr Christi Ankunft im Fleische bekennet, in Worten das Wahre sagend, und in Taten euch gut betragend.

Hochmütige Reinheit

[250] Der selige Apostel Johannes schreibt unter anderem Heilsamem und Wahrhaftigem dies: «Wenn wir sagen, wir hätten keine Sünde, so betrügen wir uns selbst, und die Wahrheit ist nicht in uns. Wenn wir aber unsere Sünden bekann-

ten, so ist da ein Getreuer und Gerechter, der uns die Sünden verzeiht und uns von aller Unbotmäßigkeit reinigt.» Der Satz ist unbedingt und bedarf keiner Auslegung: «Wenn wir sagen, daß wir keine Sünde haben.» Denn wer hätte keinerlei Sünde? Die Schrift sagt ja selber: «Nicht einmal das Kind, dessen Leben einen Tag währt auf Erden» (Job 14,4). Ein solches Kind beging keine Sünde, aber es übernahm sie von den Eltern. In keiner Weise kann also jemand sagen, er habe nie gesündigt. Aber es tritt der glaubende Mensch durch den Glauben zum Bade der Wiedergeburt, und alles ist ihm verziehen; schon lebt er unter der Gnade, lebt im Glauben, ist Christi Glied geworden, ist Tempel Gottes geworden; und doch auch jetzt, da er Glied Christi und Tempel Gottes wurde –: sagt er, er habe keine Sünde, so betrügt er sich selbst und die Wahrheit ist nicht in ihm; er lügt geradenwegs, wenn er sagt: ich bin gerecht.

Es sind aber gewisse geblähte Schläuche, voll des Geistes der Überhebung, nicht von wahrer Größe, sondern von der Sucht des Stolzes geschwollen, die zu sagen sich unterfangen, es gebe Menschen ohne Sünde. Sie sagen also, daß die Gerechten in diesem Leben durchaus ohne irgendeine Sünde seien. Häretiker sind es, Pelagianer, oder auch Coelestianer, die solches sagen. Und wenn man ihnen entgegnet: Was sagt ihr da? Menschen leben hier ohne Sünde, ohne die kleinste Schuld, weder in Taten noch in Worten noch in Gedanken?, so antworten sie unter dem Wind des Hochmuts, dessen sie voll sind (o daß sie ihn doch abblasen, abschwellen, stillen möchten und demütig würden anstatt gebläht!), sie antworten also: Gewiß, diese Heiligen, diese Lieblinge Gottes können weder in Taten noch in Worten noch in Gedanken irgendeine Sünde besitzen. Und fragt man sie weiter: Wer sind denn diese sündenlosen Gerechten?, so erwidern sie und sagen: die gesamte Kirche. Ich hätte gestaunt, wenn ich einen gefunden hätte oder zwei oder drei oder zehn, so viel, als Abraham suchte. Abraham nämlich ging von fünfzig bis auf zehn hinunter, und du, Ketzer, antwortest mir und nennst mir die ganze Kirche? Und wie beweisest du's? Ich will es beweisen, sagst du. Beweise, ich bitte dich. Gar große Freude würdest du mir bereiten, wenn du mir zeigen könntest, daß die ganze Kirche in den einzelnen Gläubigen keinerlei Sünde besäße. Ich kann es beweisen, sagst du. Woraus? Es spricht der Apostel. Was sagt er? «Christus liebte die Kirche.» Ich hör's, ich erkenne die Worte des Apostels. «Er reinigte sie im Wasserbad durch das Wort, um sich die Kirche herrlich zu gestalten, ohne Makel oder Runzel oder etwas dergleichen» (Eph 5,25–27). Großes Donnern erscholl aus der Wolke. Denn Gottes Wolke ist der Apostel. Die Worte haben gedonnert, und wir sind erzittert.

Aber sagt uns, bevor wir weitersuchen, wie der Apostel diese Worte gemeint: sagt uns, ob ihr selber gerecht seid oder nicht. Sie entgegnen: Wir sind es. Ihr seid also ohne Sünde? Tag für Tag und Nacht für Nacht tut ihr nichts Böses, sagt ihr nichts Böses, denkt ihr nichts Böses? Sie wagen nicht zu erwidern: Nein. Was erwidern sie? Wir sind zwar Sünder, wir sprachen aber von den Gerechten, nicht von uns selbst. Nun frag' ich euch aber: Seid ihr Christen? Ich frage nicht: seid ihr gerecht?, sondern: Seid ihr Christen? Sie wagen es nicht zu leugnen. Wir sind Christen. Also Gläubige, also Getaufte? Gewiß sind wir Getaufte. So sind euch alle Sünden verziehen? Sie sind's. Wie also seid ihr Sünder? – Mehr brauche ich nicht, euch zu widerlegen. Ihr seid Christen, seid Getaufte, seid Gläubige, seid Glieder der Kirche, und ihr habt doch Makeln und Runzeln? Wie also ist die Kirche in dieser Zeit ohne Makel und Runzel, wenn ihr die Makel und die Runzel an ihr seid? Wollt ihr aber nicht zur Kirche gehören, außer zu der ohne Makel und Runzel, so trennt euch mit euren Makeln und Runzeln von ihren Gliedern, trennt euch von ihrem Leibe. Doch wozu fordere ich sie noch auf, sich von der Kirche zu trennen, da sie es selbst schon getan? Sie sind ja Ketzer, sie sind bereits draußen: mit ihrer ganzen Reinheit sind sie draußen verblieben! Kehrt heim und hört, hört und glaubt!

Vielleicht werdet ihr sagen, in eurem geschwollenen und gequollenen Herzen: Konnten wir denn sagen, daß wir gerecht sind? Wir waren gezwungen, um der Demut willen nämlich, uns als Sünder zu bekennen. Um der Demut willen also lügst du? .. Du bist gerecht, du bist sündlos und sagst, du habest Sünde? Du legst also falsches Zeugnis ab gegen dich selbst? Gott nimmt deine lügnerische Demut nicht an. Betrachte dein Leben, schaue in dein Gewissen... Höre Johannes, er wiederholt dir noch einmal, was er schon einmal sagte: «Wenn wir behaupten, wir hätten keine Sünde, so betrügen wir uns selbst, und die Wahrheit ist nicht in uns.» Du hast keine Sünde, und nennst dich Sünder: so ist die Wahrheit nicht in dir...

Doch lassen wir das Wort des Johannes beiseite. Sieh, im Leibe der Kirche, von der du sagst, sie habe weder Makel noch Runzel noch etwas dergleichen und sei ohne Sünde, sieh, es kommt die Stunde des Gebets, die ganze Kirche schickt sich an zum Gebet: und du, der du draußen bist, komm herein zum Gebet des Herrn, komm zur prüfenden Waage, komm und sprich: «Vater unser, der du bist im Himmel.» Fahre fort: «Geheiligt werde dein Name. Es komme dein Reich. Dein Wille geschehe wie im Himmel auch auf Erden. Unser tägliches Brot gib uns heute.» Fahre fort und sprich: «Vergib uns unsere Schulden.» Gib Antwort, Häretiker, welches sind deine Schulden? Hast du vielleicht Geld geliehen von Gott? Nein, sagt er. Ich will dich nicht weiter darüber befragen, der Herr soll dir selber darlegen, welches die Schulden sind, um deren Nachlaß wir bitten. Wir sagen also das Folgende: «Wie auch wir vergeben unsern Schuldigern.» Der Herr erkläre es dir: «Wenn ihr den Menschen ihre Sünden verzeiht (eure Sünden also sind eure Schulden), so wird auch euer Vater euch eure Sünden verzeihen.» Kehre nun, Ketzer, zurück zum Gebet, wenn du taub sein solltest für die wahre Darlegung des Glaubens. «Vergib uns unsere Schulden»: sagst du's, oder sagst du's nicht? Wenn du's nicht sagst, so bist du, wenn schon dem Leibe nach gegenwärtig, dennoch außerhalb der Kirche. Denn es ist das Gebet der Kirche, die Stimme, die auf Lehre und Befehl des Herrn hin ertönt. Er sagt: «Also sollt ihr beten.» Er sagt es seinen Jüngern: «Also sollt ihr beten.» Er sagt es den Jüngern, sagt's den Aposteln, sagt es uns, irgendwelchen beliebigen Lämmchen seiner Herde. Zu den Leittieren der Herde sagt er es: «Also sollt ihr beten.» Beachtet, wer es sagt, wem er es sagt. Die Wahrheit den Jüngern, der Hirt der Hirten den Leittieren: «Also sollt ihr beten: Vergib uns unsere Schulden, wie auch wir vergeben unsern Schuldigern.» Der König zu seinen Soldaten, der Herr zu den Knechten, Christus zu den Aposteln, die Wahrheit zu den Menschen, die Erhabenheit zu den Niedrigen. Ich weiß, was in euch vorgeht: ich nahm euch auf die Waage und melde, was ich auf meiner Waage gewogen; ich kann genau sagen, was in euch vorgeht. Denn darum weiß ich besser Bescheid als ihr. So sprecht denn: «Vergib uns unsere Schulden, wie auch wir vergeben unsern Schuldigern.»

Ich frage dich, du Gerechter, du Heiliger, du Mann ohne Makel und Runzel; ich frage dich also: Ist dies Gebet der Kirche das Gebet der Gläubigen oder das der Katechumenen? Doch gewiß das der Wiedergeborenen, das heißt der Getauften: und zuletzt, was alles übersteigt, das Gebet der Söhne: Denn wäre es nicht das der Söhne, mit welcher Stirne wagte man dann zu sagen: «Vater unser, der du bist im Himmel»? Wo steht ihr also, ihr Gerechten und Heiligen? Seid ihr unter den Gliedern dieser Kirche, oder seid ihr es nicht? ..Wenn die gesamte Kirche spricht: «Vergib uns unsere Schulden», so ist verworfen aus ihr, wer es nicht mitspricht. ..Sieh, die gesamte Kirche spricht: «Vergib uns unsere Schulden.» Sie hat also Makeln und Runzeln. Aber durch Bekennen wird die Runzel geglättet, durch Bekennen wird die Makel gewaschen. Die Kirche steht betend, um bekennend gereinigt zu werden: und solange man hier lebt, steht sie auch so. Und wenn dann der einzelne aus dem Leibe auszieht, dann wird ihm alles vergeben, was er an vergebbaren Schulden besaß: denn sie werden auch durch das tägliche Gebet vergeben: dann geht er gereinigt hervor, und die Kirche sammelt in die Schatzkammer des Herrn reines Gold ein; und so wird in den Schatzkammern des Herrn die Kirche ohne Makel und Runzel sein. Ist sie dort ohne Makel und Runzel, worum ist dann hier zu beten? Um Erlangung des Verzeihens. Wer verzeiht, der wischt die Makel aus, wer vergibt, der glättet die Runzel. Und wo wird unsere Runzel geglättet? Auf der Spanne des großen Walkers, am Kreuze Christi. Denn eben am Kreuze, an eben dieser Spanne, hat er für uns sein Blut vergossen. Und ihr, die Gläubigen, wißt, welches Zeugnis ihr dem Blute gebt, wenn ihr es empfangt. Ihr sagt nämlich: Amen. Ihr wißt, welches das Blut ist, das für viele vergossen wurde zur Vergebung der Sünden. Seht: so wird die Kirche ohne Makel und Runzel; die gleichsam wohlgereinigte wird ausgespannt auf der Spanne des Kreuzes, und dies kann hier auf Erden bewerkstelligt werden. Für drüben schafft sich der Herr eine herrliche Kirche ohne Makel und Runzel. Er bereitet es hier schon vor, aber er zeigt es erst drüben. Denn darauf hin wirkt er, daß wir ohne Makel und Runzel seien. Groß ist, der es wirkt, er gibt sich jegliche Mühe, er ist der kundigste Künstler. Er dehnt uns aus auf dem Holze, er schafft uns ohne Runzel, nachdem er uns waschend ohne Makel gemacht. Er, der ohne Makel und Runzel kam, wurde ausgespannt auf der Spanne; aber unsertwillen, nicht um seiner selbst willen; sondern um uns von Makel und Runzel zu befreien. So laßt uns ihn bitten, daß er es tue.

Der Nutzen der Häresien

[251] Von den Häretikern her wurde die katholische Kirche ausgesprochen und durch den Schlechtdenkenden die Rechtdenkenden bewährt. Vieles nämlich war in den Schriften verborgen, und da die Häretiker abgeschnitten waren, stürmten sie mit Fragen auf die Kirche Gottes ein; aufgetan wurde, was verborgen lag, und eingesehen der Wille Gottes. . . Viele, die ausgezeichnet die Schriften unterscheiden und abhandeln konnten, lagen im Volke Gottes verborgen, sie legten die Lösung schwieriger Fragen nicht dar, weil kein Verleumder drängte. Ist etwa vollkommen über die Dreieinigkeit gehandelt worden, bevor die Arianer dagegen

lästerten? Ist etwa vollkommen über die Buße gehandelt worden, bevor die Novatianer widerstanden? So wurde auch nicht vollkommen über die Taufe gehandelt, bevor die hinausgeworfenen Wiedertäufer dagegen sprachen, und auch über die Einheit Christi war nicht in so ausgefalteter Weise gesagt, was gesagt war, sondern wurde es erst, als jene Spaltung die schwachen Brüder zu beunruhigen begann; so daß nun die zur Behandlung und Lösung solcher Fragen Kundigen (damit die Schwachen, gehechelt von den Fragen der Gottlosen, nicht zugrunde gingen) in ihren Reden und Darlegungen die Dunkelheiten des Gesetzes ins Klare zogen.

Bekämpfung der Häresien

[252] Die Häretiker wagen zu sagen, daß sie von katholischen Königen oder katholischen Fürsten Verfolgung zu erleiden pflegen. Was für Verfolgung wird ihnen zuteil? Leibliche Drangsal: ob sie etwas erduldet haben, und was, das werden sie selber wissen, und mögen darüber ihr Gewissen anklagen; jedenfalls litten sie Leibes-Verfolgung: die Verfolgung, die sie selbst bewerkstelligen, ist schlimmer... Und sie wundern sich, daß die christlichen Machthaber sich erheben gegen die verabscheuungswürdigen Entzweier der Kirche! Wie sollten sie sich nicht erheben? Wie könnten sie anders Rechenschaft von ihrer Regierung ablegen vor Gott? Eure Liebe gebe acht, was ich sage: es gehört zum Amt der christlichen Könige in dieser Welt, daß sie sich zu ihren Zeiten kümmern um den ungetrübten Frieden ihrer Mutter, der Kirche, aus der sie geistlich geboren sind. Eben wurden die Visionen und prophetischen Taten Daniels verlesen. Die drei Jünglinge im Feuer lobten den Herrn: der König Nabuchodonosor wunderte sich über den Gottpreis der Jünglinge, und daß das Feuer sie nicht angriff, und was sagte in seiner Verwunderung der König Nabuchodonosor, kein Jude und Beschnittener, er, der sein eigenes Standbild errichtet und alle gezwungen hatte, es anzubeten, jetzt aber, bewegt durch das Loblied der Jünglinge und die Gegenwart Gottes

im Feuer erkennend – was sagt er? «Auch ich will einen Befehl erlassen an alle Stämme und Sprachen der ganzen Erde.» Was für einen Befehl? «Wer immer den Gott Sidrachs, Misachs und Abdenagos lästert, der soll umkommen, und sein ganzes Haus soll zugrunde gehen» (Dan 3,96). Siehe, so unerbittlich ist ein fremder König, daß der Gott Israels nicht gelästert werde, weil er vermochte, drei Knaben aus dem Feuer zu retten: und die christlichen Könige sollen nicht unerbittlich sein dürfen, wenn Christus ausgeblasen wird[1], durch den nicht drei Knaben, sondern der Erdkreis mitsamt den Königen vom Höllenfeuer befreit wird?

Das Absterben der Häresien

[253] «Sie werden verachtet werden wie abfließendes Wasser» (Ps 57,8). Mögen euch nicht schrecken, Brüder, gewisse Flüsse, welche Gießbäche heißen, sie werden von Winterwassern gefüllt, fürchtet nicht, nach kurzem fließt ab und verläuft sich das Wasser; eine Zeitlang rauscht es gewaltig, bald ist es vorüber, lange können sie nicht währen. Viele Häresien sind bereits erstorben, sie liefen in ihren Ufern, sosehr sie konnten, sie liefen ab, verdorrt sind die Ufer, kaum, daß man ihr Andenken findet oder sich erinnert, daß sie gewesen sind. «Sie werden verachtet werden wie abfließendes Wasser.» Aber nicht sie allein, diese ganze Welt rauscht eine Zeitlang gewaltig und sucht, wen sie mitreiße. Alle Gottlosen, alle Stolzen, die an die Felsen ihres Stolzes wie stürmende und bäumende Wasser tosen, sie sollen euch nicht schrecken: Winterwasser sind's, sie können nicht ewig fließen, sie müssen abfließen an ihren Ort, an ihr Ende. Und doch hat der Herr von diesem Gießbach der Welt getrunken. Gelitten nämlich hat er hier, den Gießbach selbst trank er, aber er trank auf dem Wege, im Vorübereilen, weil er «auf dem Wege der Sünder nicht steht» (Ps 1,1). Was sagt von ihm die Schrift? «Vom Gießbach am Wege trinkt er, darum

[1] Durch Wiederholung der Taufe bei den Donatisten.

wird er sein Haupt erheben» (Ps 109,7). Das heißt: darum ist er verherrlicht worden.

Häresie ist Ungeduld

[254] «Mit Hüften und Schultern stößt ihr die schwachen Schafe und fährt auf sie los mit euren Hörnern, und alles Schwache drängt ihr zusammen, bis ihr sie schließlich hinausgetrieben habt» (Ez 34,21–22). Wer versteht nicht den Sinn? Wer erschauert nicht? Wären keine Schafe draußen, so wäre es nicht geschehen. Wenn aber viele Schafe draußen irren, die wir beweinen, wehe dann denen, durch deren Hüften und Schultern und Hörner solches geschah! Denn nur starke Schafe haben solches vermocht. Was sind die Starken? Die auf ihre eigenen Kräfte vertrauen. Was sind die Starken? Die sich ihrer Gerechtigkeit rühmen. Nur die zerteilten die Schafe, nur die trieben sie hinaus, die sich selbst für gerecht erklärten: Schultern, übermütig zum Stoßen: weil sie die Bürde Gottes nicht tragen; schlechte Hüften: sich verschwörende Freunde, die Gemeinschaft der Hartnäckigkeit; aufgerichtete Hörner: auffahrender Stolz; so stoße denn mit Hüften und Schultern, dränge mit den Hörnern, wirf hinaus, was du nicht austrugst! Wir wissen's: die ganze Sache war diese, daß du gerecht warst und die anderen ungerecht, und es unwürdig ist, daß der Gerechte zusammen sei mit den Ungerechten; unwürdig nämlich, daß der Weizen zusammen sei mit dem Unkraut; unwürdig, daß die Schafe unter den Böcken weideten, bis käme der Hirt, der sich beim Trennen nicht irrt. Du also bis der Engel, der das Unkraut ausraufen soll? Ich kann dich als unkraut-raufenden Engel nicht anerkennen, wäre auch die Ernte schon da. Vor der Ernte bist nicht du, sondern ein jeder, der's tut, ein Betrüger. Der die Schnitter bestimmte, der legte fest auch die Zeiten. Es wäre ja möglich, daß Menschen sich als Engel bezeichneten. Man könnte vielleicht in den Schriften finden, daß auch Menschen als Engel bezeichnet werden; ich aber warte bis zur Zeit der Ernte. Den Engelsnamen kannst du dir geben,

die Erntezeit kannst du nicht kürzen. Darum redest du unwahr, daß du es seist, weil noch nicht kam, wann du es sein kannst. Und wenn es kommt und es werden die wahren Schnitter gesandt, dann weiß ich nicht, wo sie dich finden, ob du zur Reinigung kommst, um in der Scheune geborgen zu werden, oder zur Bindung, um ins Feuer geworfen zu werden. Darum sag ich – vielleicht, weil ich zu richten nicht wage –: Vorläufig betraure ich dich als draußen; ob du es sein wirst, entgeht mir...

Gott vertagt für das Ende; du trennst vor der Zeit. Du erharrst nicht das Ende, unwissend, wann dein eigenes kommt. Woher dies, wenn nicht daher, daß du jene, die du als Böcke verschriest, falsch angeklagt hast? Denn hättest du in Wahrheit angeklagt, du hättest dich nicht getrennt. Deine Trennung ist ihre Säuberung. Waren sie Unkraut, warum wolltest du sie vorzeitig trennen? Du hättest mit ihnen vermischt Weizen sein können, hättest im gleichen Acker gewurzelt, wärest vom gleichen Regen beträufelt worden. Warum also gingst du hinaus? Findest du einen Grund? Die du anklagst, überführst du nicht: aber indem du vorzeitig austrittst und dich abscheidest, überführst du dich selbst... Willst du, daß ich dich als Gerechten bezeichne, so komm, bring gute Frucht hervor im katholischen Frieden, bewahr sie im katholischen Frieden. «Und sie werden Frucht tragen», heißt es, «mit Geduld» (Lk 8,15). Willst du ein Wort dafür, wie sehr du verhagelt bist? Hör dieses andere: «Weh denen, die die Geduld verloren haben» (Sir 2,16).

Der Hirt auf der Suche

[255] Wenn ich im Irrtum bin, sagt er, wenn ich verderbe, was geht dich das an? Was suchst du mich auf? – Weil du im Irrtum bist, will ich dich heimrufen: weil du verlorengingst, will ich dich finden. – Aber ich will so irren, ich will hier verderben! – So willst du irren, so verderben? Um so besser, wenn ich nicht will! Ich sag's heraus: Ich will dir lästig sein. Hör, wie der Apostel redet: «Künde das Wort,

beharre, ob angenehm oder unangenehm» (2 Tim 4,2)... Ich habe vor dir keine Angst. Denn du kannst den Richterstuhl Christi nicht stürzen und den des Donatus aufrichten. Das irrende Schaf will ich zurückrufen, das verlorene suchen: magst du's oder magst du's nicht, ich tu es. Und wenn mich auf der Suche die Dornen der Wildnis zerreißen, durch alle Engen will ich mich zwängen, alle Zäune durchsuchen, so viele mir an Kräften der Herr, der mich aufschreckt, gibt, alles will ich durchwandern: den Irrenden heimrufen, den Verderbenden suchen. Und willst du mich nicht erleiden, so irre nicht, so verdirb nicht!

Und wenn ich den Irrenden, Verderbenden stehenließe, dann würde ein anderer Starker Lust daran finden, zu irren und verlorenzugehen. Ich suche den äußern Erfolg, aber fürchte noch mehr den inneren Schaden. Wenn ich mich unbeteiligt deinem Irrtum gegenüber verhalte, dann beachtet dies einer der Starken und glaubt, daß nichts dabei sei, zur Häresie überzutreten. Sobald ihm ein weltlicher Vorteil ersichtlich wird, um überzutreten, schon sagt mir jener Starke, der sich zugrunde richtet, wenn ich die Verlornen nicht suche: Auch dort und dort ist der Herrgott; was macht es für einen Unterschied? Menschen, die sich zankten, haben diese Dinge erfunden; dem Herrgott kann man überall dienen. Wenn ihm vielleicht einer der Donatisten gesagt hat: Ich gebe dir meine Tochter nicht zur Ehe, wenn du nicht zu meiner Partei übertrittst, dann muß er aufmerksam werden können und sagen: Wenn nichts Böses an ihrer Partei wäre, dann würden doch unsere Hirten nicht so viel gegen sie sagen, sich so sehr mit ihrem Irrtum abgeben.

Weizen und Spreu

[256] Die Kirche dieser Weltzeit ist eine Tenne – ich habe es oft gesagt und sage es wieder – sie hat Spreu und Weizen. Niemand versuche, die ganze Spreu zu sondern, es sei denn zur Zeit des Worfelns. Niemand verlasse die Tenne vor der Zeit des Worfelns, als könnte er gleichsam die Sünder nicht ertragen... Wer immer von weitem die Tenne betrachtet, glaubt, es sei nichts als Spreu. Schaut er nicht sorgfältig hin, befühlt er's nicht mit der Hand, bläst er's nicht auseinander, ..so gelangt er schwerlich zur Unterscheidung der Körner. Oft liegen die Körner selbst so, gleichsam getrennt voneinander und einander nicht berührend, daß jeder .. vermeint, allein zu sein.

Drinnen und draußen

[257] «Der Herr kennt die Seinigen» (2 Tim 2,19). Sie sind seine Schafe. Oft kennen sie sich selber nicht; der Hirt aber kennt sie, auf Grund jener Vorherbestimmung, jenes Vorherwissens Gottes, jener Gnadenwahl der Schafe vor Grundlegung der Welt, denn so spricht der Apostel: «Wie er uns in ihm auserwählte vor Grundlegung der Welt» (Eph 1, 4). Nach diesem Vorherwissen, dieser Vorherbestimmung Gottes: wieviele Schafe sind da nicht draußen, wieviele Wölfe drinnen! Und wieviele Schafe drinnen, wieviele Wölfe draußen! Was ist's, daß ich sage, wieviele Schafe draußen? Wieviele leben jetzt in Unzucht, die einst keusch sein werden; wieviele lästern Christus, die glauben werden an Christus; wieviele berauschen sich, die nüchtern sein werden; wieviele stehlen fremdes Eigentum, die das ihre verschenken werden! Dennoch hören sie jetzt eine fremde Stimme, folgen sie Fremden. Wieviele wiederum loben drinnen, die lästern werden; sind keusch, die unzüchtig sein werden; sind nüchtern, die sich im Wein begraben werden; stehen, die fallen werden! Sie sind nicht Schafe... Sieh: diese hören, und jene

nicht: und doch sind nach der Vorherbestimmung diese nicht Schafe, jene sind Schafe.

Falsche Brüder

[258] Der so redet: ‚Wer ist Christus? Ein Mensch war Christus, er konnte nicht leben, auch wenn er wollte, unfreiwillig starb er,.. wurde besiegt, gekreuzigt, umgebracht..': das ist der offene Feind, sagt Christus, der haßt mich, der sagt mir offene Verfolgung an; leicht ist es, den zu ertragen oder zu meiden. Was tu' ich mit Absalom? Was tu ich mit Judas? Was mit den falschen Brüdern? Was mit den falschen Söhnen und doch Söhnen, die Christus nicht gegen uns lästern, sondern ihn mit uns zusammen anbeten, und doch Christus in uns verfolgen? .. Du kannst dich ja vor dem Heiden verbergen, du trittst in die Kirche hinein. Findest du aber dort, was du fürchtest, wo suchst du dann noch ein Versteck? Schließlich sagt der Apostel selbst, der stöhnt unter «Gefahren falscher Brüder»: «Außen Kämpfe, innen Ängste» (2 Kor 7,5).

[259] Unter jenen, die «fern sind vom Heiligtum», schleichen sich einige Gefälschte ein und bereiten dem Leibe Christi ärgere Drangsal, weil sie nicht als durchaus Fremde vermieden werden... Ihre große Gefährlichkeit erwähnt der Apostel in der Aufzählung seiner vielen Drangsale... «Gefahren von falschen Brüdern» (2 Kor 11,26). Denn gar sehr gefährlich sind jene, von denen ein Psalm sagt: «Und sie kamen herein, um zu sehen» (Ps 40,7). Sie traten ein, um sich umzusehen, und niemand sagt: Du darfst hier nicht eintreten, um zu sehen... Alle heuchlerischen Sinnes Eintretenden, Einwohnenden und sich Verbergenden also: fürchte sie nicht. Ihr Vater ist Judas, der mit deinem Herrn war, und der kannte ihn wohl; obschon der Verräter Judas drinnen hauste und sich verbarg, sein Herz stand doch dem Herrn aller Dinge offen; wissend erwählte er den einen, um dir, der nicht weiß, welche meiden, einen Trost zu spenden. Er hätte

ja den Judas auch nicht erwählen können... Er ging als Beispiel voraus: ‚Ich habe es geduldet, ich wollte durchleiden, was ich wußte, um dir, dem Nichtwissenden, einen Trost zu spenden.‘

Judas

[260] Welche Ermahnung, Brüder, wollte unser Herr Jesus Christus seiner Kirche geben, als er unter den Zwölfen einen Verlorenen haben wollte? Doch gewiß die, daß wir die Bösen ertragen sollten und den Leib Christi nicht teilten? Siehe, unter den Heiligen findet sich Judas, siehe, ein Dieb ist Judas, und – damit du's nicht übersehest – ein gottesräuberischer Dieb, nicht ein beliebiger Dieb: ein Dieb an Geldern, aber Geldern des Herrn; an Geldern, aber heiligen Geldern... Nehmt euch ein Beispiel am Erdenwandel des Herrn. Er, dem die Engel dienten: warum hatte er Geld, außer weil auch seine Kirche Geld haben sollte? Warum ließ er den Dieb zu, außer weil auch seine Kirche die Diebe geduldig ertragen sollte? Jener aber, der sich gewöhnte, dem Säckel Geld zu entnehmen, zögerte nicht, für erhaltenes Geld auch den Herrn zu verkaufen. Sehen wir zu, was der Herr dazu sagt. Seht, Brüder, er sagte ihm nicht: Weil du ein Dieb bist, redest du so. Er kannte den Dieb, er machte ihn nicht bekannt; er litt ihn vielmehr und gab uns ein Beispiel der Geduld, die Schlechten in der Kirche zu ertragen.

Unkraut überall

[261] Wo hat der Feind seinen Lolch nicht gestreut? Welche Art, welche Stelle von Weizen findest du, wo nicht Lolch gestreut ist? Hat er vielleicht unter die Laien gestreut, und nicht unter den Klerus oder unter die Oberhirten? Oder unter die Eheleute, und nicht unter die Professen der Keuschheit? Oder in die Häuser der Laienchristen, und nicht in die Ordenshäuser der Mönche? Überall hat er gestreut, überall gesät. Was ließ er ungemischt stehen? Aber Gott sei Dank, daß jener, der zu trennen sich würdigen wird, auch

nicht irren kann. Eure Liebe weiß wohl, daß in der besten, vorzüglichsten Ernte sich Unkraut findet. Auch im Ordensstand findet sich Unkraut. Ihr sagt mir: Dort und dort haben sich Schlechte herausgestellt, und in jenem Ordenshaus fanden sich Schlechte. Aber überall haben sich Schlechte gefunden, aber nicht immer werden mit den Guten die Schlechten das Feld behaupten. Was wunderst du dich, Schlechte an heiliger Stätte zu finden? Weißt du nicht, daß die erste Sünde, der Ungehorsam, im Paradiese geschah? Und daß durch ihn der Engel fiel? Hat er darum den Himmel besudelt? Adam fiel: hat er darum das Paradies besudelt? Einer von Noahs Söhnen fiel: hat er das Haus des Gerechten befleckt? Judas fiel: hat er den Chor der Apostel befleckt? Und oft werden einige vom menschlichen Urteil als Weizen bezeichnet, und sie sind Unkraut; und andere werden für Unkraut gehalten, und sind in Wahrheit Weizen. Um dieser Verhülltheit willen sagt der Apostel: «Richtet nicht irgendwas vor der Zeit, bis daß der Herr kommt und das im Dunkel Verhüllte erhelle und die Herzensgedanken offenbar mache; und dann wird jedem Lob sein von Gott» (1 Kor 4,5–6). Des Menschen Lob geht vorüber; oft lobt der Mensch das Böse und weiß es nicht; oft klagt der Mensch das Heilige an und weiß es nicht. Gott verzeihe den Unwissenden, komme den Mühenden zu Hilfe!

Der große Haufen

[262] «Wir nahmen auf, Herr, deine Barmherzigkeit in der Mitte deines Volkes» (Ps 47,10). Wer nahm auf, und wo nahmen sie auf? Hat nicht «dein Volk» selbst deine Barmherzigkeit empfangen?.. Warum dann aber «in der Mitte deines Volkes»? Als wären die, die aufnahmen, andere als die, in deren Mitte jene aufnahmen? Ein großes Geheimnis, und doch ein bekanntes... Jetzt nämlich werden als Gottes Volk alle jene erachtet, die seine Sakramente tragen; aber nicht alle gehören zu seiner Barmherzigkeit. Alle, die das Sakrament der Taufe Christi empfingen, werden Christen genannt, aber nicht alle leben würdig dieses Sakramentes. Es

gibt eben solche, von denen der Apostel sagt: «Sie haben zwar die Form der Frömmigkeit, verleugnen aber ihre Kraft» (2 Tim 3,4). Doch wegen des Anscheins der Frömmigkeit werden sie unter dem Volke Gottes aufgezählt... «Wir nahmen, Herr, deine Barmherzigkeit auf in der Mitte deines Volkes.» In der Mitte deines Volkes, das deine Barmherzigkeit nicht aufnimmt, nahmen wir deine Barmherzigkeit auf. Denn er «kam in sein eigenes Eigentum, und gerade die Seinigen nahmen ihn nicht auf». Und doch: in der Mitte dieser, «so viele ihn aufnahmen, so vielen gab er Macht, Kinder Gottes zu heißen» (Joh 1,11–12).

Und hier steigt jedem, der nachdenkt, die Frage auf: Wie denn? Dieses Volk, das inmitten des Volkes Gottes die Barmherzigkeit Gottes aufnimmt, wie groß ist seine Zahl? O wie wenige sind's! Kaum findet sich einer!.. Denn wie viele sind es, die die Gebote Gottes zu halten scheinen? Kaum einer oder zwei, oder ganz wenige: wird Gott die allein erretten und alle andern verdammen? Das sei fern, sagen sie. Wenn er kommen wird, und einen so großen Haufen auf der linken Seite erblicken wird, wird er sich erbarmen und ihnen Nachlaß gewähren. Eben das verhieß die Schlange dem ersten Menschen: Gott hatte mit Tod gedroht, wenn er koste; jene aber: «Das sei ferne, ihr werdet des Todes nicht sterben» (Gen 2,17). Sie glaubten der Schlange und fanden, daß Gott wahr gesprochen, die Schlange Falsches verheißen. Nicht anders heute, Brüder; stellt euch die Kirche unter dem Bild und Gleichnis des Paradieses vor: die Schlange hört nicht auf einzuflüstern, was sie damals einflüsterte.

Einsprache der Lauen

[263] Sobald einer anfängt, christlich zu leben, geraten alle seine Verwandten, seine Angehörigen, seine Freunde in Bewegung. Die die Welt lieben, setzen sich zur Wehr. Bist du verrückt geworden? Du übertreibst: sind denn die andern Christen auch so? Das ist Unsinn, das ist Wahnsinn. Und Ähnliches schreit die Volksmenge, damit die Blinden nicht

rufen können (Mt 20,39). Die Menge schalt die Rufenden: aber sie vermochte ihre Rufe nicht zu ersticken. Die geheilt werden wollen, müssen wissen, was sie unternehmen. Jetzt geht Jesus vorüber:.. aber die guten Christen, die wahrhaft eifrigen, die die Gebote Gottes halten wollen, wie sie im Evangelium verzeichnet sind, sie werden von den schlechten und lauen Christen gehindert... Sie werden dich schelten, dich schmähen, dich zurückrufen: du aber schreie, bis du hindringst zu den Ohren des Herrn.

Gottes Wort als Feind

[264] «Es ist an der Zeit, mit deinem Feinde Frieden zu schließen.».. Wer aber ist dieser Feind? Der Teufel ist es nicht, denn niemals würde die Heilige Schrift dich ermahnen, mit dem Teufel Frieden zu schließen. Es gibt einen anderen Feind, den sich der Mensch zum Feinde macht... Das Wort Gottes ist dein Feind. Warum dein Feind? Weil es das Gegenteil dessen vorschreibt, was du tust. Es wird dir gesagt: «Einer ist dein Gott, den einen Gott sollst du verehren.» Du aber willst den einen Gott, den rechtmäßigen Gemahl deiner Seele, stehenlassen und mit vielfachen Teufeln Unzucht treiben, und was das Schlimmste dabei ist: nicht in offner Scheidung und Trennung, wie die Abtrünnigen tun, sondern gleichsam im Hause deines Gatten verharrend, empfängst du den Ehebrecher.., und in der Ehe bleibend, treibst du Unzucht... Es wird dir gesagt, du sollest den Sabbat geistig beobachten: nicht wie die Juden ihn in fleischlicher Muße verbrachten; .. du aber möchtest frei sein, um zu arbeiten, wo du doch arbeiten solltest, um frei zu sein. Es wird dir gesagt: «Ehre Vater und Mutter.» Du aber fügst deinen Eltern solche Schmach zu, die du von deinen Söhnen nicht entgegenzunehmen gewillt bist. Es wird dir gesagt: «Du sollst nicht töten.» Du aber möchtest deinen Feind umbringen und tust es vielleicht nur darum nicht, weil du einen menschlichen Richter fürchtest, und nicht im Gedanken an Gott... Es wird dir gesagt: «Du sollst nicht ehebrechen»,

das heißt, zu keinem andern Weibe gehen als deinem eigenen. Du aber forderst dies zwar von deinem Weibe, willst es aber selbst nicht deinem Weibe zuliebe tun, und obschon du in der Mannszucht deinem Weibe ein Beispiel sein solltest, da die Keuschheit doch Mannszucht ist, willst du, daß dein Weib dort Siegerin sei, wo du besiegt am Boden liegst; und obschon du das Haupt deines Weibes sein solltest, überragt sie dich bei Gott, deren Haupt du bist... So wie Christus das Haupt der Kirche ist und von der Kirche verlangt wird, daß sie ihrem Haupte folge, so hat jeder Haushalt den Mann zum Haupt und die Frau zum Leib. Wohin das Haupt führt, dahin soll der Leib folgen. Wie sollte also das Haupt dorthin gehen, wohin es von seinem Leib nicht gefolgt werden will?

In diesen Forderungen ist das Wort Gottes der Feind.

Klerus und Klöster

[265] Du weißt, daß der Herr von den Pharisäern gesagt hat: «Sie sitzen auf Moses' Lehrstuhl» (Mt 23,2). Aber nicht sie allein meinte der Herr damit: als ob er die an Christus Glaubenden in die Judenschule schicken wollte, damit sie dort lernten, wie der Weg zum Himmelreiche beschaffen sei. Ist der Herr denn nicht gekommen, um die Kirche einzurichten? .. Vielmehr deutete er unter dem Namen der Pharisäer und Schriftgelehrten auf gewisse hin, die in seiner Kirche auftauchen sollten; und sich selber meinte er sinnbildlich unter der Gestalt des Moses... Und was sagt er? «Die Schriftgelehrten und Pharisäer sitzen auf Moses' Lehrstuhl: tut, was sie euch sagen; aber was sie tun, das sollt ihr nicht tun.» Wenn die schlechten Kleriker das hören, daß es von ihnen gesagt sei, dann suchen sie es umzudeuten. Ich selber habe gewisse Leute gehört, die diesen Satz umzudeuten versuchten. Würden sie nicht, wenn es ihnen gestattet wäre, diesen Satz aus dem Evangelium tilgen? Weil sie ihn aber nicht tilgen können, suchen sie ihn wenigstens zu verdrehen. Aber die Gnade und Barmherzigkeit des Herrn ist immer noch da und läßt sie nicht machen; denn er hat

alle seine Aussprüche mit einem Gehege von Wahrheit umgeben... Es ist ganz richtig gesagt, meinen sie. Es ist euch Laien gesagt, ihr möget tun, was wir euch sagen; was wir aber tun, das sollt ihr nicht tun. Denn wir bringen das Opfer dar, und das ist euch nicht verstattet. Seht ihr die Schlauheit dieser Leute, dieser – was soll ich sagen – Mietlinge? Denn wären sie Hirten, sie würden nicht also reden. Um ihnen den Mund zu schließen, fährt der Herr also fort..: «Sie reden nämlich, und tun nicht.».. Und höre, was folgt: «Schwere und unerträgliche Bürden laden sie auf und bürden sie auf die Schultern der Menschen; sie selber rühren mit keinem Finger daran.» Ganz offen prangert er sie an, beschreibt sie, zeigt sie. Sie selbst aber beweisen durch ihr Verdrehen des Satzes, daß sie in der Kirche nichts anderes suchen als ihren eigenen Vorteil, und daß sie das Evangelium nicht gelesen haben: würden sie auch nur die Seite kennen und den Zusammenhang, sie würden es niemals wagen, solches zu sagen... Höre, wie der Apostel über sie seufzt. Er sagt, daß die einen das Evangelium aus Liebe verkünden, die andern um des Vorteils willen, und von diesen sagt er: «Sie künden das Evangelium nicht recht» (Phil 1,17)... Und was weiter? «Doch wie? Wenn nur überhaupt, sei es aus Vorteil, sei es in Wahrheit, Christus verkündet wird!» Er läßt also zu, daß auch Mietlinge seien... Der Hirt selber wollte die Mietlinge haben. Denn sie treiben es, wie sie's verstehn, sind nützlich, wie sie's verstehn. Wenn aber der Apostel zu anderen Zwecken einen sucht, um den Schwachen seine Wege zur Nachahmung vorzustellen, dann sagt er: «Ich sandte euch den Timotheus, der euch an meine Wege erinnern soll» (1 Kor 4,17). Was sagt er damit? Ich sandte euch einen Hirten, der euch an meine Wege erinnern soll: der nämlich so wandelt, wie ich selber wandle. Und was sagt er, indem er den Hirten sendet? «Ich habe keinen andern, der so gesinnt ist wie er und in aufrichtiger Zuneigung für euch besorgt ist.» Waren nicht viele mit ihm? Doch was weiter? «Alle andern denken nur an sich, nicht an die Sache Jesu Christi» (Phil 2,20–21)... Kaum einen Hirten findet er unter der Unmenge der Mietlinge: denn die Hirten sind selten, der Mietlinge aber sind viele. Was aber wird von den Mietlingen gesagt? «Wahrlich, ich sage euch, sie haben ihren Lohn erhalten» (Mt 6,2)... Von ihrem erhöhten Platz aus können sie nichts anderes sagen, als: Tut das Gute, leistet keinen Meineid, betrüget nicht, hintergeht niemand. Gelegentlich aber leben sie so, daß sie zum Bischof kommen, um über den Diebstahl eines Landstücks sich zu beraten und sich guten Rat zu erholen. Das ist uns vorgekommen: wir reden aus Erfahrung, denn sonst hätten wir's nicht geglaubt. Viele fordern schlechte Ratschläge von uns: zum Lügen, zum Betrügen, und glauben uns damit einen Gefallen zu tun. Aber im Namen Christi, wenn es dem Herrn gefällt, was wir da sagen: kein solcher hat uns noch in Versuchung geführt und erhalten, was er suchte. Denn wenn es der Wille dessen ist, der uns berief, so sind wir Hirten, nicht Mietlinge... Herr, du weißt, daß ich es sagte, du weißt, daß ich nicht schwieg, du weißt, aus welcher Seele ich's sagte, du weißt, daß ich weinte, als ich es sagte und man mich doch nicht gehört hat.

[266] «Sieh, wie gut und wie erfreulich ist's, wenn Brüder zusammen wohnen» (Ps 132,1). Diese Worte des Psalms, dieser süße Klang.. hat auch die Klöster geboren. Dieser Klang hat die Brüder aufgeweckt, die zusammen zu wohnen begehrten,.. und die zerstreut waren, sammelten sich... Dennoch, Brüder: es gibt auch falsche Mönche, und wir haben solche gekannt; aber darum ist das fromme Brüdertum nicht zugrunde gegangen deretwegen, die bekennen, was sie nicht sind. Es gibt ebensoviel falsche Mönche wie falsche Kleriker, wie falsche Gläubige... Von diesen drei Klassen ist nämlich gesagt: «Zwei sind auf dem Acker, einer davon wird aufgenommen, der andre zurückgelassen, und zwei in einem Bett, einer wird aufgenommen, der andre zurückgelassen, und zwei sind an der Mühle, die eine wird aufgenommen, die andre zurückgelassen» (Lk 17,34-35).

[267] Wohin wollte ein Christ sich abscheiden, um nicht unter falschen Brüdern seufzen zu müssen? .. Wenn er, um

fortzuschreiten, keinen Menschen mehr dulden will, so wird er ebendadurch, daß er keinen Menschen leiden will, überführt, daß er nicht fortschreitet. Es merke auf eure Liebe: «Einander ertragend in Liebe», sagt der Apostel, «besorgt, die Einheit des Geistes, das Band des Friedens zu wählen.» Hast nicht auch du an dir vieles, was ein andrer ertragen muß? Man erträgt dich nicht, so ertrage die andern. Ich kann nicht, sagst du. Also da hast du, was die anderen an dir ertragen müssen...

‚Ich will mich abscheiden,' sagt einer, ‚mit einigen wenigen Guten, mit diesen wird es mir gut gehn, ..was soll ich mit der Masse zu tun haben?' ..Wird also dort schon jene Freude sein? .. Noch nicht, sondern noch Seufzen, noch die Sorge der Anfechtungen. Denn auch der Hafen hat irgendwo einen Zugang, hätte der Hafen von keiner Seite her einen Zugang, so könnte kein Schiff hinein... Es bricht der Wind ein, und wo keine Klippen sind, da reiben sich die Schiffe aneinander und splittern... ‚Ich werde vorsichtig sein, ich lasse keinen Schlechten herein.' Wie stellst du das an, keinen Bösen hereinzulassen?.. Woran kennst du den, den du vielleicht ausschließen würdest?.. Werden alle nackten Herzens zu dir kommen? Die hereintreten wollen, kennen sich selber nicht, um wieviel weniger du? Denn viele versprachen sich, jenes heilige Leben zu erfüllen, .. sie werden in den Ofen gelegt und bersten... Wir alle wollen ja befestigte Herzen haben, daß nichts eintreten kann, was böse zugeflüstert wird. Woher es schließlich hereintritt, wer weiß es? Und wir kämpfen täglich in unserem einzigen Herzen, *ein* Mensch in seinem Herzen kämpft mit einer Masse. Es flüstert die Habsucht, es flüstert die Begierlichkeit, es flüstert die Eßgier, es flüstert jene Freude an öffentlicher Gunst, alle flüstern sie ein, von allen enthält er sich, allen entgegnet er, von allen wendet er sich weg: schwer ist's, daß er nicht vom einen getroffen werde. Wo also ist Sorglosigkeit?..

Darin aber täuschen die Menschen sich, daß sie ein besseres Leben entweder nicht auf sich nehmen oder verwegen angreifen, da sie, wenn sie lieben wollen, so loben, daß sie dort die Übel nicht sagen, die hineinvermischt sind; und wenn sie tadeln wollen, tadeln sie in einer so mißgönnenden und verkehrten Gesinnung, daß sie die Augen dem Guten gegenüber verschließen und nur die Übel, die dort sind oder vermutet werden, herausstreichen... Man lobt, um allgemein zu reden, die Kirche Gottes: ‚große Menschen sind die Christen, sind allein die Christen, groß ist die katholische Kirche; alle lieben sich, sie opfern für einander, jeder, was er nur kann!'.. Es hört das etwa einer, der nicht weiß, daß die untermischten Schlechten verschwiegen wurden, er kommt, angezogen durch das Lob, .. er wird abgestoßen von den falschen Christen, er zieht sich zurück von den wahren Christen. Anderseits stürzen sich Hasser und Verleumder ins Schmähen: ‚Was sind die Christen? Wie sind die Christen? Geizkragen, Wucherer. Sind nicht sie's, die Theater und Zirkus füllen bei Spielen und andern Vorstellungen, die gleichen, die an Festtagen die Kirchen füllen? Trunkenbolde, Fresser, Neidische, die gegenseitig sich bekritteln!' Es gibt solche, aber nicht allein solche. Wie dieser Tadler blindlings die Guten verschweigt, so jener Lobredner unvorsichtig die Bösen... Nicht anders beim Klerus: die Lobredner der Kleriker achten dort auf die guten Diener, die treuen Ausspender, die alle ertragen, die alles hergeben für die, die sie voranbringen wollen, die «nicht das Ihrige suchen, sondern was Jesu Christi ist» (Phil 2,21). Das loben sie und vergessen, daß sie mit Schlechten vermischt sind. Die wiederum, die den Geiz der Kleriker, die Untreue der Kleriker, die Zänkerei der Kleriker tadeln, prangern sie an als gierig nach fremdem Gut, als Trunkenbolde, als Fresser... Und wiederum bei jenem gemeinsamen Leben der Brüder im Kloster: ‚Große Männer, Heilige, täglich in Hymnen, in Gebeten, im Lob Gottes, sie leben davon, .. sie verlangen nichts geizig, .. keiner rafft sich etwas, was die andern nicht haben, alle lieben sich, alle helfen sich gegenseitig auf!' Du lobst, du lobst; und der nicht weiß, was innen vorgeht, der nicht weiß, wie, wenn der Wind einbricht, sich die Schiffe im Hafen zerreiben, der eintritt, gleichsam Sicherheit hoffend, er findet dort schlechte Brüder vor, die man darum vorfindet, weil sie eingelassen wurden – und es geht nicht anders, als daß man sie zuerst ertrage, weil sie sich vielleicht dadurch bessern; und man darf sie nicht leichthin entlassen, ohne sie vorher ertragen zu haben –, und er wird selber von einer unerträglichen Unduldsamkeit. ‚Wer hat mich dahinein gerufen? Und ich glaubte, daß hier die Liebe herrsche!' Und gereizt durch das Niederdrückende einiger Menschen – während er nicht durchhält in dem, was er gelobt –, wird er zum Ausreißer eines so heiligen Vorsatzes und schuldig eines nicht erfüllten Gelübdes. Und nicht genug: nachdem er austrat, wird er selber zum Tadler und Schmäher und redet nur von dem, was, wie er versichert, er nicht habe aushalten können, und manchmal ist es wahr... O Schlimmer, was verschweigst du die Guten? .. Niemand täusche euch, Brüder, .. ihr müßt es wissen, daß jeder Beruf in der Kirche Unechte hat. Ich sage nicht, daß jeder Mensch unecht sei, sondern daß jeder Beruf seine geheuchelten Rollen besitzt.

An die Lauen

[268] Es ist noch weit, sagst du, bis zum Gericht. Aber wer sagt dir, zuerst, daß der Gerichtstag noch weit ist? Und wenn der Gerichtstag noch weit ist, ist es denn *dein* Tag? Woher weißt du, wann dieser sein wird? Sind nicht viele gesund eingeschlafen und steif geworden? Tragen wir nicht unsern Fall mit uns im Fleische herum? Sind wir nicht zerbrechlicher, als wenn wir von Glas wären? Denn Glas ist zwar zerbrechlich, aber wenn es gut bewahrt wird, kann es sich lange halten, und du magst wohl Kelche finden, die von den Ahnen und Urahnen stammen und aus denen die Enkel und Urenkel trinken. So große Zerbrechlichkeit wurde durch Jahre bewahrt. Wir Menschen aber wandeln zerbrechlich zwischen soviel täglichen Gefahren; und stießen uns auch die üblichen Unglücksfälle nicht zu, so vermöchten wir dennoch nicht lange zu dauern. Das ganze menschliche Leben ist kurz, von der Kindheit bis zum höchsten Alter ist es als Ganzes kurz... Täglich sterben Menschen, und die Lebenden

geleiten sie hinaus, feiern die Totenfeier und versprechen sich selbst das Leben. Keiner sagt: Ich will mich bessern, um nicht morgen im selben Fall zu sein wie der, den ich eben begleitete. Meine Worte gefallen euch, ich aber suche Taten. Betrübet mich nicht durch eure schlechten Sitten: denn mein Glück besteht in diesem Leben allein in eurem guten Leben.

[269] Am gestrigen Tage ermahnte ich eure Liebe, und ermahne sie immer noch, daß Christi Auferstehung in uns ist, wenn wir gut leben; wenn unser altes böses Leben abstirbt und das neue täglich fortschreitet. Hier vor uns steht ein Überfluß an Büßern; wenn man ihnen die Hände auflegt, ist es eine endlose Reihe. Betet, Büßer, und die Büßer gehn beten. Ich erforsche die Büßer des nähern, und ich finde darunter solche von üblem Wandel. Wie kann man bereuen, was man weiterhin tut? Wenn es reut, soll es nicht geschehen. Geschieht es aber, so trügt der Name, die Sache bleibt. Einige haben sich selber den Ort der Büßer erbeten; andere Exkommunizierte wurden von uns an den Ort der Büßer verwiesen: die ihn selber erbaten, sind immer noch willens zu tun, was sie taten; die wir selbst als Exkommunizierte in die Büßerreihen verwiesen, wollen von dort nicht mehr aufstehn, als sei der Ort der Büßer eine besonders erlesene Stellung. Was ein Ort der Schande sein sollte, wird zu einem Ort der Schandtat. Ich sage euch, ihr sogenannten Büßer, die es nicht sind, ich sage euch: doch was kann ich euch sagen? Soll ich euch loben? Ich kann's nicht, sondern seufze und traure. Und was soll ich tun, der ich zum abgedroschenen Liede wurde? Bekehrt euch, bekehrt euch, so flehe ich. Ungewiß ist das Ende des Lebens. Ein jeder Mensch trägt seinen Fall mit sich herum. Warum verschiebt ihr's, gut zu leben, auch wenn ihr noch lange zu leben vermeint? Lang vermeint ihr zu leben und fürchtet euch nicht vor dem unvorsehbaren Tod?..

Aber ihr denkt: er redet, wie er's gewohnt ist, und wir treiben's, wie wir's gewohnt sind. Ich schüttle vor dem Herrn mein Gewand aus. Ich fürchte, es möchte mir zur Last gelegt werden, wenn ich nicht rede. Ich erfülle mein Amt, ich suche eure Frucht; an euren guten Werken möchte ich Freude empfinden, nicht an eurem Geld. Wer gut lebt, bereichert mich nicht. Und doch soll er gut leben, dann tut er's. Mein Reichtum ist kein anderer als mein Hoffen auf euch in Christus. Meine Freude, mein Trost, das Aufatmen meiner Gefahren in diesen Anfechtungen: das ist allein euer gutes Leben. Ich beschwöre euch, Brüder, wenn ihr euch selber vergessen habt, dann erbarmt euch wenigstens meiner!

Das Schifflein Petri

[270] In allem, was der Herr getan, ermahnt er uns, wie wir hier leben sollen. Denn keiner ist nicht fremd in diesem Leben, auch wenn nicht alle sich sehnen, zum Vaterland heimzukehren. Auf der Reise aber leiden wir Wogen und Stürme: doch zumindest müssen wir im Schiffe sein. Denn wenn sogar im Schiffe Gefahren drohen, so außer dem Schiffe sicherer Untergang. So große Schulterkräfte einer auch haben mag, der im Meere schwimmt, einmal wird die Weite des Meeres ihn doch besiegen, und er wird verschlungen werden und untersinken. So ist es unerläßlich, daß wir im Schiffe sind, das heißt, vom Holz getragen werden, um dieses Meer zu überstehn. Das Holz aber, das unsere Schwäche trägt, ist das Kreuz des Herrn, mit dem wir gezeichnet sind und vor dem Tod des Ertrinkens in dieser Welt gerettet werden. Wir leiden unter den Wogen, aber er ist der Herr, der uns beistehen möge.

Wenn aber der Herr allein zum Gebete den Berg bestieg, nachdem er die Volksscharen verlassen, dann bedeutet der Berg die Höhe des Himmels... Das Haupt der Kirche ist droben, damit am Ende die übrigen Glieder ihm folgen. Wenn er also Fürbitte einlegt für uns, dann betet er gleichsam allein auf dem Gipfel des Berges, hoch erhaben über alle Geschöpfe.

Unterdessen wird das Schifflein, das die Jünger trägt, das heißt die Kirche, von den Wogen geschaukelt und geschüttelt in den Stürmen der Anfechtungen: und der widrige

Wind legt sich nicht – der Widersacher nämlich, der Teufel versucht zu verhindern, daß das Schiff zur Ruhe gelange. Aber größer ist, der für uns betet. Denn mitten in diesem Schwanken, mit dem wir uns abmühn, schenkt er uns das Vertrauen, indem er uns heimsucht und stärkt – wenn wir uns nur nicht in einer Verwirrung aus dem Schiff fallen und ins Meer stürzen lassen. Denn auch wenn das Schiff verwirrt wird, so ist es doch eben das Schiff. Es allein trägt die Jünger und empfängt den Herrn. Es leidet zwar Gefahr auf dem Meere, aber ohne das Schiff ist man sogleich verloren. Halte dich also im Schiff und bete zu Gott. Denn auch wenn alle guten Ratschläge versagen und auch das Steuer nicht mehr genügt und das Ausspannen der Segel nur von größerem Schaden ist als von Nutzen, wenn alle menschlichen Hilfen und Kräfte versagten: dann verbleibt allein des Schiffers Entschluß, zu flehen und die Stimme zu Gott zu erheben. Der also den Seeleuten die Gnade gibt, zum Hafen zu finden, wird der seine Kirche verlassen, um sie nicht hinzuführen zum Frieden?

[271] Wir alle sind auf dem Schiffe. Die einen tun Dienst, die andern werden gefahren, aber alle werden zugleich im Sturm gefährdet und im Hafen gerettet. «Die das Meer herunter auf Schiffen fahren, sie tun Dienst in vielen Wassern» (Ps 106,23–28), das heißt in vielen Völkern... Die also «in vielen Wassern Dienst tun, diese sahen die Werke des Herrn und seine Wunder in der Tiefe». Denn was ist tiefer als Menschenherzen? Von dorther brechen zumeist die Winde aus, Stürme des Spaltgeistes und der Zwietracht umwirren das Schiff... Die am Steuer sitzen und getreu das Schiff lieben, fühlen es..: «Sie wurden verwirrt und torkelten wie Betrunkene.» Gewiß, wenn sie reden, wenn sie vorlesen, wenn sie predigen, dann erscheinen sie weise; aber wehe im Sturm! «Und all ihre Weisheit», heißt es, «wurde aufgezehrt.» Es kommt vor, daß aller menschliche Rat versagt, auf welche Seite immer einer sich wende, die Wogen schlagen, der Sturm tobt, die Arme versagen; .. von welchen

Felsen das Schiff wegzusteuern sei, .. die Führenden sehen's nicht mehr. Und was bleibt anderes übrig als dies: «Und sie schrien zum Herrn.»

Kirche ist Geduld

[272] «Wer seinen Bruder liebt, der bleibt im Lichte, und kein Ärgernis ist in ihm» (1 Joh 2, 10). Wer ist's, der Ärgernis nimmt oder gibt? Es sind solche, die sich an Christus und an der Kirche stoßen... Hältst du aber an der Liebe fest, so wirst du dich weder an Christus noch an der Kirche stoßen, wirst weder Christus noch die Kirche verlassen. Denn wer die Kirche verläßt, wie soll der in Christus sein, der nicht in den Gliedern Christi ist? Wie soll der in Christus sein, der nicht im Leib Christi ist? .. So, wie einer, der gebrannt wird, sagt: ich ertrag's nicht, ich halt es nicht aus: so nehmen einige, die es in der Kirche nicht aushalten und sich dem Namen Christi oder der Kirche entziehen, Ärgernis... Und warum ist «kein Ärgernis» in dem, der «seinen Bruder liebt»? Weil er den Bruder liebt, erträgt er alles um der Einheit willen; denn in der Einheit der Liebe besteht die Bruderliebe.

O Tiefe!...

[273] «Gott verschloß alle unter dem Unglauben, um sich aller zu erbarmen» (Röm 11, 32). Und wo bleibt die Billigkeit und Gerechtigkeit Gottes, wenn er alles unter dem Unglauben verschließt, um sich aller zu erbarmen? Du suchst nach dem Grunde, ich zittere vor der Majestät. «O Tiefe der Reichtümer der Weisheit und des Wissens Gottes!» Grüble du, ich will staunen; disputiere, ich glaube; ich sehe die Tiefe, ich finde keinen Boden... «Unerforschlich sind seine Ratschlüsse», und du kommst, um sie zu erforschen? «Unergründlich sind seine Wege», und du kommst, um sie zu ergründen? Willst du das Unerforschliche erforschen und das Unergründliche ergründen, so glaube mir: du bist schon verloren.

IX

DIE HOFFNUNG DER KIRCHE

Verwitwet

[274] Die ganze Kirche ist eine Witwe, in ihren Männern so gut wie in ihren Frauen, in den verheirateten Männern so gut wie in den Gattinnen, in den Jünglingen so gut wie in den Greisen, wie in den Jungfrauen – die ganze Kirche ist eine Witwe, verlassen in dieser Welt. Fühlt sie das, kennt sie ihre Witwenschaft, so ist ihr Hilfe bereit.

Fernab

[275] «Weh mir, daß mein Aufenthalt fernab geworden ist!» (Ps 119,5) Am meisten ist das die Stimme der Kirche selbst, die sich auf dieser Erde müht, die Stimme derer, dic in einem andern Psalm von den Grenzen der Erde her ruft: «Von den Grenzen der Erde her schrie ich zu dir.» Wer von uns schrie von den Grenzen der Erde her? Nicht ich, nicht du, nicht ein anderer, sondern von den Grenzen der Erde her schreit die ganze Kirche, die ganze Erbschaft Christi, denn die Kirche ist sein Erbe, und von der Kirche ist es gesagt: «Heische von mir, und ich werde dir die Völker zur Erbschaft geben und deinen Besitz bis an die Grenzen der Erde» (Ps 2,8). Wenn also das Erbe Christi bis an die Grenzen der Erde reicht, und der Besitz Christi alle Heiligen sind, und alle Heiligen *ein* Mensch sind in Christus, weil die heilige Einheit in Christus ist, so ist's dieser eine Mensch, der von den Grenzen der Erde her schreit: «Von den Grenzen der Erde her schrie ich zu dir, da mein Herz bedrängt wurde» (Ps 60,3). Diesem Menschen also wurde die Wanderschaft allzu fernschweifend unter den Bösen... Viele nämlich sind auch elend, aber sie klagen nicht und wandern und wollen nicht zurück. Der aber will zurück und erkennt die Unseligkeit seiner Pilgerschaft.

Gesang in der Nacht

[276] «Alle Völker haben dir bekannt» (Ps 66,4). Wandelt auf dem «Wege» mit allen Völkern.., ihr Söhne des Friedens, ihr Söhne der einen katholischen Kirche, wandelt auf dem «Wege», singt auf der Wanderschaft. Das tun Wanderer zum Troste der Mühen. Singet, ihr auf diesem «Wege», singt einen neuen Gesang, niemand singe dort jedes beliebige Lied, singt Liebeslieder eures Vaterlandes... So wie die Wanderer singen, und sie singen zumeist in der Nacht.

Saat im Winter

[277] «Gott, du wußtest meine Unklugheit» (Ps 68,8). ..Was nämlich glich mehr der «Unklugheit» als dies: Da er es in der Macht hatte, seine Verfolger niederzuwerfen, sich doch fesseln zu lassen, geißeln, anspeien, ohrfeigen, dornenkrönen, ans Holz schlagen? Töricht ist es gewiß, aber auch das Korn, wenn es in die Erde fällt, und es kennt einer nicht das gewohnte Wirken der Bauern, scheint töricht. Mit großen Mühen erntet man, trägt zur Scheune, drischt und worfelt; nach so viel Fährnis von Himmel und Wettern, so viel Arbeit der Knechte und Sorge der Meister wird das gereinigte Korn in die Scheuer gebracht. Es kommt der Winter, und was gereinigt ward, wird hervorgezogen und hingeworfen: Torheit scheint es, aber daß es nicht Torheit sei, das leistet die Hoffnung.

Kahle Bäume

[278] Alle guten Gläubigen sind Reiche, aber nicht Reiche dieser Welt. Und freilich haben sie nichts von ihrem Reichtum; erst später werden sie seiner genießen. Die Wurzel lebt, aber zur Winterszeit ist auch der lebende Baum dem dürren ähnlich. Zur Winterszeit sind der dorrende Baum und der strotzende Baum gleich entblößt von der Ehre der Blätter, gleich leer von der Ehre der Früchte: der Sommer wird

kommen und die Bäume scheiden: die lebende Wurzel treibt Blätter, wird mit Früchten erfüllt: die dürre bleibt im Sommer so kahl wie im Winter. So ist für jene die Scheune bereit, an diese wird die Axt gelegt, um ausgehauen und ins Feuer geworfen zu werden. So ist unser Sommer die Ankunft Christi. Unser Winter die Verborgenheit Christi: unser Sommer die Enthüllung Christi. Und so spricht der Apostel die guten und treuen Bäume an: «Tot seid ihr, und euer Leben ist verborgen mit Christus in Gott.» Tot, o ja, aber tot nach dem Schein, lebendig im Keim. Achte aber auf die kommende Sommerszeit, wie er fortfährt: «Wenn aber Christus erscheinen wird, euer Leben, dann werdet auch ihr zusammen mit ihm erscheinen in Herrlichkeit» (Kol 3,3–4). Das sind die Reichen, aber nicht dieser Welt.

Das Senfkorn

[279] «Mache mich heil, Gott, denn es stiegen die Wasser bis zu meiner Seele» (Ps 68,2). Da ist das noch verachtete Korn, das unscheinbare Rufe ausstößt... Denn wirklich, betrachtet das Senfkorn: klein, schwarz, völlig verächtlich, auf daß dort erfüllt werde, was gesagt ist: «Wir sahen ihn, und er hatte nicht Aussehen noch Schönheit» (Is 53,2)... Obgleich wir also von Schlimmem zu Gutem übergehen, so ist doch der Übergang nicht ohne Bitterkeit, und er hat die Galle, die im Leiden die Juden dem Herrn gaben, er hat etwas Aufreizendes, das durchzuhalten ist... Uns vorausbildend also und uns in sich hineinwandelnd, sagt er dies: «Mache mich heil, Gott...»

Entwöhnung der Welt

[280] Die Mütter und Ammen, die die Kinder heranwachsen sehen – und es ziemt sich nicht mehr, daß sie mit Milch genährt werden, während sie doch noch lästig nach der Brust verlangen –, bestreichen, damit die Kinder nicht mehr saugen, ihre Brüste mit etwas Bitterem, von welchem beleidigt

das Kind nicht weiter nach Milch verlangt. Warum saugst du also noch immer so lüstern, wenn dir die Welt doch schon bitter geworden ist? Gott hat die Welt mit Bitternissen erfüllt: und du gierst, du umklammerst, du saugst, ob du nicht da und dort eine Wollust ergatterst. Wie lange? Sei froh, daß es nicht süß ist; wie liebtest du sonst! Es beleidigt dich? So erwähle ein anderes Leben!

In Wehen

[281] Jetzt kreißt die Kirche in der Sehnsucht, einst wird sie in der Schau gebären; jetzt kreißt sie in Seufzen, einst wird sie in Fröhlichkeit gebären; jetzt kreißt sie in Flehen, einst wird sie in Loben gebären. Und ein Männliches wird sie gebären (Apok 12,5), denn zu dieser Frucht der Beschauung hin bezieht sich all unser amtliches Handeln. Nur dieses Kind ist selbständig, wird um seiner selbst willen erstrebt und auf nichts anderes bezogen... Die kurze Weile bis dahin erscheint uns lang, weil sie noch dauert; wird sie aber zu Ende sein, dann werden wir merken, wie kurz sie war. So sei denn auch unsre Freude nicht so, wie die Welt sie hat, von der es heißt: «Die Welt wird sich freuen»; und doch sollen wir in der Zeit dieser sehnsüchtigen Wehen auch nicht ohne Freude «traurig sein» (Joh 16,21–22), sondern, wie der Apostel sagt: «in Hoffnung fröhlich, in Drangsal geduldig» (Röm 12,12); denn auch die Gebärende, mit der wir verglichen werden, freut sich mehr über das künftige Kind, als sie traurig ist über den gegenwärtigen Schmerz.

Heilige Sehnsucht

[282] Das ganze Leben des wahren Christen ist heilige Sehnsucht. Doch was du ersehnst, das siehst du noch nicht; sehnend aber wirst du fähig, erfüllt zu werden, wenn einmal kommt, was du sehen willst. Denn wie du, wenn du ein Behältnis füllen willst, und weißt, wie groß das ist, was du bekommst, die Fassungskraft des Behälters ausdehnst, oder des Schlauchs oder irgendeines Gegenstands; denn du siehst,

wie viel hinein soll, und siehst auch die Enge des Raums, und suchst ihm dehnend mehr Fassungskraft zu geben: – so dehnt auch Gott durch Aufschub die Sehnsucht, durch Sehnsucht dehnt er die Seele, dehnt sie, um ihr mehr Fassungskraft zu geben. Seht, wie Paulus den Raum ausdehnt, um das Kommende fassen zu können: «Nicht als ob ich bereits schon erfaßt hätte oder schon vollkommen wäre: Brüder, ich bilde mir nicht ein, schon ergriffen zu haben.» Was also tust du hienieden, wenn du noch nicht ergriffen hast? «Eines aber: vergessend, was hinter mir liegt, ausgestreckt nach dem, was vor mir liegt, streb ich dem vorgesteckten Ziele zu, dem Siegespreis der himmlischen Berufung» (Phil 3, 13–14). Er sagt, er strecke sich aus, und daß er dem vorgesteckten Ziele nachstrebe. Nicht fähig fühlte er sich, zu fassen, was kein Auge sah, kein Ohr vernahm, was in keines Menschen Herz aufstieg. Darin besteht unser Leben, daß wir in Sehnsucht eingeübt werden.

Trauer der Seligen

[283] Nichts ist so nah dem Elend als die Trauer, nichts so entfernt, so gegensätzlich zum Elend als die Seligkeit. Du sagst: «die Trauernden» und sagst: «selig» (Mt 5,3). Begreift, spricht er, was ich sage: Ich nenne die Trauernden selig. Warum selig? In Hoffnung. Warum trauernd? Im jetzt Vorhandenen... Trauernd war der selige Zyprian im Martyrium, nun ist er getröstet in der Siegeskrone. Jetzt getröstet, ist er noch trauernd: denn unser Herr Jesus Christus legt noch immer Fürsprache ein für uns. Alle Martyrer, die mit ihm sind, legen Fürsprache ein für uns. Ihre Fürsprachen vergehen nicht, bevor unser Klagen vergeht; wenn aber unser Klagen einst vergangen sein wird, werden wir alle in *einer* Stimme, in *einem* Volke, in *einer* Heimat getröstet werden.

Das «Gleichsam»

[284] Wo ist Freude? In der künftigen Hoffnung. Denn es sagt der Apostel: «Immer freudig.» In so großen Bedräng-

nissen immer freudig – immer traurig. Immer freudig, weil er selber sagt: «Gleichsam traurig, aber immer freudig.» Unsere Trauer hat ein Gleichsam, unsere Freude hat kein Gleichsam, denn in Hoffnung ist sie gewiß. Warum hat unsre Trauer ein Gleichsam? Weil sie wie ein Schlaf vorübergeht. . . Eure Heiligkeit weiß ja: wer einen Traum erzählt, der fügt ein Gleichsam bei: ich saß gleichsam, ich sprach gleichsam, ich speiste gleichsam, ich ritt gleichsam, ich stritt gleichsam. Das Ganze ist gleichsam; denn als er erwachte, fand er nicht vor, was er sah. Ich hatte gleichsam einen Schatz gefunden, sagt der Bettler. Wäre das Gleichsam nicht, so wär' er nicht Bettler, aber weil das Gleichsam ist, so ist er Bettler. Derer also, die jetzt zu welthaften Freuden die Augen öffnen und das Herz schließen – es vergeht ihr Gleichsam, und es kommt ihr Wahr. Ihr Gleichsam ist die Freude der Welt, ihr Wahr ist die Strafe. Unser Gleichsam aber ist die Trauer, unsere Freude ist nicht gleichsam. Nicht nämlich sagt der Apostel: Gleichsam freudig, aber immer traurig; oder: gleichsam traurig und gleichsam freudig; sondern er sagt: «Gleichsam traurig, aber immer freudig.» «Wie Dürftige» (hier setzt er statt «gleichsam»: «wie»), «aber viele bereichernd.» Und während er so sprach, hatte der Apostel nichts, all das Seine hatte er dahingegeben, Reichtümer besaß er keine. Und was sagt er danach? «Gleichsam nichts habend.» Das Nichtshaben war dem Apostel selbst ein Gleichsam. «Und alles besitzend» – hier sagte er nicht gleichsam (2 Kor 6,10). Er darbte gleichsam; aber nicht gleichsam, sondern wahrhaft bereicherte er viele; er hatte gleichsam nichts; aber nicht gleichsam, sondern wahrhaft besaß er alles. Warum besaß er wahrhaft alles? Weil er dem Begründer von allem anhing.

Martha und Maria

[285] «Martha, um vielerlei bist du in Sorge, wo doch eines notwendig ist. Maria hat den bessern Teil erwählt, der ihr nicht wird genommen werden.» Ist etwa Marthas Dienst getadelt worden, die die Sorge der Gastlichkeit auf sich nahm,

die den Herrn selbst als Gast aufgenommen? Wie sollte sie rechtens getadelt werden, die sich eines solchen Gastes erfreute? Wäre das richtig, so müßten die Menschen es aufgeben, den Dürftigen zu dienen; sie sollten sich «den bessern Teil erwählen», der ihnen «nicht wird genommen werden». Dem Worte lauschen, die Süße der Lehre einschlürfen, sich mit der heilbringenden Wissenschaft befassen; sich in keiner Weise darum bekümmern, wer fremd ist im Dorf, wer Brot nötig hat, wer eines Kleides bedarf, wer zu besuchen ist, wer zu befreien, wer zu begraben: schafft ab die Werke der Barmherzigkeit, pflegt nur noch die Wissenschaft! Wenn es der bessere Teil ist, warum reißen wir ihn nicht alle an uns, da wir doch den Herrn selbst hier als Fürsprech haben?..

Und doch ist es nicht so: sondern es ist, wie der Herr es gesagt hat. Wie du es verstehst, ist es nicht; es ist aber, wie du es verstehen sollst. Gib acht. «Um vielerlei bist du in Sorge, wo doch eines notwendig ist. Maria hat den bessern Teil erwählt»: du keinen schlechten, sie aber den bessern. Warum den bessern? Weil du um vielerlei, sie um eines. Eines geht dem vielen voran: denn nicht das Eine vom vielen, sondern das viele vom Einen. Vielerlei ist, was geschaffen ward; einer, der schuf... «Und Gott schuf alles, und es war sehr gut.» Sehr gut, was er schuf, um wieviel besser er, der es schuf? Betrachten wir denn unsere Beschäftigung um das Vielerlei. Dienst ist unentbehrlich für den, der den Leibern zu helfen sucht. Warum? Man hungert, dürstet. Den Armen gebührt Erbarmen. Du brichst Brot einem Hungernden, denn du fandest einen Hungernden. Behebe, wenn du kannst, den Hunger: wem brichst du dann Brot? Schaff ab das Wandern, wem bietest du Gastfreundschaft? Schaff ab das Nacktsein: wem breitest du ein Kleid? Es sei keine Krankheit mehr: wen besuchst du? Kein Kerker: wen befreist du? Kein Zank: wen versöhnst du? Kein Tod: wen begräbst du? In jener künftigen Welt sind diese Übel nicht mehr: somit auch nicht diese Dienste. Gut also mühte sich Martha um des Herrn leibliche – wie soll ich sagen: Not oder Freiheit, oder freiwillige Not? Sie diente dem sterblichen

Fleische. Wer aber war im sterblichen Fleisch? «Im Anfang war das Wort, und das Wort war bei Gott, und Gott war das Wort.» Das war's, was Maria hörte. «Das Wort wurde Fleisch und wohnte unter uns.» Das war's, dem Martha diente. Darum hat «Maria den bessern Teil erwählt, der ihr nicht wird genommen werden». Denn sie wählte, was immer bleiben wird...

Ihr seht also, Geliebteste, und mir scheint, ihr versteht auch schon, daß in diesen zwei Frauen, die beide dem Herrn lieb waren, beide liebenswert, beide in seiner Schule, .. die beiden Leben versinnbildet sind: das gegenwärtige und das künftige, das harmvolle und das gestillte, das mühselige und das selige, das zeitliche und das ewige... Beide sind schuldlos, beide, sag ich, sind lobenswert, aber das eine ist, wie ich sagte, das Leben der Mühe, das andere der Ruhe: keines ist vielgeschäftig – das ist die Gefahr des Lebens der Mühe –, keines ist ungeschäftig – das ist die Gefahr des Lebens der Ruhe. In jenem Hause waren also zwei Leben, und die Quelle des Lebens selber. In Martha war das Bild des gegenwärtigen, in Maria des künftigen. Was Martha wirkte, das sind wir; was Maria wirkte, das erhoffen wir: tun wir das eine wohl, so wird uns das andere voll... Ihr seid «um vielerlei besorgt»: das Geschäft Marthas nimmt euch in Anspruch; nicht euch nur, uns alle. Denn wer könnte sich diesem Dienst der Hilfeleistung entziehen? Wer aufatmen von dieser Sorge? Wirken wir's ohne Schuld, wirken wir's in der Liebe... Die Mühe vergeht, und es kommt die Ruhe, aber zur Ruhe geht's nur durch Mühe. Das Schiff vergeht, und es kommt die Heimat; aber zur Heimat nur durch das Schiff. Wir schiffen nämlich, denn diese Welt ist Flut und Sturm. Und nur darum sinken wir nicht, weil das Holz des Kreuzes uns trägt.

Sehnsucht nach dem Gericht

[286] «Dadurch ist die Liebe in uns vollkommen, daß wir Zuversicht haben für den Tag des Gerichts» (1 Joh 4,17). Wer immer Zuversicht hat für den Tag des Gerichts, in dem

ist die Liebe vollkommen. Was heißt dies: Zuversicht für den Tag des Gerichts? Das Kommen des Gerichtstags nicht fürchten. Es gibt Menschen, die an den Gerichtstag nicht glauben; diese können keine Zuversicht haben auf den Tag, dessen Ankunft sie nicht erwarten. Lassen wir diese beiseite: Gott möge sie zum Leben erwecken; was sollen wir von Toten reden? Sie glauben nicht an den künftigen Gerichtstag und fürchten nicht und ersehnen nicht, was sie nicht glauben. Nun begann aber einer zu glauben an den Tag des Gerichts: begann er zu glauben, so begann er zu fürchten. Weil er aber noch fürchtet, hat er noch keine Zuversicht, noch ist die Liebe in ihm nicht vollkommen. Soll man an ihm zweifeln? Bei dem du den Anfang findest, an dessen Ende willst du verzweifeln? Was für einen Anfang seh ich?, fragst du. Eben die Furcht. Höre die Schrift: «Anfang der Weisheit ist die Furcht Gottes» (Sir 1, 16). So fing er an, den Gerichtstag zu fürchten, fürchtend soll er sich bessern.. und seine irdischen Glieder abtöten... Im selben Maße werden die himmlischen Glieder erstarken. Die himmlischen Glieder aber sind alle guten Werke. Indem die himmlischen Glieder sich regen, beginnt er zu ersehnen, was er gefürchtet. Gefürchtet hat er, daß Christus käme und den Gottlosen verdamme, den er vorfände; nun sehnt er die Ankunft dessen herbei, der den Frommen vorfände, um ihn zu krönen. Wenn die keusche Seele beginnt, dem kommenden Christus sich entgegenzusehnen, sagt sie damit dem Verführer ab, wird innerlich Jungfrau durch Glaube, Hoffnung und Liebe. Schon hat sie Zuversicht für den Tag des Gerichts, sie ringt nicht mehr gegen sich selbst, wenn sie betend spricht: «Es komme dein Reich.»

GOTT

Gott alles

[287] Auf Erden ist ein andres die Quelle, ein andres das Licht. Dürstend suchst du die Quelle, und um zur Quelle zu kommen, suchst du das Licht: und ist es nicht Tag, so zündest du eine Lampe an, um an die Quelle zu finden. Jene Quelle aber ist selber das Licht: dem Dürstenden ist sie Quelle, dem Blinden Licht: aufgehen sollen die Augen, daß sie sehen das Licht, auftun sollen sich die Kehlen des Herzens, um die Quelle zu trinken; was du trinkst, das siehst du, hörst du. Gott wird dir zu allem; weil er das All der Dinge ist, die du liebst. Achtest du auf das Sichtbare, so ist weder Brot Gott, noch ist Wasser Gott, noch dieses Licht hier Gott, noch ist Gewand Gott, noch Haus Gott. Denn dies alles ist Sichtbares und Einzelnes: was Brot ist, ist nicht Wasser; was Gewand ist, ist nicht Haus; und was all dies ist, ist nicht Gott, denn sichtbar ist es. Gott ist dir alles: hungerst du, ist er dir Brot; dürstest du, ist er dir Quell; bist du im Finstern, ist er dir Licht, weil er unverweslich verharrt; bist du nackt, so ist er dir Gewand der Unsterblichkeit, «wenn dies Verwesliche anziehn wird Unverweslichkeit, und dieses Sterbliche anziehn wird Unsterblichkeit» (1 Kor 15, 53f.). Alles kann ausgesagt werden von Gott, und nichts wird angemessen von Gott gesagt. Nichts ist weitender als diese Bedrängnis. Du suchst einen passenden Namen und findest ihn nicht; du suchst ihn stammelnd zu nennen und findest alles.

[288] Was hier Gold ist, kann dir nicht Silber sein, was Wein ist, kann dir nicht Brot sein; was dir Licht ist, kann dir nicht Trank sein; dein Gott aber wird dir das Ganze sein. Essen wirst du ihn, um nicht zu hungern, trinken ihn, um nicht zu dürsten, erleuchtet werden von ihm, um nicht blind zu sein, gestützt werden von ihm, um nicht hinzusinken, unversehrt ganz wird er dich besitzen, er, der Ganze, Unver-

sehrte. Beengung wirst du nicht leiden von dem, mit dem zusammen du den Ganzen besitzest. Du wirst den Ganzen haben, den Ganzen wird auch er haben, weil du und er eins sein werdet, welches Eine, Ganze auch der besitzen wird, der euch beide besitzt.

[289] Was verspricht uns Gott? Meine Brüder, was soll ich sagen, damit wir's ersehnen? Was soll ich sagen? Ist es Gold? Ist es Silber? Ist es Beute? Ehren? Was immer wir Irdisches kennen – Staub ist's. «Was kein Auge gesehen, was kein Ohr gehört, was in keines Menschen Herz aufstieg, hat Gott den ihn Liebenden bereitet.» Ich sag es kurz: nicht seine Verheißung, sich selbst. Größer als alles ist, der alles schuf, schöner als alles, der alles formte, machtvoller als alles, der alles ermächtigte. Was immer wir also lieben auf Erden, im Vergleich zu Gott ist es nichts. Ein Gering, ein Nichts ist, was wir lieben, und wir selber sind nichts. Der Liebhaber selbst, im Vergleich zum Ding, das liebenswert ist, muß sich schal erscheinen. Es selbst ist jene Liebe, die gefordert wird «aus ganzem Herzen, aus ganzer Seele und aus ganzem Gemüte». Aber er fährt weiter und sagt: «Du sollst deinen Nächsten lieben wie dich selbst. In diesen beiden Geboten hängt das ganze Gesetz mitsamt den Propheten»; damit du wissest: wenn du den Herrn liebst, liebst du dich selbst – *wenn* du den Herrn liebst. Wenn du aber den Herrn nicht liebst, so liebst du auch dich nicht. Wenn du also, Gott liebend, gelernt, dich zu lieben, so reiße den Nächsten zu Gott, daß du zugleich mit ihm des Guten genießest, des so großen Gutes, das Gott ist.

Das reine Auge

[290] Unser ganzes Werk in diesem Leben, Brüder, besteht darin, die Augen des Herzens zu heilen, daß sie Gott schauen können. Dazu werden die hochheiligen Mysterien gefeiert; dazu wird das Wort Gottes verkündet; ergehen die

Ermahnungen der Kirche zum sittlichen Leben, das heißt, zur Besserung unseres Wandels, zur Abtötung unserer fleischlichen Begierden, zum Verzicht auf diese Welt, nicht nur mit Worten, sondern durch ein verändertes Leben; was immer die Heiligen Schriften Gottes enthalten, ist dazu da, das innere Auge zu reinigen von dem, was uns hindert am Anblick Gottes ... Es wäre dir nur Strafe, wenn sich dein Schöpfer dir offenbaren wollte, Strafe wäre es deinem Auge, bevor es geheilt und hergestellt ist. Denn auch Adam sündigte im Paradies und verbarg sich vor dem Angesicht Gottes. Solang er das heile Herz des reinen Gewissens besaß, freute er sich der Gegenwart Gottes; nachdem sein Auge verletzt war durch Sünde, begann er das göttliche Licht zu scheuen, floh in Finsternis und dunkles Gebüsch: auf der Flucht vor der Wahrheit, auf der Sucht nach den Schatten.

Finden und Suchen

[291] «Suchet den Herrn, und eure Seele wird leben» (Ps 68, 33). Suchen wir den Zu-findenden, suchen wir den Gefundnen! Um als Zu-findender gesucht zu werden, ist er verborgen; um als Gefundener gesucht zu werden, unermeßlich. Darum heißt es: «Suchet sein Antlitz immerdar» (Ps 104, 4). Denn er stillt den Sucher, soweit er's zu fassen vermag; und weitet den Finder, damit er von neuem zu fassen suche, wo er mehr zu fassen begann. Nicht also heißt es: «Suchet sein Antlitz immerdar», wie von einigen: «immerdar lernend, aber nie zur Erkenntnis der Wahrheit gelangend» (2 Tim 3, 7); sondern eher im Sinn jenes Wortes: «Wenn der Mensch am Ende ist, dann fängt er erst an» (Pred 18, 6).

[292] Wird er vielleicht, auch wenn wir Gesicht zu Gesicht ihn sehen werden, wie er ist, noch bis zuletzt zu suchen sein und ohne Ende zu suchen, weil ohne Ende zu lieben? Wir sagen ja wohl auch zu einem, der da ist: Ich frage nicht nach dir; das heißt: Ich liebe dich nicht. Und so, wenn einer geliebt wird, dann erfragt man ihn auch, wenn er anwesend

ist, weil eine immerwährende Liebe sich müht, daß er nicht abwesend werde. Darum, wenn einer einen andern liebt, will er, auch wenn er ihn sieht, ihn ohne Überdruß immer vor sich haben; das heißt, er sucht, daß er immer gegenwärtig sei. Und das ist ohne Zweifel das «Suchet immerdar sein Antlitz», daß nicht das Finden diesem Hineinfragen, das die Liebe kennzeichnet, ein Ende bereite, sondern mit wachsender Liebe auch wachse das Hineinfragen in den Geliebten.

Amen, Alleluja

[293] All unser Tun wird Amen und Alleluja sein. Was sagt ihr, Brüder? Ich sehe: ihr habt es begriffen, ihr habt euch gefreut. Nicht in verklingenden Tönen werden wir Amen und Alleluja rufen, sondern in der Liebesregung des Herzens. Denn was ist Amen? Was ist Alleluja? Amen: ‚wahr ist es!' Alleluja: ‚lobet Gott!' Weil also Gott die unwandelbare Wahrheit ist, ohne Mehrung, ohne Zehrung, ohne Zu und Ab, ohne leiseste Makel des Falschen, immerwährend und beständig, unverweslich, ewigdauernd, was wir aber in der Geschöpflichkeit und in diesem Leben treiben, wie ein Gleichnis ist in den Sinnbildern der Körper, ein Etwas, worin wir im Glauben wandeln –: darum werden wir, wenn wir einst Antlitz zu Antlitz schauen, was wir jetzt durch Spiegel und Rätsel sehen, mit unendlich, ja mit unsäglich änderer Liebesregung ‚wahr ist es' rufen, und wenn wir Amen sagen, es sagen in unersättlicher Sättigung. Sättigung wird es sein, weil nichts mehr uns fehlen wird; weil aber das, was uns nicht fehlt, uns ewig entzücken wird, darum wird es, wenn man so sagen darf, eine Art unersättlicher Sättigung sein. So unersättlich dich also die Wahrheit sättigen wird, mit so unersättlicher Wahrheit wirst du rufen: Amen! Wer aber mag sagen, wie jenes sei, das «kein Auge gesehen, kein Ohr gehört, in kein Menschenherz aufstieg» (1 Kor 2,9)? Weil wir also ohne Ermatten und in immerwährendem Entzücken die Wahrheit schauen und in untrüglichster Gewißheit sie erblicken werden, darum werden wir, durch die Liebe

zur Wahrheit entzündet und in süßer und keuscher und unkörperlicher Umarmung ihr anhangend, sie mit solchen Rufen auch loben und sagen: Alleluja! So werden alle Bürger jenes Staates, in loderndster Liebe zueinander und zu Gott, sich zu ebenbürtigem Lobe ermuntern und jubeln: Alleluja!, weil sie jubeln: Amen!

ZEICHENERKLÄRUNG

Texte

EP = Enarrationes in Psalmos (PL 36–37).
S = Sermones (PL 38–39. M).
TJ = Tractatus in Johannem (PL 35).
T1J = Tractatus in Epistolam Johannis ad Parthos (PL 35).

Ausgaben

PL = Patrologia latina ed. Migne, Band 35–39.
M = Germanus Morin: Sancti Augustini Sermones post Maurinos reperti (Miscellanea Agostiniana vol I., Romae 1930). Darin u. a. Neuausgaben früherer Ausgaben von Michael Denis (= Den); Caillau und Saint-Yves (= Cai), A. Mai (= Mai) O. F. Frangipane (= Fgp), G. Morin (= Mor), A. Wilmart (= Wil), und aus der «Bibliotheca Casinensis» (= Cas). Verschiedene Ausgabeserien sind mit I und II bezeichnet.

Zeichen

[ ] = Zusätze des Übersetzers.
« » = Schriftzitate (soweit sie als solche deutlich abgehoben sind).
‚ ‘ = Gespräche, sonstige Zitate.
.. = Auslassungszeichen.

VERZEICHNIS DER TEXTE

Nr.	Werk	Band	Seite	Nr.	Werk	Band	Seite
1	S 117,2-5 16-17	PL 38	662-671	43	EP 103 I,2	PL 37	1336
2	S 341,1-13	PL 39	1493-1501	44	EP 39,28	PL 36	451
3	S Den 16	M	75-77	45	S Mai 14	M	293
4	S Mor I 9	M	467	46	TJ 9,3-5	PL 35	1459-1460
5	S 47,21	PL 38	310	47	S 300,1-5	PL 38	1376-1379
6	S 121,5	PL 38	680	48	EP 72,1-5	PL 36	913-917
7	S 30,5	PL 38	190	49	S 4,8-34	PL 38	37-50
8	EP 95,15	PL 37	1236	50	S Mor I 10	M	472-473
9	TJ 41,5-6	PL 35	1695-1696	51	S 5,6-8	PL 38	57-59
10	S 78,3-6	PL 38	491-493	52	S 10,2-8	PL 38	92-97
11	S Mor I 3	M	453	53	EP 58 I,20-21	PL 36	704-705
12	S Den 5	M	26-27	54	S 149,6-9	PL 38	802-803
13	S Den 5	M	25	55	S Cai II 11	M	256-264
14	S Mai 13	M	289	56	EP 98,4	PL 37	1260-1261
15	S Mai 22	M	315	57	EP 29,5-10	PL 36	219-223
16	EP 148,8	PL 37	1942	58	EP 121,4	PL 37	1620
17	S 95,4-5	PL 38	582-583	59	EP 86,3	PL 37	1101
18	TJ 5,1	PL 35	1414	60	EP 95,1-2	PL 37	1227-1228
19	S 29,4	PL 38	187	61	EP 129,1-3	PL 37	1704-1705
20	S Mor I 1	M	441-442	62	EP 41,9	PL 36	469-470
21	EP 137,18	PL 37	1783-1784	63	S 137,1-2	PL 38	754-755
22	S 13,2-3	PL 38	107-108	64	S 144,5-6	PL 38	790
23	S 158,2-3	PL 38	863-864	65	S Den 19	M	101-104
24	S Mai 16	M	301	66	EP 142,2	PL 37	1845-1847
25	TJ 102,5	PL 35	1898	67	S 78-79	PL 38	490-493
26	S 254,6	PL 38	1185	68	EP 142,3	PL 37	1847
27	S 131,8	PL 38	733	69	S 262,5	PL 38	1208-1209
28	S 26,2-9	PL 38	171-175	70	TJ 8,4	PL 35	1452
29	S 156,12	PL 38	855-857	71	TJ 9,10	PL 35	1463
30	S 87,4-6	PL 38	532-534	72	TJ 9,2	PL 35	1458-1459
31	S 99,5-6	PL 38	597-598	73	S 349,3	PL 39	1530-1531
32	S 170,6-9	PL 38	930-931	74	S 268,4	PL 38	1233-1234
33	EP 49,3	PL 36	566	75	EP 122,5	PL 37	1633
34	S 19,3	PL 38	133	76	S Mai 20	M	313
35	TJ 12,11	PL 35	1489-1490	77	S 344,2	PL 39	1512
36	EP 118 XX,1	PL 37	1556-1557	78	EP 88 II,14	PL 37	1140-1141
37	EP 36 III 4	PL 37	385	79	EP 74,4	PL 36	948-949
38	S Mor I 13	M	513	80	TJ 21,7-8	PL 35	1568-1569
39	S 264,5	PL 38	1216	81	EP 118 XIX,1	PL 37	1554
40	S 129,5-6	PL 38	722-723	82	TJ 72,1	PL 35	1822-1823
41	EP 49,1	PL 36	715	83	EP 67,25-26	PL 36	829-830
42	EP 118 XIX,1	PL 37	1553-1554	84	TJ 69,1-3	PL 35	1815-1817

Nr.	Werk	Band	Seite	Nr.	Werk	Band	Seite
85	TJ 47, 1-3	PL 35	1732-1735	132	TJ 41, 5-6	PL 35	1695-1696
86	TJ 108, 5	PL 35	1916	133	TJ 49, 22	PL 35	1756
87	S 267, 4	PL 38	1231	134	EP 101 II, 3	PL 37	1306-1307
88	S 71, 7-37	PL 38	448-466	135	EP 101 I, 10	PL 37	1300-1301
89	S 220	PL 38	1089	136	S Den 3	M	18-20
90	S 188, 4	PL 38	1004-1005	137	S 227	PL 38	1099-1101
91	S 203, 1-2	PL 38	1035-1036	138	TJ 27, 1	PL 35	1616
92	EP 58, 10	PL 36	712	139	TJ 26, 15	PL 35	1614
93	S 200, 4	PL 38	1030	140	TJ 26, 13	PL 35	1612-1613
94	S 27, 1. 6	PL 38	171-181	141	S 215, 4	PL 38	1074
95	TJ 120, 2	PL 35	1953	142	S Fgp 4	M	210
96	TJ 15, 6-8	PL 35	1512-1513	143	S Mor I 1	M	447-448
97	S 44, 1-2	PL 38	258-259	144	S Den 25	M	158-164
98	TJ 52, 1-2	PL 35	1769-1770	145	S 189, 3	PL 38	1006
99	TJ 60, 2-5	PL 35	1797-1799	146	S 191, 3-4	PL 38	1001-1011
100	EP 60, 3	PL 36	724-725	147	S 192, 2	PL 38	1012-1013
101	EP 37, 6	PL 36	399-400	148	S Mai 101	M	351-352
102	EP 34 II, 8	PL 36	338	149	S Mor I 22	M	511-513
103	EP 86, 5	PL 37	1104-1105	150	S 293, 2	PL 38	1328
104	EP 61, 4	PL 36	730-731	151	S 288, 5	PL 38	1307
105	EP 87, 15	PL 37	1119	152	S Mor I 24	M	522
106	EP 37, 12	PL 36	406	153	S Mor I 16	M	493-494
107	EP 56, 5	PL 36	665	154	S Mor I 17	M	496-497
108	TJ 119, 4	PL 35	1949	155	S 43, 6	PL 38	256-257
109	TJ 55, 5	PL 35	1786	156	TJ 124, 5-7	PL 35	1972-1976
110	TJ 103, 3	PL 35	1901	157	S Den 13	M	59-61
111	S Mor I 8	M	465-466	158	S 299, 3	PL 38	1368-1369
112	S Mor I 14	M	486	159	S Mor I 31	M	560-561
113	S Mai 95	M	343-345	160	S 159, 8	PL 38	871-872
114	S Mai 95	M	343	161	S Mai 20	M	311
115	S Mor 1 App 7	M	584-585	162	TJ 123, 4	PL 35	1967
116	S Mai 76	M	324-327	163	S 328, 1	PL 38	1451-1452
117	S Mai 98	M	347-349	164	S 299, 8-9	PL 38	1373-1374
118	S 91 7-8	PL 38	570-571	165	S 159, 1	PL 38	868
119	S Mor I 20	M	504-506	166	S 273, 7-8	PL 38	1251-1252
120	S 264, 3-4	PL 38	1214-1216	167	S 128, 3-4	PL 38	714-715
121	S Den 19	M	109-110	168	S 315, 3-5	PL 38	1433-1434
122	S 271	PL 38	1245-1246	169	S 280, 6	PL 38	1283-1284
123	TJ 32, 8	PL 35	1645-1646	170	S 4, 36	PL 38	52
124	S 265, 5-12	PL 38	1221-1224	171	S Cai II, 6	M	252-253
125	TrJ 10, 9	PL 35	2060-2062	172	EP 44, 32	PL 36	513
126	S Mor I 1	M	448-449	173	TJ 31, 11	PL 35	1641
127	S Mor I 9	M	468	174	S Mor I 32	M	563-573
128	S 216, 4-8	PL 38	1078-1081	175	EP 126, 2-3	PL 37	1668-1669
129	TJ 80, 3	PL 35	1840	176	S 23, 1-2	PL 38	155-156
130	TrJ 3, 1	PL 35	1998	177	EP 118 XXIV, 3	PL 37	1569-1570
131	S Mai 92	M	332-333	178	TJ 46, 7-8	PL 35	1731-1732

Nr.	Werk	Band	Seite	Nr.	Werk	Band	Seite
179	S Cas I 133	M	403-404	226	S 58, 9-10	PL 38	407-408
180	S Mor I 18	M	500	227	EP 131, 4	PL 37	1718
181	S 17, 2	PL 38	125	228	EP 32, 21	PL 36	296
182	S 304, 2-3	PL 38	1396-1397	229	T1J 6, 10	PL 35	2025
183	EP 83, 1	PL 37	1055-1056	230	S 101, 6	PL 38	608
184	EP 119, 3	PL 37	1599-1600	231	S Mor I 2	M	477-478
185	EP 98, 10-12	PL 37	1265-1269	232	TJ 45, 2-5	PL 35	1720-1721
186	EP 54, 8-10	PL 36	633-636	233	EP 61, 5-7	PL 36	733-734
187	EP 65, 18	PL 36	798	234	EP 51, 6	PL 36	603-604
188	EP 137, 2	PL 37	1775	235	EP 118 XXXI, 1	PL 37	1591
189	EP 61, 18	PL 36	742	236	EP 93, 19	PL 37	1207
190	EP 38, 3-6	PL 36	414-418	237	S Den 24	M	151
191	EP 44, 20	PL 36	507	238	EP 136, 7	PL 37	1766-1767
192	EP 119, 2	PL 37	1598	239	S Cas I 133	M	404-410
193	EP 140, 21.37	PL 37	1829-1830	240	S 96, 6-8	PL 38	587-588
194	S 197, 5	PL 38	1023-1024	241	TJ 87, 2	PL 35	1853
195	S 261, 8	PL 38	1206	242	TJ 110, 2	PL 35	1920-1921
196	S Fgp 2	M	207	243	EP 68 I, 1	PL 36	840-841
197	S 141, 1-4	PL 38	776-778	244	S Mor I 2	M	451-452
198	S 1 69, 18	PL 38	926	245	EP 130, 9	PL 37	1710
199	S 205, 1	PL 38	1039	246	EP 25, 6	PL 36	191-192
200	S 96, 1-4	PL 38	584-587	247	S Mai 12	M	286-287
201	S 100, 1-3	PL 38	602-604	248	S 268, 2	PL 38	1232-1233
202	S 131, 2	PL 38	730	249	S 183, 1-13	PL 38	988-993
203	S Den 17	M	84-85	250	S 181, 1-7	PL 38	979-983
204	TJ 65, 1-3	PL 35	1808-1809	251	EP 54, 22	PL 36	643
205	EP 103, 8-9	PL 37	1341-1344	252	TJ 11, 13-14	PL 35	1482-1483
206	S 90, 5-10	PL 38	561-566	253	EP 57, 16	PL 36	685-686
207	T1J 7, 7-8	PL 35	2032-2033	254	S 47, 16-18	PL 38	304-306
208	T1J 8, 6-8	PL 35	2039-2040	255	S 46, 14-15	PL 38	278-279
209	S Den 24	M	152	256	EP 25, 5	PL 36	190-191
210	S Fgp 5	M	214-215	257	TJ 45, 12	PL 35	1724-1725
211	S Fgp 9	M	233-236	258	EP 142, 4	PL 37	1847
212	TJ 58, 5	PL 35	1794-1795	259	EP 55, 9	PL 36	652-653
213	S 21, 2	PL 38	143	260	TJ 50, 10-11	PL 35	1762
214	T1J 7, 4-5	PL 35	2031	261	S Cai II 5	M	250-251
215	T1J 10, 3	PL 35	2055-2056	262	EP 47, 8-9	PL 36	538-539
216	S 234, 3	PL 38	1117	263	S 88, 13	PL 38	546
217	S 85, 7	PL 38	523	264	S 9, 3	PL 38	76-77
218	S 47, 30	PL 38	315-316	265	S 137, 6-15	PL 38	757-762
219	S 239, 4-6	PL 38	1128-1130	266	EP 132, 1	PL 37	1729-1730
220	S 207, 1	PL 38	1043	267	EP 99, 9-13	PL 37	1276-1280
221	S 41, 1-7	PL 38	247-252	268	S 17, 7	PL 38	128
222	EP 49, 13	PL 36	574	269	S 232, 8-9	PL 38	1111-1112
223	EP 103, 9-12	PL 37	1364-1368	270	S 75, 2-4	PL 38	475-476
224	EP 103, 15-17	PL 37	1370-1372	271	EP 107, 12	PL 37	1425-1426
225	EP 125, 12	PL 37	1665-1666	272	T1J 1, 12	PL 35	1986-1987

Nr.	Werk	Band	Seite	Nr.	Werk	Band	Seite
273	S 27,7	PL 38	182	284	EP 48,5	PL 36	559
274	EP 131,23	PL 37	1726	285	S Mor I 29	M	544-549
275	EP 119,6	PL 37	1602	286	T1J 9,2	PL 35	2045-2046
276	EP 66,6	PL 36	807-808	287	TJ 13,5	PL 35	1495
277	EP 68,10	PL 36	849	288	EP 36,12	PL 36	363
278	S 36,4	PL 38	216	289	S Den 17	M	86-87
279	EP 68,3	PL 37	842-843	290	S 88,6	PL 38	542
280	S 311,14	PL 38	1419	291	TJ 63,1	PL 35	1803-1804
281	TJ 101,4.6	PL 35	1894-1896	292	EP 104,3	PL 37	1392
282	T1J 4,6	PL 35	2008-2009	293	S 363	PL 39	1632-1633
283	EP 85,24	PL 37	1099				